工商管理优秀教材译丛

营销学系列——▶

[美] 菲利普·科特勒（Philip Kotler）
凯文·莱恩·凯勒（Kevin Lane Keller） 著

营销管理

精要版·第6版

A Framework for Marketing Management (Sixth Edition)

王永贵 华迎 译

清华大学出版社
北 京

Authorized translation from the English language edition, entitled A FRAMEWORK FOR MARKETING MANAGEMENT, 6th ed. 9780133871319 by PHILIP KOTLER, KEVIN LANE KELLER, published by Pearson Education, Inc., publishing as Prentice Hall, copyright © 2016.

All Rights Reserved. No part of this book may be reproduced or transmitted in any form or by any means, electronic or mechanical, including photocopying, recording or by any information storage retrieval system, without permission from Pearson Education, Inc.

CHINESE SIMPLIFIED language edition published by PEARSON EDUCATION ASIA LTD., and TSINGHUA UNIVERSITY PRESS Copyright © 2016.

本书中文简体翻译版由培生教育出版集团授权给清华大学出版社出版发行。未经许可，不得以任何方式复制或抄袭本书的任何部分。

北京市版权局著作权合同登记号　图字：01-2016-6946

本书封面贴有 Pearson Education（培生教育出版集团）激光防伪标签，无标签者不得销售。
版权所有，侵权必究。举报：010-62782989，beiqinquan@tup.tsinghua.edu.cn。

图书在版编目(CIP)数据

营销管理：精要版：第 6 版/(美)菲利普·科特勒(Philip Kotler)，(美)凯文·莱恩·凯勒(Kevin Lane Keller)著；王永贵，华迎译. ―北京：清华大学出版社，2017(2022.12重印)
（工商管理优秀教材译丛·营销学系列）
书名原文：A Framework for Marketing Management, 6e
ISBN 978-7-302-45479-3

Ⅰ. ①营… Ⅱ. ①菲… ②凯… ③王… ④华… Ⅲ. ①营销管理—高等学校—教材 Ⅳ. ①F713.56

中国版本图书馆 CIP 数据核字(2016)第 270187 号

责任编辑：江　娅
封面设计：傅瑞学
责任校对：宋玉莲
责任印制：宋　林

出版发行：清华大学出版社
　　　　网　　址：http://www.tup.com.cn，http://www.wqbook.com
　　　　地　　址：北京清华大学学研大厦A座　　邮　编：100084
　　　　社 总 机：010-83470000　　邮　购：010-62786544
　　　　投稿与读者服务：010-62776969，c-service@tup.tsinghua.edu.cn
　　　　质量反馈：010-62772015，zhiliang@tup.tsinghua.edu.cn
印 装 者：三河市天利华印刷装订有限公司
经　　销：全国新华书店
开　　本：185mm×260mm　　印　张：20　　插　页：2　　字　数：464 千字
版　　次：2017 年 1 月第 1 版　　　　　　　　　　印　次：2022 年 12 月第10次印刷
定　　价：45.00 元

产品编号：068204-01

译者序

营销管理（精要版·第6版）
A Framework for Marketing Management

在中国，菲利普·科特勒教授被许多人誉为现代营销学之父，其巨作——《营销管理》一书也被誉为营销学中的《圣经》，在中国不同层次的大学教育中深受欢迎。能够有机会翻译大师的经典之作，对我们而言是一种荣幸，能够把最经典的营销巨作以简洁的中文清晰地展现给中国的读者，则是我们的责任。本书是菲利普·科特勒教授所著的《营销管理》第15版的精要版，大师在其中深入浅出地把复杂的营销管理理论与方法体系进行了简洁扼要而又十分透彻的讲解，这与国人所推崇的"浓缩的都是精华"的理念不谋而合。它适用于各种不同类型、不同层次的读者群，可以帮助读者快速地了解营销管理的基本框架体系及核心概念与工具。

本书最大的特点是在经典的理论框架之中纳入了许多最新的概念、最新的实践、最新的技术和社会发展趋势及其深刻影响，探讨了大量前沿热点和营销情境，如营销3.0、社会化媒体、社交网络、移动营销和社会责任等，尤其是针对新兴的数字化传播主题新增了完整的一章内容。与此同时，该书也更新了全部章节的导入案例，从而更好地体现了营销管理的最新现实和前沿实践。实际上，译者对本书的翻译过程，是一个不断学习、吸收、享受最新的营销管理成果的过程，同时也是一种价值共创的过程。

本书得以顺利完成，需要感谢在此过程中给予我们关心、支持和帮助的许多人。首先，译者要感谢的是参与本书初稿翻译工作的对外经济贸易大学的研究生：路晓悦、万琦梦、李慧娟、冯静、王澎等。其次，译者要感谢清华大学出版社的编辑们。在翻译及校对过程中译者始终坚持谨慎动笔、仔细求证，但鉴于译者水平和时间所限，疏漏之处在所难免，敬请广大读者批评指正。

王永贵 华迎
于对外经济贸易大学
2016年7月29日

前 言 营销管理（精要版·第6版）
A Framework for Marketing Management

本书是菲利普·科特勒和凯文·莱恩·凯勒所著的《营销管理》（第15版）的浓缩版。有些教师希望一本教材能够对营销领域给出权威性介绍，同时篇幅适中，以便在讲课过程中自己可以加入合适的案例、模拟和项目，本书即可满足上述要求。与此前的版本一样，本书致力于帮助公司、团体和个人调整自身的营销战略和管理以适应21世纪的市场。

本版特色

这一新版本探讨了全球化、技术和社会责任的强大力量会如何影响现代营销方案的成败。通过把最新概念与崭新的案例和学术研究成果结合起来，书中考察了今日全局营销的复杂性和可能性。

致谢

本版蕴含了很多人对本书上一版以及《营销管理》（第15版）的贡献。我们非常感谢Marian Burk Wood 的开发和编辑工作。我们也对培生公司专业的编辑和印制队伍表示由衷的感谢。我们还要对审阅本书第6版并提供帮助的各位人士深表谢意。

菲利普·科特勒
国际营销学 S. C. Johnson & Son 杰出教授
西北大学凯洛格管理学院

凯文·莱恩·凯勒
营销学 E. B. Osborn 教授
达特茅斯大学塔克商学院

目录 营销管理（精要版·第6版）
A Framework for Marketing Management

第一篇　理解营销管理

第1章　界定新态势下的市场营销 …… 3
- 1.1 营销的价值 …… 4
- 1.2 营销的范围 …… 4
  - 1.2.1 什么是营销 …… 4
  - 1.2.2 营销什么 …… 5
  - 1.2.3 由谁来营销 …… 6
  - 1.2.4 什么是市场 …… 6
- 1.3 营销的核心概念 …… 6
  - 1.3.1 需要、欲望和需求 …… 6
  - 1.3.2 目标市场、定位和市场细分 …… 7
  - 1.3.3 产品和品牌 …… 7
  - 1.3.4 营销渠道 …… 7
  - 1.3.5 付费媒体、自有媒体、免费媒体 …… 8
  - 1.3.6 印象、投入 …… 8
  - 1.3.7 价值、满意 …… 8
  - 1.3.8 供应链 …… 8
  - 1.3.9 竞争 …… 9
  - 1.3.10 营销环境 …… 9
- 1.4 营销新态势 …… 9
  - 1.4.1 技术 …… 9
  - 1.4.2 全球化 …… 9
  - 1.4.3 社会责任 …… 10
  - 1.4.4 急剧变化的市场 …… 10
- 1.5 企业的市场导向 …… 11
  - 1.5.1 生产观念 …… 11
  - 1.5.2 产品观念 …… 12
  - 1.5.3 销售观念 …… 12
  - 1.5.4 营销观念 …… 12

1.5.5　全局营销观念 ·· 12
　1.6　4P升级 ··· 14
　1.7　营销管理的任务 ··· 15
　本章总结 ·· 16
　注释 ··· 17

第2章　制定并执行营销战略和规划　19

　2.1　营销和顾客价值 ··· 20
　　　2.1.1　价值传递过程 ·· 20
　　　2.1.2　价值链 ·· 20
　　　2.1.3　核心竞争力 ·· 21
　　　2.1.4　战略规划的重要作用 ··· 21
　2.2　企业和部门战略规划 ·· 22
　　　2.2.1　明确企业使命 ·· 22
　　　2.2.2　构建战略业务单元（SBU） ·· 23
　　　2.2.3　为每个战略业务单元分配资源 ·· 23
　　　2.2.4　评估成长机会 ·· 23
　　　2.2.5　组织和组织文化 ··· 24
　2.3　业务单元战略规划 ·· 24
　　　2.3.1　确定业务使命 ·· 25
　　　2.3.2　优势、劣势、机会和威胁（SWOT）分析 ··································· 25
　　　2.3.3　目标制定 ··· 26
　　　2.3.4　战略制定 ··· 26
　　　2.3.5　战略和执行 ·· 27
　2.4　营销规划 ··· 28
　　　2.4.1　营销规划的内容 ··· 28
　　　2.4.2　从营销规划到营销行动 ··· 28
　2.5　营销执行、控制和绩效 ·· 28
　　　2.5.1　营销绩效评估 ·· 29
　　　2.5.2　营销组合模型 ·· 29
　　　2.5.3　营销仪表盘 ·· 30
　　　2.5.4　营销控制 ··· 30
　本章总结 ·· 31
　注释 ··· 32

第3章　收集信息和预测需求　34

　3.1　营销信息系统和营销情报 ·· 35
　　　3.1.1　内部记录和数据库系统 ··· 35

####### 3.1.2 营销情报 …… 36
3.2 营销调研系统 …… 37
####### 3.2.1 定义营销调研 …… 37
####### 3.2.2 营销调研的流程 …… 37
3.3 预测和需求测量 …… 41
####### 3.3.1 测量市场需求 …… 41
####### 3.3.2 市场需求函数 …… 41
####### 3.3.3 估计当前需求 …… 43
####### 3.3.4 估计未来需求 …… 44
3.4 分析宏观环境 …… 45
####### 3.4.1 识别主要宏观因素 …… 45
####### 3.4.2 人口环境 …… 46
####### 3.4.3 经济环境 …… 47
####### 3.4.4 社会文化环境 …… 47
####### 3.4.5 自然环境 …… 48
####### 3.4.6 技术环境 …… 49
####### 3.4.7 政治法律环境 …… 49
本章总结 …… 50
注释 …… 51

第二篇 联结顾客

第4章 创造长期忠诚关系 …… 55
4.1 创建顾客价值、满意和忠诚 …… 55
####### 4.1.1 顾客感知价值 …… 56
####### 4.1.2 全面顾客满意 …… 57
####### 4.1.3 满意度监测 …… 57
####### 4.1.4 产品与服务质量 …… 59
4.2 最大化顾客终身价值 …… 59
####### 4.2.1 顾客盈利能力 …… 60
####### 4.2.2 计算顾客终身价值 …… 60
4.3 经营顾客关系 …… 61
####### 4.3.1 吸引和保留顾客 …… 62
####### 4.3.2 建立忠诚 …… 63
####### 4.3.3 赢回顾客 …… 64
本章总结 …… 64
注释 …… 65

第 5 章 消费者市场和企业市场分析 ··· 68

- 5.1 消费者行为影响因素 ··· 69
  - 5.1.1 文化因素 ··· 69
  - 5.1.2 社会因素 ··· 69
  - 5.1.3 个体因素 ··· 70
- 5.2 关键心理过程 ··· 71
  - 5.2.1 动机 ··· 72
  - 5.2.2 感知 ··· 73
  - 5.2.3 学习 ··· 73
  - 5.2.4 情绪 ··· 74
  - 5.2.5 记忆 ··· 74
- 5.3 消费者购买决策过程 ··· 75
  - 5.3.1 问题认知 ··· 75
  - 5.3.2 信息搜寻 ··· 75
  - 5.3.3 方案评估 ··· 76
  - 5.3.4 购买决策 ··· 77
  - 5.3.5 购后行为 ··· 77
  - 5.3.6 行为决策理论和行为经济学 ··· 78
- 5.4 什么是组织购买 ··· 79
  - 5.4.1 企业市场和消费者市场 ··· 79
  - 5.4.2 机构和政府市场 ··· 80
  - 5.4.3 企业采购情境 ··· 80
- 5.5 企业采购过程中的参与者 ··· 81
  - 5.5.1 采购中心 ··· 81
  - 5.5.2 采购中心的影响 ··· 81
  - 5.5.3 目标公司及其采购中心 ··· 82
- 5.6 企业采购过程各阶段 ··· 83
  - 5.6.1 问题确认 ··· 83
  - 5.6.2 总需求描述和产品规格说明 ··· 83
  - 5.6.3 寻找供应商 ··· 84
  - 5.6.4 征集供应方案 ··· 84
  - 5.6.5 选择供应商 ··· 85
  - 5.6.6 常规订单说明 ··· 85
  - 5.6.7 绩效评估 ··· 85
- 5.7 B2B 客户关系管理 ··· 85
  - 5.7.1 垂直合作的益处 ··· 85
  - 5.7.2 企业关系中的风险和机会主义 ··· 86

本章总结 ··· 86
注释 ··· 87

第三篇　构建强势品牌

第6章　明确市场细分和目标市场 ··· 93

6.1　消费者市场细分基础 ··· 94
6.1.1　地理细分 ·· 95
6.1.2　人口细分 ·· 95
6.1.3　心理细分 ·· 97
6.1.4　行为细分 ·· 97

6.2　企业市场细分基础 ··· 99

6.3　目标市场选择 ·· 100
6.3.1　有效的细分标准 ··· 101
6.3.2　评估和选择细分市场 ·· 102

本章总结 ··· 104
注释 ··· 105

第7章　打造品牌定位与有效竞争 ·· 106

7.1　开发和创建品牌定位 ·· 107
7.1.1　理解定位和价值主张 ·· 107
7.1.2　选择竞争参照系 ··· 107
7.1.3　识别潜在差异点和共同点 ··· 108
7.1.4　选择差异点和共同点 ·· 109
7.1.5　基于情感的品牌定位 ·· 110
7.1.6　品牌箴言 ·· 111
7.1.7　创建品牌定位 ·· 111
7.1.8　其他定位方法 ·· 112

7.2　市场领导者的竞争战略 ··· 113
7.2.1　扩大市场总需求 ··· 113
7.2.2　保护市场份额 ·· 114
7.2.3　提高市场份额 ·· 115

7.3　其他竞争战略 ·· 116
7.3.1　市场挑战者战略 ··· 116
7.3.2　市场追随者战略 ··· 117
7.3.3　市场利基者战略 ··· 117

本章总结 ··· 118
注释 ··· 119

第8章 创建品牌资产与驱动增长 … 121

8.1 如何进行品牌化 … 122
8.1.1 品牌的作用 … 122
8.1.2 品牌化的范畴 … 122

8.2 定义品牌资产 … 123
8.2.1 基于顾客的品牌资产 … 123
8.2.2 品牌资产模型 … 123

8.3 建立品牌资产 … 125
8.3.1 选择品牌元素 … 125
8.3.2 设计整合营销活动 … 126
8.3.3 次级联想杠杆 … 126
8.3.4 内部品牌化 … 127

8.4 测量和管理品牌资产 … 127
8.4.1 品牌审计和品牌追踪 … 127
8.4.2 品牌估值 … 128
8.4.3 管理品牌资产 … 128

8.5 设计品牌战略 … 128
8.5.1 品牌化决策 … 129
8.5.2 品牌组合 … 129
8.5.3 品牌延伸 … 130

8.6 顾客资产 … 131

8.7 驱动增长 … 131
8.7.1 增长战略 … 132
8.7.2 增长核心能力 … 132

本章总结 … 133
注释 … 133

第四篇 创造价值

第9章 制定产品策略，推出新产品 … 139

9.1 产品特征与分类 … 140
9.1.1 产品层次：顾客价值层级 … 140
9.1.2 产品分类 … 141

9.2 差异化 … 141
9.2.1 产品差异化 … 142
9.2.2 服务差异化 … 142
9.2.3 设计差异化 … 143

9.3 产品和品牌关系 ··········· 143
9.3.1 产品层级 ············ 143
9.3.2 产品线分析 ··········· 144
9.3.3 产品线长度 ··········· 144
9.3.4 产品线现代化、特色化与精简 ··· 145
9.3.5 产品组合定价 ·········· 145
9.3.6 联合品牌与成分品牌 ······· 146
9.4 包装、标签、担保与质量保证 ······ 147
9.4.1 包装 ·············· 147
9.4.2 标签 ·············· 147
9.4.3 担保与质量保证 ········· 148
9.5 管理新产品 ·············· 148
9.5.1 创新的必要性与新产品成功 ···· 148
9.5.2 新产品开发 ··········· 148
9.6 消费者采纳过程 ············ 152
9.6.1 采纳过程的阶段 ········· 153
9.6.2 影响采纳过程的因素 ······· 153
9.7 产品生命周期营销战略 ········· 154
9.7.1 产品生命周期 ·········· 154
9.7.2 营销战略：引入期和开拓者优势 ·· 155
9.7.3 营销战略：成长期 ········ 155
9.7.4 营销战略：成熟期 ········ 155
9.7.5 营销战略：衰退期 ········ 156
9.7.6 对产品生命周期概念的评论 ···· 156
本章总结 ·················· 157
注释 ···················· 158

第10章 服务设计与管理 ············ 161
10.1 服务的性质 ·············· 162
10.1.1 服务组合分类 ········· 162
10.1.2 服务的独特性 ········· 163
10.2 新的服务现实 ············· 164
10.2.1 顾客关系转变 ········· 164
10.2.2 实现卓越的服务营销 ······ 165
10.2.3 服务差异化 ·········· 167
10.3 服务质量管理 ············· 167
10.3.1 顾客期望管理 ········· 168
10.3.2 自助服务技术 ········· 169

10.4 管理产品支持服务 170
 10.4.1 识别和满足顾客需求 170
 10.4.2 售后服务策略 170
本章总结 171
注释 171

第 11 章 制定定价策略与方案 174

11.1 理解定价 175
 11.1.1 数字世界的定价 175
 11.1.2 变化的定价环境 175
 11.1.3 企业如何定价 175
 11.1.4 消费者心理与定价 176
11.2 制定价格 177
 11.2.1 第一步：选择定价目标 178
 11.2.2 第二步：确定需求 178
 11.2.3 第三步：估算成本 179
 11.2.4 第四步：分析竞争者的成本、价格和产品 181
 11.2.5 第五步：选择定价方法 181
 11.2.6 第六步：确定最终价格 184
11.3 调整价格 184
 11.3.1 地区性定价（现金交易、对销贸易、易货贸易） 185
 11.3.2 价格折扣和折让 185
 11.3.3 促销定价 186
 11.3.4 差别定价 186
11.4 发起及应对价格变动 187
 11.4.1 发起降价 187
 11.4.2 发起提价 187
 11.4.3 预测竞争对手反应 188
 11.4.4 应对竞争对手价格变化 188
本章总结 188
注释 189

第五篇　传 递 价 值

第 12 章 设计和管理整合营销渠道 193

12.1 营销渠道和价值网络 194
 12.1.1 营销渠道的重要性 194
 12.1.2 多渠道营销 194

    12.1.3 整合多渠道营销体系 195
    12.1.4 价值网络 195
    12.1.5 数字渠道革命 195
  12.2 营销渠道的作用 196
    12.2.1 渠道功能和流程 196
    12.2.2 渠道层级 197
    12.2.3 服务业分销渠道 198
  12.3 渠道设计决策 198
    12.3.1 分析顾客需求 198
    12.3.2 建立目标和约束 199
    12.3.3 选择渠道方案 199
    12.3.4 评估渠道方案 200
  12.4 渠道管理决策 201
    12.4.1 选择渠道成员 201
    12.4.2 培训和激励渠道成员 201
    12.4.3 评估渠道成员 202
    12.4.4 改进渠道设计和安排 202
    12.4.5 全球渠道 202
  12.5 渠道整合与营销系统 202
    12.5.1 垂直营销系统 202
    12.5.2 水平营销系统 203
  12.6 电子商务和移动商务营销实践 203
    12.6.1 电子商务和纯网络公司 204
    12.6.2 电子商务和鼠标加水泥公司 204
    12.6.3 移动商务营销 204
  12.7 渠道冲突、合作和竞争 205
    12.7.1 渠道冲突和渠道竞争的类型 205
    12.7.2 渠道冲突的原因 206
    12.7.3 管理渠道冲突 206
    12.7.4 稀释和蚕食 206
    12.7.5 渠道关系中的法律和道德问题 206
  本章总结 207
  注释 207

第 13 章 零售、批发和物流管理 210

  13.1 零售 211
    13.1.1 零售商类型 211
    13.1.2 现代零售业的营销环境 212

13.1.3 零售商的营销决策 213
　13.2 自有品牌 215
　　　13.2.1 自有品牌的作用 215
　　　13.2.2 自有品牌的成功因素 215
　13.3 批发 216
　　　13.3.1 批发的功能 216
　　　13.3.2 批发市场的发展趋势 217
　13.4 市场物流 217
　　　13.4.1 整合物流系统 218
　　　13.4.2 市场物流的目标 218
　　　13.4.3 市场物流决策 218
　本章总结 220
　注释 221

第六篇　传播价值

第 14 章　整合营销传播的设计与管理 225
　14.1 营销传播的作用 226
　　　14.1.1 营销传播组合 226
　　　14.1.2 传播过程模型 228
　14.2 开展有效的传播 229
　　　14.2.1 识别目标受众 229
　　　14.2.2 设定传播目标 230
　　　14.2.3 设计传播方案 230
　　　14.2.4 选择传播渠道 231
　　　14.2.5 制定营销传播整体预算 232
　14.3 选择营销传播组合 233
　　　14.3.1 营销传播组合的特征 233
　　　14.3.2 制定营销传播组合的影响因素 234
　　　14.3.3 测量传播效果 234
　14.4 管理整合营销传播过程 235
　　　14.4.1 媒体协同 235
　　　14.4.2 整合营销传播(IMC)的实施 235
　本章总结 236
　注释 236

第 15 章　管理大众传播：广告，销售促进，事件和体验，公共关系 238
　15.1 制定并管理广告方案 239

		15.1.1 设定广告目标	239
		15.1.2 确定广告预算	240
		15.1.3 制定广告方案	240
		15.1.4 选择媒体	241
		15.1.5 评价广告效果	243
	15.2	销售促进	244
		15.2.1 广告与促销	244
		15.2.2 主要决策	244
	15.3	事件和体验	246
		15.3.1 事件营销目标	246
		15.3.2 主要赞助决策	247
		15.3.3 创造体验	247
	15.4	公共关系	247
		15.4.1 公共关系营销	248
		15.4.2 公共关系营销的主要决策	248
	本章总结		249
	注释		250

第 16 章 管理数字化传播：网络、社会化媒体和移动设备 252

	16.1	网络营销	253
		16.1.1 网络营销传播的优缺点	253
		16.1.2 网络营销传播方式	253
	16.2	社会化媒体	255
		16.2.1 社会化媒体平台	255
		16.2.2 使用社会化媒体	256
	16.3	口碑	256
		16.3.1 口碑的形式	256
		16.3.2 创造口碑效应	256
		16.3.3 测量口碑效果	257
	16.4	移动营销	258
		16.4.1 移动营销的范围	258
		16.4.2 制定有效的移动营销计划	259
		16.4.3 市场间的移动营销	259
	本章总结		259
	注释		260

第 17 章 管理个人传播：直复营销、数据库营销和人员销售 263

	17.1	直复营销	264
		17.1.1 直复营销的好处	264

         17.1.2 直邮 ………………………………………………………………… 264
         17.1.3 目录营销 ……………………………………………………………… 265
         17.1.4 电话营销 ……………………………………………………………… 265
         17.1.5 其他直复营销媒体 …………………………………………………… 265
         17.1.6 客户数据库和数据库营销 …………………………………………… 265
         17.1.7 直复营销中的公共和道德问题 ……………………………………… 266
    17.2 人员销售和销售团队 ………………………………………………………… 267
         17.2.1 销售代表的类型 ……………………………………………………… 267
         17.2.2 人员销售和关系营销 ………………………………………………… 267
         17.2.3 设计销售团队 ………………………………………………………… 268
    17.3 管理销售团队 ………………………………………………………………… 270
         17.3.1 招聘和选拔销售代表 ………………………………………………… 270
         17.3.2 培训和监督销售代表 ………………………………………………… 271
         17.3.3 销售代表工作效率 …………………………………………………… 271
         17.3.4 激励销售代表 ………………………………………………………… 271
         17.3.5 评价销售代表 ………………………………………………………… 272
    本章总结 …………………………………………………………………………… 272
    注释 ………………………………………………………………………………… 273

第七篇 管理营销组织获取长期成功

第 18 章 全球化营销管理 …………………………………………………………… 277

    18.1 基于全球化的竞争 …………………………………………………………… 278
         18.1.1 决定是否走向国际舞台 ……………………………………………… 278
         18.1.2 决定进入哪个市场 …………………………………………………… 278
         18.1.3 决定进入市场的方式 ………………………………………………… 279
         18.1.4 决定营销方案 ………………………………………………………… 280
    18.2 内部营销 ……………………………………………………………………… 282
         18.2.1 组建营销部门 ………………………………………………………… 282
         18.2.2 与其他部门的关系 …………………………………………………… 283
         18.2.3 建立创新型营销组织 ………………………………………………… 283
    18.3 社会责任营销 ………………………………………………………………… 284
         18.3.1 企业社会责任 ………………………………………………………… 284
         18.3.2 可持续性 ……………………………………………………………… 285
         18.3.3 善因营销 ……………………………………………………………… 285
         18.3.4 社会营销 ……………………………………………………………… 286
    本章总结 …………………………………………………………………………… 287
    注释 ………………………………………………………………………………… 287

术语表 …………………………………………………………………………………… 290

第一篇
理解营销管理

第1章　界定新态势下的市场营销
第2章　制定并执行营销战略和规划
第3章　收集信息和预测需求

营销管理（精要版·第6版）
A Framework for Marketing Management

第 1 章

界定新态势下的市场营销

本章将重点探讨如下问题:

1. 营销为什么重要?
2. 营销的范围是什么?
3. 营销中的核心概念有哪些?
4. 新营销态势中的主要力量是什么?
5. 成功的营销管理需要实现什么?

联合利华的营销管理

在宝洁公司前营销总监 Paul Polman 和营销大师 Keith Weed 的领导下,联合利华正在一个崭新的方向上驰骋。公司推出的"打造全方位生活品牌"模式,为多芬、ben & jerry's 和 knorr 等品牌确立了其社会、经济和产品内涵,如可持续性就是其中之一,具体来说就是生态足迹减半而利润翻番。企业致力于在"奇迹"和"逻辑"之间寻求平衡以提升营销传播效果,同时在营销培训方面加倍投入,并强调广告研究的重要性。联合利华放眼于发展中市场及新兴市场,希望到 2020 年能从这些市场获取 70%~75% 的利润。公司还采用"反向创新"策略,将营销创新先应用于发展中国家,再推广到正受经济衰退困扰的发达国家。目前,联合利华在西班牙销售小包装 Surf 洗涤剂(含 5 次洗涤量),在希腊销售小包装蛋黄酱。[1]

成功的营销并非偶然,而是经过精心规划并采用最先进的工具和技术实施的结果,既是一门艺术又是一门科学。本书将描述经验丰富的营销人员如何将经典营销实践进行提升,创造新方法,为新的营销现象找出解决方案。第 1 章作为全书的基础,将对重要的营销概念、工具、框架及问题进行回顾。

1.1　营销的价值

如果没有对产品和服务的充分需求,企业就无法创造利润,那么企业的财务、运营、会计和其他部门就无法发挥作用,即企业既要有收入,也要有利润。因此,企业财务上的盈利通常建立在其强大的营销能力基础之上。除了对企业,营销对整个社会同样有着非常重要的价值和作用,企业通过营销功能向消费者介绍新产品或对现有产品和服务进行改进,丰富便利了人们的生活。成功的营销能够创造市场对产品和服务的需求,相应地也就创造了就业机会。最起码,成功的营销还能让企业更多地投身于社会责任活动,贡献自己的力量。[2]

现在很多企业,包括服务企业及非营利机构,都设置首席营销官(CMO)职位,与其他部门总监如首席财务官(CFO)或首席信息官(CIO)同等重要。[3]在互联网环境下,消费者、市场竞争、技术和经济环境变化快,营销产生的效果比传统环境中放大数倍,因此营销人员必须考虑为新产品或服务设计哪些新功能,如何定价,选择哪些市场渠道,如何分配在广告、销售和在线及移动营销上的预算,让每一分投入都物有所值。

营销人员面临的最大风险在于:企业在营销过程中不能成功洞察其消费者和竞争对手的行为,不能持续改善其价值组合和营销战略,不能同时满足其雇员、股东、供应商和渠道伙伴的利益。因此,营销技术和技巧的提升是营销人员永不停歇的追求。虽然存在诸多挑战,一些企业仍然能够适应不断变化的环境并繁荣发展。

1.2　营销的范围

想要成为一名营销人员,首先需要理解什么是营销,营销如何运作,由谁来做营销,以及营销什么。

1.2.1　什么是营销

营销(marketing)是确认并满足人类及社会需求的相关行为,对营销最精炼的定义为"在实现企业利润的同时满足顾客需求"。当谷歌发现人们需要更快速高效地获取互联网信息时,就创造了一个强大的、能够对检索要求进行组织和优化的搜索引擎。当宜家发现人们想要价格低廉的好家具时,就创造了可拆装式家具。这两个企业的案例展示了营销的精髓,即把个人或社会的需求转变为有利的商业机会。

美国营销协会(AMA)对营销的定义为:营销就是为了向顾客、客户、合作伙伴和社会提供有价值的产品或服务,所进行的一系列创造、沟通、传递和交换的行为。[4]我们认为**营销管理**就是关于如何选择目标市场,并通过创造、传递和沟通顾客价值来获取、保持客户并使客户得以成长的科学和艺术。企业和顾客之间的价值共创,顾客和顾客之间的价值共创,以及价值创造和共享的重要性,已经成为现代营销理念发展的主题。[5]

需要注意的是,销售并非营销最重要的功能。著名的管理学大师彼得·德鲁克指出,

"营销的目标就是更好地了解并理解顾客需求,生产出与需求相匹配的产品或服务,让产品或服务实现自我销售。"完美的营销能够影响每一个潜在消费者,企业需要做的是为每一个消费者提供可获取的产品及服务。[6] 苹果公司设计的 iPad 和丰田公司生产的普锐斯(Prius)混合动力汽车推出时,订单爆棚,脱颖而出,正是因为它们基于全面周到的营销理念设计出正确的产品。

1.2.2 营销什么

企业主要营销以下十类物品:产品、服务、事件、体验、人员、地点、资产、组织、信息和创意。

产品:实体产品占据绝大多数国家生产和营销的主流。美国公司每年销售的新鲜、罐装、袋装及冷冻食品高达数十亿美元。

服务:随着经济的发展,各国服务的生产日益增长。当今美国经济中,服务和有形产品比率大致为 2∶1,这些服务包括航空、酒店、汽车租赁、美容美发、维修保养、会计、银行、律师、工程师、医生、软件开发和管理会计等。[7] 其中很多行业提供服务的同时伴随实体产品,如快餐店同时提供快餐食品和服务。

事件:时效性强的事件也是营销人员营销的一部分,如交易会、艺术展、公司周年庆典,像奥林匹克运动会和世界杯这种全球性体育活动,更是向企业和粉丝进行强势营销。

体验:通过把几种服务和产品精心策划组合在一起,企业可以创造、展现和营销客户体验。例如,顾客在迪斯尼乐园中,可以体验到童话王国、海盗船或者鬼屋等场景。还可以为顾客提供定制化体验,如和退役的棒球明星一起参加为期一周的集训。[8]

人员:艺术家、音乐家、首席执行官(CEO)、知名金融家及其他专业人士都会从专业营销人员那里获取帮助。[9] 自我品牌构建领域大师、知名管理顾问汤姆·比德斯建议,每个人都应该将自己打造为一个"品牌"。

地点:每个城市、州、地区以及整个国家都会为了吸引旅游者、居民、工厂和企业总部入驻而相互竞争。[10] 地点营销人员包括经济发展专家、房地产经纪商、商业银行、本地商业集团、广告商和公关公司。

资产:资产是指对实物资产(如房地产)或财务资产(股票和债券)的所有权,这些资产可以通过房地产代理商、投资公司和银行进行交易,因此需要营销。

组织:博物馆、艺术展览馆、公司及非营利机构都会通过营销来提升其公众形象,从而在竞争中获得更多用户及资金支持。一些大学还专门设立了首席营销官(CMO),以对学校标识和形象系统进行更好的管理,包括从入学手册设计、Twitter 内容推送到学校品牌战略等方面的全部内容。[11]

信息:信息是通过书本、中小学和大学生产、营销并发布给家长、学生和社区的有偿内容。

创意:市场上提供每个产品或服务都包含一个创意。例如,露华浓公司的 Charles Revson 提出"在工厂我们生产化妆品,在商店我们销售希望",即产品和服务是传递创意或福利的平台。"朋友不会让自己的朋友酒驾""浪费智慧是一件糟糕的事情",都是社会营销人员向大众推广的创意。

1.2.3 由谁来营销

那些向另一方即潜在顾客寻求关注、购买、投票、捐赠等回应的一方,称为营销人员。如果双方都试图向对方销售物品,则都被称为营销人员。

随着营销的发展,营销活动不仅仅局限于营销部门来完成。营销人员必须正确管理包括店面布局设计、包装设计、产品功能、雇员培训和运输物流在内的所有顾客接触点(顾客直接或间接和企业进行互动的场所)。要创造一个强大的营销组织,营销人员和其他部门经理都需要更多地借鉴对方的思维去思考。诸如产品创新、新业务开发、客户获取和保持、订单执行等关键流程的管理,需要包括营销人员在内的部门间团队的协同合作。

1.2.4 什么是市场

传统意义上的市场是指买方和卖方聚集起来进行商品交易的实体场所。经济学家将市场界定为交易特定产品或一类产品(例如房地产市场或谷物市场)的买方和卖方的集合。营销人员使用市场这一术语来描述各类消费者群体,他们经常探讨需求市场(有减肥需求的市场)、产品市场(鞋市场)、人口特征市场(千禧年出生的年轻人市场)、地理特征市场(中国市场),或者选民市场、劳动力市场及捐赠者市场。消费者市场、企业市场、全球市场和非营利市场为营销人员服务的四大主要市场。

图1.1展示了买方和卖方如何通过四种"流"连接在一起。卖方向市场传递产品、服务和传播信息(如广告和直邮),同时收取顾客款项及信息(如顾客态度和销售数据)。内环显示交易双方之间产品服务和款项的交换,外环显示双方的信息交换。

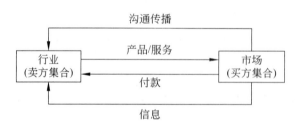

图1.1 一个简单的营销系统

1.3 营销的核心概念

为了理解营销的功能,需要先理解如下几组核心概念。

1.3.1 需要、欲望和需求

需要(need)是人类对诸如空气、食物、衣服和居所等的基本要求,人类同样对休闲、教育和娱乐有着强烈需要。当这些需要和能满足该需要的具体事物关联起来,需要就转变为欲望/想要(want)。例如,一个美国消费者需要食物充饥,他可能想要(欲望)芝加哥风味的"深盘比萨"和精酿啤酒;一个阿富汗人也需要食物充饥,而他可能想要(欲望)的是米饭、羊肉和胡萝卜。我们所处的社会塑造了我们有不同的欲望。当消费者有足够的支付能力来满足这些欲望,欲望就变成了需求(demand)。很多人都想要一辆奔驰车,但是只有少数人有能力购买。企业不仅需要估算有多少人想要其产品,更要了解有多少人愿意并且有能力购买该产品。

这些概念的区别为之前的争论"营销人员促使人们购买他们并不想要的东西"提供了新视角。其实营销人员并不创造需要,因为需要事先已经存在,营销人员可能会推进一些理念的传播,如"奔驰汽车能够满足一个人对社会地位的需求",但他们并不能创造对社会地位的需要。

一些顾客并不能完全意识到自己有什么需要,或者无法将自己的需要表达清楚。例如当顾客说想要一台"功能强大的"割草机或者想要一个"安静的"酒店,意味着什么呢?从中我们能够区分出 5 种类型的需要(以顾客想要"一辆便宜的汽车"为例):

1. 表述出的需要(顾客想要一辆便宜的汽车)
2. 真实的需要(顾客想要一辆使用成本低而非初始售价低的汽车)
3. 未表述的需要(消费者期望经销商提供好的服务)
4. 额外的需要(顾客可能想要经销商安装 GPS 系统)
5. 隐藏的需要(顾客希望朋友们认为自己是精明的消费者)

如果企业只满足了顾客表述出的需要,则无法挖掘出其真正需要而损失利润。[12]当平板电脑刚刚推出时,消费者对其了解并不多,苹果公司就致力于塑造消费者对平板电脑产品的感知。为了获取竞争优势,企业需要帮助顾客了解他们想要什么。

1.3.2 目标市场、定位和市场细分

并非每个人都喜欢同样的谷物早餐、酒店、大学或电影,因此营销人员会通过人口统计特征、心理特征及行为特征的差异,把消费者分成不同的组,在此基础上确定能带来最大市场机会的目标市场。企业为每一个目标市场设计基于消费者特征定位的产品/服务组合,传递核心价值。保时捷公司的目标客户为:想要在驾驶中寻求愉悦和刺激,并对轮胎有独特偏好的消费者。

1.3.3 产品和品牌

企业会根据对顾客需求的关注和了解,确立价值主张,即能够满足顾客需要的价值组合。无形的价值主张最终体现为有形的产品提供物,可以是产品、服务、信息及体验的组合。来自知名企业的产品提供物称为品牌。例如,苹果这一品牌会让人们产生体现其品牌形象的多种联想:创造性、创新、易于使用、有趣、酷、iPhone、iPad,等等。所有公司都在努力构建能产生强势的、正面的、独特的品牌联想的品牌形象。

1.3.4 营销渠道

营销人员通常采用三种营销渠道进入目标市场。企业通过传播渠道向目标客户传递和接收信息,这类渠道包括报纸、杂志、广播、电视、邮件、电话、智能手机、广告牌、海报和互联网等形式。企业还通过店面、网站和其他媒体向目标客户传递信息,增加了电子邮

件、微博、文本信息、网站等双向传播渠道,对传统的广告之类的单向传播渠道是很好的补充。

企业使用分销渠道向顾客展示、销售、传递产品和服务。这类渠道可以是企业通过互联网、邮件、手机、电话直接接触顾客的直接渠道,或者是通过分销商、批发商、零售商、代理商等中间商接触顾客的间接渠道。营销人员还会通过**服务渠道**来完成和潜在顾客的交易,比如仓储、物流公司、银行、保险公司等。如何选择、匹配和协调传播渠道、分销渠道和服务渠道的组合,是营销人员面临的一大挑战。

1.3.5 付费媒体、自有媒体、免费媒体

企业与消费者之间的互动传播媒介可分为三类[13]:**付费媒体**包括电视、杂志、广告、付费搜索、赞助等形式,营销人员在这些媒体上播放广告或展示品牌需要支付费用;**自有媒体**是企业自身拥有的传播渠道,例如公司/品牌宣传册、网站、官方博客、Facebook 主页、Twitter 账户等;**免费媒体**是消费者、新闻媒体或其他外部人士自发通过口碑营销、蜂鸣营销、病毒营销等方式传播品牌相关信息的媒介。免费媒体的出现让一些企业如 Chipotle 减少了在付费媒体上的支出。[14]

1.3.6 印象、投入

如今营销人员可通过三种"屏幕"触及消费者:电视、互联网和移动终端。当消费者通过这些屏幕浏览企业传播的信息时,即产生印象,它是测量传播范围或传播广度的一个有用的指标,可进行跨媒体比较。这一指标的不足之处在于对用户浏览信息之后的效果没有更深入的测量。投入是指顾客对企业传播信息的关注和积极参与程度,更有可能为企业创造价值。Facebook 的"点赞",Twitter 的内容"更新",或网站上的评论、视频及其他内容的分享,都可测量互联网用户的投入程度。

1.3.7 价值、满意

顾客会选择对他们感知**价值**最大的产品或服务,这里的价值是指所有有形和无形收益总和与成本之差。价值是营销的核心概念,主要包括质量、服务和价格三方面的组合,被称为顾客价值铁三角。消费者的感知价值随着质量和服务的提升而提升,随着价格的增加而下降。

满意反映的是消费者对产品感知价值和其期望之间进行比较判断的结果。如果产品性能低于顾客期望,顾客就会失望;如果产品性能和顾客期望相当,顾客就会满意;如果产品性能超越顾客期望,顾客就会感觉到意外的惊喜。

1.3.8 供应链

供应链是包括从原材料生产商到零配件商再到购买终端产品的消费者在内的一条长链条。例如,咖啡的供应链前端始于种植、养护、采摘咖啡豆的农户,农户将收成卖给批发商或者交易合作社之后,咖啡豆经过各种加工被运送至发达国家,通过批发商或零售商进行销售。供应链上每一个企业只获取整个供应链系统创造的总价值的一部分。当一个企

业想要获取更高比例的利润,通常会并购竞争对手或者采取将其业务向上下游延伸的策略。

1.3.9 竞争

竞争是指消费者可能会考虑的全部现实及潜在竞争产品和替代产品。比如,一家汽车厂商可以从美国钢铁公司购买钢材,也可以从日本或韩国公司购买,还可以从小型钢铁厂购买。此外,这家汽车厂商还可能购买Alcoa的铝制配件或工程塑料替代钢材,减轻汽车重量。显而易见,替代产品生产商比其他钢铁公司对美国钢铁公司的威胁更大。如果美国钢铁公司意识不到这一形势,就会将竞争对手范围局限在钢铁行业而增加被替代风险。

1.3.10 营销环境

营销环境包括任务环境和宏观环境。任务环境是指产品生产、分销和促销过程中的各参与方,包括主体公司、供应商、分销商、交易商和目标客户。供应商群体包括原材料供应商和服务供应商,如营销调研机构、广告代理商、金融和保险公司、物流公司、电信公司等。分销商和交易商包括代理商、经纪商、厂商代表以及其他参与销售过程的组织。

宏观环境包括六部分:人口环境、经济环境、社会文化环境、自然环境、技术环境和政治法律环境。营销人员应当密切关注宏观环境的发展变化趋势,适时调整营销战略。

1.4 营销新态势

随着新的营销实践、机会和挑战的出现,市场与10年前相比已经发生了翻天覆地的变化。本书将聚焦引起变革的三方面动力:技术、全球化和社会责任。

1.4.1 技术

社会变化的步伐和技术进步的规模令人震惊,电子商务、移动互联网迅速崛起,网络在新兴市场快速渗透,波士顿咨询集团认为品牌营销人员需要对其"数字资产负债表"进行提升。[15]如今,营销人员和消费者面对大规模数量级的信息和数据,几乎涵盖所有方面。因此Gartner技术调研公司预测,到2017年首席营销官比首席信息官在信息技术方面将投入更多时间。

"信息即力量"这一信条已经被新理念"分享信息即力量"所取代[16],即使是传统的营销活动也受到技术的极大影响。仅举其中一个例子:制药商Roche向其全部销售团队派发iPad用于药品销售,以提高销售效果。如今销售人员可以实时录入数据,在提高数据质量的同时,还能腾出更多时间处理其他任务。[17]

1.4.2 全球化

世界变得越来越小,先进的物流、运输和通信技术让我们能够更加便利地了解外面的世界,在世界各地旅游、做贸易。到2025年,新兴市场年消费总额将达到30万亿美元,占全球GDP的70%以上。[18]到2050年,来自新兴市场的金融服务消费额占全球金融服务消费总额的比例,预计将由2010年的18%上升至56%左右。

全球化趋势促进了各国多元文化特性的增强。美国的少数族裔对经济产生很大影响,其购买力的增长高于平均人口购买力增长水平。因此,一项调查数据显示87%的企业都计划增加或者至少保持在多元文化传媒方面的预算。[19]企业可将在一个国家总结的营销创意和经验教训用于另一个国家。通用电气(GE)公司的超声扫描仪在中国市场多年以来业绩平平,经过详细了解中国市场的独特需求之后,公司专门开发了一款超低成本的便携式超声扫描仪,获得成功。之后,GE公司又将此产品成功地推广到其他发展中国家,用于救护车和手术室,取代过于庞大的现有设备。[20]

1.4.3 社会责任

当前社会存在的贫穷、污染、水资源缺乏、气候变化、战争、贫富不均等问题需要引起关注。私有行业正在为改善生活环境尽一定的责任,全世界企业也都将企业的社会责任角色提升到更重要的位置。因为营销的效果和影响延伸至整个社会,所以营销人员在营销过程中必须考虑道德、环境、法律和社会背景等问题。[21]"营销洞察:走向市场营销3.0"描述了企业需要如何改变。

1.4.4 急剧变化的市场

技术、全球化和社会责任这三大力量已经让市场发生了极大的变化,同时赋予了消费者和企业新的能力(见表1.1)。

表1.1 应对变化市场的新能力

消费者新能力
- 能够把互联网作为有效的信息获取和协助购买工具
- 能够在移动过程中检索、沟通信息,完成购买
- 能够使用社会化媒体分享观点,表现对品牌的忠诚
- 能够积极和企业互动
- 能够拒绝不恰当的营销方式

企业新能力
- 能够把互联网作为有效的信息渠道和销售渠道(包括个性化商品销售)
- 能够收集更为全面丰富的市场、顾客、潜在消费者和竞争对手信息
- 能够通过社会化媒体和移动营销快速高效地触及目标客户,定向发送广告、优惠券和相关信息
- 能够提升采购、招聘、培训以及内外部沟通效果
- 能够提高成本效益

消费者拥有更多选择的原因之一是分销渠道的变化。实体店零售商面临来自目录销售商、直邮企业、报纸/杂志和电视广告、家庭购物频道和电子商务的竞争。因此零售商在店里增加咖啡吧、现场展示和表演等娱乐性因素,营销的是"体验"而非仅是商品。早期的互联网公司如亚马逊通过改变传统的商品流,成功创造了**去中介化**(disintermediation)模式,如今传统企业在其业务中增加在线服务,成为"鼠标加水泥"零售商,开始**重新中介化**(reintermediation)模式。

全球化引发了本土品牌和国外品牌之间激烈的竞争,同时私有品牌(权威零售商自建品牌并销售)和超级品牌(品牌延伸至相关产品类别)的兴起,以及管制放松和私有化趋势的加深,也增加了竞争强度。很多国家已经对一些行业解除管制,竞争会更为激烈,同时带来的发展机会也更多。本着促进竞争的目的,美国已经全面放宽了对金融服务、电信、电力等行业的法律法规限定。同时,很多国家为了提高市场效率而把上市公司私有化,进一步增加了竞争压力。

营销人员越来越多地被问及其投资如何提升财务指标和利润,如何塑造品牌,以及如何增加客户基数。企业、机构等组织也认识到其市场价值大多由品牌、客户基数、雇员、分销商和供应商关系、智力资本等无形资产创造。因此,企业开始使用更多指标来测量其营销和业务绩效,同时采用更多样化的财务方法对营销投入所创造的直接和间接价值进行评估。

营销洞察

走向营销3.0

三位营销大师菲利普·科特勒、何麻温·卡塔加雅和伊万·塞蒂亚万认为现在的顾客希望营销人员能够把他们当作完整的社会人对待,意识到他们的需求绝不仅仅是简单的商品消费。因此成功的营销必然包括人性或情感方面的因素。价值驱动的"营销3.0"被称为思维的第三次浪潮,将带领我们超越以往提出的产品中心和消费者中心模式。营销3.0的三大核心趋势包括:消费者参与和协作营销,全球化,以及创意社会的兴起。

- 我们生活在技术持续发展的环境中——低成本的互联网、廉价的计算机和移动电话、开源服务和系统。具有丰富表现力和协作特征的社会化媒体(如Facebook和维基百科)改变了营销人员和消费者之间的互动方式。
- 和文化相关的品牌能够产生深远影响。例如,在不适于建立全球品牌的环境,企业可在当地建立并推广文化品牌。
- 有创意的人越来越多地成为发达经济体的主力。通过在企业文化、企业愿景和企业使命中注入营销价值,营销能够帮助企业挖掘创意和灵感。

三位营销大师认为营销的未来将是消费者—消费者之间的营销,近期的经济低迷并未影响市场信任,当消费者选择商品的时候,越来越多地向其他消费者寻求可靠的信息。

1.5 企业的市场导向

基于以上营销新态势,企业在营销实践中应该遵循什么样的营销思维呢?我们首先来回顾一下营销理念的变迁。

1.5.1 生产观念

生产观念是最古老的营销观念之一,该观念认为消费者更喜欢随处可得的便宜商品。

以生产观念为导向的企业,其目标是实现高生产效率、低成本和大规模分销。这种观念在发展中国家比较适用,如中国最大的个人电脑生产商联想,正是利用了中国丰富的廉价劳动力资源,从而占据市场主导地位。当营销人员想要扩展市场时,也会采用生产观念。

1.5.2 产品观念

产品观念认为消费者更热衷质量性能上乘或创新型产品。然而,企业管理者有时会过于喜爱自己的商品,而陷入"更好的捕鼠器"谬误,产生"酒香不怕巷子深"的想法,即只要产品好,顾客自然会主动上门。正如很多企业已经体验到的,如果没有恰当的定价、分销、广告和销售策略,再好的产品也未必能成功。

1.5.3 销售观念

销售观念认为如果对消费者和企业都不加引导,任其自由决定,则消费者不会购买足够量的企业商品。这一现象对于非渴求商品(通常情况下消费者不会主动考虑购买的商品,如保险、墓地)最为突出。产能过剩的企业也会采用这一观念,因为生产出的产品不一定是市场需求的产品。强行推销是有风险的,当消费者感觉被欺骗,不仅不会再次购买,还会传播负面口碑或者向消费者组织投诉。

1.5.4 营销观念

营销观念产生于20世纪50年代中期,是一种以消费者中心,感知并响应消费者需求的理念。该观念认为营销的功能不是为产品找到合适的消费者,而是为消费者找到恰当的产品。企业成功的关键在于,要比竞争对手更有效地为目标市场创造、沟通和传递更好的顾客价值。哈佛大学的西奥多·莱维特(Theodore Levitt)把销售观念和营销观念进行了清晰的对比:[22]

销售观念强调卖方需求,营销观念聚焦买方需求。销售观念的主导思想是将商品转化为利润,营销观念的主导思想是通过创造、传递、消费产品及配套服务来满足顾客需求。

1.5.5 全局营销观念

全局营销观念强调营销规划、营销流程和营销活动的全面开发、设计和实施过程,涵盖范围广,且各步骤相互影响。该观念认为营销涉及各个方面,因此需要更加全面、整合的视角来理解营销。全局营销观念的作用是认识到营销活动的范围和复杂性,并使各个因素协调发展。图1.2展示了全局营销观念的四大组成部分:关系营销、整合营销、内部营销和绩效营销。本书将贯穿对这些主要方面的讲解。

关系营销 关系营销指企业和各主要受众方建立双方都满意的长期关系,以保持或增加企业利润。[23]关系营销的四个关键组成部分是:顾客、员工、合作伙伴(渠道商、供应商、分销商、零售商、代理商)、利益相关者(股东、投资人、分析家)。

关系营销的最终目的是为企业形成一种独特资产:营销网络,这个网络由和企业之间形成双赢关系的各利益方构成,包括顾客、员工、供应商、分销商、零售商等。关系营销的实施准则也很简单:和主要利益相关方构建一个有效的关系网络,利润自然会随之而

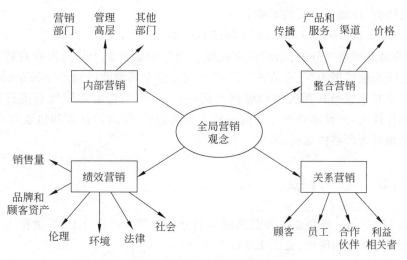

图1.2 全局营销观念维度

来。[24]因此,越来越多的企业选择自己经营品牌而非实体资产,保留核心优势业务而把外围业务分包给更为经济且更专业的公司。

企业会根据每个消费者的历史交易记录、人口统计信息、心理特征、媒体及渠道偏好等信息,为个体消费者定制个性化产品、服务和信息。企业希望通过聚焦盈利率最高的顾客、产品和渠道实现利润增长,即通过提高客户忠诚度从每个顾客的消费中获取更高比例的利润。企业估算每个顾客的终身价值,并依此设计产品、定价,获取利润。关系营销不仅需要巧妙地对客户关系进行管理,还需要注重合作伙伴关系管理。如果企业把供应商和分销商视为合作伙伴共同向最终消费者传递价值,深化合作关系管理,则各方均可受益。

整合营销 整合营销是指企业在创造、传播、传递顾客价值过程中,采用"总体大于部分之和"的理念设计营销方案和计划。整合营销的两大主线是:(1)营销活动中很多不同的要素都能够创造、传播和传递价值;(2)营销人员在设计和执行每一个营销要素时,应当同时考虑其他要素。例如,一家医院从通用电气公司购买一台核磁诊断设备的同时,也期望企业能够提供很好的安装、维护及培训等相关服务。在营销传播方面,企业也应当采用整合传播策略,使得各个传播渠道及内容能够相互强化和互补。为确保品牌信息在每个接触点传播的一致性,营销人员会有选择性地选择电视、广播、印刷广告、公共关系和事件、网站等传播渠道,以使每个渠道既能单独发挥作用,又能提高整体效果。

内部营销 内部营销作为全局营销观念的要素之一,是指雇用、培训和激发员工更好地为顾客提供服务。精明的营销人员认识到内部营销和外部营销同样重要,有时甚至更为重要。

绩效营销 绩效营销要求企业理解营销方案和营销活动对企业和社会带来的财务及非财务回报。如前所述,顶尖营销人员不仅仅关注销售额,而且越来越多地关注市场份额、顾客流失率、顾客满意度、产品质量等指标,同时还会考虑营销方案和营销活动产生的法律、伦理、社会、环境等方面的影响。

当 Ben Cohen 和 Jerry Greenfield 创建 Ben & Jerry's 公司时,就引入了绩效营销理念,把传统的财务底线一分为二为"双重底线",同时测量企业产品及流程对环境的影响。之后双重底线又被扩展为"三重底线",用以展现企业全部商业活动产生的正、负面社会影响。一些企业并未履行其在法律和道德方面的责任,而消费者需要更有责任感的企业。一项研究报告指出,全世界至少 1/3 的消费者认为银行、保险提供商和包装食品生产商等行业应当采用更为严格的规范。[25]

1.6 4P升级

多年前 McCarthy 将企业各种营销活动划分为四类营销组合工具,被称为 4P 营销组合:产品、价格、地点和促销(见图 1.3)。[26]

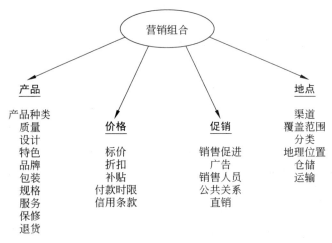

图 1.3 4P 营销组合

然而,正如全局营销观念所示,如果考虑到营销的广度、复杂性和丰富性,则传统的 4P 框架无法对营销进行全面诠释。升级后的 4P 包含了现代营销的代表性要素,即人员、流程、方案和绩效(见表 1.2),体现了全局营销观念。

表 1.2 营销管理的变迁	
4P 营销组合	现代营销管理中的 4P
产品	人员
地点	流程
促销	方案
价格	绩效

人员一方面体现了内部营销和员工对于成功营销的重要性,另一方面也体现了营销人员不应该仅把顾客视为商品和服务的消费者,而应把他们看作完整的社会人,更为全面

地了解其生活。

流程涵盖了营销管理中所有创意、原则、结构等要素。营销人员需要确保优秀的营销创意和概念在营销过程中发挥恰当作用,以创建互益且持久的顾客关系,产生丰富的洞察力,创造出突破性产品、服务和营销活动。

方案是指企业所有面向消费者的营销活动,既包括原有 4P 组合,也包括一些可能与传统营销理念不符的其他营销活动。这些营销活动不管是在线或者离线,也不管是传统或者非传统,都必须进行整合,因为整体效果大于各部分之和,能够为企业实现多重目标。

在全局营销观念中,绩效是指衡量企业营销效果的财务和非财务指标(如利润率、品牌、顾客资产等),以及一些超越企业范畴的绩效指标(如社会责任、法律、道德、社区等)。

1.7 营销管理的任务

图 1.4 对新出现的营销现象进行了总结,包括前文提到的三大市场力量、两大市场产出及全局营销观念的四大支柱。基于这些概念,我们可以明确成功的营销管理和营销引领者需要完成的任务。

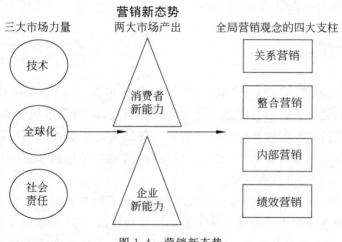

图 1.4 营销新态势

- **制定和执行营销战略与计划**。营销管理的首要任务就是基于企业已有的市场经验和核心竞争力,识别潜在的长期市场机会,并制定计划。详细内容请参阅第 2 章。
- **捕捉市场机会**。每个企业都应当密切关注市场环境变化,评估市场潜力,预测市场需求。第 3 章主要对营销信息和营销调研、市场需求、市场环境进行介绍。
- **保持顾客关系**。企业进行营销管理,需要明确如何为目标顾客更好地创造价值,如何发展长期互利且双赢的顾客关系,第 4 章和第 5 章将探讨这些内容。

- **打造强势品牌**。第 6 章将介绍企业如何进行市场细分,对每个细分市场进行评价,并选择能提供最优服务的目标市场。接下来企业需要基于目标市场特征进行有竞争力的品牌定位,将在第 7 章进行探讨。同时,企业也需要理解顾客对其品牌的感知,制定品牌成长计划,第 8 章将涵盖这部分内容。
- **创造价值**。企业向市场提供的有形产品是营销方案的核心,包括产品质量、设计、特色和包装,将在第 9 章进行探索。第 10 章介绍企业如何设计并营销服务。第 11 章将探讨企业的定价策略。
- **传递价值**。企业如何将其产品和服务的价值传递给目标市场顾客?第 12 章将讨论企业的渠道策略,以使顾客更为便利地获取企业产品和服务。第 13 章将探索零售商、批发商及实体分销商等渠道商在价值传递中的营销决策。
- **传播价值**。营销人员需要向目标市场用户传播产品和服务的价值,通过整合营销传播最大化传播效果,详见第 14 章讲解。第 15 章将对大众传播工具进行介绍,如广告、销售促进、事件营销和公共关系。第 16 章将讨论如何通过网络、社会化媒体和移动媒介触及消费者。第 17 章将对诸如直销、数据库营销、人员推销等个人传播方式进行介绍。
- **长期利益导向**。企业制定营销战略,在考虑全球化带来的机遇和挑战的同时,还要考虑社会责任和道德影响等长期利益。因此,营销管理需要以长期利益为导向进行组织构建,详见第 18 章内容。

本章总结

营销是企业为顾客、客户、合作伙伴和社会创造、传播、传递和交换价值的一系列活动、制度和过程的集合。营销管理是关于选择目标市场,向目标市场顾客创造、传递和传播价值以获取、保持和发展顾客的科学与艺术。营销人员主要在四类市场(消费者市场、企业市场、全球市场和非营利市场)进行营销活动,营销对象包括产品、服务、事件、体验、人员、地点、资产、组织、信息和创意。

现在的市场相比传统市场发生了巨大变化,赋予了消费者和企业很多新的能力。技术、全球化和社会责任等市场力量带来了新的机会和挑战,极大地改变了营销管理的逻辑和内容。企业可以选择生产观念、产品观念、销售观念、营销观念或全局营销观念作为其经营理念。营销计划、流程和营销活动的开发、设计、实施,每部分涵盖内容都很广,且各部分相互关联,这是全局营销观念产生的基础。关系营销、整合营销、内部营销和绩效营销是全局营销观念的四个组成部分。成功的营销管理包括营销战略计划的开发实施,捕捉市场机会,和顾客保持关系,构建强势品牌,创造、传递和传播价值,以及在经济全球化视野下对营销组织进行管理。

注释

1. "'Captain Planet,' The HBR Interview: Unilever CEO Paul Polman," *Harvard Business Review*, June 2012; "Unilever Reframes Marketing," February 8, 2012, www.warc.com; "Unilever Gets Back to Basics," www.warc.com, September 11, 2012; "Unilever Confident on China," www.warc.com, September 17, 2012; Geoffrey Precourt, "Engaging with Media and Markets: Unilever's Prowl for Experiential Improvement," *WARC Events Report: 4A's Transformation*, March 2011; "Unilever Targets Russia," www.warc.com, October 4, 2012; "Unilever Adopts 'Reverse Engineering,'" www.warc.com, October 1, 2012; "Unilever Seeks New Way Forward," www.warc.com, October 23, 2012; "Unilever Prioritises Emerging Markets," www.warc.com, October 31, 2012; Peter Evans, "Unilever Flags Further Emerging-Market Slowdown," *Wall Street Journal*, July 24, 2014.
2. Philip Kotler, "Marketing: The Underappreciated Workhorse," *Market Leader* Quarter 2 (2009), pp. 8–10.
3. Peter C. Verhoef and Peter S. H. Leeflang, "Understanding the Marketing Department's Influence within the Firm," *Journal of Marketing* 73 (March 2009), pp. 14–37; Pravin Nath and Vijay Mahajan, "Marketing in the C-Suite: A Study of Chief Marketing Officer Power in Firms' Top Management Teams," *Journal of Marketing* 75 (January 2012), pp. 60–77; Christian Schulze, Bernd Skiera, and Thorsten Weisel, "Linking Customer and Financial Metrics to Shareholder Value: The Leverage Effect in Customer-Based Valuation," *Journal of Marketing* 76 (March 2012), pp. 17–32.
4. American Marketing Association, "Definition of Marketing," www.marketingpower.com/AboutAMA/Pages/DefinitionofMarketing.aspx; Lisa Keefe, "Marketing Defined," *Marketing News*, January 15, 2008, pp. 28–29.
5. Robert F. Lusch and Frederick E. Webster Jr., "A Stakeholder-Unifying, Cocreation Philosophy for Marketing," *Journal of Macromarketing* 31, no. 2 (2011), pp. 129–34. See also Robert F. Lusch and Frederick E. Webster Jr., "Elevating Marketing: Marketing Is Dead! Long Live Marketing!," *Journal of Academy of Marketing Science* 41 (January 2013), pp. 389–99.
6. Peter Drucker, *Management: Tasks, Responsibilities, Practices* (New York: Harper and Row, 1973), pp. 64–65.
7. Lisa Mataloni and Andrew Hodge, "Gross Domestic Product: First Quarter 2012 (Second Estimate)," *Bureau of Economic Analysis*, May 31, 2012.
8. B. Joseph Pine II and James Gilmore, *The Experience Economy* (Boston: Harvard Business School Press, 1999); Bernd Schmitt, *Experience Marketing* (New York: Free Press, 1999); Philip Kotler, "Dream Vacations: The Booming Market for Designed Experiences," *The Futurist*, October 1984, pp. 7–13.
9. Irving J. Rein, Philip Kotler, Michael Hamlin, and Martin Stoller, *High Visibility*, 3rd ed. (New York: McGraw-Hill, 2006).
10. Philip Kotler, Christer Asplund, Irving Rein, and Donald H. Haider, *Marketing Places in Europe: Attracting Investments, Industries, Residents, and Visitors to European Cities, Communities, Regions, and Nations* (London: Financial Times Prentice Hall, 1999); Philip Kotler, Irving J. Rein, and Donald Haider, *Marketing Places: Attracting Investment, Industry, and Tourism to Cities, States, and Nations* (New York: Free Press, 1993).
11. Emily Glazer and Melissa Korn, "Marketing Pros: Big Brands on Campus," *Wall Street Journal*, August 5, 2012.
12. Nikolaus Franke, Peter Keinz, and Christoph J. Steger, "Testing the Value of Customization: When Do Customers Really Prefer Products Tailored to Their Preferences?" *Journal of Marketing* 73 (September 2009), pp. 103–21.
13. Sean Corcoran, "Defining Earned, Owned and Paid Media," *Forrester Blogs*, December 16, 2009. For an empirical examination, see Andrew T. Stephen and Jeff Galak, "The Effects of Traditional and Social Earned Media on Sales: A Study of a Microlending Marketplace," *Journal of Marketing Research* 49 (October 2012), pp. 624–39.
14. Jim Edwards, "How Chipotle's Business Model Depends on NEVER Running TV Ads," *Business Insider*, March 16, 2012; Dan Klamm, "How Chipotle Uses Social Media to Cultivate a Better World," *Spredfast*, March 21, 2012; Danielle Sacks, "For Exploding All the Rules; Chipotle: The World's 50 Most Innovative Companies in 2012," *Fast Company*, October 2012.
15. "Digital Focus Vital for Brands," www.warc.com, January 30, 2012.
16. David Kirkpatrick, "Social Power and the Coming Corporate Revolution," *Forbes*, September 26, 2011.
17. Peter Mansell, "Pharma Sales and the Digital Rep," *Eye for Pharma*, May 28, 2012.
18. Yuval Atsmon, Peter Child, Richard Dobbs, and Laxman Narasimhan, "Winning the $30 Trillion Decathalon: Going for Gold in Emerging Marketing Markets," *McKinsey Quarterly*, August 2012.

19. "Multicultural Shoppers Attract U.S. Brands," www.warc.com, October 8, 2012.
20. Vijay Govindarajan and Chris Trimble, *Reverse Innovation: Create Far from Home, Win Everywhere* (Boston: Harvard Business School Publishing, 2012).
21. Rajendra Sisodia, David Wolfe, and Jagdish Sheth, *Firms of Endearment: How World-Class Companies Profit from Passion* (Upper Saddle River, NJ: Wharton School Publishing, 2007).
22. Theodore Levitt, "Marketing Myopia," *Harvard Business Review,* July–August 1960, p. 50.
23. Evert Gummesson, *Total Relationship Marketing* (Boston: Butterworth-Heinemann, 1999); Regis McKenna, *Relationship Marketing* (Reading, MA: Addison-Wesley, 1991); Martin Christopher, Adrian Payne, and David Ballantyne, *Relationship Marketing* (Oxford, UK: Butterworth-Heinemann, 1991).
24. James C. Anderson, Hakan Hakansson, and Jan Johanson, "Dyadic Business Relationships within a Business Network Context," *Journal of Marketing* (October 15, 1994), pp. 1–15.
25. "Many Shoppers Support Regulation," www.warc.com, July 10, 2012.
26. E. Jerome McCarthy and William D. Perreault, *Basic Marketing: A Global-Managerial Approach,* 14th ed. (Homewood, IL: McGraw-Hill/Irwin, 2002).

第 2 章

制定并执行营销战略和规划

本章将解决下列问题:

1. 营销如何影响顾客价值?
2. 企业不同层级如何执行营销战略规划?
3. 营销规划包括哪些内容?
4. 企业如何监控其营销活动,提升绩效?

惠普的营销管理

曾经的技术先锋惠普公司近年遭遇不少困境,2012 年季度费用更是高达 95 亿美元,其中 80 亿美元是因为灾难性地收购了 EDS(电子数据系统公司)而产生的 IT 服务部门减值。IT 服务部门的核心商业模式是承接外部客户的 IT 项目,因此当客户不再签订大额的长期外包合同,部门利润随即下降。在创新难度极大的个人电脑这个成熟的市场,惠普个人电脑销售大幅下降,因此公司不得不宣布退出该市场。随着消费者打印需求的减少,惠普打印机和墨盒的销量下滑。CEO 梅格·怀特曼宣布将设计业务作为公司重点,对个人电脑部门进行重组,设计出更为清洁、敏感度更高的产品。公司目前还没有移动电话方面的战略,怀特曼承认还有很多工作需要做。[1] 由此可见,惠普公司正在调整企业战略,体现了企业在应对新营销环境中所做的重要改变。

制定正确的营销战略需要多学科知识的交叉融合,且战略要具有足够的灵活性以应对市场变化。企业需要坚持一个战略,并不断将其完善。在当今快速变化的营销世界中,确定最优长期战略对企业至关重要,但又充满挑战,正如惠普公司已经体验到的那样。本章将阐述战略营销在顾客价值创造、营销规划以及营销绩效评估方面的意义。

2.1 营销和顾客价值

任何商务活动的目的都是向顾客传递价值并获取利润。现在的消费者获取信息更快、信息量更大、信息渠道更多,企业只有不断优化调整其价值传递流程,向消费者选择、提供、传播比竞争对手更高的价值,才能在竞争中取胜。

2.1.1 价值传递过程

传统营销观念认为企业生产并销售产品,营销的作用发生在产品销售过程中。只有在因商品短缺,消费者对产品质量、特征或样式并不挑剔的经济体中(如发展中国家基本的生活必需品市场),以此营销观念为导向的企业才有可能成功。

在存在多类消费者的经济体中,消费者需求、感知、偏好及购买标准各异,精明的竞争者会向确定的目标市场设计并传递产品及服务价值。这激发了企业商业流程设计的新视角,即把营销置于战略规划的第一步。企业因此把自己当作价值传递过程中的一部分,而不再只强调产品生产和销售。

价值创造和传递过程包括三个阶段。[2] 第一阶段为选择价值,在这一阶段中,营销人员对市场进行细分,选择合适的目标市场,设计产品和服务的价值定位。包含"市场细分、目标市场选择、市场定位"三要素的STP框架是战略营销的精髓。第二阶段为提供价值,企业通过明确具体的产品特征、价格及分销策略,为顾客提供价值。第三阶段为传播价值,企业通过互联网、广告、人员销售及其他传播工具向目标顾客传播价值、推广产品,价值传递过程始于产品生产之前,并持续到产品开发及上市之后。

2.1.2 价值链

哈佛大学的迈克尔·波特教授提出**价值链**就是确定如何创造更多顾客价值的工具。[3] 该模型认为,每个企业都在进行产品的设计、生产、营销、传递、支持等综合活动。一个企业创造价值和产生成本的9类战略相关活动,包括5类主要活动和4类支持活动。

5类主要活动包括:(1)进料物流,即输入原材料到企业进行加工;(2)生产,即将原材料转化为最终产品;(3)出厂物流,即将最终产品输出;(4)营销,包括销售活动;(5)服务。如下4类支持活动由专门部门负责:(1)采购;(2)技术开发;(3)人力资源管理;(4)企业基础设施(包括综合管理、计划、财务、会计、法律和政府事务)。

企业的任务是监控每个价值创造活动的成本和绩效,把竞争对手作为标杆进行比较,并寻求改善措施。即使最优秀的企业,必要时也需要以其他行业作为标杆进行参考,提升绩效。企业的成功不仅依靠每个部门的业务表现,还需要各部门协作以完成企业5类核心业务流程[4]:

- 市场认知流程——收集市场信息并采取相应行动。
- 新产品实现流程——在预算范围内快速调研、开发、推出高质量新产品。

- 客户获取流程——定义目标市场,开发新客户。
- 客户关系管理流程——更加深入了解客户并与之建立更好的顾客关系。
- 订单履行管理流程——接收并确认订单、准时发货、回收货款。

有实力的企业对工作流进行重构,并组建跨职能团队负责每个重构流程。[5]福特公司专门组建改进车辆用水流程的跨职能团队,使得每辆车的用水量减少30%。[6]企业还需要在供应商、分销商和顾客这一价值链中寻求除自身业务之外的竞争优势。很多企业与特定的供应商和分销商合作创建**价值传递网络**,也称为供应链。

2.1.3 核心竞争力

现在,企业如果能够以更低的价格从外部获取更优质的资源,则更愿意通过外包从外部获取非核心资源,这一模式的关键在于企业核心业务资源及核心能力必须由企业自己掌握。**核心竞争力**具有如下三方面特征:(1)核心竞争力是企业竞争优势的来源,对顾客感知价值起到重要作用;(2)广泛适用于多种不同类型的市场;(3)竞争者难以模仿。企业如果在更广泛的商业流程中展现出独特的能力或表现,也形成竞争优势。沃顿商学院的乔治·戴认为市场导向的企业在如下三方面表现出独特的能力:市场敏感性、顾客联结、渠道关系。[7]

提到市场敏感性,戴教授认为大量市场机会和威胁最初往往都体现为来自企业"外围"的一些"微弱信号"。[8]他建议通过学习过去、评价现在及展望未来,对外围信号进行系统探索和开发。久而久之,为了最大化核心竞争力,企业可能会在如下方面进行调整:(重新)定义企业理念或"伟大创意"、(重新)塑造业务范围、(重新)定位企业品牌标识。

2.1.4 战略规划的重要作用

营销人员在制定战略规划时应首先考虑如下三方面:(1)将企业业务作为一项投资组合进行管理;(2)评估市场增长率及企业的市场地位;(3)制定战略。绝大多数企业都包括四层组织结构:企业层级、部门层级、业务单元层级和产品层级。企业总部负责制定指导整个企业发展的企业级战略规划,决定对每个部门分配的资源额度,以及开展或终止哪些业务。每个部门制定本部门内每个业务单元的资源分配计划。每个业务单元制定战略规划,说明该业务未来如何盈利。最后,每个负责产品层级(产品线、品牌)的团队需要制定营销计划说明如何实现产品目标。

营销规划是同时在战略和策略层面指导协调企业营销活动的主要工具。**战略性营销规划**基于对最优市场机会的分析,设定企业目标市场及价值主张。**策略性营销规划**描述的是企业各类营销策略,包括产品特征、促销、商品化、定价、销售渠道和服务策略等方面。图2.1展示了包括计划、执行、控制在内的完整的战略规划流程。

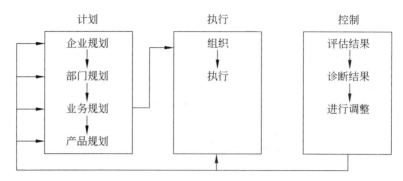

图 2.1　战略规划、执行和控制

2.2　企业和部门战略规划

所有企业高层都会进行以下四种战略规划活动：(1)明确企业使命；(2)构建战略业务单元；(3)给每个业务单元分配资源；(4)评估成长机会。以下分别对每一项进行详细介绍。

2.2.1　明确企业使命

组织的存在是为了完成一定的使命,如生产汽车、提供贷款业务或住宿服务等。随着时间推移,为了应对新的市场机会和变化的市场状况,企业的使命会随之改变。例如,亚马逊最初的使命为"成为世界上最大的网络书店",现在则改变为"立志成为世界上最大的在线商城"。为了明确地定义企业使命,需要重点回答彼得·德鲁克提出的如下经典问题[9]：我们经营什么？我们的客户是谁？我们能给顾客提供什么价值？我们未来要经营什么？我们应该经营什么？这些听上去很简单的问题却是企业面临的最头疼的问题,成功的企业不断地提出这些问题,并努力解答。

一份阐述清晰、有见地的**使命陈述**能够为各方提供共享的目标、方向和机会,通常由管理者、员工以及顾客协作制定。好的使命陈述仅聚焦有限个企业目标,强调企业的主要策略和价值,在企业将要涉入的领域确定主要竞争范围。好的使命陈述立足长远视角,内容精炼、易记、意义深远。表2.1列示了使命陈述中的关键竞争范围,并加以实例说明。

表 2.1 定义使命陈述中的竞争领域和边界		
竞争范围	描　　述	示　　例
行业	一些企业仅涉足一个行业；一些企业涉足多个相关行业；一些企业可能同时涉足企业市场和消费者市场；一些企业可服务任何行业。	Caterpillar 公司仅关注组织市场；约翰迪尔公司则同时服务组织市场和消费者市场。
产品及应用	企业提供的产品及应用的范围。	圣犹达医疗公司向医生提供医疗技术及服务。

续表

竞争范围	描 述	示 例
能力	企业掌握及可利用的技术及其他核心能力的范畴。	日本NEC公司的核心能力包括：计算，通信，为笔记本电脑、电视接收器及手持电话生产配件。
细分市场	企业将要服务的市场及消费者类型。	嘉宝公司(Gerber)专注服务婴儿市场。
纵向产业链	企业参与的从原材料到最终产品分销链条上，渠道层级的数目。	一个极端是企业纵向产业链渠道层级众多；另一个极端是所谓"空心企业"，几乎全部产品和服务都采取外包形式获得。
地理范围	企业业务所在的地区、国家或国家集群。	一些企业只在特定城市或州开展业务；还有一些跨国企业在多国经营业务，如荷兰皇家石油业务覆盖100多个国家。

2.2.2　构建战略业务单元(SBU)

大公司通常涉及多类不同业务，需要为每类业务制定战略。一个**战略业务单元**(SBU)具有三方面特征：(1)它是一项单独的业务或相关业务的集合，能独立于其他业务单独规划；(2)有自己的竞争对手；(3)每个SBU都有负责战略规划和绩效的管理者，能够控制影响利润的大部分因素。确定企业战略业务单元的目的是为不同业务制定独立的战略，并分配相应的资金。高层管理者应该清楚企业的业务组合通常会包括"曾经辉煌"的业务和可能是"明日之星"的业务。

2.2.3　为每个战略业务单元分配资源[10]

战略业务单元确定之后，就需要为每个SBU分配资源。最新的方法是投资组合规划方法，对股东价值进行分析，并判断SBU的存在是提升了还是降低了企业的市场价值。这种价值计算方法评估的是一项业务的发展潜力，分析内容包括：企业在全球化扩张中是否有成长机会、是否需要重新定位或重新定义目标市场、是否需要战略外包。

2.2.4　评估成长机会

对企业成长机会进行评估，包括规划新业务、削减现有业务和终止旧业务三方面。如果企业实际销售额低于预期销售额，企业管理层就需要开发或收购新业务来提升业绩，有如下三种可能的选择：在现有业务中确定成长机会(密集型成长机会)、打造或收购与现有业务相关的业务(一体化成长机会)、增加有吸引力的非相关业务(多元化成长机会)。

- **密集型成长**。营销人员可以使用"产品—市场扩张矩阵"，把"现有产品/新产品""现有市场/新市场"四个维度进行不同组合，对企业的战略成长机会进行分析。企业首先通过市场渗透战略分析其在现有市场能否获取更多现有产品的市场份额。其次通过市场开发战略分析是否能够为现有产品找到或开发出新市场。然后通过产品开发战略分析是否能为现有市场用户开发出新产品。最后，企业还需要考虑通过多元化战略为全新市场提供全新产品的可能机会。

- 一体化成长。企业可以通过后向一体化(收购供应商)、前向一体化(收购分销商)或横向一体化(收购竞争对手)来提升销量和利润,而横向并购和联盟的方式并不总是有效。
- 多元化成长。当现有业务之外出现好的市场机会——该行业具有高度吸引力,同时企业拥有综合商业资源,则企业可考虑开发与现有产品线在技术或市场方面能产生协同效应的新产品,吸引不同的顾客群体。企业也可以通过横向并购战略寻找/开发与现有产品关联度不大的新产品,吸引现有顾客。最后,企业还可以开展与现有技术、产品、市场均无关的新业务,通过综合战略实现多元化。

当企业为了释放必要的资源以开展新的业务、降低成本,而决定削减、剥离现有一些陈旧的业务时,需要谨慎对待。

2.2.5 组织和组织文化

战略规划以组织为背景进行,而在快速变化的商业环境中,企业和组织的结构、政策、企业文化等要素都可能会失灵。**企业文化**是指"体现企业特性的共享的经验、故事、信仰和规范"。一个以客户为中心的企业文化能够影响到组织的方方面面。汽车租赁公司Enterprise 在近期的"Enterprise之路"广告中宣传其雇员的能力,其中一个广告以"能够解决一切问题"为主题,而且任何企业门店都有权限采取措施使顾客满意度达到最大化。[11]虽然管理者通过努力可以改变企业组织结构和政策,但企业文化却很难改变。适应企业文化往往是成功实施新战略的关键。

组织应当以未来为发展视角来制定战略。荷兰皇家壳牌石油公司率先采用**情境分析**方法,对企业未来可能的发展情境进行展示陈述,对驱动市场发展的力量和各种不确定性因素进行假设。管理者思考每一个情境并提出问题"如果未来发展是这样,我们应该做什么",从而选择一个最可能发生的情境,并关注可能支持或否定这一决策的各种因素。[12]

2.3 业务单元战略规划

业务单元战略规划流程包括如图 2.2 所示各步骤,接下来的部分将分别对每个步骤进行探讨。

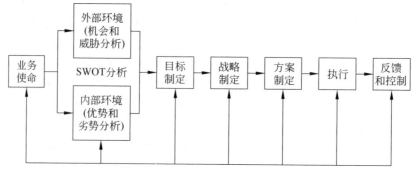

图 2.2 业务单元战略规划流程

2.3.1 确定业务使命

每一个业务单元都需要在较为宽广的企业使命范围内确定其具体使命,例如一家电视演播室灯光照明设备公司将使命定义为"为主流电视演播室提供最先进可靠的演播室灯光照明技术和设备"。请注意这一使命里没有提到为小演播室提供服务、确保价格最低或提供非照明产品这些内容。

2.3.2 优势、劣势、机会和威胁(SWOT)分析

对企业的优势、劣势、机会和威胁进行全面分析评估,称为 SWOT 分析,这是一种对企业内部和外部营销环境进行监控的方式。

外部环境(机会和威胁)分析 业务单元需要对影响企业利润获取的关键宏观环境因素和微观环境因素进行监控,追踪最新发展趋势和成果,识别相关机会和威胁。

好的营销是寻找机会、开发机会,并从这些机会中获利的一门艺术。**营销机会**(marketing opportunity)是指有极大可能为企业带来高额利润的存在买方需求和兴趣的市场领域。市场机会有三种主要来源[14]:第一个来源是提供市场供不应求的商品;第二个来源是通过新的或者更高端的方式提供已有产品或服务,采用的方法可以是向消费者寻求建议(问题识别法),或者让消费者想象理想化的产品或服务是什么样(理想化方法),还可以让消费者记录他们在商品购买、使用和处理等过程中的步骤(消费链法);第三个来源是提供全新产品或服务。

营销人员应当善于从以下方面发现市场机会:

- **行业融合趋势**。这一趋势为混合产品或服务的推出打开了机会,正如手机生产商推出带有 GPS 功能和其他新功能的手机。
- **让购买过程更加便利高效**。美孚石油推出基于 RFID(射频识别技术)的支付系统"速度通"(Speed Pass),让消费者能够在加油时更加快速简单地完成支付。
- **满足用户对信息和建议的需求**。安吉公司(Angie's List)网站展示了顾客对本地家居服务商和相关服务的评论,把顾客和当地商家连接起来。
- **定制商品或服务**。添柏岚(Timberland)公司可以让顾客对鞋子的不同部分选择喜欢的颜色,添加姓名字母缩写或数字,选择不同的拼接和刺绣装饰。
- **给产品增加新性能**。消费者可以用 iMac 电脑创造和编辑数字电影"iMovies",并上传到网络和全世界朋友分享。
- **更快地传递产品或服务**。联邦快递开拓出了比美国邮政更快速的送货方式。
- **提供更低的价格**。一些制药企业模仿知名品牌,制造出同一类药品的普通版,以较低的价格销售。

企业通常采用市场机会分析(MOA)方法,通过回答以下问题来评估市场机会:

(1) 我们能够将价值有信服力地传达给目标市场吗?
(2) 我们能够通过经济有效的媒体和渠道定位并触及目标市场吗?
(3) 我们公司是否拥有传递顾客价值所需的关键能力和资源?
(4) 我们能够比现有及潜在竞争对手更好地传递顾客价值吗?

(5) 市场回报率是否能够满足或超越投资方最低要求?

环境威胁(environmental threat)是由外部的不利趋势或发展带来的挑战,企业如果不采取防御性营销行为,则会造成企业销售额或利润损失。对于发生概率高、对公司破坏性强的主要威胁,企业需要有应急计划。对于一些较小的威胁,虽然可以忽略,但企业仍需对新出现的威胁仔细监控以防其发展壮大。

内部环境(优势和劣势)分析 找到有吸引力的市场机会和能够利用市场机会是两回事,因此每个企业都需要对内部优势和劣势进行评估。企业无须克服其全部劣势或扩大其全部优势,最大的问题在于企业是仅专注于已具备优势的市场机会,还是考虑需要开发新优势的机会。

2.3.3 目标制定

完成 SWOT 分析之后,下一步就是**目标制定**,为规划阶段的任务制定具体目标。目标是在重要性和时间分配上都非常具体的一系列任务。大多数企业都制定混合目标,包括盈利率、销售额增长、市场份额提升、风险控制和创新。企业业务单元确定具体目标后,需要进行目标管理(MBO)。要顺畅地进行目标管理,企业设定的目标需要具备如下特征:(1)按重要性程度从最重要到最不重要分级;(2)尽可能量化;(3)切实可行;(4)具备一致性。其他需要权衡的重要因素还包括:短期利润还是长期增长;对现有市场的进一步渗透还是开发新市场;营利性目标还是非营利性目标;高增长还是低风险。每一种选择都需要不同的营销战略支持。[15]

2.3.4 战略制定

目标是业务单元想要实现的内容,而**战略**是帮助业务单元达到目标的策略规划。每一个企业都需要为实现目标制定战略,包括营销战略及相配套的技术战略和采购战略。迈克尔·波特提出了帮助企业进行战略思考的三个通用战略:总成本领先战略、差异化战略和聚焦战略。[16]

- **总成本领先战略**。企业力争实现最低的生产成本和分销成本,从而能以低于竞争对手的价格定价,赢得市场份额。这一战略不需要太多营销技巧,但问题在于其他企业通常会以更低的价格来竞争。
- **差异化战略**。企业专注于重要的客户价值领域,提供与竞争对手不同的价值,以实现更高的企业绩效。
- **聚焦战略**。企业聚焦于一个或多个狭小的细分市场,以便更深入地了解目标客户,并在这些市场实行总成本领先战略或差异化战略。

在同一目标市场采用相同战略的企业称为**战略集团**[17],其中战略执行最好的企业将获取最大利润。波特将运营效能和战略进行了区分:竞争对手可以通过建立标杆或利用其他工具,对运营效能高的企业进行快速模仿,从而使该企业在运营效能上失去优势。而战略,则是"创造企业独特价值定位的一系列活动",当企业采用与竞争对手不同的活动,或者以不同的方式来执行这些活动时,就具有了战略。

如果不与国内或跨国公司结盟使企业资源能力得到互补,则即使如 AT&T、飞利浦和星巴克这类大公司,也很难在国内或国际市场成为引领者。营销联盟的合作包括产品或服务(授权或联合营销)、促销(帮助其他企业进行促销)、物流(传递或分销其他企业的产品)和定价(提供联合价格折扣)。为确保战略联盟有效运转,企业需要建立与之相适应的组织结构,很多企业将构建与管理长久合作伙伴关系的能力视为企业的核心能力,称为**合作伙伴关系管理**(PRM)。

2.3.5 战略和执行

战略强调的是营销方案和营销活动的内容以及原因,而执行的重点在于营销方案的执行人员、地点、时间和方式。麦肯锡咨询公司认为,战略只是成功企业所具备的七个要素(7S)之一。[18] 在这七个要素中,前三个是企业成功的"硬件"——战略、结构和系统,后四个是企业成功的"软件"——风格、技能、人员和共享的价值观。当企业具备所有这些要素时,战略执行层面会更为成功。[19] 战略的成功执行依赖于管理者对营销方案的有效控制。企业战略与市场环境的匹配适应程度随着时间推移,不可避免地会逐渐降低,因为市场环境的变化要快于企业7S要素的变化。因此,企业或许能够保持效率,但会失于效益。彼得·德鲁克指出,"做正确的事"(注重效果)比"正确地做事"(注重效率)更为重要。当然,最成功的企业在这两方面都更为胜出。

组织,尤其是大型组织容易形成惯性,因此很难仅调整企业的一部分战略而保持其他要素不变。然而,组织可以在危机发生之前,通过强有力的领导力来进行变革。组织健康的关键在于能对不断变化的环境进行监测,并有意愿接受新的目标和行动。"营销洞察:企业新方向"中对企业如何调整以适应新营销环境进行了描述。

营销洞察

企业新方向

在新态势下,企业能否生存或者能否持续繁荣,取决于企业能够以什么样的速度制定有效的新战略。来看以下几个例子:

- 随着消费者越来越多地使用智能手机获取地图进行导航,最大的导航设备(GPS)生产商佳明(Garmin)公司的销量下降迅速。它的解决办法是同汽车厂商合作,把GPS设备预先嵌入在汽车控制台仪表盘上。此外,佳明公司还开发了自己的智能手机APP。
- 当陶氏化学的大众化工产品战略无法再盈利时,公司将战略转向独特、创新的高边际收益产品,如太阳能板,并投资如下四个领域:清洁能源、营养健康、新兴市场消费主义和基础设施。
- 亚马逊Kindle、苹果iPad和其他平板电脑的快速成功,颠覆了传统的纸质书市场。传统书店、图书馆和出版商都意识到只要点击下载就能完成书的销售和传递过程。图书馆现在可以出借电子书和电子阅读器,当到了借阅期限,书会自动从用户的借阅记录中消失。

2.4 营销规划

根据上级制定的战略规划,营销经理需要为每个产品、产品线、品牌、渠道或者顾客群建立营销规划。**营销规划**主要描述了营销人员对市场的了解,以及企业如何实现营销目标[20],也包括在规划的不同阶段,企业的策略和资金分配。[21]营销总监们认为,现在的营销规划最常被提到的问题是缺乏现实性、竞争性分析不足以及短视性。

2.4.1 营销规划的内容

一份营销规划通常包括如下部分:
- **执行摘要和目录**。
- **现状分析**。这部分提供有关销售、成本、市场、竞争对手和宏观环境的相关背景数据。如何定义市场?市场规模有多大?成长性如何?发展趋势和关键问题是什么?企业利用这些数据进行 SWOT 分析。
- **营销战略**。这一部分中,营销经理需要明确企业使命、营销和财务目标、企业预期满足的需求以及企业的竞争性定位,所有这些都需要来自采购、制造、销售、财务及人力资源等各部门的信息数据支持。
- **营销策略**。这一部分中,营销经理需要列出为实施营销战略所需要开展的营销活动,包括产品服务策略、定价策略、渠道策略、沟通策略等。
- **财务预测**。财务预测包括销量预测(按月和产品类别统计)、成本预测(分解细化到每一类产品)和盈亏平衡分析(企业需要销售多少产品才能覆盖固定成本和单位变动成本)。
- **执行控制**。这部分描述对营销活动如何控制,对执行过程如何调整,通常按月或季度列出目标和预算,以便管理者按期对结果进行评估,并采取必要的补救。

2.4.2 从营销规划到营销行动

大多数企业都会制定年度营销规划,并提前计划好足够的时间做营销调研、分析、管理核查和部门间协调等工作。规划开始实施之后,企业会监控每一步的执行结果,调查实际执行与计划的偏差,并采取必要的调整措施以确保营销效果向正确方向发展。一些企业还备有应急计划,这样就可根据需要及时更新和调整营销规划。

2.5 营销执行、控制和绩效

营销执行(marketing implementation)是指为确保规划目标能够实现,把营销规划分解细化为有效的具体行动的过程。[22]再夺目的战略规划,如果执行不力也毫无意义,因此,规划中通常需要列出预算、日程表和营销绩效评估方法,以对营销活动进行长期监测和评价。营销人员可以比较一个时期实际消费和预算的差异。日程表用来显示任务的预计完成时间和实际完成时间。营销绩效评估用来监测营销活动的实际产出,看企业是否离目标更进一步。管理者能够用这些工具测量营销绩效,对营销活动的执行进行控制。

营销支出虽然在短期内很容易量化,但是其执行效果,例如品牌认知度、品牌形象、顾客忠诚度和新产品预期的提升可能需要数月甚至数年才能显现。测量营销生产率的另外两个方法是:(1)营销绩效评估——评价营销效果;(2)营销组合模型——预测营销结果产生的原因,测量营销行为如何影响营销结果。营销仪表盘是对这两种方法产生的测量数据进行呈现的结构化方法。

2.5.1 营销绩效评估

营销绩效评估(marketing metrics)是帮助营销人员对营销绩效进行量化、对比和解释的一系列测量方法。[23] 现在,营销人员有更好的评估办法对营销规划的绩效进行衡量(见表2.2示例)。[24] 企业可以根据自己面临的特定问题来选择绩效评估方法。伦敦商学院的 Tim Ambler 教授认为企业绩效评估可分为两部分:(1)短期效果;(2)品牌资产的变化。[25] 短期效果通常指企业损益,通过销售额、股东收益两个指标的组合或其中一个指标来体现。品牌资产的测量包括:顾客认知、态度和行为;市场份额;相对溢价;顾客投诉数量;分销渠道和商品可获得性;顾客总数;感知质量;忠诚度和顾客保留。[26]

表 2.2 营销绩效评估指标

销售评估指标	**分销相关评估指标**
• 销售增长率	• 分销渠道数目
• 市场份额	• 店铺份额
• 新产品销售额	• 分销渠道权重
顾客购买意愿程度评估指标	• 渠道收益
• 认知度	• 平均库存量(价值)
• 偏好	• 库存能支持的天数
• 购买意向	• 缺货频率
• 试用率	• 货架占比
• 购买率	• 每个销售点的平均销售量
顾客评估指标	**传播相关评估指标**
• 顾客投诉	• 原发(未经提示)品牌认知
• 顾客满意度	• 首位提及的品牌认知
• 支持/不支持顾客比率	• 继发(经提示)品牌认知
• 顾客获取成本	• 原发(未经提示)广告认知
• 新顾客获取率	• 继发(经提示)广告认知
• 顾客损失	• 有效广告到达率
• 顾客流失	• 有效广告频率
• 顾客终身价值	• 总收视率
• 顾客资产	• 响应率
• 顾客利润率	
• 顾客回报	

2.5.2 营销组合模型

营销审计意味着营销人员需要更加精确地估计不同投资产生的效果。营销组合模型通过对多种来源的数据进行分析,以理解特定营销活动产生的效果,这些数据来源包括来自零售端的扫描数据、企业运输数据、定价数据、媒体和促销的支出数据等。[27] 为了深入理解营销效果,营销人员可以对数据进行多元化分析,如多元回归分析,按每个营销要素对营销效果的影响大小进行排序,如对每个品牌按销售量或市场份额排序。营销组合模型在经营包装商品的企业中尤为常用,如宝洁公司和高露洁公司,这一方法有助于企业对支出进行合理分配或再分配。通过分析可以了解哪部分广告预算被浪费,最优支出水平是什么,最低投资额应该是多少。

虽然营销组合模型有助于分析不同营销要素独立产生的效果,但对于多要素组合效果的差异评估却没有那么有效。沃顿商学院的 Dave Reibstein 教授还提出营销组合模型的另外三个短板[28]:(1)该模型聚焦于销售的增量变化而非基于基线销售额或长期效果;(2)对有关顾客满意度、认知度和品牌资产的评估指标整合度有限;(3)总体上缺少有关竞争者、行业或者销售人员等方面的评估。

2.5.3 营销仪表盘

管理人员可以把内部和外部相关测量汇总在营销仪表盘上,以便综合分析诠释。营销仪表盘类似汽车或飞机上的工具面板,以可视化方式显示实时指标,确保各项功能正常运转。营销仪表盘较为正式的说法是"整个组织通用的一套简洁的相互关联的绩效驱动指标"。[29]

企业在向营销仪表盘输入数据时,应当包括如下两个基于市场表现的关键计分卡,它们能够反映企业绩效,并可能提供早期预警信号。一个是**顾客绩效计分卡**,记录企业每年在基于顾客的测量指标上表现如何,比如有多大比例顾客承诺愿意再次购买商品。另一个是**股东绩效计分卡**,记录了对企业绩效感兴趣并能产生重要影响的各利益相关方的满意度,如雇员、供应商、银行、分销商、零售商和股东。当其中一方或多方不满意程度上升或超过正常水平时,管理者需要采取相关措施。[30]企业可能将其目标定为取悦消费者、为雇员利益创造好业绩以及让供应商了解顾客满意的最低标准,不管是什么目标,都不能损害任何利益相关方对其所得的公平性感知。

2.5.4 营销控制

营销控制是帮助企业对营销活动进行评估,并做出必要调整和改变的过程。表 2.3 列出了营销控制的四大类型:年度计划控制、盈利率控制、效率控制和战略控制。

表 2.3 营销控制的类型

控制类型	主要责任人	控制目标	方　　法
Ⅰ.年度计划控制	高层管理者 中层管理者	检验营销活动是否达到预计效果	• 销售分析 • 市场份额分析 • 销售收入—成本比率 • 财务分析 • 基于市场的计分卡分析
Ⅱ.盈利率控制	营销控制专员	检验企业盈利和亏损的领域	如下方面的盈利率: • 产品 • 领域 • 顾客 • 细分市场 • 交易渠道 • 订单量

续表

控制类型	主要责任人	控制目标	方法
Ⅲ. 效率控制	产品线和员工管理者 营销控制专员	评估并提高营销开支的效率及影响力	以下方面的利润率： • 销售团队 • 广告 • 销售促进 • 分销
Ⅳ. 战略控制	高层管理者 营销审计人员	检验企业在市场、产品和渠道方面是否获得最好机会	• 营销效果评级工具 • 营销审计 • 营销卓越性评价 • 企业伦理及社会责任评价

年度计划控制用以确保企业达到其在年度计划中设定的销售额、利润以及其他指标。为了实现年度计划控制，企业管理者需要设立年度或季度目标，监测市场营销绩效，明确重大绩效偏差产生的原因，采取补救措施以缩小目标和实际绩效的差距（见图2.3）。盈利率控制用于确定是否需要对某些产品线进行延伸或缩减，是否需要停止某些营销活动。

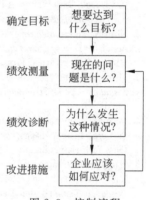

图 2.3 控制流程

效率控制能够帮助企业找到更好的办法来管理营销支出和投资。一些企业还设立了营销控制专员的职位来提高营销活动的效率。营销控制专员的职责包括检验企业实际表现和利润规划的契合程度，帮助品牌经理制定预算，测量促销活动的效率，分析媒体产出的成本，评估客户和区域盈利率，培训营销职员，使其理解不同营销决策对于财务指标的影响。

有了战略控制，企业可以定期通过营销审计对其市场战略进行再评估。**营销审计**是对企业或业务单元的营销环境、目标、战略和行为进行复杂的、系统的、独立的定期核查，以明确产生问题的区域和可能的机会，并提供能够提高营销绩效的规划。好的营销审计覆盖面广，涵盖宏观环境、任务环境、营销战略、营销组织、营销系统、营销生产率和营销功能。运营状态好的企业和陷入困境的企业都可以从常规的营销审计中获益。

 ## 本章总结

企业通过价值链分析工具可以明确本行业中创造顾客价值和花费成本的主要活动是哪些。价值传递过程包括选择（或明确）、提供（或传递）和传播卓越价值。市场导向的战略规划，是促进组织目标、技能、资源与变化的市场机会之间相适应，并保持这一匹配程度的管理过程。

企业战略规划涉及多个层面：企业层面、部门层面、业务单元层面以及产品层面。企业战略规划包括明确企业使命、构建战略业务单元（SBUs）、分配资源以及评估成长机会，部门和战略业务单元的战略规划都在此框架之下进行。营销规划反映了企业对于市场的了解程度，以及企业在战略和战术层面如何实现营销目标。企业通过营销执行把营销规划分解成实际行动,以实现规划目标。企业通过营销绩效评估、营销组合模型和营销仪表盘对营销效率进行监测和评估。通过营销控制,企业管理者可以对营销活动的效果进行评估和改进。

注释

1. Ben Worthen and Shara Tibken, "H-P to Book $8 Billion Charge," *Wall Street Journal*, August 8, 2012; Ben Worthen, "H-P Tries On a Sleeker Look," *Wall Street Journal*, September 17, 2012; Ben Worthen, "H-P, Dell Struggle as Buyers Shun PCs," *Wall Street Journal*, August 22, 2012; Aaron Ricadela, "Why Hewlett-Packard Impulse Buy Didn't Pay Off," *Bloomberg Businessweek*, December 3, 2012, pp. 35–36; Jack Hough, "Meg Whitman's Turnaround at HP," *Barron's*, April 5, 2014.

2. Nirmalya Kumar, *Marketing as Strategy: The CEO's Agenda for Driving Growth and Innovation* (Boston: Harvard Business School Press, 2004).

3. Michael E. Porter, *Competitive Advantage: Creating and Sustaining Superior Performance* (New York: Free Press, 1985).

4. Michael Hammer and James Champy, *Reengineering the Corporation: A Manifesto for Business Revolution* (New York: Harper Business, 1993).

5. Hammer and Champy, *Reengineering the Corporation*; Jon R. Katzenbach and Douglas K. Smith, *The Wisdom of Teams* (Boston: Harvard Business School Press, 1993); Matias G. Enz and Douglas M. Lambert, "Using Cross-Functional, Cross-Firm Teams to Co-Create Value: The Role of Financial Measures," *Industrial Marketing Management*, 41 (April 2012), pp. 495–507.

6. "Ford Targets 30% Water Reduction per Vehicle," *Manufacturing Close-Up*, January 10, 2012.

7. George S. Day, "Closing the Marketing Capabilities Gap," *Journal of Marketing* 75 (July 2011), pp. 183–95.

8. George S. Day and Paul J. H. Schoemaker, *Peripheral Vision: Detecting the Weak Signals That Will Make or Break Your Company* (Cambridge, MA: Harvard Business School Press, 2006); Paul J. H. Schoemaker and George S. Day, "How to Make Sense of Weak Signals," *MIT Sloan Management Review* (Spring 2009), pp. 81–89.

9. Peter Drucker, *Management: Tasks, Responsibilities and Practices* (New York: Harper and Row, 1973), chapter 7.

10. This section is based on Robert M. Grant, *Contemporary Strategy Analysis*, 8th ed. (New York: John Wiley & Sons, 2013), chapter 5.

11. Beth Snyder Bulik, "Customer Service Playing Bigger Role as Marketing Tool," *Advertising Age*, November 7, 2011.

12. Paul J. H. Shoemaker, "Scenario Planning: A Tool for Strategic Thinking," *Sloan Management Review* (Winter 1995), pp. 25–40.

13. Philip Kotler, *Kotler on Marketing* (New York: Free Press, 1999).

14. Kotler, *Kotler on Marketing*.

15. Dominic Dodd and Ken Favaro, "Managing the Right Tension," *Harvard Business Review*, December 2006, pp. 62–74.

16. Michael E. Porter, *Competitive Strategy: Techniques for Analyzing Industries and Competitors* (New York: Free Press, 1980), chapter 2.

17. Michael E. Porter, "What Is Strategy?" *Harvard Business Review*, November–December 1996, pp. 61–78.

18. Thomas J. Peters and Robert H. Waterman Jr., *In Search of Excellence: Lessons from America's Best-Run Companies* (New York: Harper and Row, 1982), pp. 9–12.

19. John P. Kotter and James L. Heskett, *Corporate Culture and Performance* (New York: Free Press, 1992).

20. An excellent hands-on guide to developing a marketing plan can be found with Alexander Chernev, *The Marketing Plan Handbook* (Chicago, IL: Cerebellum Press, 2011), on which some of the discussion in this section is built. See also Marian Burk Wood, *The Marketing Plan Handbook*, 5th ed. (Upper Saddle River, NJ: Pearson, 2014); Tim Calkins, *Breakthrough Marketing Plans* (New York: Palgrave MacMillan, 2008).

21. Donald R. Lehmann and Russell S. Winer, *Product Management*, 3rd ed. (Boston: McGraw-Hill/Irwin, 2001).

22. For more on developing and implementing marketing plans, see H. W. Goetsch, *Developing, Implementing, and Managing an Effective Marketing Plan* (Chicago: NTC Business Books, 1993). See also Thomas V. Bonoma, *The Marketing Edge: Making Strategies Work* (New York: Free Press, 1985). Much of this section is based on Bonoma's work.

23. Elisabeth Sullivan, "Measure Up," *Marketing News*, May 30, 2009, pp. 8–11.

24. For other examples, see Paul W. Farris, Neil T. Bendle, Phillip E. Pfeifer, and David J. Reibstein, *Marketing Metrics: 50+ Metrics Every Executive Should Master* (Upper Saddle River, NJ: Wharton School Publishing, 2006).

25. Tim Ambler, *Marketing and the Bottom Line: The New Methods of Corporate Wealth*, 2nd ed. (London: Pearson Education, 2003).

26. Kusum L. Ailawadi, Donald R. Lehmann, and Scott A. Neslin, "Revenue Premium as an Outcome Measure of Brand Equity," *Journal of Marketing* 67 (October 2003), pp. 1–17.
27. Gerard J. Tellis, "Modeling Marketing Mix," Rajiv Grover and Marco Vriens, eds., *Handbook of Marketing Research* (Thousand Oaks, CA: Sage Publications, 2006).
28. David J. Reibstein, "Connect the Dots," *CMO Magazine*, May 2005.
29. For insightful discussion of the design and implementation of marketing dashboards, see Koen Pauwels, *It's Not the Size of the Data, It's How You Use It: Smarter Marketing with Analytics and Dashboards* (New York: AMACOM: 2014) and consult the resources at www.marketdashboards.com.
30. Robert S. Kaplan and David P. Norton, *The Balanced Scorecard* (Boston: Harvard Business School Press, 1996).

第 3 章

收集信息和预测需求

本章将解决下列问题：

1. 现代营销信息系统有哪些组成部分？
2. 企业应当如何收集营销情报信息？
3. 成功的营销调研如何做？
4. 企业如何准确地测量和预测市场需求？
5. 宏观环境发生了哪些有影响力的变化？

金宝汤（Campbell Soup）公司的营销管理

金宝汤公司标志性的红白汤代表了美国最著名的品牌之一。然而，近年来罐头浓汤的总消费量却降低了13个百分点，而且该公司的市场份额也从67%跌至53%。为了阻止销售量进一步下滑，金宝汤公司打算更好地了解18~34岁消费人群的习惯和口味。为了观察这些千禧一代的消费行为，金宝汤公司的经理们特别访问了"潮人市场中心"。在那里，他们和年轻消费者一起生活：一起购物，一起在家吃饭，也和他们一起在餐厅就餐。通过这些调查所得的关键认知为：千禧一代比父母辈更喜欢重口味食物和异国风味的食物，只是他们并不在家做饭。因此，公司的解决方案是：开辟新的产品线！金宝汤公司开始售卖袋装重口味的"金宝 Go！"汤（价格超过基础红白汤产品线的三倍）。由于目标客户都是科技通，因此，产品线的推广全部在线上进行，包括音乐和娱乐网站、游戏平台和社交媒体。[1]

几乎每一个行业都不可避免地受到过经济、社会文化、自然、科技、人口、政治法律环境的飞速变化产生的影响。在本章中，我们将探讨金宝汤公司和其他企业是如何收集和存储信息、开展营销调研、进行需求预测来支持营销管理和分析宏观趋势。

3.1 营销信息系统和营销情报

营销人员的主要职责是识别重要的市场变化。营销人员完成此任务有两个优势:具有严谨、专业的信息收集方法;能够投入更多时间与顾客进行互动,并观察竞争对手和公司外部团体的情况。一些企业建有营销信息系统,提供关于买家需求、偏好和行为的丰富信息。

每个企业都必须为其营销经理持续地组织和发布市场信息。**营销信息系统**(marketing information system,MIS)由人员、设备和程序构成,为营销决策者收集、分类、分析、评估和发布所需的及时、精确的信息。营销信息系统的数据来自公司内部记录、营销情报活动和营销调研。

3.1.1 内部记录和数据库系统

为了发现重要的市场机会和潜在问题,营销经理依赖订单、销售、价格、成本、库存水平、应收账款和应付账款等企业内部信息。

订单收款循环系统 内部记录系统的核心是订单收款循环系统。销售代表、经销商和顾客将订单传送至企业,之后销售部门准备发票,并将复印件分送至相关部门,对缺货产品延后交货。进入运输过程的产品,会生成运单和账单。因为顾客都喜欢能够及时送货的公司,所以企业需要快速准确地完成以上步骤。

销售信息系统 营销经理需要及时准确的销售报告以助其决策。沃尔玛的销售和库存数据仓库,能够捕捉到每天每个商店中每个客户购买的每件商品信息,并且数据每小时刷新一次。营销人员必须谨慎地解读这些数据,以免得出错误结论。

数据库、数据仓库和数据挖掘 客户数据库是一个涵盖个人消费者或预期顾客的综合信息集合,能为发现潜在顾客、甄别潜在顾客、产品和服务销售以及客户关系管理提供即时可得且可付诸实施的信息。**数据库营销**(database marketing)是构建、维护和利用客户数据库及其他数据库(产品、供应商、经销商)以与顾客进行联系、达成交易和建立关系的过程。企业捕捉到的数据会被纳入**数据仓库**(data warehouse)中,营销人员通过对数据仓库中的数据进行查询和分析,能够推断个体消费者的需求和响应行为。营销分析师通过**数据挖掘**(data mining)技术,可以从大规模数据中提取关于客户行为、趋势和细分市场的有益见解。

互联网和移动技术的逐渐成熟引发的数据爆炸,给企业带来了吸引客户的空前机会,过多的信息也带给决策者不知所措的威胁。"营销洞察:大数据挖掘"描述了管理海量数据集的机遇与挑战。[2]另一方面,有些顾客可能并不想和公司建立关系,甚至可能对公司采集和保存个人数据的行为感到不满。用于营销目的的行为定位(behavioral targeting)技术能够追踪顾客的网上行为,使广告商能够更好地定位网络广告。但是,也有一些客户反对这一实践。第17章将在直接营销背景下讨论数据库营销。

营销洞察

大数据挖掘

人们一年储存的数据足以填满6万个美国国会图书馆。YouTube每分钟收到了长达24小时播放时间的视频。制造商们在电器和其他产品上安装传感器和芯片,产生了更多数据。然而,除非数据能够被恰当地处理、分析和解读,否则数据并非越多越好。大数据带来了机遇与挑战,大数据中的数据集无法使用传统工具进行有效管理。

产业专家James Kobielus认为大数据独特性在于:数据量的规模(volume)——从数百TB到PB甚至更多;数据传输速度(velocity)——包括实时传递的数据;多样性(variety)——包括结构化、非结构化和半结构化数据,如文字、图像和GPS信号;以及可变性(variability)——来自手机应用、网站服务和社交网络的成百上千的新数据源。

一些企业正在开始利用大数据。英国超市巨头Tesco利用每月收集的15亿条数据来分析、制定价格进行促销;美国厨房用具零售商Williams-Sonoma利用客户数据来为其定制商品目录。亚马逊报告称其推荐引擎("You may also like",意为"你也可能喜欢")为其带来了30%的销量。在产品制造方面,通用电气在硅谷组建了一支开发者团队,利用大数据分析来提高其销售喷气发动机、发电机、机车和CT扫描仪的效率。商用飞行器的运营效率即使只提升1%,也能为通用公司的航空公司客户节省20亿美元。

3.1.2 营销情报

营销情报系统(marketing intelligence system)是营销经理用以获取营销环境发展变化的日常信息的一整套程序和资源。内部记录系统提供的是结果数据,而营销情报系统提供的则是偶发事件数据。营销经理收集营销情报的渠道包括:阅读书籍、报刊和行业出版物;与顾客、供应商、分销商以及其他公司经理交流;监控网络社交媒体。表3.1提供了八种提高营销情报质量和数量的方法。

表 3.1 营销情报提升方法

行 为	示 例
训练和激励销售人员发现并报告最新进展动向	让销售代表观察顾客如何以创新的方式使用企业产品,从中获得新产品创意
激励分销商、零售商和其他中间商提供重要情报	中间商离顾客更近,能提供有帮助的见解,例如观察到某些顾客在特定时期转用不同的产品
雇用外部专家收集情报	雇用神秘顾客来发现质量、服务和设施等问题
利用内部和外部网络	购买竞争者的产品,参与开放日和展销会活动,阅读竞争者发布的报告,收集竞争者的广告
建立顾客咨询小组	邀请公司最大的、最直言不讳的、最富有经验的或者最有代表性的顾客来提供反馈信息

续表

行 为	示 例
利用政府数据资源	核对美国人口统计局的数据,以了解人口波动、人群分类、地区移民和家庭结构变化
从外部研究机构和供应商购买信息	从知名的咨询公司如Nielsen和NPD购买数据
收集互联网上的营销情报	通过网上论坛、分销商网站、顾客投诉网站、博客和社交媒体收集顾客关于竞争产品和服务的意见和建议

能够充分利用cookies(储存于个人浏览器端的网站使用记录)的企业,是目标市场营销的有效使用者。很多消费者都乐于配合这一行为,不是因为他们不会删除cookies,而是他们也期望获得定制化营销及交易。

3.2 营销调研系统

营销经理通常需要针对特定问题或市场机会开展正式的营销研究,例如市场调研、产品偏好测试、地区销量预测或者广告效果评估。营销调研人员的职责就是提供营销洞察以帮助营销经理制定决策。营销洞察(marketing insight)能够为企业提供诊断信息,如为什么要观察营销活动的效果,如何观察营销活动的效果,所观察结果对于营销人员的意义等。[3]

获得营销洞察对于营销成功至关重要。为了提升30亿美元市值的潘婷头发护理品牌,宝洁公司采用心理学的情绪量表、高分辨率的脑电波研究法和其他方法对女性关于头发的感觉进行了调查研究。最终,宝洁调整了潘婷产品的配方,重新设计了包装,缩减了产品线,并对广告活动进行了微调。[4]

3.2.1 定义营销调研

美国营销协会把**营销调研**(marketing research)定义为,"通过信息把市场营销人员同消费者、顾客和公众连接起来的功能,这些信息用于发现和定义市场机会和问题,促成、完善和评估潜在的营销活动,监测营销绩效,改善对营销过程的理解。营销调研能够明确发现问题所需的信息,设计搜集信息的方法,管理和实施数据收集过程,分析结果和传播研究发现及其启示。"[5]

大多数企业都通过多种信息源对行业、竞争者、受众和渠道战略进行研究。它们通常将营销调研预算定为企业销售额的1%~2%,其中大部分用于外部企业。营销调研公司有三类:(1)综合服务调研公司,例如尼尔森(Nielsen),这类公司收集并出售消费者信息和商业信息;(2)定制化营销调研公司,这类公司根据客户需求设计研究项目、实施研究过程并报告结果;(3)专业性营销调研公司,这类公司提供某些特定服务,如现场访谈。

3.2.2 营销调研的流程

为了更好地利用全部可得资源和实践信息,优秀的营销人员会遵循规范的营销调研流程。如图 3.1 所示,营销调研分为六个步骤,我们将通过实例情境对每一步骤进行详细介绍。假设美国航空公司正研究长途航班中为头等舱乘客开发新服务的构思,头等舱客户主要是商务人士,他们的高价机票支付了大部分运费。美国航空的新服务构思包括:(1)提供超高速无线网络(WIFI)服务;(2)提供 124 个频道的高分辨率卫星有线电视;(3)提供包含 250 张 CD 碟片的音响系统,每个乘客都可以创建个性化播放列表。营销调研经理需要调查头等舱客户如何评价这些服务,尤其是超高速 WIFI 服务,以及他们愿意为这些服务额外支付多少费用。

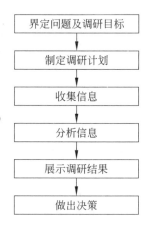

图 3.1 营销调研流程

步骤 1:界定问题、备选方案和调研目标 营销经理界定调研问题时应当格外谨慎,既不能过于宽泛,也不能过于狭窄。在美国航空公司的案例中,调研人员和营销经理将问题界定为:"提供超高速 WIFI 服务能否提升乘客对于美国航空公司的偏好并产生足够利润,以优于公司可能在其他方面的投资?"他们据此确定了如下 5 个调研目标:(1)哪些头等舱乘客对超高速 WIFI 服务最为响应?(2)在不同的价格水平下多少乘客有可能会使用这一服务?(3)有多少乘客会因这一新服务而选择美国航空公司?(4)这项服务将为美国航空公司的品牌形象增加多少长期声誉?(5)与提供电源插座等其他服务相比,超高速 WIFI 服务对于头等舱乘客来说重要性有多大?

并非所有的调研内容都能够如此明确。有些调研是探索性(exploratory)的,目的在于识别问题并提出可能的解决方法;有些调研是描述性(descriptive)的,旨在量化需求数量,例如有多少头等舱客户会以 25 美元的价格购买超高速 WIFI 服务;有些研究是因果性(casual)的,目的在于检测因果关系。

步骤 2:制定调研计划 为了设计调研计划,营销经理需要确定数据来源、调研方法、调研工具、抽样计划和接触方法。

数据来源 调研人员可以收集二手数据、一手数据,或者两者都收集。二手数据(secondary data),是指为了其他目的而收集的数据或已经存在的数据。一手数据(primary data),是指为特定目的或项目所收集的新数据。研究人员通常先检验二手数据的有效性,如果所需数据不存在、过时、不准确、不完整或不可靠,研究人员就需要收集一手数据。

调研方法 营销人员可以通过五种主要方法收集一手数据:观察法、焦点小组访谈法、调查法、行为数据分析法和实验法。

(1)观察法。调研人员可以通过无打扰的观察(如顾客购物时或使用商品时)或者在咖啡厅、酒吧进行非正式的访谈来收集原始数据。[6]人类学调研方法(ethnography research)使用人类学和其他社会科学学科的概念和工具,对人们如何生活和工作给出了深入的文化性解释。[7]美国航空公司的调研人员可以在头等舱休息室闲逛,或者飞行时坐在头等舱乘客旁边,以倾听乘客对不同航空公司的看法。

(2)焦点小组访谈法。焦点小组(focus group)是由调研人员根据人口统计特征、心理特征及其他因素所选择的 6~10 位有偿参与者组成,由一位专业主持人引导这些参与者就不同主题进行深入讨论。在美国航空公司的调研中,主持人可以用一个宽泛的问题来开启访谈,如"您对乘坐头等舱旅行有什么样的感受?"然后问题可以转为:乘客对不同航空公司、现有服务、推荐服务,尤其是超高速 WIFI 服务的看法。

(3)调查法。企业通过调查法了解消费者的知识、信仰、偏好和满意度,测量各种情况在总人口中所占比重。沃尔玛、Petco 和 Staples 等超市的收银机收据上,印有填写问卷的邀请,填问卷就有机会赢得奖品。[8]美国航空公司可以单独设计调查问卷,或者以较低的成本在包含多家公司的综合问卷中增加相关问题。公司也可以向消费者调查小组提出问题,让调研人员对某购物中心的人进行调查,或者在顾客服务电话的最后增加调查请求。

(4)行为数据分析法。商店的扫描数据、目录购买记录和顾客数据库中都会留下顾客的购买行为记录。实际购买行为反映了消费者偏好,通常比他们对市场调研人员的陈述更为可靠。美国航空公司可以分析机票购买记录和顾客网上行为数据。

(5)实验法。最具科学效度的研究方法是**实验法**(experimental research),实验设计通过排除所有可能影响实验结果的因素,发现存在的因果关系。美国航空公司可以选择一条国际航线提供超高速 WIFI 服务,并且在第一周和第二周分别售价 25 美元和 15 美元。如果这两周头等舱乘客数量几乎相等,并且与其他时期没有不同,那么航空公司就可以认为使用 WIFI 服务的乘客数量的显著变化与定价相关。

调研工具 调研人员在收集一手数据时可以采用三种主要的调研工具:调查问卷、定性测量和技术设备。调查问卷(questionnaire)由针对被调查者的一组问题组成,因其灵活性而成为目前最常用的收集一手数据的工具。问题的形式、措辞和顺序都能影响问卷的填答效果,因此问卷的测试和调整必不可少。封闭式问题(closed-end questions)列出所有可能的答案供选择,填答结果易于解读并制表。开放式问题(open-end questions)允许被调查人用自己的话来回答问题。这种问题在探索性研究中特别有用,能帮助调研人员理解人们的思考方式。

有些营销人员更倾向于用定性方法来评估消费者的观点,因为他们觉得消费者的行为并不总是和他们对调查问题的回答一致。定性调研技术(qualitative research techniques)是一种相对间接的非结构化测量方法,仅受限于营销调研人员的创造力,允许有多种可能的答案。定性测量在探索消费者感知时,是尤为有用的第一步,因为被调查者可能相对不那么戒备,在调研过程中展示更多真实的自我。

技术设备也同样用于营销调研。例如,电流测定仪能够测量消费者看到特定广告或图片时的产生的兴趣或者情感。速示器可以以一定的曝光间隔,可能是几分之一秒也可能是几秒,向被试播放一段广告。在每次播放之后,可以要求被调查者描述他们回想起的所有事物,从而进行相关调查。调研人员也得益于可视化科学技术(用于消费者眼睛和面部研究)的发展。[9]科技的发展使得营销人员能够通过皮肤传感器、脑电波扫描仪和人体扫描仪来获取消费者反应信息。[10]例如,生物识别追踪手腕传感器能够测量皮肤电活动或皮肤点传导,来记录人体出汗量、体温等变化。[11]

抽样计划 确定研究方法和研究工具之后,营销调研人员需要根据如下三方面设计抽样计划:

（1）抽样对象：调研哪些人？在美国航空公司的调查中，抽样对象应该是头等舱商务乘客，还是头等舱度假乘客，或者二者兼有？是否应该包括年龄小于18岁的旅行者？确定了抽样对象之后，营销调研人员必须设计抽样框架，以便目标总体中每个人都有均等或者已知的机会被抽中。

（2）样本容量：应调查多少人？样本量越大，结果越可靠，但也没有必要为了获得更加可靠的结果而抽取全部目标对象。如果抽样过程可信，样本量即使低于总体的1%也能提供良好的可信度。

（3）抽样过程：如何选择被调查对象？采用概率抽样可以计算抽样误差，构建置信区间，从而使样本更具有代表性。

接触方式　到这一步，营销调研人员需要决定如何与被试接触：邮寄调查问卷、电话访问、人员访问或在线访问。各项接触方式的优点和缺点见表3.2。

表3.2　营销调研接触方式

接触方式	优　点	缺　点
邮寄问卷	能够接触到不愿面谈或者其回应可能受到访问人员误导或歪曲的受访者。	响应率通常很低，回收速度慢。
电话访问	快速收集信息；当受访者对问题不了解时，访问人员可直接说明；响应率通常高于邮寄问卷。	访问的内容必须简短且不能过多涉及个人问题。由于消费者对电话营销人员的反感增加，因此电话访问变得更加困难。
人员访问	人员访问是最全面的接触方式，访问人员能够问更多问题，并记录对受访者的观察，如衣着或身体语言。	最昂贵的接触方式，会受访问员偏差的影响，需要更多规划和监控。
在线访问	成本低、速度快、形式多样。受访者有更加诚实和深思熟虑的倾向。企业可以采用的方式包括：在线发布调查问卷，组织消费者调研小组或虚拟焦点访谈小组，提供聊天室或博客，分析点击流数据，发送文本信息等。	小样本且存在统计偏差。在线访问会遇到技术问题和稳定性差等问题。在线消费者调研小组的流失率较高。

步骤3：收集数据　数据收集阶段通常是营销调研中最昂贵且最容易出错的阶段。可能存在一些受访者不在家，不在线，或者其他不可接触的情况，需要再度访问或者用其他样本替换。其他被访者也可能拒绝配合，或者给出具有偏差、不真实的回答。

步骤4：分析信息　数据收集之后，调研流程的下一步是汇总数据并制定综合测量方法以得出结论。调研人员计算主要变量的均值与离差，通过使用一些高级统计技术和决策模型，试图找到额外的发现。他们还会对不同的假设和理论进行检验，应用灵敏度分析来检验假设和结论的正确性。

步骤5：展示调研结果　现在，调研人员需要展示调研结果。调研人员需要越来越多地承担咨询的职责，把数据和信息转换成见解和建议。他们也在思考让调研结果更易于理解和令人信服的方法。在美国航空公司的例子中，管理层了解到，当WIFI服务售价25美元时，每10位头等舱乘客中有5位会购买；当售价15美元时，有6位乘客会购买。因此，定价15美元时的收益（90美元＝6×15美元）比定价25美元的收益（125美元＝

5×25美元)少。假设同一航班每年飞行365天,则美国航空公司每年的收益为45 625美元(125美元×365)。如果这项服务在每架飞机上耗资90 000美元,则需要两年收回成本。提供超高速WIFI服务还能加强美国航空公司作为创新承运人的形象,助其赢取新乘客,提升在顾客中的声誉。

步骤6:做出决策 负责调研的美国航空公司经理需要权衡以上调研结果。如果对这一结论的信心不足,可能决定不引进新的WIFI服务。如果他们之前就倾向于实施这一项目,则调研结论可以支持其决策,他们甚至可能决定对这个问题进行更深入的调研。最终决策由营销经理决定,不过调研已经让他们对这个问题更具洞察力。

3.3 预测和需求测量

进行营销调研、收集营销情报都有助于识别营销机会。企业需要对每一个新市场机会的规模、成长率和潜在利润进行计算和预测。其他各部门会根据营销部门所做的销售预测进行相关评估。例如,财务部门会依据此数据来吸引投资及运营资金;生产部门依据此数据确定生产能力和产出;采购部门依据此数据设定合适的供应商数量;人力资源部门依据此数据雇用所需员工。如果预测不准确,企业可能面临过量或者不足的库存。因为预测是以对需求的估计为基础,所以营销经理需要首先明确市场需求的含义。

3.3.1 测量市场需求

有很多有效的市场划分方法。
- **潜在市场**(potential market),是指对市场所提供的商品有足够兴趣的消费群体。然而,除了兴趣以外,还要求消费者具有足够的收入,及购买产品的渠道。
- **有效市场**(available market),是指对特定产品有兴趣、有足够收入、有购买渠道的消费群体。符合条件的成年人构成了合格有效市场(qualified available market),即对特定商品有兴趣、有收入、有购买渠道且具有购买该商品资格的顾客群体。
- **目标市场**(target market),是指在合格有效市场中,公司决定去捕获的那部分市场。
- **渗透市场**(penetrated market),是指购买公司产品的消费群体。

上述概念的界定对于营销规划非常重要。如果企业对当前销量不满意,就可以尝试在目标市场中吸引更多客户;或降低潜在顾客的资格标准;或者通增加分销渠道或降低价格来扩展有效市场;或者重新定位。

3.3.2 市场需求函数

产品的**市场需求**(market demand)是在特定的地理区域、特定的时期、特定的市场环境和特定的营销方案下,特定的顾客群可能会购买的产品总量。市场需求不是一个固定的数值,而是一定条件下的函数。因此,被称为市场需求函数(market demand function)。市场需求会随不同情形而变化,如图3.2(a)所示。横轴表示在某个特定期间内行业营销支出的各种可能水平,纵轴表示由此带来的市场需求水平。曲线表示了在不同的行业营销支出水平下所估计的市场需求量。

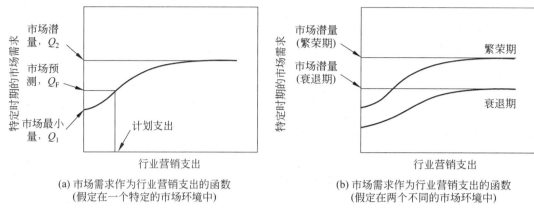

图 3.2 市场需求函数

有一些基础销售量——称为**市场最小量**(the market minimum),见图 3.2 中 Q_1——在没有需求拉动的支出下也会存在。营销支出越高,所带来的市场需求水平就越高,需求增加的速率先上升后下降。当营销支出超过一定程度之后,需求将不会再增加,可将此水平设定为需求上限,称为**市场潜量**(market potential),见图 3.2 中 Q_2。

市场和市场潜量 两种极端的市场类型是可扩展市场和不可扩展市场。**可扩展市场**(expansible market)规模受行业营销支出影响明显。正如图 3.2(a)所示,Q_1 和 Q_2 之间的距离相对较大。**不可扩展市场**(nonexpansible market)规模受营销支出影响不大,所以 Q_1 和 Q_2 之间的距离会相对小一些。在不可扩展市场中进行销售的企业,需要认可这个市场的规模固定,即产品类别的**基本需求**(primary demand)水平,并且应当为其产品努力赢取更大的**市场份额**(market share),即更高的**选择性需求**(selective demand)水平。

需要切记的是,市场需求函数描绘的并不是市场需求随时间变化的真实值,而是在各种可能的行业营销支出水平下对市场需求的预测值。实际发生的只是一种行业营销支出水平,相应的市场需求就叫作**市场预测**(market forecast)。这个预测值表示的是预期需求,而不是最大市场需求。

市场潜量(market potential)是指在既定的营销环境中,行业营销支出达到无穷大时,市场需求所能达到的极限值。"在既定的营销环境中"这一前提非常重要。考虑汽车的市场潜量,如图 3.2(b)所示,市场潜量在繁荣期比衰退期高。企业无法改变市场需求函数的位置,这是由营销环境决定的。但是,企业能够通过改变营销支出来影响其在需求函数中的位置。

公司需求和销售预测 **公司需求**(company demand)是在特定时期内,公司在不同的营销投入水平下所估计的市场需求份额。它取决于相比竞争对手,消费者如何感知公司的产品、服务、价格和传播情况。在其他条件相同的情况下,公司的市场份额取决于其市场投入的相对规模和效果。营销建模人员已经开发了销售响应函数,来测量公司营销支出、营销组合和营销效果对公司销售量的影响。[12]

一旦营销人员估计出市场需求,便要选择营销投入的水平。**公司销售预测**(company

sales forecast)是基于选定的营销方案和假定的营销环境而预测的公司销售水平。图3.2展示了公司销售预测情况,纵轴表示销售量,横轴表示营销投入。

销售定额(sales quota)是为特定产品线、公司部门或销售代表所设定的销售目标,主要是一种用来明确任务和激发销售投入的管理手段,销售定额值通常设定得比销售量预测值略高,以激励销售人员全力工作。销售预算(sales budget)是对预期销售量的保守估计,主要用于当前采购、生产和现金流决策。销售预算主要是为了避免过度的风险,通常比销售预测设定得稍低。

公司销售潜量(company sales potential)是指与竞争对手相比,当公司营销投入增加时,所能达到的销售极限。公司需求的最高极限水平就是市场潜量。当公司获取全部市场时,二者可能是相等的。大多数情况下,即使公司营销支出大幅增加,公司销售潜量也会低于市场潜量,因为每一个竞争对手都拥有面对其他卖家引诱而不为所动的忠诚顾客。

3.3.3 估计当前需求

在估计当前需求时,营销主管需要估计总市场潜量、地区市场潜量、行业总销售额和市场份额。

总市场潜量 总市场潜量(total market potential)是在一定时期内,在一定行业营销投入水平和一定的环境条件下,行业内所有企业所能达到的最大销售量。估计总市场潜量的常用方法是:将潜在购买者数量和每人平均购买量相乘,再乘以价格。假设每年有1亿人购买图书,平均每个购买者以20美元/本的平均价格购买3本,那么总市场潜量就是60亿美元(1亿×3×20美元)。其中最难估计的部分是购买者数量。营销人员通常以总人口开始估计,去除明显不会购买该产品的群体,并通过调查去除对产品不感兴趣或无收入的群体,剩下的就是潜在购买群体。

地区市场潜量 由于公司需要将营销预算在其最佳销售区域内进行最优分配,因此就需要估计不同城市、州和国家的市场潜量。两种主要的估计方法分别为:服务企业客户的营销人员主要使用市场累加法,服务个人消费者的营销人员主要使用多因素指数法。市场累加法(market-buildup method)要求识别每个市场的全部潜在购买者,并估计其潜在购买量。如果企业有所有潜在购买者的名单列表,并且能够准确估计每一个购买者所购商品,则能估算出准确结果。遗憾的是,这些信息很难收集。

估计地区市场潜量的一个有效的方法,便是利用由美国人口调查局与加拿大和墨西哥政府共同开发的北美产业分类体系(the North American Industry Classification System,NAICS)。[13] NAICS将制造业分为20个行业,将每个行业再进一步分为由6位编码表示的层级结构。为了使用NAICS,一家机床制造商首先确定产品的6位NAICS编码,然后需要确定一个恰当的基数,估计每个行业可能使用的机床数量,如消费品行业销量。一旦公司估计出和客户行业销售相关的机床拥有率,即可计算出市场潜量。

消费品公司也需要估计地区市场潜量,然而由于顾客数量巨大而无法列出清单,因此通常使用简单的指数方法。例如,一个药品生产企业可以假设药品的市场潜量与人口规模直接相关。如果弗吉尼亚州的人口数量是美国总人口的2.55%,那么弗吉尼亚州的市场潜量可能也占全美总销量的2.55%。然而单一因素并不能全面反映销售机会,因此,需要建立多因素指数,并为每个因素分配特定权重。假设弗吉尼亚州在美国个人可支配收入中占比2%,美国零售额占比1.96%,美国人口占比2.28%,这几个因素的权重分别为0.5,0.3和0.2,那么弗吉尼亚州的购买力指数为2.04(即$0.5 \times 2.00 + 0.3 \times 1.96 + 0.2 \times 2.28$)。

行业销售和市场份额　除了估计总市场潜量和地区市场潜量,公司还需要知道所在市场的实际行业销售额,这意味着需要识别出竞争对手并估计其销售额。行业协会经常会收集和公布行业总销售额,尽管它并不列出单个公司的销量。通过这一信息,每个公司能够评估自己相对整个行业的表现。如果一个公司的年销售增长5%,而行业增长率为10%,那么意味着这个公司正在失去它在行业中的相对位置。另一个估计销售额的方法,是从营销调研公司购买包含对总体和各品牌销售情况的审计报告。

3.3.4　估计未来需求

预测(forecasting)是在一系列特定条件下,对购买者行为进行估计。几乎没有产品和服务能让公司非常容易地预测未来需求。通常容易预测的产品或服务,是因为需求处于一个绝对水平或者趋势相对恒定,市场不存在竞争(如公共事业)或者竞争势态稳定(如寡头垄断)。在大多数市场中,可靠的预测是制胜关键。

公司通常会对宏观经济进行预测,然后进行行业预测和公司销售预测。宏观经济预测需要将通货膨胀、失业率、利率、消费支出、商业投资、政府支出和其他变量考虑在内,最终结果是对国内生产总值(GDP)的预测。公司会使用这一结果,结合其他指标一起来预测行业销售额。最后,公司假定获得一个特定的行业市场份额,并依此得出销售额预测。表3.3列出了销售预测的五种方法。

表3.3　销售预测方法		
预测方法	描　　述	用　　途
购买意愿调查	调查顾客的购买可能性、当前和未来的收入以及对经济的预期。	预测工业品、耐用消费品、需提前计划的购买以及新产品的需求。
综合销售人员意见	让销售代表估计其未来销售量。	了解市场发展趋势,收集按照产品、区域、顾客和销售代表分类的详细预测信息。
专家意见法	从专家处获取预测信息,包括代理商、分销商、供应商、咨询专家和贸易协会,或者从经济预测公司处购买预测信息。	从能够提供深刻见解的知识渊博的专家处收集预测信息。
分析以往销售	使用时间序列分析法、指数平滑法、统计需求分析法或计量经济分析来评估以往销售情况,作为销售预测的基础。	基于对过去需求的分析来预测未来需求。
市场测试方法	进行直接市场测试以了解顾客反应,预测未来销售。	更好地预测新产品销售,或已有产品在新渠道或新地区的销售。

3.4 分析宏观环境

通过发现和分析宏观环境趋势，营销人员能够识别出新的市场机会。**趋势**（trend）是具有某种动力和持久性的事件的发展方向或发生顺序。**时尚**（fad）是一种不可预测的短期狂热，对长期没有重要影响。公司可以对某项时尚投资，但是想使这一决策正确却需要运气和正确的时机。正如之前讨论的，基于宏观环境趋势来判断新市场机会的利润潜力时，市场调研和需求分析是非常必要的。

3.4.1 识别主要宏观因素

公司必须监控的六大宏观环境因素是人口、经济、社会文化、自然、技术、政治法律（见表3.4），我们会分别进行描述。但需要了解的是各要素之间的交互会带来新的机会和威胁。比如爆炸性人口增长（人口）会导致更多的资源消耗和污染（自然），这会引发顾客对更多法律（政治法律）监管的需求，从而会刺激新技术解决方案和产品（技术）的出现，而当产品是用户可支付得起的产品时，则体现了（经济）因素的作用，这一切的发生可能事实上改变了人们的态度和行为（社会文化）。

表 3.4 主要宏观环境因素

因　　素	需要监测的关键要素
人口环境	• 世界人口增长 • 人口年龄结构 • 市场多样性 • 教育群体 • 家庭结构
经济环境	• 消费者心理 • 收入分配 • 收入、储蓄、负债和信用
社会文化环境	• 世界观 • 核心文化价值观 • 亚文化
自然环境	• 原材料短缺 • 能源成本增加 • 污染水平增加 • 政府角色转变 • 企业环保主义
技术环境	• 变革步伐加快 • 无限的创新机会 • 变化的研发预算 • 技术变革管理
政治法律环境	• 商业立法增加 • 特殊利益群体的增长

3.4.2 人口环境

营销人员需要监测的主要人口环境因素为人口(population),包括:城市、地区和国家的人口规模和增长率;年龄分布和种族构成;受教育水平;家庭结构。

世界人口增长 目前全球人口已超过 70 亿,预计 2040 年将增长到 88.2 亿,2045 年将超过 90 亿。[14]发展中地区人口占据世界总人口的 84%,并以每年 1%~2% 的速度增长;发达国家人口年增长率仅为 0.3%。[15]在发展中国家,现代医学降低了死亡率,而出生率一直相当稳定。只有在有足够的购买力前提下,人口的增长才意味着市场的增加。虽然教育能够提高生活水平,但是在大多数发展中国家却很难实现。尽管如此,对市场进行详尽分析能够帮助企业发现机会,有时还可能获取适用于本国市场的经验教训。

人口年龄结构 人口老龄化是全球趋势。在 1950 年,只有 1.31 亿 65 岁以上老年人;在 1995 年,这一数字翻了 3 倍,增长至 3.71 亿。到 2050 年,全球每 10 个人中便有一个 65 岁以上的老人。[16]营销人员通常将人口分为六个年龄段:学龄前儿童、学龄儿童、青少年、20~40 岁的青年、40~65 岁的中年人和 65 岁以上的老年人。一些营销人员瞄准相似群体(cohorts),即出生于同一个时间段,人生之旅所经阶段相似的个体所组成的群体。人们在成为成年人期间(17~24 岁)的经历,能够陪伴他们一生并影响他们的价值观、偏好和购买行为。

市场多样性 不同国家的民族和种族多样性不同,会影响人们的需求、欲望和购买模式。一个极端的例子是日本,几乎所有人都是日本本地人;另一个极端是美国,12% 的人口出生于其他国家。在美国,2000—2010 年人口增长一半以上来自拉美裔;拉美裔人口从 3530 万增长到 5050 万,增长了 43%,代表了美国种族重心的重大转变。2010 年人口普查显示,在此之前拉美裔人还没有集中聚集某地,现在拉美裔人口流向了北卡罗来纳州等州,并逐渐开始居住在郊区。[17]像这样的人口趋势会影响各类产品市场,包括食物、服饰、音乐和车辆。然而营销人员一定不能过于笼统地一概而论,每个群体中的顾客之间差异很大。[18]在民族和种族之外也呈现出了多样化趋势。超过 5 100 万美国消费者身患残疾,构成了需要送货上门服务这一目标市场,互联网杂货商 Peapod 便应运而生。

教育群体 任何社会的人口都可以分为 5 个教育群体:文盲、高中以下学历、高中学历、大学和专业学位。世界成年人文盲总数为 7.93 亿,其中超过 2/3 聚集在 8 个国家(孟加拉国、中国、埃及、埃塞俄比亚、印度尼西亚、尼日利亚和巴基斯坦);而妇女占到了世界文盲总数的 2/3。[19]美国是世界上公民接受大学教育比例最高的国家之一[20],这一教育水平驱使了对高质量书籍、杂志、旅行的巨大需求,并创造了技能供给。

家庭结构 美国传统家庭包括丈夫、妻子和不满 18 岁的孩子,有时还包括祖父母。1950 年美国有 43% 的家庭符合这一定义,2000 年这一比例为 25%,到 2010 年下降到只有 20%。已婚夫妻的比例首次下降为不足美国家庭总数的一半(48%),远远低于 1950 年的 78%。首婚年龄的中位数前所未有地提高:新娘 26.5 岁,新郎 28.7 岁。[21]随着越来越多的人离婚、分居、选择不婚或者晚婚,非传统家庭的增长速度远远超过传统家庭。

还有其他类型的家庭结构：独居(27%)、单亲家庭(8%)、丁克家庭和空巢家庭(32%)、非亲属关系同居(5%)以及其他家庭结构(8%)。每种家庭结构都有其独特需求和购买习惯，营销人员都需要加以研究。

3.4.3 经济环境

消费者购买力取决于其收入、储蓄、负债、信用以及价格水平。最近低迷的经济形势形象地展示了波动的购买力对商业的强烈影响。营销人员需要了解消费者心理及收入分配、储蓄、负债和信用水平。

消费者心理 始于2008年的经济衰退引发了新的消费模式产生，这些消费模式的变化是短暂调整还是永久改变呢？[22]明确消费者购买模式是否属于长期变化（特别是对于最有价值的18~34岁年龄组），有助于营销经理决定如何进行营销投资。英国第三大连锁超市塞恩斯伯里的高管推断经济衰退使英国消费者更趋于向风险厌恶型转变，他们开始更多地储蓄，偿还债务而不是借债，购物时也更有成本意识。即便是英国的富裕消费者也开始选择成本更低的商品。正如一位高管所说，"没有人敢于冒险不进行储蓄。"[23]

收入分配 有四种类型的产业结构：自给自足型经济(subsistence economies)，如巴布亚新几内亚，对营销人员来说几乎没有市场机会；原材料出口型经济(raw-material-exporting economies)，如沙特阿拉伯（石油），对设备、工具、供应品以及针对富人的奢侈品行业来说都是非常好的市场；工业化进程中的经济(industrializing economies)，如印度，新富阶层以及不断壮大的中产阶层需要很多新型商品；以及工业化经济(industrial economies)，如西欧国家，是各类商品的丰富市场。营销人员通常把各国的收入分配模式分为五类：(1)家庭收入极低；(2)大多数家庭低收入；(3)低收入和高收入家庭同时存在；(4)低、中、高收入家庭同时存在；(5)大多数家庭中等收入。

收入、储蓄、负债和信用 美国消费者的负债—收入比很高，减缓了他们在住房和大开销上的支出。经济衰退时期信用缺乏，尤其是对于低收入借贷者更甚，消费者借贷20年来首次下降。制造商向国外迁移和离岸服务外包成为日益重要的经济问题，影响了美国境内及迁入国的收入。

3.4.4 社会文化环境

人们的世界观几乎是不知不觉间在所处的社会文化环境中形成的，世界观定义了人们与自我、他人、组织、社会、自然和宇宙之间的关系。

- **自我观**。一些追求享乐的人不断寻求快乐，逃避现实；另一些人则追求自我实现。现在，一些消费者的行为和追求更加保守。
- **他人观**。人们会关注无家可归者、犯罪和受害者，以及其他社会问题。与此同时，人们会寻找与己相似的人，预示着不断壮大的社交支持产品和服务市场，如健身俱乐部、邮轮旅游、宗教活动和"社会代理"（如电视、电子游戏和社交网站等）。
- **组织观**。组织忠诚度在历经裁员和公司丑闻风波后会下降。公司需要采取新方法来赢回消费者和员工的信心。公司需要成为良好的企业公民,并且确保其传递给消费者的信息真实可靠。

- **社会观**。人们对于所处的社会态度各异:有人保卫它(保护者),有人管理它(制造者),有人取其所有(索取者),有人想要改变它(改变者),有人深入探寻它(探索者),还有人想要逃离它(逃避者)。[24] 消费模式通常反映了消费者的社会态度。制造者为高成就人士,追求高质量吃穿住行;改变者通常生活得更节俭,开小型汽车,穿着简朴;逃避者和探索者则是电影、音乐、冲浪和野营等市场的主要消费力量。
- **自然观**。人们越来越意识到自然的脆弱和自然资源的有限性,企业通过生产绿色产品、寻找新能源和减少环境足迹,来回应这种意识和相应需求。
- **宇宙观**。大多数美国公民都是一神论者,尽管宗教信仰和运动近年来已经衰退,或者被转向福音运动或东方宗教、神秘论、神秘学和人类潜能运动。

营销人员关注的其他文化特征为核心文化价值观和亚文化。

核心文化价值观 美国大多数人仍然坚信应该工作、结婚、参与慈善事业以及要做个诚实的人。核心信仰(core beliefs)和价值观由父母传递给子女,并在社会机构(学校、教会、企业和政府)的影响下强化。第二信仰(second beliefs)和价值观则更容易改变。例如,坚信婚姻制度是核心信仰,认为人们应该早一点结婚则是第二信仰。

营销人员有可能改变顾客的第二信仰,但是基本无法改变顾客的核心信仰。非营利组织母亲禁酒驾组织(MADD)并不试图禁止含酒精饮料的销售,而是促进降低酒驾标准中法定血液酒精含量。尽管核心信仰相当稳固,而文化震荡也时常发生。在20世纪60年代,嬉皮士、披头士和其他文化现象对当时人们的发型、服饰、性规则和人生目标产生了重要影响。当今年轻一代受新英雄及其行为影响,如音乐艺人和大亨Jay-Z,歌手Lady Gaga,以及滑雪和滑板运动员肖恩·怀特。

亚文化 每个社会都包含亚文化,即由于特定的生活经历或环境而产生的,具有共同价值观、信仰、偏好和行为的群体。营销人员一向喜欢十几岁的青少年,因为他们是在时尚、音乐、娱乐、创意和态度中引领潮流的人。吸引一个青少年顾客,很可能今后会成为你的终身顾客。

3.4.5 自然环境

在西欧,绿色组织强烈呼吁公众采取行动以减少工业污染。在美国,专家已将生态恶化情况记录在案,一些监督机构如塞拉俱乐部承诺将采取政治和社会行动。钢铁公司和公用事业组织已投入数十亿美元用于日常所需环保产品生产:污染控制设备、环境友好型燃料、混合动力汽车、节水型厕所和淋浴、有机食品和绿色办公楼等。机会等待的是那些能够将经济发展与环境保护目标协调一致的企业。

企业环保主义(corporate environmentalism)已经认识到需要把环境问题整合到公司的战略规划中。营销人员需要意识到如下问题:原材料短缺(尤其是水资源);能源成本增加;污染水平增加;以及政府角色的转变。[25]

- 地球上的原材料包括无限资源、有限可再生资源和有限不可再生资源。需要使用有限不可再生资源(如石油、煤炭、铂金等)的公司,随着资源逐渐消耗殆尽,面临着成本大幅上升的问题。同时,能够开发替代原料的企业拥有极好的发展机会。
- 有限不可再生能源石油,已经引发了严重的世界经济问题。随着石油价格的飙升,企业开始探寻利用太阳能和其他替代能源的方法。
- 一些工业活动不可避免会对自然环境造成伤害,为污染控制解决方案提供商(如洗涤器、回收中心、填埋系统以及产品生产和包装替代法等)提供了广阔市场。
- 很多贫穷的国家在污染控制方面几乎无所作为,因其缺乏资金或政治意愿。富裕国家出于自身利益应帮助贫困国家控制污染,然而即便是富裕的国家如今也缺乏必要的治理资金。

3.4.6 技术环境

市场资本主义的本质是容许技术的创造性破坏作为社会进步代价的动态机制。营销人员应该监控如下技术趋势:加速的变革步伐、无限的创新机会、变化的研发预算以及加强的技术变革监管。

- **加速的技术变革步伐**。新创意在增多,从创意到实施之间的时间正在缩短。在iPad问世后的最初两年半时间内,苹果公司令人震惊地在全球范围内售出了9700万台设备。[26]在很多市场中,下一次技术突破看似近在眼前。
- **无限的创新机会**。当今一些最令人兴奋的创新发生在生物技术、微电子、电信、机器人和设计材料领域。
- **变化的研发预算**。美国2012年在研发方面共投入4360亿美元,是世界研发领域的引领者。然而美国的研发资金的投入更偏向开发而非研究,引发了人们的担忧:美国是否还能够保持其在基础科学领域的领先地位。太多公司将资金投入到复制竞争对手的产品中,仅稍加改动。中国、以色列和芬兰也开始在研发上投入更多资金,其研发投资占GDP比重均超过美国。[27]
- **加强的技术变革监管**。政府已经扩展其机构权力,对有潜在安全隐患的产品进行调查和取缔。食品、汽车、服饰、电器和建筑等行业的安全和健康监管已经加强。

3.4.7 政治法律环境

政治法律环境由法律、政府机构以及能够影响组织和个人的压力团体构成。政治法律环境有时也能够创造新的商业机会。强制回收法推动了回收行业的发展,催生了再生材料制成品公司。另一方面,外国政府也能通过施加法律或采取措施,给企业制造不确定性甚至混乱。政治法律环境的两大趋势为:商业立法的增加和特殊利益团体的增长。

商业立法增加　商业立法意在保护企业免受不公平竞争,保护消费者免受不公平商业行为的伤害,保护社会免受无约束商业行为的危害,征收企业产品及生产过程的社会成本。每一部新颁布的法律也可能会产生挫伤积极性及减缓发展之类的非预期效果。美国有很多消费者保护法,涉及竞争、产品安全与责任、公平贸易和信贷实践、包装和标签。欧盟委员会已设立新法,涵盖竞争行为、隐私、产品标准、产品责任以及成员国间的商业交易等。

特殊利益团体增长　政治行动委员会(PACs)通过游说政府官员,向企业高管施压,以使他们更加尊重消费者、女性、老年人、少数族裔以及同性恋者的权利。消费主义行动(consumerist movement)是有组织的公民和政府行动,增强买方相对于卖方的权利和力量。消费主义者已经赢得了很多权利,包括对真实贷款成本及食品的营养品质和新鲜程度的知情权。只要消费者愿意为了定制商品向信任的营销人员提供个人信息,那么隐私和身份盗用这两大主要公共政策问题,仍将会是热点敏感问题。[28] 很多公司已经设立了公共事务部来制定政策和处理重要问题。

本章总结

营销经理需要营销信息系统(MIS)来评估信息需求、构建所需信息,并及时发布信息。营销信息系统基于:(1)内部记录系统,包括与订单收款循环系统和销售信息系统相关的信息;(2)营销情报系统,以获取营销环境相关信息;(3)营销调研系统,营销调研流程包括六个步骤,即界定问题及调研目标,制定调研计划,收集信息,分析信息,展示调研结果以及做出决策。公司利用预测和需求测量对每一个新市场机会的规模、成长率和潜在利润进行计算和预测。

营销人员需要监控的六大宏观环境因素为:人口、经济、社会文化、自然、技术、政治法律。在人口环境中,营销人员需要了解世界人口增长状况,年龄结构、种族构成和受教育水平,以及家庭结构。在经济环境中,营销人员需要关注消费者心理、收入分配,以及储蓄、负债和信用水平。在社会文化环境中,营销人员必须理解消费者对自我、他人、组织、社会、自然和宇宙的观点,以及核心文化价值观和亚文化的作用。在自然环境中,营销人员应该意识到人们对环境污染和可持续性发展的关注日益增加。在技术领域,营销人员应该注意加速的变革步伐、创新机会、变化的研发预算和对技术变革监管的加强。在政治法律环境中,营销人员必须在法律范围内来规范商业实践,以及与不同的特殊利益团体合作。

注释

1. David Welch, "Campbell Looks Way Beyond the Tomato," *Bloomberg BusinessWeek*, August 13, 2012; Candice Choi, "Campbell Soup Tries to Reinvent Itself," *Huffington Post*, September 7, 2012; Karl Greenberg, "Campbell's Go Soups Add Zing for Millennial Palates," *Marketing Daily*, November 13, 2012; Craig Torres and Anthony Field, "Campbell's Quest for Productivity," *Bloomberg BusinessWeek*, November 29, 2012; Jenna Goudreau, "Kicking the Can," *Forbes*, December 24, 2012, pp. 46–51; Dale Buss, "Campbell's Soup Can't Seem to Find Slurp-Happy Consumers," *BrandChannel.com*, May 21, 2014.
2. For thought-provoking academic perspectives on the challenges of Big Data, see George S. Day, "Closing the Marketing Capabilities Gap," *Journal of Marketing* 75 (July 2011), pp. 183–95.
3. See Robert Schieffer, *Ten Key Customer Insights: Unlocking the Mind of the Market* (Mason, OH: Thomson, 2005) for an in-depth discussion of how to generate customer insights to drive business results.
4. Ellen Byron, "Wash Away Bad Hair Days," *Wall Street Journal*, June 30, 2010.
5. www.marketingpower.com/AboutAMA, accessed February 16, 2014.
6. Fiona Blades, "Real-time Experience Tracking Gets Closer to the Truth," *International Journal of Market Research* 54, no. 2 (2012), pp. 283–85; Emma K. Macdonald, Hugh N. Wilson, and Umut Konuş, "Better Consumer Insight—in Real Time," *Harvard Business Review*, September 2012, pp. 102–108; Lynda Andrews, Rebekah Russell Bennett, and Judy Drennan, "Capturing Affective Experiences Using the SMS Experience Sampling (SMS-ES) Method," *International Journal of Market Research* 53, no. 4 (2011), pp. 479–506.
7. For a detailed review of some relevant academic work, see Eric J. Arnould and Amber Epp, "Deep Engagement with Consumer Experience," Rajiv Grover and Marco Vriens, eds., *Handbook of Marketing Research* (Thousand Oaks, CA: Sage Publications, 2006). For a range of academic discussion, see the following special issue: "Can Ethnography Uncover Richer Consumer Insights?" *Journal of Advertising Research* 46 (September 2006). For some practical tips, see Richard Durante and Michael Feehan, "Leverage Ethnography to Improve Strategic Decision Making," *Marketing Research* (Winter 2005).
8. William Grimes, "When Businesses Can't Stop Asking, 'How Am I Doing,'" *New York Times*, March 16, 2012.
9. Evan Ramstead, "Big Brother, Now at the Mall," *Wall Street Journal*, October 8, 2012; Natasha Singer, "Face Recognition Makes the Leap from Sci-Fi," *The New York Times*, November 13, 2011; Emily Glazer, "The Eyes Have It: Marketers Now Track Shoppers' Retinas," *Wall Street Journal*, July 12, 2012; Lessley Anderson, "A Night on the Town with SceneTap," *The Verve*, May 29, 2012; Kashmir Hill, "SceneTap Wants to One Day Tell You fne Weights, Heights, Races and Income Levels of the Crowd at Every Bar," www.forbes.com, September 25, 2012.
10. Laurie Burkitt, "Battle for the Brain," *Forbes*, November 16, 2009, pp. 76–77.
11. Emily Steel, "Does Shopping Stress You Out Too Much?," *Wall Street Journal*, November 23, 2011. For an academic application of some techniques, see Thales Teixeira, Michel Wedel, and Rik Pieters, "Emotion-Induced Engagement in Internet Video Advertisements," *Journal of Marketing Research* 49 (April 2012), pp. 144–59.
12. For further discussion, see Gary L. Lilien, Philip Kotler, and K. Sridhar Moorthy, *Marketing Models* (Upper Saddle River, NJ: Prentice Hall, 1992); Gary L. Lilien, "Bridging the Academic-Practitioner Divide in Marketing Decision Models," *Journal of Marketing* 75 (July 2011), pp. 196–210.
13. www.naics.com, accessed February 7, 2010; www.census.gov/epcd/naics02, December 9, 2010.
14. World POPClock Projection, U.S. Census Bureau, www.census.gov, 2011; Statistical Abstract of the United States 2011, U.S. Census Bureau.
15. "World Development Indicators Database," *World Bank*, http://siteresources.worldbank.org/DATASTATISTICS/ Resources/POP.pdf, September 15, 2009; "World Population Growth," www.worldbank.org/depweb/english/beyond/beyondco/beg_03.pdf.
16. "Facts and Statistics," U.S. Census Bureau, November 30, 2011.
17. Christine Birker, "The Census and the New American Consumer, *Marketing News*, May 15, 2011.
18. Mark R. Forehand and Rohit Deshpandé, "What We See Makes Us Who We Are," *Journal of Marketing Research* 38 (August 2001), pp. 336–48.
19. *The Central Intelligence Agency's World Factbook*, www.cia.gov/library/publications/the-world-factbook, June 25, 2012.
20. www.census.gov/newsroom/releases/archives/facts_for_features_special_editions/cb11-ff15.html; Richard Pérez-Peña, "U.S. Bachelor Degree Rate Passes Milestone," www.nytimes.com, February 23, 2012.
21. Sabrina Tavernise, "Married Couples Are No Longer a Majority, Census Finds," *The New York Times*, May 26,

2011; D'Vera Cohn, Jeffrey Passel, Wendy Wang and Gretchen Livingston, "Barely Half of U.S. Adults Are Married—A Record Low," www.pewsocialtrends.org, December 14, 2011.
22. For a data-rich examination of the post-recession consumer, see John Gerzema and Michael D'Antonio, *Spend Shrift: How the Post-Crisis Values Revolution Is Changing the Way We Buy, Sell and Live* (San Francisco: Jossey-Bass, 2011).
23. Michael Barnett, "They're Shopping, but Not as We Know It," *Marketing Week,* June 14, 2012.
24. "Clearing House Suit Chronology," *Associated Press,* January 26, 2001; Paul Wenske, "You Too Could Lose $19,000!" *Kansas City Star,* October 31, 1999.
25. Philip Kotler, "Reinventing Marketing to Manage the Environmental Imperative," *Journal of Marketing* 75 (July 2011), pp. 132–35; Subhabrata Bobby Banerjee, Easwar S. Iyer, and Rajiv K Kashyap, "Corporate Environmentalism: Antecedents and Influence of Industry Type," *Journal of Marketing* 67 (April 2003), pp. 106–22.
26. Apple quarterly press releases, culminating in "Apple Reports Fourth Quarter Results," www.apple.com, October 25, 2012.
27. Allison Lim, "The U.S Is Still No. 1 in R&D Spending, but...," www.nbcnews.com, August 17, 2012; Martin Grueber and Tim Studt, *R&D,* December 16, 2011.
28. Paul Ohm, "Don't Build a Database of Ruin," *HBR Blog Network,* August 23, 2012.

第二篇

联结顾客

第4章 创造长期忠诚关系
第5章 消费者市场和企业市场分析

营销管理（精要版·第6版）
A Framework for Marketing Management

第 4 章

创造长期忠诚关系

本章将解决下列问题：

1. 企业如何传递顾客价值、满意度和忠诚？
2. 顾客终身价值是什么？营销人员如何使其最大化？
3. 企业如何吸引和保留正确的顾客，如何培养良好的顾客关系和顾客社区？

潘多拉的营销管理

技术进步改变了消费者购买、收听、共享音乐的方式，在这一领域获取消费者忠诚度的竞争中，音乐流媒体服务是重要工具。互联网广播公司潘多拉因其自动检索并推荐音乐的服务，而成为该市场领导者，这项服务帮助公司吸引了二亿多注册用户。潘多拉会根据用户之前所选的音乐为其推荐其他音乐。听众对这些推荐进行反馈，之后公司对专业音乐人士提出的超过 400 种音乐属性进行组合分析，用于后续音乐推荐。潘多拉在 2008 年开发了智能手机 APP，让顾客在"任何地方，任何时间"都能够使用其音乐服务。现在潘多拉面临来自声破天（Spotify）在线播放软件和其他对手的激烈竞争，而且每一个竞争对手都拥有让顾客产生偏好和忠诚的独特属性。[1]

成功的营销人员会致力于培养顾客满意度和忠诚度。本章将重点讨论让营销人员能够赢得顾客、培养忠诚并打败竞争对手的不同方法。

4.1 创建顾客价值、满意和忠诚

随着数字技术的快速发展，见多识广的消费者希望企业可以倾听顾客心声并作出回应,而不仅仅是与他们建立联系、满足需要甚至是取悦他们。即使是经营最好的公司也需要认真对待顾客,而不是把顾客的存在看作理所当然。现在的消费者比以往拥有更好的教育和更多的信息,他们能够有方法验证企业声明的真伪,并能够寻求更高的价值选择。

4.1.1 顾客感知价值

顾客感知价值(customer-perceived value,CPV)是顾客感知到的全部收益和获取产品或服务时付出的全部成本(包括机会成本)之差(如图 4.1)。**顾客总收益**(total customer benefit)是因产品、服务、人员和形象所产生的,顾客期望从已有市场提供品中获得的经济、功能和心理利益的感知货币价值。**顾客总成本**(total customer cost)是顾客在评估、获取、使用和处理市场供给品时所感知到的总成本,包括货币成本、时间成本、精力成本和心理成本。

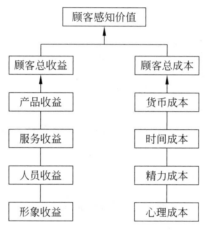

图 4.1　顾客感知价值的决定因素

假设一家建筑公司计划从卡特彼勒(Caterpillar)或小松(Komatsu)公司购买一辆建筑用拖拉机。在对两家公司拖拉机的可靠性、持久性、性能和转售价值进行评估之后,买家认为卡特彼勒公司的产品具有更高的使用价值,同时也认为卡特彼勒公司可以提供更好的服务,并且拥有更专业且能够及时响应顾客需求的员工,对该公司形象和声誉也做出了更高的评价。买家将以上所有由产品、服务、人员和形象带来的收益加总,得出卡特彼勒公司能提供更高的顾客价值。

买家也会对比与两家公司交易时的总成本,包括在产品购买、使用、维修保养、所有权、处理方面投入的时间、精力和心理成本。然后需要考虑卡特彼勒的顾客总成本相比顾客总收益是不是过高。如果是,买家可能会选择小松公司。买家最终会选择能够提供最大可感知价值的公司。

在这种情况下,卡特彼勒公司可以从三方面改善现状。第一,通过增加其产品、服务、人员和形象上的经济、功能和心理收益,来增加顾客总收益。第二,降低买家购买过程中的时间、精力和心理投入等非货币成本。第三,降低产品的货币成本。

一些营销人员可能会认为这一过程过于理性化。假设顾客选择了小松公司的拖拉

机,那么又如何解释这种选择呢?有以下三种可能:

1. 购买者可能奉命只买价格最低的产品。此时,卡特彼勒的任务是说服买方经理仅考虑价格会导致长期利益和顾客价值降低。

2. 购买企业在很长时间之后才会意识到小松拖拉机的操作成本更高,此时采购员已退休。卡特彼勒的任务是说服购买企业的其他人员相信其公司产品能够提供更高的顾客价值。

3. 采购人员与小松公司销售人员有长期交情。在这种情况下,卡特彼勒必须向采购人员展示,小松的拖拉机会因高油耗和高故障率而引起操作人员的抱怨。

顾客感知价值是一个有用的框架,适用于很多场景,并让人产生非常深刻的理解。给销售商的启示为:需要评估与其他竞争对手相比自身的顾客总收益和顾客总成本,以了解自己的产品在买家心中的位置。也给处于不利地位的销售商两种选择:增加顾客总收益或者减少顾客总成本。

消费者对于不同的品牌、商店和企业有着不同的忠诚度。顾客**忠诚**(loyalty)被定义为"顾客对于未来会重复购买或再次光顾其偏好的产品或服务的强烈承诺,即使情境影响和营销效有可能引发用户的转换行为"。[2]价值主张是企业承诺传递给顾客的全部利益集合,而不仅仅是产品的核心定位。例如,沃尔沃汽车的核心定位是"安全",但它传递给买家的承诺不仅仅是一辆安全的车,其他利益还包括良好的性能、设计和环保。因此,价值主张是对顾客期望从企业产品服务及与供应商的关系中所获得体验的承诺。承诺能否兑现取决于企业管理其**价值传递系统**(value delivery system)能力,价值传递系统包括顾客获取和使用产品过程中的全部体验。[3]

4.1.2 全面顾客满意

通常,满意(satisfaction)是指由于顾客将产品和服务的感知性能(或者结果)与期望相比而产生的愉悦或失望的感觉。[4]如果感知效果或体验达不到期望,则顾客不满意;如果符合期望,则顾客是满意的;如果超过期望,则顾客是高度满意或欣喜。[5]顾客对产品或服务性能的评价取决于多种因素,包括顾客对品牌的忠诚关系的类型。[6]

虽然以用户为中心的企业追求创造高顾客满意度,但这非最终目标。通过降低价格或提高服务带来顾客满意度的增加,可能导致利润降低。企业可以用除了提高满意度之外的其他方法增加利润(例如改善制造流程)。此外,企业还有很多利益相关方,包括员工、经销商、供应商和股东,如果花费更多成本去增加顾客满意度,可能意味着占用使其他"合作伙伴"满意所需的资金。因此,企业最终必须基于其总体资源水平,在确保各利益相关方能够接受的满意度水平下,达到尽可能高水平的顾客满意。

4.1.3 满意度监测

很多企业会系统性地测量其对待顾客的好坏程度,识别顾客满意度影响因素,并据此改善企业运营和营销。[7]高度满意的顾客通常会保持更长时间的忠诚,会购买更多企业推出的新产品和升级产品,会更正面地和其他人谈论企业及其产品,更少关注竞争品牌,对价格更不敏感,而且会给企业提供产品和服务方面的建议。由于这类顾客已经形成常规购买,因此其服务成本比新顾客服务成本要低。[8]

然而,顾客满意和顾客忠诚之间的联系并不成比例。假设用1~5评分来测量顾客满意度。在满意度极低的情况下(水平1),顾客可能会放弃公司,甚至传播负面口碑。顾客评分在2~4之间,表明顾客比较满意,但仍容易转向更好的选择。顾客评分5,表明顾客非常有可能再次购买,并且传播公司的正面口碑。高度满意或欣喜能使顾客产生与品牌或公司的情感联结,而不仅是理性偏好。

然而顾客对良好绩效有不同的定义。比如好的货物送达可能是指提早送达、按时送达或货品完备。而且两个对商品都表示高度满意的顾客,却可能是由于完全不同的原因。其中一个顾客可能在大多时候都容易感到满意,而另一个顾客可能通常很难取悦,但这一次却感觉满意。了解顾客对于竞争对手产品的满意度也十分重要,因为可以据此估计"顾客份额",或者顾客在该品牌上的花费占其总体支出的额度。顾客对某品牌满意度和忠诚度越高,就越有可能消费这个品牌。[9]

企业使用很多方法测量顾客满意度。"营销洞察:净推荐与顾客满意"中描述了为什么一些企业认为设计良好的测量问题对于评估顾客满意非常必要。[10]

一些企业认为可以通过记录投诉数量来了解顾客满意度。但研究表明当25%的顾客对其购买感到不满意时,只有5%会进行投诉。其他95%的不满意顾客也许认为不值得花费精力投诉,或不知道如何投诉,向谁投诉。他们只是选择不再购买该品牌商品。[11]

在投诉的顾客中,如果投诉得到解决,则有54%~70%的人会选择继续与该企业进行交易。如果顾客觉得投诉得到快速解决,那么这一比例会上升到95%。那些对投诉处理感到满意的顾客,平均会对5个人谈论令其感到满意的待遇。[12]但是,对投诉处理不满的顾客平均会向11个人进行抱怨。

顾客在经历负面体验后,以下方法有助于企业重塑企业声誉[13]:

1. 设置每周7天、每天24小时免费热线(电话、传真或邮件形式)接受和处理投诉——让顾客投诉变得容易。

2. 尽快联系投诉的顾客。企业回应越慢,顾客不满意程度越可能会加深,并导致负面口碑。

3. 愿意为顾客的失望负责;不责备顾客。

4. 客户服务人员要友好、富有同情心。

5. 迅速解决投诉,让顾客满意。一些有抱怨的顾客是为了寻求企业的关注而非补偿。

营销洞察

净推荐和顾客满意

贝恩公司的弗雷德里克·雷奇汉(Frederick Reichheld)表示在测量顾客满意度时,只有一个问题非常重要,即"你向你的朋友或同事推荐这个商品或服务的可能性有多大?"雷奇汉的这一见解在一定程度上是受到Rent-A-Car公司的启发。这个公司将其顾客满意度调查缩减到只有两个问题——一个关于租赁体验质量,另一个关于顾客再次租赁本公司车辆的可能性。调查结果发现租赁体验评分最高的用户,再次租赁车辆的可能性是评分次高的用户的3倍。

典型的净推荐调查,会让顾客在1~10的分值范围来选定他们会推荐公司的可能性。然后,营销人员从推荐者(评分9或10的用户)中减去批评者(评分0到6的用户),得出净推荐值(NPS)。那些评分值7或8的顾客被认为是被动的满意,所以不包含在内。

很多企业用户赞赏净推荐系统的简捷及其与财务绩效的紧密联系。但是,普遍的批评是很多不同类型的响应会导致同样的NPS。另一个缺点是因为忽略了重要的成本和收入因素,所以对于未来的销售和增长的预测并无多大用处。最后,一些批评者质疑它缺少实际研究支持。

4.1.4 产品与服务质量

顾客满意也取决于产品和服务的质量。质量究竟是什么?很多专家将其定义为"适用性""需求一致性"以及"变化的自由性"。在此我们引用美国质量学会的定义:**质量(quality)是一项产品或服务有能力满足明确或隐含需求的全部属性和特征的总和**。[14]当卖方的产品或服务满足或超出了顾客预期,就传递了质量。区分一致性质量(conformance quality)和性能质量(performance quality)(或等级)非常重要。一辆雷克萨斯汽车比一辆现代汽车提供的性能质量更高:雷克萨斯行驶更平稳,加速更快而且无故障行驶里程更长。如果雷克萨斯和现代都能提供与其承诺一致的质量,则两种汽车的一致性质量等同。

研究表明,产品质量和企业利润率高度相关。[15]企业在传递高质量产品给目标顾客的过程中,营销的作用尤为重要,主要体现在:(1)正确识别顾客需求;(2)与产品设计人员准确地沟通顾客期望;(3)确保顾客订单及时正确地处理;(4)确认顾客在产品使用过程中得到正确的使用说明、培训以及技术指导;(5)售后与顾客保持联系,确保顾客持续满意;(6)收集顾客关于商品或服务改进的意见,并传达给相关部门。当营销人员全部做到这些时,即对全面质量管理、顾客满意和顾客及企业利润都做出了很大贡献。

4.2 最大化顾客终身价值

归根结底,营销是一门吸引和维系有利可图的顾客的艺术。然而每个公司都会在其部分顾客身上亏损。著名的80-20法则表明,企业80%或更多的利润来自20%的顾客。有些更为极端的情形是——盈利能力最强的20%顾客(以人均为基础)可能贡献高达150%~300%的利润;而另一方面,盈利率最低的10%~20%顾客,能够使利润减少50%~200%,处于中间的60%~70%顾客不盈不亏。[16]这意味着企业能够通过"解雇"最不盈利的那部分顾客来提高利润。

企业最大的客户并非总是带来最大利润,因为他们会有很高的服务要求。小客户会支付全价而且接受最少的服务,但与他们多次交易的成本会抵消利润。盈利率最高的通常是中等规模客户,因为他们接受好的服务,并且基本支付全价。

4.2.1 顾客盈利能力

盈利性顾客(profitable customer)是指能够为公司不断产生收益流的个人、家庭或企业,且收益高于公司因吸引、销售和服务顾客产生的可接受成本。需要注意的是,这里强调的是终身收益和成本,而非某一次交易的利润。[17] 营销人员能够通过市场细分和销售渠道,来评估顾客盈利能力。很多企业测量顾客满意度,但很少有企业测量个体顾客的盈利能力。[18]

图4.2展示了一个有用的盈利性分析法。[19] 顾客以列排列,产品以行排列,每个单元格的正负号表示将产品销售给顾客的盈利性。顾客 C_1 盈利能力非常高,购买了两件高利润产品。顾客 C_2 盈利效果混合,购买了一件盈利产品和一件非盈利产品。顾客 C_3 是亏损型顾客,购买了一件盈利性产品和两件非盈利产品。企业应该如何对待顾客 C_2 和 C_3?(1)可以提高低利润产品的价格或者停止销售这类产品;(2)尝试向顾客 C_2 和 C_3 销售能够获利的产品。事实上,企业应该鼓励这些非盈利顾客转向竞争对手企业。

	C_1	C_2	C_3	
P_1	+	+	+	高利润产品
P_2	+			可获利产品
P_3		−	−	无利润产品
P_4			−	高亏损产品
	高利润顾客	混合型顾客	流失顾客	

顾客

产品

图 4.2 顾客—产品盈利能力分析

顾客盈利能力分析(Customer profitability analysis)最好配合作业成本法(activity-based costing,ABC)这种会计工具共同实行。企业分析顾客盈利能力需要估算顾客总收入,再减去总成本(包括与该顾客相关的全部直接或间接服务成本),如果不能正确计算成本,也就不能正确计算收益,会导致企业营销努力付诸东流。

4.2.2 计算顾客终身价值

顾客终身价值这一概念涵盖了最大化长期顾客盈利能力这一理念。[20] **顾客终身价值**(customer lifetime value,CLV)是指顾客生命周期内预期能为企业带来的未来利润的净现值。企业必须从预期收益中减去由于吸引顾客、销售和服务顾客产生的期望成本,使用适当的贴现率(在10%~20%之间,由资金成本和风险态度决定)计算。一项产品或服务的终身价值,可能高达数万甚至数十万美元。[21]

顾客终身价值(CLV)方法为顾客投资规划提供了一个正式的量化框架,有助于营销人员从长远视角思考。有很多方法能够测量CLV。[22] 哥伦比亚大学的唐莱曼和哈佛大学的苏尼尔·古普塔,对100位顾客10年的CLV进行了计算(见表4.1)。在本例中,公司获取这100位顾客的人均成本为40美元。因此,在第0年公司花费了4 000美元。每年都会有一些顾客离开,10年间这个客户群体带来的利润现值为 13 286.52 美元,净顾客终身价值(CLV)(扣除获取成本之后)为 9 286.52 美元,即每个顾客 92.87 美元。[23]

表 4.1　CLV 计算示范

年　份	0	1	2	3	4	5	6	7	8	9	10
顾客数量	100	90	80	72	60	48	34	23	12	6	2
顾客人均收益		100	110	120	125	130	135	140	142	143	145
顾客人均变动成本		70	72	75	76	78	79	80	81	82	83
顾客人均边际利润		30	38	45	49	52	56	60	61	61	62
顾客人均获取成本	40										
总成本或利润	−4 000	2 700	3 040	3 240	2 940	2 496	1 904	1 380	732	366	124
现值	−4 000	2 454.55	2 512.40	2 434.26	2 008.06	1 549.82	1 074.76	708.16	341.48	155.22	47.81

4.3　经营顾客关系

企业使用顾客信息进行精确营销,从而建立坚固且有利可图的长期顾客关系。[24] **客户关系管理**(customer relationship management,CRM)是指为了最大化客户忠诚,而仔细管理个体客户和全部客户"接触点"详细信息的过程。[25] 客户关系管理很重要,因为企业盈利性的主要驱动力就是其顾客群的聚合价值。接触点(touch point)是指顾客接触到品牌和产品的任何场合,从个性化体验或大众传播到随机观察,都包括在内。对于酒店来说,顾客接触点包括预订、登记入住和退房、常住顾客项目、客房服务、商务服务、健身设施和餐厅。

CRM 能够让公司有效利用顾客个人信息,提供优质的实时客户服务。基于对每个有价值的客户的了解,企业能够为其定制市场组合、服务、方案、信息和媒体。由于没有两个完全相同的顾客,因此个性化营销(personalizing marketing)的一大挑战即是确保品牌及其营销从尽可能与个体相关联到为尽可能多的顾客实现个性化。

为了适应顾客不断增长的对个性化产品和服务的需求,营销人员引入了一些理念,如许可营销(permission marketing)。许可营销是指只有得到顾客的许可才能对其进行营销。据技术专家赛斯·高汀所言,只有当顾客表示愿意和一个品牌有更深入的接触时,向顾客发送信息这种方式才能真正加强顾客关系。[26] "参与式营销"的概念可能比许可营销描述的更为合适,因为营销人员和顾客需要共同努力寻求让顾客更满意的方式。

虽然在很大程度上,自主权更大的消费者能够设定品牌发展方向,能够更多地影响品牌营销方式,但不可忽略的是,仅有一部分顾客仅想在某些时候与他们使用的一部分品牌建立关系。消费者有他们各自的生活、工作、家庭、兴趣、目标和承担的义务,很多都比他们购买和消费哪些品牌重要得多。在顾客兴趣如此多样化的情况下,真正理解如何更好地营销一个品牌对企业至关重要。[27]

4.3.1 吸引和保留顾客

企业追求扩大利润和销售额,就必须投入时间和资源寻找新顾客。为了在竞争中领先,企业会通过媒体广告、直邮、电子邮件、参与交易会、从名录经纪人处购买顾客名单等方式寻找新的潜在顾客。

不同的顾客获取方式产生了终身价值不同的顾客。研究显示,通过 65 折促销吸引来的顾客的长期价值,仅是通过非折扣方式获取的顾客长期价值的一半。[28]通过折扣获取的顾客中很多对折扣比对产品本身更感兴趣。类似地,很多本地企业会在高朋团购(Groupon)和生活社会团购(LivingSocial)上发布"每日特惠"活动吸引新顾客,遗憾的是,这种活动有时长期并不盈利,因为优惠券用户是不容易转变成忠诚顾客的。[29]

仅吸引新顾客是不够的,企业还必须维系顾客,并增加与他们的交易。[30]有太多企业都遭受过高**顾客流失**(customer churn)或背叛。为了减少顾客流失率,企业首先需要明确并测量顾客保留率,区分顾客损耗的原因,识别出能够被管理得更好的顾客,并将流失客户的终身价值和减少流失率所付出的成本进行比较。只要防止顾客流失的成本低于损失的利润,企业就可以投入资金保留顾客。

图 4.3 以漏斗的形式展示了企业吸引和保留顾客的主要步骤。**营销漏斗模型**(marketing funnel)显示消费者从建立认知到高度忠诚这一决策过程中,每个阶段潜在目

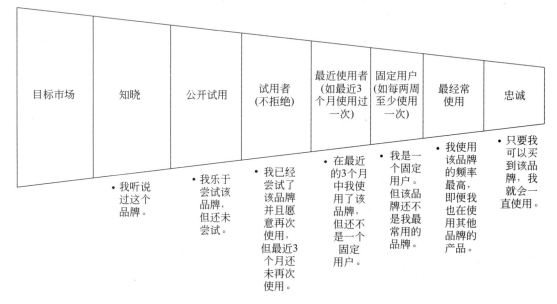

图 4.3 营销漏斗模型

标市场的比例。一些营销人员对漏斗模型进行扩展,将品牌倡导者或企业合作伙伴纳入忠诚顾客。通过计算转换率(conversion rates)——从一阶段进入下一阶段的顾客比率——漏斗模型能够帮助营销人员识别建立顾客忠诚过程中的任何瓶颈或障碍。漏斗模型还强调了不仅吸引新顾客重要,维系和培养现有顾客也很重要。

顾客盈利能力分析和营销漏斗模型帮助营销人员决定如何管理忠诚度、盈利能力、风险和其他因素各异的顾客群。[31] 成功企业知道如何减少顾客流失率,增加客户关系的寿命,通过"钱包份额"、交叉销售和向上销售等方式发展顾客,提高低利润客户的盈利能力或放弃他们,以及对高盈利顾客特别对待。

4.3.2 建立忠诚

企业应当致力于建立顾客忠诚,与顾客建立更稳固更长久的联结。一些研究者将顾客保留行为视为增加经济效益、社会效益或结构性联系的活动。[32] 接下来介绍四种提高顾客忠诚和顾客保留率的营销行为。

与顾客密切互动　聆听顾客心声对于顾客关系管理至关重要。一些企业创建了一套持续机制,使得营销人员能够长期与一线顾客接触并获得反馈。"熊宝宝工坊"设立了一个"幼崽咨询委员会"作为反馈和决策机构。这个委员会由5~16岁的孩子组成,对新产品创意进行审查。[33] 除了倾听顾客心声,尽可能地支持顾客,站在顾客的角度理解顾客的想法也同样重要。[34]

制定忠诚度计划　**常客计划**(frequency programs,FPs)用来奖励频繁购买和大批量购买的顾客。常客计划能帮助企业建立与高终身价值顾客的长期忠诚关系,并在此过程中创造交叉销售的机会。常客计划最先在航空公司、酒店和信用卡公司应用,现在扩展到很多行业。通常来说,行业中第一个使用常客计划的企业能获取最高利润,尤其是当竞争对手反应迟缓时。而当竞争对手做出回应时,常客计划则会成为企业的财务负担,但是仍有一些企业能够更加高效且具有创新性地进行管理。常客计划也能让顾客产生一种他们被重视的心理优越感、特别感和精英感。[35]

俱乐部会员计划(club membership programs)用来吸引和维系对业务量贡献比例最大的顾客。俱乐部会员可以对所有购买产品或服务的顾客开放,也可以仅对特定客户群体或愿意支付不高的会员费的顾客开放。虽然开放型俱乐部有利于建立顾客数据库或从竞争对手处争夺顾客,但是非开放型有限的会员资格更有助于建立长期顾客忠诚。会员费或其他会员条件能够阻止对公司产品仅有短暂兴趣的顾客加入俱乐部。

创建机构联系　公司可以为企业客户提供特殊设备和服务,帮助他们管理订单、工资和库存。当客户感觉到转换供应商的资本成本、搜寻成本都很高,或者会损失原有的忠诚顾客折扣时,客户的转换意愿会降低。美利肯公司就是一个很好的例子,它给忠诚顾客提供专用软件、市场调研、销售培训和忠诚顾客渠道等服务。

通过品牌社区创造价值　一定程度上由于互联网的发展,使得企业可以通过建立品牌社区与顾客协同合作来创造价值。**品牌社区**(brand community)是消费者和企业员工组成的专业社区,他们均认同品牌并围绕品牌开展活动。[36] 一个强大的品牌社区能造就更加忠诚的顾客群体,能成为产品改进或创新所需灵感及反馈的源泉。

可以通过如下三个特征识别品牌社区[37]:(1)存在与品牌、企业、产品或社区成员的连接感;(2)分享规则、故事和惯例以帮助传递价值;(3)共担对于社区和个体成员的义务及责任。品牌社区有多种不同的形式[38],有的社区由品牌用户建立,比如亚特兰大MGB骑士俱乐部;有的社区由企业发起并推动,比如哈雷车主会(H.O.G.)。通过在线方式,营销人员可以利用Facebook、Twitter和博客等社会化媒体平台,或者创建自己的在线社区。社区成员可以推荐产品、分享评论、创建推荐产品列表及在线社交。

4.3.3 赢回顾客

不管公司多么努力,都不可避免地会有些顾客不再活跃或干脆退出,挑战在于如何通过赢回顾客策略来使用户重新活跃起来。[39] 重新吸引"前顾客"通常比寻找全新顾客更容易,因为公司了解前顾客的名字和购买经历。对顾客进行退出访谈和流失顾客调查,能够揭示顾客不满意的原因,有助于赢回有巨大利润潜力的顾客。[40]

消费者什么时候会选择和一个品牌建立关联? IBM公司2010年开展了一项对CEO的研究,其后续分析揭示了关于顾客的实用主义情形:"……大多数人不会仅为了感觉到与品牌有关联而通过社交媒体参与品牌建设……为了更好地开发社交媒体的潜力,公司需要设计良好的体验来传递更多有形价值,作为顾客投入时间、关注、支持和数据的回报。"其中"有形价值"包括价格折扣、优惠券和促进购买的信息等。IBM的分析人员还发现,很多企业忽视了社交媒体最有力的功能,即捕捉顾客信息、监控品牌、实施调研和征询新产品创意等。[41]

本章总结

顾客会从他们认为提供了最高顾客传递价值的企业购买产品,顾客传递价值即顾客总收益和顾客总成本之差。顾客满意度反映的是顾客对产品的感知性能与其期望的对比。高满意度能够带来高顾客忠诚度,因此企业必须确保其能满足或超过顾客期望。质量是产品或服务性能和特征之总和,体现了产品或服务满足明确或隐含需求的能力。在追求高水平总体质量过程中营销人员起着重要作用,这样便于公司保持偿还能力和盈利能力。

营销经理需要计算其顾客的终身价值以对利润有更清晰的了解,还需要明确增加顾客价值的方法。强大的品牌社区能造就更加忠诚的顾客群体,能成为产品改进或创新所需灵感及反馈的源泉。企业在客户关系管理(CRM)方面越来越有经验,客户关系管理的目的是吸引正确的顾客、满足有价值顾客的个体需求、提高价值顾客的忠诚度和保留率,以及通过赢回策略来重新吸引有价值的前顾客。

注释

1. Seth Fiegerman, "Pandora Now Has 200 Million Registered Users," www.mashable.com, April 9, 2013; Drake Baer, "What You Can Learn from Pandora's Near-Death Experience," *Fast Company*, April 4, 2013; Tyler Gray, "Pandora Pulls Back the Curtain on Its Magic Music Machine," *Fast Company*, January 21, 2011; Rob Medich, "Pandora Goes Local," *Adweek*, February 14, 2011; Charlie White, "Music Services Compared," www.mashable.com, February 13, 2013; Benny Evangelista, "Pandora Advertisers Hope to Turn Tunes into Dollars," *San Francisco Chronicle*, May 11, 2014, www.sfgate.com.
2. Gary Hamel, "Strategy as Revolution," *Harvard Business Review*, July-August 1996, pp. 69-82.
3. Vikas Mittal, Eugene W. Anderson, Akin Sayrak, and Pandu Tadilamalla, "Dual Emphasis and the Long-Term Financial Impact of Customer Satisfaction," *Marketing Science* 24 (Fall 2005), pp. 544-55.
4. Michael Tsiros, Vikas Mittal, and William T. Ross Jr., "The Role of Attributions in Customer Satisfaction: A Reexamination," *Journal of Consumer Research* 31 (September 2004), pp. 476-83. For a succinct review, see Richard L. Oliver, "Customer Satisfaction Research," Rajiv Grover and Marco Vriens, eds., *Handbook of Marketing Research* (Thousand Oaks, CA: Sage Publications, 2006), pp. 569-87; for in-depth discussion, see Richard L. Oliver, *Satisfaction: A Behavioral Perspective on the Consumer* (Armonk, NY: M. E. Sharpe, 2010).
5. For some provocative analysis and discussion, see Praveen K. Kopalle and Donald R. Lehmann, "Setting Quality Expectations when Entering a Market: What Should the Promise Be?," *Marketing Science* 25 (January–February 2006), pp. 8-24; Susan Fournier and David Glenmick, "Rediscovering Satisfaction," *Journal of Marketing* 63 (October 1999), pp. 5-23.
6. Jennifer Aaker, Susan Fournier, and S. Adam Brasel, "When Good Brands Do Bad," *Journal of Consumer Research* 31 (June 2004), pp. 1-16; Pankaj Aggrawal, "The Effects of Brand Relationship Norms on Consumer Attitudes and Behavior," *Journal of Consumer Research* 31 (June 2004), pp. 87-101; Florian Stahl, Mark Heitmann, Donald R. Lehmann, and Scott A. Neslin, "The Impact of Brand Equity on Customer Acquisition, Retention, and Profit Margin," *Journal of Marketing* 76 (July 2012), pp. 44-63.
7. Neil A. Morgan, Eugene W. Anderson, and Vikas Mittal, "Understanding Firms' Customer Satisfaction Information Usage," *Journal of Marketing* 69 (July 2005), pp. 131-51.
8. See, for example, Christian Homburg, Nicole Koschate, and Wayne D. Hoyer, "Do Satisfied Customers Really Pay More? A Study of the Relationship between Customer Satisfaction and Willingness to Pay," *Journal of Marketing* 69 (April 2005), pp. 84-96.
9. Timothy L. Keiningham, Lerzan Aksoy, Alexander Buoye, and Bruce Cooil, "Customer Loyalty Isn't Enough. Grow Your Share of Wallet," *Harvard Business Review*, October 2011, pp. 29-31.
10. For a comparison of different methods to measure customer satisfaction, see Neil A. Morgan and Lopo Leotto Rego, "The Value of Different Customer Satisfaction and Loyalty Metrics in Predicting Business Performance," *Marketing Science* 25 (September–October 2006), pp. 426-39.
11. Piyush Sharma, Roger Marshall, Peter Alan Reday, and WoonBong Na, "Complainers vs. Non-Complainers: A Multi-National Investigation of Individual and Situational Influences on Customer Complaint Behaviour," *Journal of Marketing Management* 26 (February 2010), pp. 163-80.
12. Stephen S. Tax and Stephen W. Brown, "Recovering and Learning from Service Failure," *Sloan Management Review* 40 (Fall 1998), pp. 75-88.
13. Philip Kotler, *Kotler on Marketing* (New York: Free Press, 1999), pp. 21-22; Jochen Wirtz, "How to Deal with Customer Shakedowns," *Harvard Business Review*, April 2011, p. 24.
14. "Basic Concepts," ASQ, www.asq.org/glossary/q.html, January 16, 2014. For a thorough conceptual discussion, see Peter N. Golder, Debanjan Mitra, and Christine Moorman, "What Is Quality? An Integrative Framework of Processes and States," *Journal of Marketing* 76 (July 2012), pp. 1-23.
15. See Robert D. Buzzell and Bradley T. Gale, "Quality Is King," *The PIMS Principles: Linking Strategy to Performance* (New York: Free Press, 1987), pp. 103-34. (PIMS stands for Profit Impact of Market Strategy.)
16. Lerzan Aksoy, Timothy L. Keiningham, and Terry G. Vavra, "Nearly Everything You Know about Loyalty Is Wrong," *Marketing News*, October 1, 2005, pp. 20-21; Timothy L. Keiningham, Terry G. Vavra, Lerzan Aksoy, and Henri Wallard, *Loyalty Myths* (Hoboken, NJ: John Wiley & Sons, 2005).
17. Werner J. Reinartz and V. Kumar, "The Impact of Customer Relationship Characteristics on Profitable Lifetime Duration," *Journal of Marketing* 67 (January 2003), pp. 77-99; Werner J. Reinartz and V. Kumar, "On the Profitability of Long-Life Customers in a Noncontractual Setting: An Empirical Investigation

and Implications for Marketing," *Journal of Marketing* 64 (October 2000), pp. 17–35.

18. Rakesh Niraj, Mahendra Gupta, and Chakravarthi Narasimhan, "Customer Profitability in a Supply Chain," *Journal of Marketing* 65 (July 2001), pp. 1–16.

19. Thomas M. Petro, "Profitability: The Fifth 'P' of Marketing," *Bank Marketing*, September 1990, pp. 48–52; "Who Are Your Best Customers?," *Bank Marketing*, October 1990, pp. 48–52.

20. V. Kumar, "Customer Lifetime Value," Rajiv Grover and Marco Vriens, eds., *Handbook of Marketing Research* (Thousand Oaks, CA: Sage Publications, 2006), pp. 602–27; Sunil Gupta, Donald R. Lehmann, and Jennifer Ames Stuart, "Valuing Customers," *Journal of Marketing Research* 61 (February 2004), pp. 7–18; Rajkumar Venkatesan and V. Kumar, "A Customer Lifetime Value Framework for Customer Selection and Resource Allocation Strategy," *Journal of Marketing* 68 (October 2004), pp. 106–25.

21. V. Kumar, "Profitable Relationships," *Marketing Research* 18 (Fall 2006), pp. 41–46.

22. For some recent analysis and discussion, see Michael Haenlein, Andreas M. Kaplan, and Detlef Schoder, "Valuing the Real Option of Abandoning Unprofitable Customers when Calculating Customer Lifetime Value," *Journal of Marketing* 70 (July 2006), pp. 5–20; Teck-Hua Ho, Young-Hoon Park, and Yong-Pin Zhou, "Incorporating Satisfaction into Customer Value Analysis: Optimal Investment in Lifetime Value," *Marketing Science* 25 (May–June 2006), pp. 260–77; and Peter S. Fader, Bruce G. S. Hardie, and Ka Lok Lee, "RFM and CLV: Using Iso-Value Curves for Customer Base Analysis," *Journal of Marketing Research* 62 (November 2005), pp. 415–30; V. Kumar, Rajkumar Venkatesan, Tim Bohling, and Denise Beckmann, "The Power of CLV: Managing Customer Lifetime Value at IBM," *Marketing Science* 27 (2008), pp. 585–99.

23. For more on CLV, see: Sunil Gupta and Donald R. Lehmann, "Models of Customer Value," Berend Wierenga, ed., *Handbook of Marketing Decision Models* (Berlin, Germany: Springer Science and Business Media, 2007); Sunil Gupta and Donald R. Lehmann, "Customers as Assets," *Journal of Interactive Marketing* 17, no. 1 (Winter 2006), pp. 9–24; Sunil Gupta and Donald R. Lehmann, *Managing Customers as Investments* (Upper Saddle River, NJ: Wharton School Publishing, 2005); Peter Fader, Bruce Hardie, and Ka Lee, "RFM and CLV: Using Iso-Value Curves for Customer Base Analysis," *Journal of Marketing Research* 42, no. 4 (November 2005), pp. 415–30; Sunil Gupta, Donald R. Lehmann, and Jennifer Ames Stuart, "Valuing Customers," *Journal of Marketing Research* 41, no. 1 (February 2004), pp. 7–18.

24. For a variety of perspectives on brand relationships, see Deborah J. MacInnis, C. Whan Park, and Joseph R. Preister, eds., *Handbook of Brand Relationships* (Armonk, NY: M. E. Sharpe, 2009).

25. For a study of the processes involved, see Werner Reinartz, Manfred Kraft, and Wayne D. Hoyer, "The Customer Relationship Management Process: Its Measurement and Impact on Performance," *Journal of Marketing Research* 61 (August 2004), pp. 293–305. For a thorough examination of the practical issues, see Peter Fader, *Customer Centricity: Focus on the Right Customers for Strategic Advantage* (Philadelphia, PA: Wharton Digital Press, 2012).

26. Seth Godin, *Permission Marketing: Turning Strangers into Friends, and Friends into Customers* (New York: Simon & Schuster, 1999). See also Susan Fournier, Susan Dobscha, and David Mick, "Preventing the Premature Death of Relationship Marketing," *Harvard Business Review*, January–February 1998, pp. 42–51.

27. Martin Mende, Ruth N. Bolton, and Mary Jo Bitner, "Decoding Customer-Firm Relationships: How Attachment Styles Help Explain Customers' Preferences for Closeness, Repurchase Intentions, and Changes in Relationship Breadth," *Journal of Marketing Research* 50 (February 2013), pp. 125–42.

28. Michael Lewis, "Customer Acquisition Promotions and Customer Asset Value," *Journal of Marketing Research* 63 (May 2006), pp. 195–203; see also Romana Khan, Michael Lewis, and Vishal Singh, "Dynamic Customer Management and the Value of One-to-One Marketing," *Marketing Science* 28 (November–December 2009), pp. 1063–79.

29. V. Kumar and Bharath Rajan, "The Perils of Social Coupon Campaigns," *MIT Sloan Management Review* 53 (Summer 2012), pp. 13–14; Karen E. Klein, "Small Businesses See Red over Daily Deals," *Bloomberg Businessweek*, December 3, 2012, pp. 53–54.

30. Werner Reinartz, Jacquelyn S. Thomas, and V. Kumar, "Balancing Acquisition and Retention Resources to Maximize Customer Profitability," *Journal of Marketing* 69 (January 2005), pp. 63–79.

31. Michael D. Johnson and Fred Selnes, "Diversifying Your Customer Portfolio," *MIT Sloan Management Review* 46 (Spring 2005), pp. 11–14; Crina O. Tarasi, Ruth N. Bolton, Michael D. Hutt, and Beth A. Walker, "Balancing Risk and Return in a Customer Portfolio," *Journal of Marketing* 75 (May 2011), pp. 1–17.

32. Leonard L. Berry and A. Parasuraman, *Marketing Services: Competing through Quality* (New York:

Free Press, 1991), pp. 136–42. For an academic examination in a business-to-business context, see Robert W. Palmatier, Srinath Gopalakrishna, and Mark B. Houston, "Returns on Business-to-Business Relationship Marketing Investments: Strategies for Leveraging Profits," *Marketing Science* 25 (September–October 2006), pp. 477–93. See also Irit Nitzan and Barak Libai, "Social Effects on Customer Retention," *Journal of Marketing* 75 (November 2011), pp. 24–38.

33. Ben McConnell and Jackie Huba, "Learning to Leverage the Lunatic Fringe," *Point*, July–August 2006, pp. 14–15; Michael Krauss, "Work to Convert Customers into Evangelists," *Marketing News*, December 15, 2006, p. 6; "Ask Maxine Clark," *Inc.*, July 1, 2008; "How Maxine Clark Built Build-a-Bear," *Fortune*, March 19, 2012.

34. Utpal M. Dholakia, "How Consumer Self-Determination Influences Relational Marketing Outcomes: Evidence from Longitudinal Field Studies," *Journal of Marketing Research* 43 (February 2006), pp. 109–20.

35. Joseph C. Nunes and Xavier Drèze, "Feeling Superior: The Impact of Loyalty Program Structure on Consumers' Perception of Status," *Journal of Consumer Research* 35 (April 2009), pp. 890–905; Joseph C. Nunes and Xavier Drèze, "Your Loyalty Program Is Betraying You," *Harvard Business Review*, April 2006, pp. 124–31.

36. James H. McAlexander, John W. Schouten, and Harold F. Koenig, "Building Brand Community," *Journal of Marketing* 66 (January 2002), pp. 38–54. For some notable examinations of brand communities, see René Algesheimer, Uptal M. Dholakia, and Andreas Herrmann, "The Social Influence of Brand Community: Evidence from European Car Clubs," *Journal of Marketing* 69 (July 2005), pp. 19–34; Albert M. Muniz Jr. and Hope Jensen Schau, "Religiosity in the Abandoned Apple Newton Brand Community," *Journal of Consumer Research* 31 (2005), pp. 412–32; Robert Kozinets, "Utopian Enterprise: Articulating the Meanings of *Star Trek*'s Culture of Consumption," *Journal of Consumer Research* 28 (June 2001), pp. 67–87; John W. Schouten and James H. McAlexander, "Subcultures of Consumption: An Ethnography of New Bikers," *Journal of Consumer Research* 22 (June 1995), pp. 43–61.

37. Albert M. Muniz Jr. and Thomas C. O'Guinn, "Brand Community," *Journal of Consumer Research* 27 (March 2001), pp. 412–32.

38. Susan Fournier and Lara Lee, "The Seven Deadly Sins of Brand Community 'Management,'" Marketing Science Institute Special Report 08-208, 2008; see also Mark Bubula, "The Myth about Brand Communities," *Admap*, November 2012.

39. Jacquelyn S. Thomas, Robert C. Blattberg, and Edward J. Fox, "Recapturing Lost Customers," *Journal of Marketing Research* 61 (February 2004), pp. 31–45.

40. Werner Reinartz and V. Kumar, "The Impact of Customer Relationship Characteristics on Profitable Lifetime Duration," *Journal of Marketing* 67 (January 2003), pp. 77–99; Werner Reinartz and V. Kumar, "The Mismanagement of Customer Loyalty," *Harvard Business Review*, July 2002, pp. 86–97.

41. Carolyn Heller Baird and Gautam Parasnis, *From Social Media to Social CRM* (Somers, NY: IBM Corporation, 2011).

第 5 章

消费者市场和企业市场分析

> **本章将解决下列问题:**
>
> 1. 文化、社会、个人因素如何影响消费者购买行为?
> 2. 影响消费者购买行为的主要心理过程是什么?
> 3. 消费者如何做出购买决定?
> 4. 什么是企业市场?与消费者市场有何不同?
> 5. 谁参与企业间购买过程?如何做出购买决定?
> 6. 公司如何与企业用户建立深入关系?

思科的营销管理

在互联网公司发展繁荣的巅峰,思科系统公司曾是世界上最有价值的公司,市值高达5000亿美元。在那些风光的日子之后,思科的市场主导地位面临了众多挑战——但它仍然采取激进的做法重塑自己,反映了全球营销环境的变化。公司引以为傲的是与企业用户的密切联系,其核心竞争力在于通过分解筒仓来帮助企业客户完成大迁移。例如公司CEO以紧凑高效的刀片式服务器为例,说明思科如何帮助公司构建一个共同技术愿景,思科是唯一能处理数据、语音和视频的计算科技公司。公司每年在研发上投入60亿美元,有55%的收入和70%的利润增长来自海外市场。[1]

采用全局营销观需要全面了解顾客,无论是个人消费者还是企业客户。思科和其他聪明的营销者一样,将创建与顾客的忠诚关系置于首位。对于其他企业而言,思科不仅是卖家,同时也是商品和服务的买家。本章将探讨个体消费者、企业、政府机构和其他机构的购买驱动力。

5.1 消费者行为影响因素

消费者行为(consumer behavior)研究的是个体、群体以及组织如何选择、购买、使用和处置产品、服务、创意或者体验,以满足自身需求的行为。[2]营销人员必须全面了解消费者行为的理论和实践。消费者的购买行为受到文化、社会和个体因素影响,其中文化因素的影响最为广泛深入。

5.1.1 文化因素

文化、亚文化和社会阶层对消费者购买行为产生特别重要的影响。**文化**(culture)是人类需求和行为的基本决定因素。在美国长大的孩子,成长过程中受到家庭和其他主要机构的影响,接受的价值观包括:成就和成功、积极性、效率与实用主义、进取、物质享受、个人主义、自由、外部安慰、人道主义和青春朝气。[3]而成长于另一个国家的孩子,可能对自我、与他人的关系以及宗教信仰有不同的看法。

每种文化都由更小的**亚文化**(subcultures)构成,为成员提供更具体的认同感和社会化。亚文化包括国籍、宗教、种族和地理区域。当亚文化发展到足够壮大和丰富时,企业通常会为这一市场设计专门的营销计划。

社会阶层(social classes)是相对同质持久的社会群体划分,按层级排列,同一阶层成员具有相似的价值观、兴趣和行为。美国将社会阶层从低到高分为如下七层:(1)下下层;(2)上下层;(3)劳动阶层;(4)中产阶层;(5)上中层;(6)下上层;(7)上上层。[4]在很多领域,不同社会阶层成员都有不同的产品和品牌偏好。

5.1.2 社会因素

除了文化因素,社会因素如参照群体、家庭、社会角色和社会地位,也会影响消费者的购买行为。

参照群体 **参照群体**(reference groups)是对消费者的态度或行为有直接(面对面)或间接影响的所有群体。其中有直接影响的群体叫作**成员群体**(membership groups),分为主要群体和次要群体。个人与主要群体之间的互动持续长久且非正式,如家庭、朋友、邻居和同事。个人与次要群体则倾向于保持更加正式且非长久性互动,如宗教组织、专业及贸易团体。

参照群体对个体的影响主要体现为:将个体置于新行为和生活方式中,影响个体态度和自我意识,并且产生从众压力,可能会影响其产品和品牌选择。人们也会受到非成员群体影响。**崇拜性群体**(aspirational groups)是个体希望加入的群体,**隔离群体**(dissociative groups)是其价值观或行为被个体拒绝的群体。

如果一个参照群体的影响力很强,则营销人员需要确定如何去触及并影响群体的**意见领袖**(opinion leader)。意见领袖是通过非正式形式,对特定产品或产品种类提供非正式意见或信息的人,例如几个品牌中哪个最好或者一个特别的产品如何使用。[5]营销人员可以通过识别人口统计信息、心理特征及阅读媒体、直接发送信息等方式触及意见领袖。[6]

小集团 传播学研究人员提出了一个人际传播中的社会结构观点。[7]他们认为社会由若干小集团(cliques)组成,这些小群体内的成员间互动频繁。小集团成员具有相似性,他们的亲密促进了有效交流,但是也造成了小集团与外界新信息的隔离。因此一大挑战在于提高开放性,让小集团与社会中其他群体交换信息。研究病毒营销的一些专家提醒,虽然影响者或领袖开启了某些趋势,但他们往往也因过于内省及与社会疏远,而并不传播这些趋势。专家建议营销人员培养一些超投入的"蜜蜂"顾客,他们不仅仅满足于了解未来趋势,更加热衷于传播信息。[8]事实上,越来越多企业正在寻找方法识别并吸引网络上热情的品牌传道者和潜在的盈利客户。[9]

家庭 家庭是社会上最重要的消费者购买组织,家庭成员是最有影响力的主要参照群体。[10]消费者的一生中有两个家庭。**原生家庭**(family of orientation)是指由父母和兄弟姐妹组成的家庭。一个人对于宗教、政治、经济、个人抱负、自我价值和爱的取向来自父母。[11]**再生家庭**(family of procreation)是由个人的配偶和子女组成的家庭,再生家庭对个体的日常购买行为产生更直接的影响。对于昂贵的产品和服务,比如汽车、旅游或住房,大部分情况都是由夫妻共同做购买决定[12],虽然男性和女性对营销信息的反应可能并不相同。

购买模式的另一个变化是,儿童和青少年对购买决策的影响与日俱增。研究表明,超过2/3的13~21岁青少年在音频/视频设备、软件和旅游目的地等方面会影响家庭购买决策。[13]当孩子长到2岁时,通常就能识别出人物、商标和特定品牌;到大约6~7岁时,就能区分出广告和节目;8岁就能明白广告中的说服意图;到9~10岁时,则能够感知到广告信息和真实产品的差距。[14]青少年和年轻人会观察朋友的言行,并且尽可能地按照他们在广告中听到和看到的,或者商店销售人员的介绍来行动。

角色和地位 我们每个人都会参与多个群体——家庭、俱乐部、各种组织。这些群体通常是重要的信息来源,同时又定义了各种行为规范。人们能够通过角色和地位来定义一个人在群体中的位置。**角色**(role)是指个体被期望开展的各种行为,每个角色都意味着一种**地位**(status)。高级营销副总裁的地位往往高于销售经理,销售经理的地位则高于办公室职员。人们对于产品的选择,反映并传达了他们的角色以及他们实际的或渴望得到的社会地位。营销人员必须清楚产品和品牌所隐含的地位象征意义。

5.1.3 个体因素

影响消费者购买决策的个人特征包括年龄、生命周期阶段、职业和经济环境、个性和自我意识、生活方式和价值观。

年龄和生命周期阶段 人们对食物、服装、家具和娱乐活动的喜好,都与年龄息息相关。消费观念也受到家庭生命周期(family life cycle)、各时点家庭人口数、年龄和家庭成员性别影响。除此之外,心理生命周期也很重要。成年人在生命历程中会经历一些过渡或转变[15],他们的行为会随着这些事件而改变,比如初为人父人母。营销人员应当关注这些生命中的关键事件或转变——结婚、生子、生病、迁居、离婚、初入职场、职业转换、退休、丧偶等——所带来的新需求。

职业和经济状况 职业会影响个体的消费模式。营销人员试图识别对其产品和服务的兴趣高于平均水平的职业群体,并为特定职业群体定制产品,例如软件公司为工程师、律师和内科医生设计不同的产品。产品和品牌的选择在很大程度上受到经济状况影响,如可支配收入(随时间变化的收入水平、稳定性和模式)、储蓄和资产(包括流动比率)、债务、借款能力及对消费与储蓄的态度。

个性和自我意识 个性(personality),是指个体与众不同的心理特征,导致其对一些环境刺激产生相对一致或持续的反应,包括购买行为。个性通常可以用自信、支配欲、自主、顺从、社交能力、防御性和适应能力等特质来描述。[16]

品牌也具有个性,消费者会选择那些与其自身特征相符的品牌。我们把**品牌个性**(brand personality)定义为能够归属于某品牌的人性特质的组合。斯坦福大学的詹妮弗·阿克尔(Jennifer Aaker)对品牌个性进行研究并识别出如下特质:真诚、刺激、竞争力、精明和坚固。[17]跨文化研究发现,仅有部分而非全部特质适用于美国之外的国家。[18]

消费者通常会选择和使用品牌个性与消费者的真实自我意识(人们如何看待自己)相一致的品牌,而实践中这种匹配可能基于消费者的理想自我意识(人们希望如何看待自己)或者基于他人的自我意识(别人如何看待自己)。[19]这些影响在大众品牌中比奢侈品牌中表现更为明显。[20]另外,"自我监控"较高的消费者——对别人的看法高度敏感——更倾向于选择品牌个性与消费情境相匹配的品牌。[21]最后,自我多面性(如严肃的专业人士、关心家庭成员、活跃的享乐者)的不同面,通常可能被不同情境或不同类型的人唤起。

生活方式和价值观 来自同样的亚文化、同一社会阶层和相同职业的个体,生活方式可能完全不同。**生活方式**(lifestyle)是指一个人通过其行为、兴趣和观点所表现出来的生活模式,描绘的是与个体所在环境互动的"完整的人"。营销人员一直在寻找产品和生活方式之间的关系。一个电脑生产商可能发现大多购买者都是成就导向型人士,从而针对这一生活方式下的品牌目标会更明确。

消费者属于资金约束型还是时间约束型,在一定程度上也会影响其生活方式的形成。如果企业目标市场为资金约束型顾客,就应该生产低成本的产品和服务。通过吸引节俭型消费者,沃尔玛成为世界上最大的公司。以时间约束型顾客为目标市场的企业需要注意,在诸如食品加工这类行业中,这些顾客希望认为他们并不受时间约束。营销人员把在烹饪过程中既追求方便又要有参与度的顾客称为"方便参与型"顾客。[22]

消费者决策也会受到**核心价值观**(core values)影响。核心价值观是隐藏在态度和行为之下更深层次的信仰体系,从基本层面引导人们在较长时期内的选择和欲望。基于顾客价值观定位目标市场的企业认为,通过激发人们的内在自我,有可能影响其外在自我——购买行为。

5.2 关键心理过程

刺激—反应模型是了解消费者行为的出发点,如图5.1所示。营销和环境刺激进入消费者意识,引发一系列心理过程,这些心理过程与消费者特征相结合,共同决定了消费者决策过程和购买决定。营销人员的任务是了解从消费者接收到外部营销刺激,到最终购买决定这一过程中,消费者的意识发生了什么变化。从根本上影响消费者反应的四个关键心理过程是动机、感知、学习和记忆。

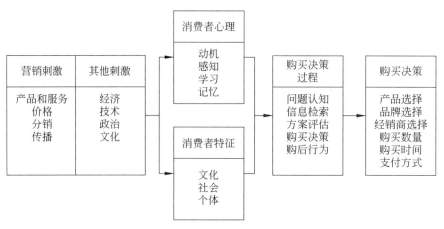

图5.1　消费者行为模型

5.2.1　动机

在任何时候,我们都会有很多需求。有些需求是生物体基本生理需要,由饥饿、口渴或不舒服等生理状态引发。其他需求由心理性状况引发,比如需要被认可、尊重和归属感。当需求被激发到足够强烈的程度并驱使人们行动,则需求就转变为**动机**(motive)。动机具有方向性和强度,方向性即人们选择这一目标而非其他,强度即人们用多大精力来追求这一目标。

著名的人类动机理论对于消费者分析和营销策略提出不同的理解。西格蒙德·弗洛伊德(Sigmund Freud)假定,心理因素对人类行为的塑造大部分是无意识的,并且人们不能完全了解自己的动机。消费者不仅会对其观察的特定品牌的标示性能做出反应,也会对一些潜意识线索,如产品的形状、尺寸、重量和品牌名等做出反应。阶梯递进法(laddering)这一技术能够追踪个体动机,包括从工具性动机到最终动机。之后,营销人员可据此决定在何种层级传递何种信息和诉求。[23]

文化人类学家克洛泰尔·拉派尔(Clotaire Repaille)研究如何破译隐藏在产品行为中的"编码"——人们赋予特定产品或服务的无意识意义。拉派尔和波音公司合作,为787梦幻客机明确具有广泛吸引力的内饰特征。基于其部分研究结论,梦幻客机设计了宽敞的休息区,更大的弧线形行李舱,更大的电动暗窗,以及有隐藏LED灯照明的简式顶棚。[24]

亚伯拉罕·马斯洛(Abraham Maslow)力图解释为什么人们会在特定时间被特定需求所驱动。[25]马斯洛认为,人类的需求是按层级排列的,从最迫切到最不迫切依次为:生理需求、安全需求、社会需求、尊重需求和自我实现需求。人们总是设法首先满足最重要的需求,然后转向下一个需求。

费雷德里克·赫茨伯格(Frederick Herzberg)提出了双因素理论来区分不满意因素(引起不满意的因素)和满意因素(引起满意的因素)。[26]消除不满意因素不足以激发购买行为,还必须确保满意因素存在。例如,一台电脑如果没有质量担保,则是一个不满意因素。然而即使有质量保证书,也并不成为引发消费者购买的满意因素,因为质量保证书并非消费者内在满意的来源,他必须在使用产品时真正满意。易用性是一个满意因素。根据这一理论,企业应当尽力去避免不利于产品销售的不满意因素,向消费者提供激发其购买的主要激励因素(即满意因素)。

5.2.2 感知

一个动机被激发的人随时准备付诸行动,而如何行动会受到其对情境的感知所影响。在营销中,感知比现实更为重要,因为感知会影响消费者的实际行为。**感知**(perception)是个体选择、组织并理解所获取的信息,从而创建一个有意义的反映世界的图像的过程。[27] 消费者通过视觉、听觉、味觉、嗅觉和触觉等多种感官来感知不同类型的信息。

感官营销被定义为"调动消费者感官并影响其感知、判断和行为的营销"。阿莱德哈娜·科瑞斯娜(Aradhna Krishna)提出感官营销的效果可以通过两种主要方式体现。第一,感官营销能够潜移默化地影响消费者对产品或服务的抽象品质的感知(即品牌个性的不同方面)。第二,感官营销也能影响消费者对特定产品或服务属性的感知(比如颜色、味道或形状)。[28]

人们对同一个对象会产生不同的感知,因为存在三种感知过程,即选择性注意、选择性曲解和选择性记忆。虽然我们每天都面对数以千计的营销刺激,但是我们会筛选出最大的刺激,这一过程叫作**选择性注意**(selective attention)。所以,营销人员要着力吸引消费者的注意力。调查显示,人们更多地注意到与当前需求相关的刺激,这就是为什么想要购买汽车的人注意到的是汽车广告而非家电广告。而且人们也更可能注意到他们所期待的刺激,比如在电脑店会展示笔记本电脑。另外,人们还会更多地注意到与正常刺激有较大差异的刺激。例如,人们会更多地注意到降价100美元的产品广告,而非降价5美元的产品广告。

另一个引起注意的现象是,刺激并不总是以传播者的意图传播。**选择性曲解**(selective distortion)是指人们倾向于以符合自身预想的方式去理解信息。消费者常曲解信息,使之与自己先前对品牌、产品的信念和期望相一致。对于强势品牌的营销人员,可以利用选择性曲解,让消费者对中立或者模糊的品牌信息感知变为更积极的理解。换句话说,消费者可能会感觉到某种品牌的咖啡口感可能更好,在某银行排队的时间可能会感觉更短。此外,由于**选择性记忆**(selective retention)的存在,我们更可能记住心仪产品的优点,而忘记竞争产品的优点。选择性记忆对强势品牌更为有利。这也解释了为什么营销人员需要重复展示信息,以确保信息不会被消费者忽略。

5.2.3 学习

人们在行动中学习。**学习**(learning)是指由经验引起的行为改变。人类行为大多都是通过学习而来,即使很多学习是偶然的。学习理论家认为,学习是通过各种驱动力、刺激、诱因、反应和强化的相互作用而产生。**驱动力**(drive)是指促使行为产生的强烈内部刺激。**诱因**(cues)是指决定人们做出反应的时间、地点和方式的次要刺激。

假设你买了一台笔记本电脑,如果这是一次有益的体验,那么你对于该电脑和品牌的正面反应增强。以后当你想买一台打印机时就会认为,该企业既然能够生产很好的电脑,应该也能生产质量好的打印机,即你把对电脑的反应普及推广到类似刺激上。普及推广的相反倾向就是歧视,学习从一系列相似的刺激中识别出差异,并相应地调整自己的反应。学习理论教会营销人员,可以通过关联强势驱动力、使用动机诱因以及提供正向强化等方法来建立产品需求。

5.2.4 情绪

消费者的反应并不都是基于认知且理性的,很多是感性的,而且会引发各种不同的情感。一个品牌或产品可能让消费者感觉到骄傲、激动或者自信。一则广告可能给顾客带来乐趣、厌恶或者惊奇。营销人员越来越意识到情感诉求的力量,尤其是根植于品牌的某些功能、理性方面的情感诉求。事实证明,一个充满感情的品牌故事能够激发人们传播品牌故事的欲望,无论是口口相传还是在线分享。因此,企业可以赋予这种口碑传播更强烈的诉求,让消费者参与到品牌故事中。[29]

5.2.5 记忆

认知心理学家将记忆分为短期记忆(STM)和长期记忆(LTM),短期记忆是临时存储信息且存储容量有限,长期记忆是信息更永久更本质地存储,且存储容量无限。关于长期记忆结构最广为接受观点认为,人们在这一过程中形成了某种关联模型。例如,**关联网络记忆模型**(associative network memory model)将长期记忆看作一组节点和链接的组合。存储信息的各节点由不同强度的链接所连接。任何类型的信息都能被储存在记忆网络中,包括口头信息、视觉信息、抽象信息和背景信息。节点间的扩散激活过程决定了在给定情境下,人们能够检索的信息量,以及实际能回想起哪些信息。人们对外部信息进行编码(当我们阅读或听到某个词或短语时)或者从长期记忆中搜索内部信息(当我们思考某概念时)时,如果激活了某节点,则其他与此节点有强关联的节点也会被激活。

品牌联想(brand associations)包括所有与品牌相关的想法、情感、感知、形象、经历、信念、态度等方面,与品牌节点相连接。企业根据可能被营销活动触发的关键品牌联想及其相对强度、受欢迎程度和独特性,来绘制消费者心理地图,以描述消费者对某品牌的品牌知识。图5.2展示了一幅简单的心理地图,突出了某个假定顾客对国家农场保险公司的品牌信念。

记忆编码(memory encoding)描述了信息进入记忆的方式和位置。由此产生的品牌联想强度,取决于我们在编码过程中处理的信息量(比如关于这一问题我们思考了多少)和处理方式。在编码过程时对信息的含义关注得越多,则在记忆中产生的联想就越强。[30]

记忆检索(memory retrieval)是指从记忆中提取信息的方式。记忆中存在的其他产品信息会产生干扰,使人们忽视新信息,或者产生信息混淆。如果某产品类别存在多个竞争对手,营销面临的一大挑战是消费者可能会混淆品牌。而且,一旦信息被储存在记忆中,其联想强度的衰退十分缓慢。

有些信息可能已存储在记忆中,但是如果没有合适的检索线索或提示,也是无法回忆

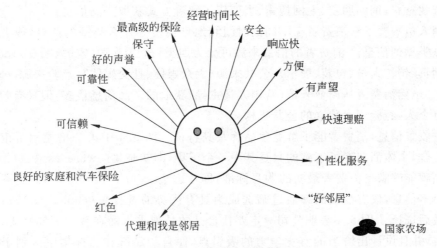

图 5.2 假设心理地图

起来的。因此,确保检索线索的有效性是店内营销非常重要的原因之一,产品包装和展示提示我们信息已传递到店外,成为消费者决策的主要决定因素。品牌在记忆中的可获取性很重要的另一个原因是:人们会谈论浮现在记忆上层的品牌。[31]

 ## 5.3 消费者购买决策过程

聪明的企业致力于全面了解消费者的购买决策过程——从了解、选择、使用,甚至到处理产品过程中的所有体验。图 5.3 展示了消费者购买决策过程的五个阶段:问题认知、信息搜寻、方案评估、购买决策和购后行为。要注意的是,消费者并不总是经历全部五个阶段,他们可能会跨过或者返回到某个阶段。消费者购买决策过程模型描述了消费者面对一个高度介入的新购买时产生的全部思考,因此提供了一个非常好的参考框架。

问题认知 → 信息搜寻 → 方案评估 → 购买决策 → 购后行为

图 5.3 消费者购买过程中的五阶段模型

5.3.1 问题认知

购买过程始于购买者对具体问题或需求的认知,由内部或外部刺激产生。个人的常规需求如饥饿或口渴,由内部刺激引发,并会上升到阈值水平形成内驱力。需求也会被外部刺激引起,比如看到广告。营销人员可以通过收集大量消费者信息,识别引发消费者特定需求的情境,然后就可以制定能激发消费者兴趣的营销策略。

5.3.2 信息搜寻

消费者在信息搜寻过程中的参与水平可以分为两种:一种是温和的搜寻状态,被称为加强的关注,在此状态下个体更容易接受产品信息;另一种是主动信息搜索,即消费者会通过查找材料、询问朋友、上网搜索、去商店了解等方式获取产品信息。

营销人员需要了解消费者在不同的时间和地点会搜寻什么类型的信息,或者至少能接受什么类型的信息。[32] 消费者的信息来源可分为四类:个人来源(家庭、朋友),商业来源(广告、网页、销售人员、包装、展示),公共来源(大众媒体、社交媒体),经验来源(处理和使用产品)。虽然消费者从商业来源(营销人员主导)获取的产品信息最多,但最有效的信息通常来自个人、经验或者独立的公共机构。[33]

通过收集信息,消费者能了解竞争品牌及其特征。图5.4中第一格显示了市场中全部品牌集合,个体消费者了解到的只是其中一个子集,即知晓集(awareness set)。其中仅有部分品牌能够满足消费者最初的购买标准,即考虑集(consideration set)。随着消费者收集到更多信息,仅有少数品牌通过筛选成为具有优势的选择集(choice set),消费者从中做出最后选择。[34] 图5.4表明公司一定要让自己的品牌进入潜在客户的知晓集、考虑集和选择集,并且设计出恰当的有竞争力的吸引点,使自身品牌在选择集中区别于其他品牌。除此之外,企业应该识别消费者的信息来源,并评估不同来源的相对重要性,以便进行有效传播。

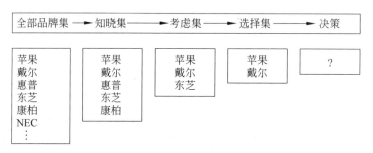

图5.4 消费者决策过程中的品牌集合

要注意到在线搜索行为与线下搜索行为可能不同,部分是因为产品信息呈现的方式不同。例如,在线可选产品会按照产品对消费者的预测吸引力排序。消费者可以直接进行选择,而不必广泛搜索信息。[35]

5.3.3 方案评估

消费者如何处理竞争品牌信息并做出最终价值判断?当前几种评价过程中,最新的模型认为,消费者很大程度上是基于意识和理性基础而形成价值判断。

一些基础概念有助于我们了解消费者的评估过程。首先,消费者总是努力去满足某种需求。其次,消费者寻求某些利益。再次,消费者把每个产品都看作一系列属性的集合,能在不同程度上传递价值。消费者感兴趣属性随产品的不同而变化。例如,消费者选择酒店时关注的属性可能是地点、氛围和价格。消费者最为关注的是能传递最佳利益的属性。我们通常会根据不同消费者群体注重的属性和利益来细分市场。

消费者在体验和学习中能够形成影响其购买行为的信念和态度。**信念**(belief)是个体所持有的对某些事物的描述性看法。**态度**(attitudes)同等重要,是指个体对某些事物或想法长期持有的好或不好的评价、情绪感受以及行为倾向。人们几乎对所有的事物都持有态度：宗教、服装、音乐和食物。由于既有态度的存在节省了人的精力和思考，所以态度难以改变。因此，企业应当努力使其产品符合人们的既有态度，而不是试图改变态度。

消费者通过属性评估过程形成对不同品牌的态度，并根据每个品牌的属性定位形成一系列信念集合。[36]关于态度形成的**期望值模型**（expectancy-value model）指出，消费者会根据重要性，整合其正、负面品牌信念，对产品和服务进行评估。

假如琳达已将其笔记本电脑选择集缩小为四种品牌（A、B、C和D），并对四种属性感兴趣：存储容量、图形处理能力、尺寸和重量、价格。如果其中一台电脑在四个属性上均优于其他品牌，那么我们可以预测琳达会选择它。但通常情况是，选择集内的不同品牌在不同属性上吸引力各异，一个品牌存储能力最强，而另一个品牌的图形处理能力最优。

如果我们知道琳达赋予四个属性的权重，就可以更为准确地预测出她的选择。假定她给笔记本的存储能力设定 40% 权重，图形处理能力 30%，尺寸和重量 20%，价格 10%。根据期望值模型，要得到琳达对每一种电脑的感知价值，可将她对每台电脑各属性的品牌信念与其对应的权重相乘。如果她给品牌 A 的储存能力打 8 分，图形处理能力打 9 分，尺寸和重量打 6 分，价格打 9 分，则品牌 A 的总分为：

$$电脑 A = 0.4 \times 8 + 0.3 \times 9 + 0.2 \times 6 + 0.1 \times 9 = 8.0$$

计算出选择集内所有电脑的分值后，可知哪台电脑具有最高的感知价值。如果营销人员了解消费者如何形成品牌偏好，则可采取措施影响消费者决策，比如重新设计笔记本电脑（真正重新定位），改变消费者的品牌信念（心理上重新定位），改变消费者对竞争品牌的信念（竞争性反定位），改变重要性权重（说服购买者将更多重要性赋予本品牌的突出属性上），唤起对被忽视属性的关注（比如款式），或者改变购买者的理想水平（说服购买者改变对一个或多个属性的理想水平）。[37]

5.3.4 购买决策

在方案评估阶段，消费者对选择集里的品牌形成偏好，也可能对最喜爱的品牌产生购买意图。但即便如此，仍有两个因素会对购买意图和购买决定产生影响。第一个因素是他人态度。他人态度对消费者决策影响的大小取决于：（1）他人对购买者偏好品牌持负面态度的强度；（2）购买者遵从他人意愿的动机。[38]他人的负面态度越强，且关系和购买者越亲密，购买者调整购买意图的可能性越大，反之亦然。

第二个因素是非预期情境因素，意料之外的突发事件可能让消费者突然改变购买意图。比如，琳达可能会失业，因此其他一些购买可能会变得更急迫，或者某个销售人员可能冒犯她。因此，偏好甚至购买意图都不能完全准确地预测购买行为。

消费者调整、推迟或取消购买等决策，受到一种或多种感知风险的重要影响。[39]例如，功能性风险可能使产品达不到预期功能，社会性风险会引发在别人面前的尴尬。感知风险水平随购买金额大小、属性的不确定性和消费者自信程度而变化。营销人员一定要了解引起消费者感知风险的因素，并提供信息和帮助以减小感知风险。

5.3.5 购后行为

购买之后，消费者可能会体验到与购买之前不一致的因素，如产品某些令人不满的性能、听到其他品牌产品的优点等,因此会对曾支持其做购买决策的宣传信息产生戒备。因此营销人员一定要监控消费者的购后满意度、购后行为、购后产品的使用和处理。满意的消费者更有可能再次购买产品,并倾向于向其他人传播产品优点。不满意的消费者会放弃或退回产品,还会采取公开行动(向公司投诉或在线向其他人抱怨),或个体行为(自己不再购买或者提醒朋友不要购买此产品)。[40]

购后沟通能够减少退货和取消订单的数量。营销人员还应当监控购买者如何使用和处理产品。销售频率的一个关键驱动是产品消费率。消费者越快地消费产品,就会越早地再度购买。加速消费者再次购买商品的一个策略是将产品更换与某个节日、事件或一年中的某个特定时间绑定起来。另一个策略是给消费者提供更精细的信息:(1)第一次使用产品或需要更换产品的时间;(2)产品目前的性能状况。如果消费者丢弃产品,营销人员应该知道他们如何处理,尤其是会污染环境的产品,比如电子产品。

5.3.6 行为决策理论和行为经济学

消费者处理信息或做决定并非总是慎重且理性的。行为决策理论(behavioral decision theory,BDT)是过去30年营销领域最活跃的学术研究领域之一。行为决策理论学家识别出了很多消费者做出非理性决策的多种情境,强调了消费者行为具有建设性,而且决策背景的确会产生影响。这些研究还对经济学理论的预测以及理性假设提出了挑战,因此出现了行为经济学(behavioral economics)研究领域。[41]接下来将介绍这两个关键领域的一些主要问题:启发式决策和框架。

启发式决策 消费者决策中经常采用的"心理捷径"称为**启发式决策**(heuristics),或者决策过程中的经验法则。当消费者在日常决策中,对未来的结果或事件进行预测,可能会采用如下几种启发式方法。

1. 可得性启发(availability heuristics)——消费者基于特定结果在头脑中出现的速度和容易程度进行预测。如果一个事例很容易想到,消费者就可能高估其发生的可能性。例如,消费者会因近期购买失败的经历,而夸大将来产品购买失败的可能性,进而促使消费者更倾向于购买产品担保。

2. 代表式启发(representativeness heuristics)——消费者基于某结果对其他情况而言的代表性或相似性而做出预测。同一产品类别中的不同品牌有相似的包装,是因为营销人员想让自己的产品在这一产品类别中具有代表性。

3. 定位与调整式启发(anchoring and adjustment heuristics)——消费者首先做一个初始判断,再基于额外的信息进行调整,尽管有时并不情愿。对于服务营销人员,深刻的第一印象对于建立初始定位至关重要,让消费者能够以积极的态度诠释后续体验。

框架 决策框架(decision framing)是决策者所见各种选择的呈现方式。价值200美元的手机在与价值400美元手机作对比时,可能看起来并不昂贵,但如果相对于价值50美元的手机则显得非常昂贵。研究人员发现消费者在处理资金时会使用心理账户(mental accounting),对其资金决策进行编码、分类和评估。[42]心理账户的原理一部分源自前景理论(prospect theory),认为消费者的决策由价值函数决定。消费者通常是损失厌恶型的,他们倾向于过高估计小概率事件,过低估计高概率事件。

5.4 什么是组织购买

许多营销人员不是面向消费者而是面向组织进行销售。弗莱德里克·E. 韦伯斯特(Frederick E. Webster Jr.)和耶尔曼·温德(Yoram Wind)将组织购买(organizational buying)定义为正规组织建立产品和服务的购买需求,并对可供选择的品牌和供应商进行识别、评价和选择的决策过程。[43]企业市场在很多方面不同于消费者市场。

5.4.1 企业市场和消费者市场

企业市场(business market)涵盖了所有组织,这些组织购买产品和服务用于生产制造其他的产品和服务,然后进行销售、租赁或供应给其他客户。构成企业市场的主要产业包括:航空航天工业、农业、林业、渔业、化学工业、计算机行业、建筑业、国防业、能源产业、矿业、制造业、交通运输业、通信业、公用事业、银行、金融和保险业、销售业和服务业。表5.1展示了企业市场的10个独特特征。

表5.1 企业市场的特点

特点	描述
买方数量更少,规模更大	企业市场的客户通常比消费者市场数量更少,规模更大。
亲密的供应商—顾客关系	由于更小的顾客群体以及大客户的重要性和实力,顾客希望供应商能够提供定制化产品和服务,以满足其不同需求。
专业化采购	训练有素的采购代理按照正式的采购政策、约束和要求进行购买。很多采购票据,比如采购方案和采购合同,并非消费者购买中的常见内容。
多重购买影响	有更多人影响企业购买决策。企业营销人员需要派出训练有素的销售代表和团队,来应对同样训练有素的买家和购买委员会。
多次电话销售访问	由于更多人会介入采购过程,企业在一个销售周期通常需要多次电话访问来赢得订单,销售周期往往长达数年。
衍生需求	对企业产品的需求最终来源于最终消费者对产品的需求,所以企业营销人员必须监控最终消费者的购买模式。
无弹性的需求	很多企业产品和服务的总需求无弹性,即需求量受价格变动的影响并不大,尤其在短期内,因为生产商无法快速调整生产。
波动的需求	对企业产品的需求比对消费品的需求更不稳定。消费品需求的增加会导致相应的厂房和设备需求更大幅度的增长。
买家地理分布集中	美国超过一半的企业买家集中在七个州:纽约、加利福尼亚、宾夕法尼亚、伊利诺伊、俄亥俄、新泽西和密歇根。因此,生产者的地理分布如果集中,有助于减少销售成本。
直接采购	企业买家通常直接从制造商处购买而不是通过中间商购买,尤其是技术性复杂或昂贵的商品。

举一个企业市场的例子,思考一下生产和销售一双鞋这一简单商品的过程。[44]皮革经销商将皮革卖给制革工人,制革工人将皮革制品卖给鞋制造商,制造商接下来把鞋卖给批

发商,批发商卖给零售商,零售商最后卖给消费者。供应链上的每一方还会购买其他产品和服务以维持其运营。

5.4.2 机构和政府市场

除了营利性企业,整体企业市场还包括机构和政府组织。机构市场(institutional market)由学校、医院和其他为其关注的人提供商品和服务的机构组成。这些组织中的很多都有较低的预算和稳定的顾客。例如,医院需要决定为病人购买何种质量的食物,目的不是盈利,因为食物是医院整体服务的一部分;成本最小化也不是唯一目标,因为不好的食物会引起病人抱怨,并有损医院的声誉。医院必须寻找质量能够满足或超过某个最低标准,且价格较低的供应商。

在大多数国家,政府组织是主要的产品和服务购买者。美国政府每年在私营行业承包商上花费超过 5000 亿美元,或占到联邦预算的约 14%,成为世界上最大的组织客户。[45] 政府组织通常要求供应商参与投标竞标,一般情况下会与最低投标者合作,有时会给按时完成任务的质量好或声誉好的合作者提供津贴。政府也会采取协商并签订采购合约的形式,但主要用于研发成本高、风险大且几乎没有竞争者的复杂项目。

5.4.3 企业采购情境

企业购买者在采购过程中面临很多决策,决策的多少取决于待解决问题的复杂程度、购买需求的新奇程度、涉及人数及时间要求。以此划分的三种购买情境分别是:直接再采购、更新再采购和新任务采购。[46]

- **直接再采购**。在直接再采购(straight rebuy)中,采购部门从"核准列表"中选择供应商进行办公用品、大宗化学品等商品的常规再订购。这些供应商会努力保持产品和服务质量,通常提议使用自动再订购系统以节省采购时间。核准列表之外的供应商会试图提供新产品,或利用当前供应商令人不满之处,其目标是先争取到小订单,然后随着时间推移逐步扩大购买份额。
- **更新再采购**。在更新再采购(modified rebuy)中,购买者希望修改产品规格、价格、交货要求或其他采购条款,这种情况通常需要双方增加更多人员参与决策。列表内的供应商会感到紧张,希望能够保住客户。列表之外的供应商则看到了增加业务的新机会。
- **新任务采购**。新任务(new-task)是指购买者首次购买某种产品或服务(一座办公楼或一套新安保系统)。成本或风险越大,决策参与者的数量越多,收集到的信息越多,做出决策的时间也就越长。[47]

企业购买者在直接再采购中所做决策最少,在新任务采购中所做决策最多。随着时间推移,新任务采购会转变为直接再采购和常规采购行为。购买过程要经历认知、兴趣、评价、试用和采纳等阶段。在认知阶段大众媒体的作用最为重要,销售人员在兴趣阶段产生的影响最大,技术资源在评价阶段最重要,在线销售工作在所有阶段都很有作用。

许多企业购买者更倾向于从一家销售商处购买整体解决方案,称为系统采购(systems buying),源于政府采购。为了响应这种需求,很多销售商采用系统销售或类似方式——系统外包(systems contracting)，这样一个供应商就可以给买家提供全部 MRO 服务(维护、修理和运行)，既降低了采购成本，又给销售商提供了稳定的需求，同时减少了文案工作。

5.5 企业采购过程中的参与者

是谁在购买企业组织所需的价值数万亿美元的产品和服务？采购代理商在直接再采购和更新再采购中非常有影响力，而其他员工在新任务采购中影响更大。工程师通常在产品部件选择时产生影响，而采购代理商则主导着供应商的选择。[48]

5.5.1 采购中心

韦伯斯特(Webster)和韦德(Wind)把采购组织中的决策部门称为采购中心(buying center)，由参与购买决策过程的所有个人和团体组成，他们有共同的目标，并共担由决策引发的风险。[49] 采购中心的全部组织成员，在采购决策过程中扮演以下任何角色。

1. 发起者——要求购买产品或服务的人，通常为产品使用者或其他人。
2. 使用者——使用产品或服务的人。在很多情况下，使用者发起购买建议，并帮助明确对产品的要求。
3. 影响者——影响购买决策的人，经常协助确定产品规格，并为方案评估提供信息。
4. 决策者——在产品要求及供应商选择方面做决定的人。
5. 批准者——对决策者或购买者的建议方案授权的人。
6. 购买者——有正式权力来选择供应商并安排购买条款的人。购买者可以协助制定产品规格，但他们的主要作用是选择供应商和谈判磋商。在更加复杂的购买中，购买者可能包括高级经理。
7. 把关者——有权力阻止销售人员或信息触及采购中心成员处的人，如采购代理商或接待人员。

一个角色可以由多人担任，如多个使用者或影响者，同一个人也可能担任多个角色。[50] 例如，一个采购经理常常同时既是购买者，又是影响者和把关者，他决定哪个销售代表可以与组织中的其他人通话、购买预算和其他限制，以及哪个企业能够真正得到这项业务。

5.5.2 采购中心的影响

采购中心通常包括有不同利益、权力、地位、可说服性的参与者，有时决策标准差异很大。工程师最希望最大化产品性能；生产者寻求易用性和供应的可靠性；财务人员关注购买行为的经济性；采购可能还涉及运营成本和重置成本。

企业购买者也会带有个人动机、认知和偏好，这些因素受其年龄、收入、教育、职位、个性、对风险的态度和文化所影响。韦伯斯特指出，最终做出购买决定的是个体而非组织。[51] 个体受其自身的需求和认知所驱动，试图最大化组织给予他们的奖赏，而组织需要使采购过程和结果合理化。

5.5.3 目标公司及其采购中心

成功的 B2B 营销要求营销人员了解在销售中应该聚焦哪类公司,以及公司采购中心的负责人。至关重要的是,找到有最具增长潜力的细分市场、能创造最大利润的顾客和最有前景的机会。正如"营销洞察:向小企业进行销售"中讨论的,缓慢增长的经济束缚了大公司的购买,使较小或中等业务市场对供应商更具吸引力。

> **营销洞察**
>
> ### 向小企业进行销售
>
> 小型企业管理局(SBA)根据行业来定义小型企业规模,员工数小于 500 人的矿产业和制造业企业为小企业,年收入低于 700 万美元的非制造业企业为小企业。中小企业面临巨大的市场机遇和挑战。市场很大,但却被不同产业、规模和经营年限的企业分割得呈碎片化。针对向小企业进行营销,提出如下建议:
>
> - **不要混淆小型企业和中型企业**。利润 100 万美元与利润 5 000 万美元的企业、只有 10 个员工的初创公司与已有 100 名员工的成熟公司,有很大差距。IBM 公司在其网站上区分小型和中型企业客户,提供差异化产品。
> - **保持简单**。为所有服务中出现的问题提供一个供应商联系渠道,为所有服务和产品提供统一账单。AT&T 仅通过不足 100 名雇员,为数百万企业提供包括互联网、电话、本地及长途电话、数据管理、商业网络、虚拟主机和电话会议等一系列服务。
> - **使用互联网**。惠普公司发现那些时间有限的小企业决策者偏好在线购买,或至少在线查询、订购。因此惠普网站的突出特点为:大量广告、直邮、电子邮件营销、目录营销和事件营销内容。
> - **不要忘记直接联系**。即使小企业所有者的第一联络方式是通过网络,企业也需要通过电话或面对面方式和他们直接联系。
> - **提供售后支持**。小企业需要的是合作伙伴,而非商品宣传员,它们期望得到服务和承诺。
> - **做好调查准备工作**。中小企业的管理实践不同于大企业,所以要理解目标客户需求,及其偏好的购买方式。

企业营销人员一定要明确:谁是主要决策参与者?他们能影响哪些决策?他们使用什么评估标准?小型销售商专注于接触关键购买影响者。大供应商通过多层次深度销售,来尽可能多地接触到采购行为参与者。企业营销人员应当阶段性地核查对客户采购中心参与者的假设是否合理。传统情况下,SAP 公司将软件卖给大公司的首席信息官(CIO)。现在的趋势是,直接销售给企业组织结构图中低一层的企业业务单元,使新客户销售增长率提升了 40%。[52]

5.6 企业采购过程各阶段

帕特里克 J. 罗宾逊(Patrick J. Robinson)及其同事指出,企业购买决策过程包括八个阶段,称为购买阶段(buy phases),如表 5.2 所示显示在购买网格框架中。[53] 在更新再购买和直接再购买中,有些阶段被精简或跳过。例如,采购者通常有一个偏好的供应商,或者经排序的供应商列表,就可以跳过供应商检索和方案征集阶段。在采购过程的每一阶段都有一些重要的注意事项。

表 5.2 购买网格框架:和主要购买情境(采购类型)相关的企业采购过程中的主要阶段(采购阶段)

		采购类型		
		新任务采购	更新再采购	直接再采购
购买阶段	1. 问题确认	是	可能	否
	2. 总需求描述	是	可能	否
	3. 确定产品规格	是	是	是
	4. 寻找供应商	是	可能	否
	5. 征集供应方案	是	可能	否
	6. 选择供应商	是	可能	否
	7. 常规订单说明	是	可能	否
	8. 绩效评估	是	是	是

5.6.1 问题确认

当企业意识到某个问题或者需求可以通过获取商品或者服务来实现时,采购过程便开始了。对于问题的识别确认能被内部或外部刺激引起。内部刺激因素包括:公司决定开发新产品,需要新设备和材料,或一台机器需要新的零部件。外部刺激因素包括:采购者可能在贸易展览会上获得新想法,看到一个广告,收到电子邮件,浏览博客,或接到能提供更好产品或更低价格的销售代表的电话。企业营销人员能通过多种方式的直接营销来激发企业识别并确认存在的问题。

5.6.2 总需求描述和产品规格说明

接下来,采购人员需要确定产品的总体特征和需求量。对于标准产品非常简单,对于复杂产品,采购人员会与其他人员合作确定产品特征,如可靠性、耐用性或价格。企业营销人员可以通过描述其产品特征如何满足甚至超出买方需求来提供帮助。

下一步买方企业需要确定产品的技术规格,企业通常会为组建产品价值分析工程组以完成此任务。产品价值分析(product value analysis,PVA)是一种减少成本的方法,研究产品组件是否能够重新设计、标准化,或者是否有不影响产品性能且更低成本的生产方法。PVA 小组能够识别超标准设计的组件,例如比产品寿命更长的组件。供应商可以使用 PVA 作为帮助其进行产品定位的工具,以赢得客户。

5.6.3 寻找供应商

购买者下一步即通过行业名录、与其他公司联系、发布交易广告、参加交易会及互联网检索等方式来确定最合适的供应商。在线采购的企业通过多种形式利用电子交易市场(见表 5.3)。网站有两种类型的组织形式:垂直连接(vertical hubs)以行业为中心(塑料、钢铁、化学制品、纸业等);功能连接(functional hubs)以企业功能为中心(物流、媒体购买、广告、能源管理)。

表 5.3　企业采购的电子交易市场

目录网站。企业可以通过电子目录订购数千种产品,比如商固安捷(W. W. Grainger's)公司通过电子采购软件进行产品分销。
垂直市场。企业可以到专业的行业中心站点(如 plastic.com)采购工业产品(如塑料)或服务(如媒体服务)。
拍卖网站。在线拍卖可以为全世界的企业买家和卖家提供服务。如利氏兄弟拍卖行(Ritchie Bros.)经营的多语种网站 rbauction.com.site,使许多国家的企业可以进行交易。
现货市场(交易市场)。在电子现货市场,价格每分钟都在变化。如洲际交易所(ICE)就是一个电子能源交易市场和软商品交易所。
私有交易。惠普、IBM 和沃尔玛等企业都会自建私有交易平台,与特邀供应商及合作伙伴团体联系。
易货市场。易货市场参与者以物换物。
采购联盟。采购相同商品的几家企业可以联合起来形成采购联盟,以获取更大的数量折扣。Topsource 就是一个从事食品相关业务的企业联盟。

应用电子采购并非只是需要一个软件,还需要改变购买策略和组织结构。电子采购的益处很多,跨部门聚合采购能够产生更大利润,集中谈判获得数量折扣,更少的采购人员以及更少采购来自列表之外的供应商生产的低劣产品。

供应商的任务是当客户在市场中搜寻供应商时,确保自身能被考虑到。营销必须与销售部门合作,共同确定什么样的信息能够创造良好的销售前景,并通过电话销售、贸易展览、在线活动、公关、事件、直邮和推荐等方式来传递正确的信息。对每个公司进行评估之后,采购者会得出一个简短的合格供应商名单。

5.6.4 征集供应方案

接下来采购者邀请符合资质的供应商递交书面方案。对方案进行评估之后,采购者会邀请少量供应商做正式演示。企业营销人员一定要精于方案的调研、撰写和演示,方案应当基于客户中心对其所获价值和利益进行描述。口头演示必须能够激发信心,并对公司的能力和资源定位清晰,从而在竞争者中脱颖而出。

5.6.5 选择供应商

在选择供应商之前,采购中心成员会详细说明希望的供应商属性,并进行排序。为了提出令人信服的价值主张,企业营销人员需要更好地了解企业买家如何对供应商进行评估。[54] 尽管倾向于与供应商建立战略采购和合作伙伴关系,企业采购者仍会花费大量时间协商价格。供应商可以用多种方法拒绝买方的降价要求,如可以证明其产品的生命周期成本低于竞争对手,或者强调其提供的服务价值优于竞争对手。[55] 服务支持、人际互动,以及帮助客户争取时间赢得市场的专业知识和技能,都是帮助供应商获取主导地位的有用的差异化策略。[56]

5.6.6 常规订单说明

选定了供应商之后,采购方会就最终订单与供应商进行谈判,列明技术规格、所需数量、配送时间、担保等。对于维护、修理和运营部件更换,买方正逐步采用一揽子合同,在此情况下,供应商承诺在规定时间内按照协议价格向买方多次供应所需产品。由于卖方保有存货,因此一揽子合同有时也叫作无存货采购计划。这种长期关系使得外部供应商难以进入,除非买方对现有供应商不满意。

担心关键原材料短缺的企业,常常购买和持有大量库存,它们会和供应商签订长期合同以确保稳定的物料供应。一些企业使用供应商管理库存(vendor-managed inventory)系统,进一步将订购责任转移给供应商,这些供应商了解客户的库存水平,并且有责任通过连续库存补给计划自动补足缺货。

5.6.7 绩效评估

企业购买者定期使用如下三种方法之一对所选供应商的绩效进行评估。购买者可以联系最终用户并询问他们的评价,或者选择若干标准,通过加权算法进行打分,或者汇总不良绩效成本,得出经调整的包括价格在内的采购成本。绩效评估可以引导采购者继续、调整或终止与供应商的合作关系。

5.7 B2B 客户关系管理

企业供应商和顾客正在探索不同的方法来管理其关系。[57] 企业间客户关系管理的一个关键方面是垂直合作理念。

5.7.1 垂直合作的益处

大量研究都主张买方和卖方之间建立更多的垂直合作,以便双方能够超越交易本身,为各方创造更多价值。[58] 建立信任是享有健康长期关系的先决条件。很多因素会影响企业合作伙伴关系的发展,包括是否有替代选择、供应的重要性、供应的复杂程度和供应市场的动态。基于此可将买方—供应商关系分为如下八类[59]:

1. 基本购销关系——一种简单常规的交易关系,双方保持中度合作和信息交换。
2. 梗概关系——这种关系要求供应商更多地适应买方需求,双方合作和信息交换较少。
3. 契约型关系——由合同规定的交易关系,双方通常仅有低水平的信任、合作和交互。
4. 客户供应型关系——这种传统的供应情境中,主导模式是竞争而非合作。
5. 合作系统关系——交易双方虽然是事实中的运营合作关系,但并未通过合法途径进行承诺。
6. 协作关系——交易双方通过协作产生信任和承诺,建立真正的合作伙伴关系。
7. 相互适应型关系——买卖双方在关系中相互做出调整,但达成强烈的信任与合作并非必要。
8. 顾客至上型关系——在这种密切的合作关系中,供应商会按照顾客需求进行调整,而并不期望顾客做出对等调整。

5.7.2 企业关系中的风险和机会主义

客户—供应商关系的建立,在企业的安全措施(确保可预见的解决方案)和适应性(对不可预知事件保有灵活性)之间会造成一定冲突。垂直合作可能有助于建立更强的买方—卖方关系,但也可能增加买方和供应商之间的专有投资风险。[60] 专有投资(specific investments)是专门针对某特定公司或价值链上特定合作伙伴(如针对特定公司的培训、设备和运营或系统投资)的支出[61],有助于为企业增加利润,实现企业定位。[62]

当购买者不能轻易监控供应商的表现时,供应商则可能就不会传递期望的价值。"机会主义"是指"对某一隐含或明示的合同的一些形式的欺骗或供给不足"。[63] 它可能导致自利式违约或不愿意为履行合同义务而适应变化的环境。机会主义令人担忧,因为企业要投入更多资源来控制和监控机会主义,而这些资源原本应当投入到生产率更高的活动中。当供应商的机会主义难以察觉,或者企业进行专有投资使资产无法进行他用,或者出现难以预测的偶然事件时,合同就无法有效地监管供应商行为了。如果供应商享有很好的声誉,那么为了保护这一可贵的无形资产,企业会尽可能避免机会主义。

本章总结

消费者行为受到文化、社会和个体因素所影响,具有四个心理过程:动机、感知、学习和记忆。典型的消费者购买过程遵循如下阶段:问题认知、信息搜寻、方案评估、购买决策和购后行为。他人态度、非预期情境因素和感知风险都会影响购买决策,消费者对产品的购后满意度、使用和处理以及企业行为也都会影响购买决策。行为决策理论能够帮助营销人员了解消费者非理性选择的情境。

组织购买是指正规组织对所需产品和服务建立购买需求,并对可供选择的品牌和供应商进行识别、评价和选择的决策过程。企业市场由所有组织构成,这些组织购买产品和服务用于生产其他的产品和服务,然后进行销售、租赁或供应给其他客户。机构市场包括学校、医院及其他为其关注的人提供商品和服务的机构。政府也是主要的产品和服务购买者。

和消费者市场相比,企业市场拥有数量更少但规模更大的买家、更亲密的客户—供应商关系以及地理分布更为集中的购买者。企业市场的需求源自消费者市场的需求并随着商业周期而波动。三类购买情境分别是直接再采购、更新再采购和新任务采购。采购中心由发起者、使用者、影响者、决策者、批准者、购买者和把关者组成。企业采购过程由八个购买阶段组成:(1)问题确认;(2)总需求描述;(3)确定产品规格;(4)寻求供应商;(5)供应方案征集;(6)选择供应商;(7)常规订单说明;(8)绩效评估。鉴于垂直合作的益处和机会主义的挑战,企业营销人员力争与顾客建立更强有力的合作关系。

注释

1. Quentin Hardy, "Chambers Challenged," *Forbes*, March 14, 2011, pp. 30–32; Rich Karlgaard, "Cisco's Disruptive (and Cooler) Rival," *Forbes*, July 18, 2011, p. 21; Rich Karlgaard, "Driving Change: Cisco's Chambers," *Forbes*, February 13, 2012; "Charlie Rose Talks to Cisco's John Chambers," *Bloomberg Businessweek*, April 23, 2012, p. 41; Don Clark, "Cisco Makes Like Apple in Push for App Developers," *Wall Street Journal blogs*, July 21, 2014.
2. Michael R. Solomon, *Consumer Behavior: Buying, Having, and Being*, 10th ed. (Upper Saddle River, NJ: Prentice Hall, 2013).
3. Leon G. Schiffman and Leslie Lazar Kanuk, *Consumer Behavior*, 10th ed. (Upper Saddle River, NJ: Prentice Hall, 2010).
4. For some classic perspectives, see Richard P. Coleman, "The Continuing Significance of Social Class to Marketing," *Journal of Consumer Research* 10 (December 1983), pp. 265–80; Richard P. Coleman and Lee P. Rainwater, *Social Standing in America: New Dimension of Class* (New York: Basic Books, 1978).
5. Leon G. Schiffman and Leslie Lazar Kanuk, *Consumer Behavior*, 10th ed. (Upper Saddle River, NJ: Prentice Hall, 2010).
6. Michael Trusov, Anand Bodapati, and Randolph E. Bucklin, "Determining Influential Users in Internet Social Networks," *Journal of Marketing Research* 47 (August 2010), pp. 643–58.
7. Jacqueline Johnson Brown, Peter M. Reingen, and Everett M. Rogers, *Diffusion of Innovations*, 4th ed. (New York: Free Press, 1995); Peter H. Riengen and Jerome B. Kernan, "Analysis of Referral Networks in Marketing: Methods and Illustration," *Journal of Marketing Research* 23 (November 1986), pp. 37–78; Laura J. Kornish and Qiuping Li, "Optimal Referral Bonuses with Asymmetric Information: Firm-Offered and Interpersonal Incentives," *Marketing Science* 29 (January–February 2010), pp. 108–21.
8. Douglas Atkin, *The Culting of Brands: When Customers Become True Believers* (New York: Penguin, 2004); Marian Salzman, Ira Matathia, and Ann O'Reilly, *Buzz: Harness the Power of Influence and Create Demand* (New York: Wiley, 2003).
9. Natasha Singer, "Secret E-Scores Chart Consumers' Buying Power," *New York Times*, August 18, 2012; Erin Griffin, "A Million Little Klouts," *Adweek*, December 12, 2011, p. 18; Jon Swartz, "Klout Says Scoring Parameters Enhanced," *USA Today*, August 15, 2012.
10. Elizabeth S. Moore, William L. Wilkie, and Richard J. Lutz, "Passing the Torch: Intergenerational Influences as a Source of Brand Equity," *Journal of Marketing* 66 (April 2002), pp. 17–37.
11. Kay M. Palan and Robert E. Wilkes, "Adolescent-Parent Interaction in Family Decision Making," *Journal of Consumer Research* 24 (March 1997), pp. 159–69; Sharon E. Beatty and Salil Talpade, "Adolescent

Influence in Family Decision Making: A Replication with Extension," *Journal of Consumer Research* 21 (September 1994), pp. 332–41.
12. Scott I. Rick, Deborah A. Small, and Eli J. Finkel, "Fatal (Fiscal) Attraction: Spendthrifts and Tightwads in Marriage," *Journal of Marketing Research* 48 (April 2011), pp. 228–37.
13. "YouthPulse: The Definitive Study of Today's Youth Generation," *Harris Interactive*, www.harrisinteractive.com, January 29, 2010.
14. Deborah Roedder John, "Consumer Socialization of Children," *Journal of Consumer Research* 26 (December 1999), pp. 183–213; Lan Nguyen Chaplin and Deborah Roedder John, "The Development of Self-Brand Connections in Children and Adolescents," *Journal of Consumer Research* 32 (June 2005), pp. 119–29; Lan Nguyen Chaplin and Deborah Roedder John, "Growing Up in a Material World: Age Differences in Materialism in Children and Adolescents," *Journal of Consumer Research* 34 (December 2007), pp. 480–93; Lan Nguyen Chaplin and Tina M. Lowrey, "The Development of Consumer-Based Consumption Constellations in Children," *Journal of Consumer Research* 36 (February 2010), pp. 757–77.
15. Rex Y. Du and Wagner A. Kamakura, "Household Life Cycles and Lifestyles in the United States," *Journal of Marketing Research* 48 (February 2006), pp. 121–32.
16. Harold H. Kassarjian and Mary Jane Sheffet, "Personality and Consumer Behavior: An Update," Harold H. Kassarjian and Thomas S. Robertson, eds., *Perspectives in Consumer Behavior* (Glenview, IL: Scott Foresman, 1981), pp. 160–80.
17. Jennifer Aaker, "Dimensions of Measuring Brand Personality," *Journal of Marketing Research* 34 (August 1997), pp. 347–56.
18. See Jennifer L. Aaker, Veronica Benet-Martinez, and Jordi Garolera, "Consumption Symbols as Carriers of Culture: A Study of Japanese and Spanish Brand Personality Constructs," *Journal of Personality and Social Psychology* 81 (March 2001), pp. 492–508; and Yongjun Sung and Spencer F. Tinkham, "Brand Personality Structures in the United States and Korea," *Journal of Consumer Psychology* 15 (December 2005), pp. 334–50.
19. Lucia Malär, Harley Krohmer, Wayne D. Hoyer, and Bettina Nyffenegger, "Emotional Brand Attachment and Brand Personality," *Journal of Marketing* 75 (July 2011), pp. 35–52.
20. Timothy R. Graeff, "Image Congruence Effects on Product Evaluations," *Psychology & Marketing* 13 (August 1996), pp. 481–99.
21. Jennifer L. Aaker, "The Malleable Self: The Role of Self-Expression in Persuasion," *Journal of Marketing Research* 36 (February 1999), pp. 45–57.
22. Anne D'Innocenzio, "Frugal Times: Hamburger Helper, Kool-Aid in Advertising Limelight," *Associated Press, Seattle Times*, April 29, 2009; Julie Jargon, "Velveeta Shows Its Sizzle against Hamburger Helper," *Wall Street Journal*, December 29, 2011.
23. Thomas J. Reynolds and Jerry C. Olson, *Understanding Consumer Decision-Making* (Mahwah, NJ: Lawrence Erlbaum, 2001); Brian Wansink, "Using Laddering to Understand and Leverage a Brand's Equity," *Qualitative Market Research* 6 (2003).
24. Clotaire Rapaille, "Marketing to the Reptilian Brain," *Forbes*, July 3, 2006; Clotaire Rapaille, *The Culture Code* (New York: Broadway Books, 2007); Douglas Gantebein, "How Boeing Put the Dream in Dreamliner," *Air and Space*, September 2007; Tom Otley, "The Boeing Dreamliner: A Sneak Preview," *Business Traveller*, June 3, 2009.
25. Abraham Maslow, *Motivation and Personality* (New York: Harper & Row, 1954), pp. 80–106. For an interesting business application, see Chip Conley, *Peak: How Great Companies Get Their Mojo from Maslow* (San Francisco: Jossey Bass 2007).
26. See Frederick Herzberg, *Work and the Nature of Man* (Cleveland: William Collins, 1966); Thierry and Koopman-Iwema, "Motivation and Satisfaction," P. J. D. Drenth, H. Thierry, P. J. Willems, and C. J. de Wolff, eds., *A Handbook of Work and Organizational Psychology* (East Sussex, UK: Psychology Press, 1984), pp. 141–42.
27. Bernard Berelson and Gary A. Steiner, *Human Behavior: An Inventory of Scientific Findings* (New York: Harcourt Brace Jovanovich, 1964), p. 88.
28. Aradhna Krishna, "An Integrative Review of Sensory Marketing: Engaging the Senses to Affect Perception, Judgment and Behavior," *Journal of Consumer Psychology* 22 (July 2012), pp. 332–51.
29. Ed Keller, "Showing Emotion Is the New Black," www.mediabizbloggers.com, October 6, 2011; Jonah Berger and Katherine L. Milkman, "What Makes Online Content Viral?," *Journal of Marketing Research* 49 (April 2012), pp. 192–205.
30. Leonard M. Lodish, Magid Abraham, Stuart Kalmenson, Jeanne Livelsberger, Beth Lubetkin, Bruce Richardson, and Mary Ellen Stevens, "How T.V. Advertising Works: A Meta-Analysis of 389 Real World Split Cable T.V. Advertising Experiments," *Journal of Marketing Research* 32 (May 1995), pp. 125–39.
31. Malcolm Faulds, "Five Tips for Driving Word-of-Mouth—No Matter What Your Product Is," *Advertising*

Age, November 28, 2011, p. 17; Jonah Berger and Eric M. Schwartz, "What Drives Immediate and Ongoing Word of Mouth?," *Journal of Marketing Research* 48 (October 2011), pp. 869–80.
32. For a recent academic examination, see Gerald Häubl, Benedict G. C. Dellaert, and Bas Donkers, "Tunnel Vision: Local Behavioral Influences on Consumer Decisions in Product Search," *Marketing Science* 29 (May–June 2012), pp. 438–55.
33. Janet Schwartz, Mary Frances Luce, and Dan Ariely, "Are Consumers Too Trusting? The Effects of Relationships with Expert Advisers," *Journal of Marketing Research* 48 (Special Issue 2011), pp. S163–S174.
34. Min Ding, John R. Hauser, Songting Dong, Daria Dzyabura, Zhilin Yang, Chenting Su, and Steven Gaskin, "Unstructured Direct Elicitation of Decision Rules," *Journal of Marketing Research* 48 (February 2011), pp. 116–27; Michaela Draganska and Daniel Klapper, "Choice Set Heterogeneity and the Role of Advertising," *Journal of Marketing Research* 48 (August 2011), pp. 653–69; John R. Hauser, Olivier Toubia, Theodoros Evgeniou, Rene Befurt, and Daria Dzyabura, "Disjunctions of Conjunctions, Cognitive Simplicity and Consideration Sets," *Journal of Marketing Research* 47 (June 2010), pp. 485–96; Erjen Van Nierop, Bart Bronnenberg, Richard Paap, Michel Wedel, and Philip Hans Franses, "Retrieving Unobserved Consideration Sets from Household Panel Data," *Journal of Marketing Research* 47 (February 2010), pp. 63–74. For some behavioral perspectives, see Jeffrey R. Parker and Rom Y. Schrift, "Rejectable Choice Sets: How Seemingly Irrelevant No-Choice Options Affect Consumer Decision Processes," *Journal of Marketing Research* 48 (October 2011), pp. 840–54.
35. Benedict G. C. Dellaert and Gerald Häubl, "Searching in Choice Mode: Consumer Decision Processes in Product Search with Recommendations," *Journal of Marketing Research* 49 (April 2012), pp. 277–88. See also Jun B. Kim, Paulo Albuquerque, and Bart J. Bronnenberg, "Mapping Online Consumer Search," *Journal of Marketing Research* 48 (February 2011), pp. 13–27.
36. Paul E. Green and Yoram Wind, *Multiattribute Decisions in Marketing: A Measurement Approach* (Hinsdale, IL: Dryden, 1973), chapter 2; Richard J. Lutz, "The Role of Attitude Theory in Marketing," H. Kassarjian and T. Robertson, eds., *Perspectives in Consumer Behavior* (Lebanon, IN: Scott Foresman, 1981), pp. 317–39.
37. Michael R. Solomon, *Consumer Behavior: Buying, Having, and Being*, 10th ed. (Upper Saddle River, NJ: Prentice Hall, 2013).
38. Martin Fishbein, "Attitudes and Prediction of Behavior," M. Fishbein, ed., *Readings in Attitude Theory and Measurement* (New York: John Wiley & Sons, 1967), pp. 477–92.
39. Margaret C. Campbell and Ronald C. Goodstein, "The Moderating Effect of Perceived Risk on Consumers' Evaluations of Product Incongruity: Preference for the Norm," *Journal of Consumer Research* 28 (December 2001), pp. 439–49; Grahame R. Dowling, "Perceived Risk," Peter E. Earl and Simon Kemp, eds., *The Elgar Companion to Consumer Research and Economic Psychology* (Cheltenham, UK: Edward Elgar, 1999), pp. 419–24; James R. Bettman, "Perceived Risk and Its Components: A Model and Empirical Test," *Journal of Marketing Research* 10 (May 1973).
40. Albert O. Hirschman, *Exit, Voice, and Loyalty* (Cambridge, MA: Harvard University Press, 1970).
41. Leon Schiffman and Leslie Kanuk, *Consumer Behavior*, 10th ed. (Upper Saddle River, NJ: Prentice Hall, 2010); Wayne D. Hoyer, Deborah J. MacInnis, and Rik Pieters, *Consumer Behavior*, 6th ed. (Mason, OH: South-Western College Publishing, 2013).
42. See Richard H. Thaler, "Mental Accounting and Consumer Choice," *Marketing Science* 4 (Summer 1985), pp. 199–214 for a seminal piece; and Richard Thaler, "Mental Accounting Matters," *Journal of Behavioral Decision Making* 12 (September 1999), pp. 183–206 for additional perspectives. For some diverse applications of the theory, see Robin L. Soster, Ashwani Monga, and William O. Bearden, "Tracking Costs of Time and Money: How Accounting Periods Affect Mental Accounting," *Journal of Consumer Research* 37 (December 2010), pp. 712–21; Jonathan Levav and A. Peter McGraw, "Emotional Accounting: How Feelings about Money Influence Consumer Choice," *Journal of Marketing Research* 46 (February 2009), pp. 66–80; John Godek and Kyle B. Murray, "The Effect of Spikes in the Price of Gasoline on Behavioral Intentions: A Mental Accounting Explanation," *Journal of Behavioral Decision Making* 25 (July 2012), pp. 295–302.
43. Frederick E. Webster Jr. and Yoram Wind, *Organizational Buying Behavior* (Upper Saddle River, NJ: Prentice Hall, 1972), p. 2; for a review of some academic literature on the topic, see Håkan Håkansson and Ivan Snehota, "Marketing in Business Markets," Bart Weitz and Robin Wensley, eds., *Handbook of Marketing* (London: Sage Publications, 2002), pp. 513–26; Mark Glynn and Arch Woodside, eds., *Business-to-Business Brand Management: Theory, Research, and Executive Case Study Exercises in Advances in Business Marketing & Purchasing* series, volume 15 (Bingley, UK: Emerald Group Publishing, 2009).

44. Shoe Material, www.bata.com, accessed May 20, 2014. See also www.shoeguide.org/Shoe_Anatomy, accessed May 20, 2014.
45. Jeanne Sahedi, "Cutting Washington Could Hit Main Street," www.money.cnn.com, July 23, 2012.
46. Patrick J. Robinson, Charles W. Faris, and Yoram Wind, *Industrial Buying and Creative Marketing* (Boston: Allyn & Bacon, 1967).
47. Michele D. Bunn, "Taxonomy of Buying Decision Approaches," *Journal of Marketing* 57 (January 1993), pp. 38–56.
48. Jeffrey E. Lewin and Naveen Donthu, "The Influence of Purchase Situation on Buying Center Structure and Involvement," *Journal of Business Research* 58 (October 2005), pp. 1381–90; R. Venkatesh and Ajay K. Kohli, "Influence Strategies in Buying Centers," *Journal of Marketing* 59 (October 1995), pp. 71–82.
49. Frederic E. Webster and Yoram Wind, *Organizational Buying Behavior* (Upper Saddle River, NJ: Prentice Hall, 1972), p. 6.
50. James C. Anderson and James A. Narus, *Business Market Management: Understanding, Creating, and Delivering Value*, 3rd ed. (Upper Saddle River, NJ: Prentice Hall, 2009); Frederick E. Webster Jr. and Yoram Wind, "A General Model for Understanding Organizational Buying Behavior," *Journal of Marketing* 36 (April 1972), pp. 12–19.
51. Frederick E. Webster Jr. and Kevin Lane Keller, "A Roadmap for Branding in Industrial Markets," *Journal of Brand Management* 11 (May 2004), pp. 388–402.
52. Victoria Barret, "SAP Gets a Pit Bull," *Forbes*, February 13, 2012, pp. 38–40.
53. Patrick J. Robinson, Charles W. Faris, and Yoram Wind, *Industrial Buying and Creative Marketing* (Boston, MA: Allyn & Bacon, 1967).
54. Daniel J. Flint, Robert B. Woodruff, and Sarah Fisher Gardial, "Exploring the Phenomenon of Customers' Desired Value Change in a Business-to-Business Context," *Journal of Marketing* 66 (October 2002), pp. 102–17.
55. Wolfgang Ulaga and Werner Reinartz, "Hybrid Offerings: How Manufacturing Firms Combine Goods and Services Successfully," *Journal of Marketing* 75 (November 2011), pp. 5–23.
56. Wolfgang Ulaga and Andreas Eggert, "Value-Based Differentiation in Business Relationships: Gaining and Sustaining Key Supplier Status," *Journal of Marketing* 70 (January 2006), pp. 119–36.
57. For foundational material, see Lloyd M. Rinehart, James A. Eckert, Robert B. Handfield, Thomas J. Page Jr., and Thomas Atkin, "An Assessment of Buyer–Seller Relationships," *Journal of Business Logistics* 25 (2004), pp. 25–62; F. Robert Dwyer, Paul Schurr, and Sejo Oh, "Developing Buyer–Supplier Relationships," *Journal of Marketing* 51 (April 1987), pp. 11–28. For an important caveat, see Christopher P. Blocker, Mark B. Houston, and Daniel J. Flint, "Unpacking What a 'Relationship' Means to Commercial Buyers," *Journal of Consumer Research* 38 (February 2012), pp. 886–908.
58. Das Narayandas and V. Kasturi Rangan, "Building and Sustaining Buyer–Seller Relationships in Mature Industrial Markets," *Journal of Marketing* 68 (July 2004), pp. 63–77.
59. Joseph P. Cannon and William D. Perreault Jr., "Buyer–Seller Relationships in Business Markets," *Journal of Marketing Research* 36 (November 1999), pp. 439–60.
60. Corine S. Noordhoff, Kyriakos Kyriakopoulos, Christine Moorman, Pieter Pauwels, and Benedict G. C. Dellaert, "The Bright Side and Dark Side of Embedded Ties in Business-to-Business Innovation," *Journal of Marketing* 75 (September 2011), pp. 34–52.
61. Akesel I. Rokkan, Jan B. Heide, and Kenneth H. Wathne, "Specific Investment in Marketing Relationships: Expropriation and Bonding Effects," *Journal of Marketing Research* 40 (May 2003), pp. 210–24.
62. Kenneth H. Wathne and Jan B. Heide, "Relationship Governance in a Supply Chain Network," *Journal of Marketing* 68 (January 2004), pp. 73–89; Douglas Bowman and Das Narayandas, "Linking Customer Management Effort to Customer Profitability in Business Markets," *Journal of Marketing Research* 61 (November 2004), pp. 433–47; Mrinal Ghosh and George John, "Governance Value Analysis and Marketing Strategy," *Journal of Marketing* 63 (Special Issue, 1999), pp. 131–45.
63. Kenneth H. Wathne and Jan B. Heide, "Opportunism in Interfirm Relationships: Forms, Outcomes, and Solutions," *Journal of Marketing* 64 (October 2000), pp. 36–51.

第三篇

构建强势品牌

第6章 明确市场细分和目标市场
第7章 打造品牌定位与有效竞争
第8章 创建品牌资产与驱动增长

营销管理（精要版·第6版）
A Framework for Marketing Management

第 6 章

明确市场细分和目标市场

本章将解决下列问题:

1. 企业用什么方法细分消费者市场和企业市场?
2. 企业应该如何选择最有吸引力的目标市场?
3. 不同层级的市场细分有哪些?

领英的营销管理

领英(LinkedIn)于 2003 年正式上线,领英与其他大多数社交网络定位的目标人群不同,其愿景是"为世界上每个专业人士创造经济机会"。领英的多元化收入来源,也使其从诸多社交网络中脱颖而出。领英的收益来自三个细分市场:为获得特定服务而付费订阅的求职者;依赖领英营销解决方案的广告商;从领英的人才解决方案部门购买特别检索工具的企业招聘人员。如今,领英在全球已经拥有超过 3 亿用户,其新市场之———中国市场用户数已经超过 500 万;手机注册用户数也在不断增加,2013 年通过手机访问站点的人数占到总独立访问量的 30%以上。现在,领英的目标市场和品牌定位面临着来自其他互联网巨头的竞争(如 Facebook),竞争也来自海外已建立职业网络服务的企业(如欧洲的 Viadeo SA 和其他各地的公司)。[1]

为了更有效地竞争,很多公司开始进行目标营销。有效的目标营销需要营销人员:(1)识别并描述有不同需求和欲望的不同购买者群体(市场细分);(2)选择进入一个或多个细分市场(目标市场选择);(3)为每个细分市场建立、传播并传递正确的利益(市场定位)。本章重点介绍前两个步骤,第 7 章将讨论第三个步骤。

6.1 消费者市场细分基础

市场细分是把总体市场划分为若干个明确定义的子市场,具有相似的需求和愿望的用户构成一个细分市场(market segment)。营销人员的任务就是确定市场细分的恰当数量和类型,并决定将哪几个作为目标市场。

广义上说,细分消费者市场的变量有两大类。一些研究人员通过观察描述性特征,如地理、人口统计、心理等来定义细分市场,并且探究这些市场是否表现出不同的需求或产品反馈。其他研究人员通过观察行为特征,如消费者对利益的反应、产品使用场合或者品牌态度来细分市场,然后判断不同的特征是否与每个细分市场的客户反应相关。

无论使用哪种市场细分方法,关键是要及时调整营销方案以识别客户差异。表 6.1 总结了主要的细分变量,如地理、人口统计、心理以及行为细分。

表 6.1 消费市场主要细分变量

地理区域	太平洋山系,西北中部,西南中部,东北中部,东南中部,南大西洋,大西洋中部,新英格兰
城市规模	5 000 人以下,5 000~2 万人,2 万~5 万人,5 万~10 万人,10 万~25 万人,25 万~50 万人,50 万~100 万人,100 万~400 万人,400 万人以上
人口密度	城市,郊区,农村
气候	北方,南方
年龄	6 岁以下,6~11 岁,12~17 岁,18~34 岁,35~49 岁,50~64 岁,65 岁以上
家庭规模	1~2 人,3~4 人,5 人以上
家庭生命周期	年轻,单身;年轻,已婚,没有孩子;年轻,已婚,有 6 岁以下的小孩;年轻,已婚,有 6 岁以上的小孩;年长,已婚,有孩子;年长,已婚,没有 18 岁以下的孩子;年长,单身;其他
性别	男,女
收入	低于 1 万美元,1 万~1.5 万美元,1.5 万~2 万美元,2 万~3 万美元,3 万~5 万美元,5 万~10 万美元,高于 10 万美元
职业	专业技术人员,管理人员,行政官员,经营者,职员、销售员,工匠,陪审团,操作工人,农民,退休人员,学生,家庭主妇,无业游民
受教育程度	小学或以下,高中以下,高中毕业,大学以下,大学毕业,研究生
宗教	天主教,新教,犹太教,伊斯兰教,印度教,其他
种族	白人,黑人,亚裔,拉美裔
代际	沉默一代,"婴儿潮"一代,X 一代,千禧一代(Y 一代)
国籍	北美,拉丁美洲,英国,法国,德国,意大利,中国,印度,日本
社会阶层	下下层,上下层,劳动阶层,中间层,中上层,下上层,上上层
心理生活方式	文化导向,运动导向,户外导向
个性	冲动型,交际型,独裁型,野心型

续表

行为场合	日常场合,特殊场合
利益	质量,服务,经济,速度
使用者状况	未曾使用者,曾经使用者,潜在使用者,初次使用者,常规使用者
使用率	低度,中度,重度
忠诚度	无,中等,强烈,专一
准备阶段	未知晓,知晓,了解,有兴趣,渴望,打算购买
对产品的态度	热情的,积极的,冷漠的,消极的,敌视的

6.1.1 地理细分

地理细分是将市场按照地理区域进行划分,如国家、州、地区、县、市或社区等。企业在一个或多个区域经营,或者同时在所有区域经营,但要注意各个区域的差异,这样企业就可以根据当地不同客户群体(贸易区、社区甚至个体商店)的需求和欲望,为其定制营销方案。草根营销(grassroots marketing)的趋势不断增长,营销人员专注于尽可能与个人客户近距离接触。

越来越多的区域营销直接深入到某个邮政区域开展营销。一些方法将地理数据与人口统计数据相结合,得出对消费者及所在区域更为丰富的描述。尼尔森旗下的克拉瑞塔斯市场调研公司开发了一套基于地理聚类的市场细分方法——PRZIM(potential rating index by zip markets,基于邮政区域的潜在市场评级指数)[2],把超过50万美国居民按地理区域分为14个群体,再按照生活方式分为66个细分市场,这些分类被称为PRIZM集群。这一划分方式用到了5大类39个因素,其中5大类为:(1)教育和财富;(2)家庭生命周期;(3)城市化水平;(4)种族和民族;(5)流动性。各集群都有描述性名称,如名门贵族(Blue Blood Estate)、赢家圈子(Winner's Circle)、退休归隐者(Hometown Retired)、穷乡僻壤民众(Back Country)等。同属一个集群的居民倾向于过着相似的生活,驾驶相似的汽车,从事相似的工作,阅读相似的杂志。

随着数据库成本下降、软件更易于操作、数据整合增加,即使对于小企业而言微细分营销也已经成为可能。热衷于本土化营销的人视全国性的广告为一种浪费,因为其"过长的手臂"无法满足当地的需求。持相反观点的人则认为本土化营销减少了规模经济从而增加了成本,并且放大了物流问题。如果不同区域的产品和宣传信息差异过大,则会稀释企业整体品牌形象。

6.1.2 人口细分

年龄、家庭规模、家庭生活周期、性别、收入、职业、教育、宗教、种族、民族、社会阶层等人口统计学变量如此受营销者的欢迎,一个原因是人口统计变量往往与消费者的需求和欲望相关,另一个原因则是这些变量容易测量。即使目标市场根据非人口统计学变量(如人格类型)进行细分,为了预测该市场规模和有效进入该市场的媒体,仍需要使用人口统计特征。

以下介绍营销人员如何使用人口统计学变量来细分市场。

年龄和生命周期阶段 消费者的需求和能力随着年龄而变化。例如,著名的牙膏品牌佳洁士针对儿童、成年人、老年消费者提供了三条主要产品线。年龄细分甚至可以更为精细。帮宝适将其市场划分为:产前,新生儿(0~5个月),婴儿(6~12个月),学步宝宝(13~23个月),幼儿(24个月以上)。还有一些产品的目标市场可能是针对心理年龄年轻的"年轻人"。

人生阶段 处于同一生命周期阶段的人可能所处的人生阶段并不相同。**人生阶段**(life stage)界定了人生中重大事件关注点,例如离婚、再婚、照顾年迈的父母、买房等。这些人生阶段为营销人员创造了机会,可以帮助人们解决随之而来的决策问题。但并不是每个人在某特定时期都会经历某个人生阶段,或者根本不会遇到那些问题。只有一个家庭成员的家庭占到美国家庭总数的1/4还多,单身家庭创造了历史新高。不足为奇,这1.9万亿美元的市场吸引了如劳氏公司和戴尔比斯这些企业的兴趣。

性别 男性和女性具有不同的态度和行为模式,一部分是由于基因不同,一部分是由于社会化差异。[3]研究表明,男性在购物中通常是受邀才会去触摸商品,而女性则很可能无须提示就会主动去拿商品。男性通常喜欢看产品说明信息,而女性则更多地将产品与个人层面相联系。随着男性和女性角色的扩展,在某些领域性别差异正在缩小。一项调查发现,超过一半的男性认为自己是家庭中日常用品的主要购买者,这就是为什么宝洁公司专门为男士设计了一些广告。

收入 根据收入水平细分市场,已经在汽车、服装、化妆品、金融服务、旅游等行业长期采用。然而收入并不总是能够预测特定产品的最佳顾客。许多营销人员都刻意聚焦低收入群体,因为面向这一群体的竞争压力较小,消费者忠诚度更高。越来越多的企业发现所面对的是呈沙漏形的市场,因为处于中间市场的美国消费者同时向折扣商品和优势商品两端转移。当意识到其渠道策略侧重于以中产阶级为主要客户的零售商时,李维·斯特劳斯开始为高端零售商打造Levi's Made & Crafted等高端产品线,为大众市场零售商打造平价产品线。

代际 每一代人或者同一相似群体(cohort)的人都深受其成长年代的影响,如该时期的音乐、电影、政治和事件。美国的4代,从年轻到年老分别为:千禧一代(Y一代)、X一代、婴儿潮一代和沉默一代。[4]同一代际群体的人共享相同的主流文化、政治和经济经历,通常拥有相似的见解和价值观。营销人员在广告中可以选择目标群体这一代人的经历中突出的标志和形象,也可以尝试开发满足这代人特别利益或需求的独特产品和服务。

- **千禧一代(Y一代)**(Millennials/ Gen Y)。1977—1994年出生的一代,又被称为Y一代或回声潮一代,人口规模7 800万。这一代人几乎从出生开始就与网络为伴,成长于经济繁荣时期,可能会有一种权利感和富足感,但他们通常也有社会意识并关心环境。明显的营销方式可能对这一代人无效。

- **X一代**(Gen X)。1964—1978年出生的一代,人口规模5 000万。这一时期社会多样性和种族多样性被更广泛地接受,科技改变了人们生活和工作的方式。这个群体的受教育标准已经提高,但他们也首次发现要超越父母的生活标准是一大严峻挑战。他们崇尚实用主义和个人主义，奖励自给自足，并且视技术为动力而非障碍。
- **婴儿潮一代**（Baby Boomers）。1946—1964年出生的一代，人口规模7 600万，他们对能感觉时光倒流的产品非常感兴趣。一项对年龄在55～64岁的婴儿潮一代的研究发现，有相当数量的人愿意更换品牌、消费科技、使用社交网站、进行网上购物。[5]
- **沉默一代**（Slient Generation）。1925—1945年出生的一代，人口规模4 200万，他们无视自己的年龄，十分积极地生活。以祖父母这样的老年角色为重点的营销策略效果非常好。他们是非常苛刻的顾客，但却比年轻人更愿意全额支付他们认为物有所值的商品。

种族和文化 多元文化营销（multicultural marketing）认为种族和文化不同的细分市场顾客有非常不同的需求和欲望，需要采用不同的目标市场营销方法，而大众营销方法对多样性市场则不够精细。现在麦当劳在美国40%的业务都是面向少数族裔市场，取得巨大成功的"I'm Lovin' It"（我就喜欢）品牌活动就是源自嘻哈文化，但它的吸引力超越了种族和民族。[6]营销人员在最初制定营销战略时，就需要考虑多元文化市场的社会规范、语言、购买习惯和商业惯例等方面的影响，多元文化对营销调研的规划和实施也有一定意义。

6.1.3 心理细分

消费心态学是利用心理学和人口统计学来更好地了解消费者的科学。在心理细分中，根据消费者的心理或个性特征、生活方式或价值观将其分为若干组。属于同一人口统计特征组的消费者，展现的心理特征可能完全不同。

市场上最受欢迎的基于心理测量的商品分类系统之一就是SBI公司的VALS™框架。VALS基于人的心理特征和问卷测量结果（包含4个人口统计问题和35个态度问题），将美国成年人分为八组。VALS系统每年从超过80 000项调查数据中不断更新（见图6.1）。[7]

VALS市场细分框架包含两个主要维度：消费者动机（横向维度）和消费者资源（纵向维度）。消费者主要有三种动机：理想、成就和自我表达。不同水平的资源提升或限制了消费者对主要动机的表达。

6.1.4 行为细分

在行为细分中，营销者基于购买者对产品的知识、态度、使用或者反应将其分组。行为细分变量包括需求和利益、决策角色、使用者和用途。

需求和利益 并非购买相同产品的顾客都有相同的需求，或希望从产品上获得同样收益。基于需求的细分和基于利益的细分，识别出具有不同营销内涵的细分市场。

决策角色 人们在购买决策中扮演五种角色：发起者、影响者、决定者、购买者和使用者。例如，一位妻子要求买一台跑步机作为自己的生日礼物，她的丈夫可能要通过很多途径查找信息，包括一个买过跑步机的朋友，那么这个朋友就成了购买什么款式跑步机时

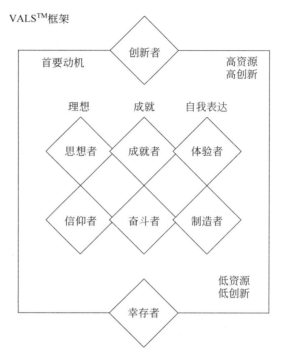

图 6.1　VALS 系统：八大类型

的关键影响者。丈夫在向妻子展示了几个选择后,购买了妻子最喜欢的一款,最后全家人都会使用这台跑步机。不同的人扮演的角色不同,但这些角色对决策过程和最终消费者的满意度都至关重要。

使用者和用途相关变量　许多营销人员认为使用者和用途相关变量,如场合、使用者状况、使用率、购买者准备阶段和忠诚度,都是构建市场细分的最佳出发点。

- **场合**。场合标记了消费者生活中经历的日、周、月、年或者其他时间。可以根据购买者产生需求、购买产品或使用产品的不同场合,对购买者进行区分。例如,乘坐飞机旅行这一需求可以由商务、度假或家庭原因激发,根据场合进行市场细分有助于扩展产品用途。
- **使用者状况**。每一种产品都有未使用者、曾经使用者、潜在使用者、首次使用者和常规使用者。吸引潜在使用者乃至未使用者的关键在于要了解他们没有使用产品的原因。是因为根深蒂固的态度、信念或者行为,还是仅因为缺乏对产品或利益的认识?潜在用户群里包括一些消费者,当把商品和他们的人生阶段或事件相关联时就变成了使用者。市场占有率高的企业倾向于重点吸引潜在用户,因为其最大收益来自潜在用户。而较小的企业则专注于努力吸引现有用户,远离与市场领导者的竞争。
- **使用频率**。市场可根据使用频率细分为轻度使用者、中度使用者和重度使用者。品牌重度使用者往往是一小部分群体,但他们在总消费量中所占的比例却相当高。市场营销人员更愿意吸引一个重度使用者,而不是几个轻度使用者。一个潜在的问题是,重度使用者通常是,要么极度忠诚于一个品牌,要么从不忠诚于任何品牌,总是在寻找最低价格。
- **购买者准备阶段**。一些人对产品并不知晓,一些知晓,一些已经了解,一些感兴趣,一些有购买欲望,还有一些则打算购买。在第4章中提到过,市场营销人员可以使用营销漏斗将市场按照买家准备阶段进行划分。图6.2展示了两个假设品牌的营销漏斗。与品牌B相比,品牌A将一次性使用者转换为近期用户的表现较差(品牌B的转换率为61%,而品牌A只有46%)。可以通过营销活动加以改善,如推出更多相关产品,增加更多零售渠道,或者消除谣言及不正确的品牌信念。

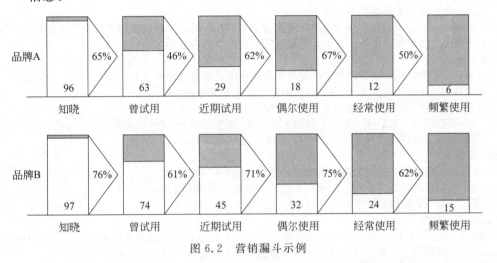

图6.2 营销漏斗示例

- **忠诚度状态**。营销人员根据消费者对品牌的忠诚度将其分为四组:核心忠诚者(通常只购买一个品牌)、组合忠诚者(忠诚于两个或三个品牌)、转移型忠诚者(从一个品牌转移到另一个品牌)、转换型忠诚者(不忠于任何品牌)。[8] 企业通过研究核心忠诚者,可以确定产品优势;研究组合忠诚者来发现哪个品牌最具竞争优势;研究转移型忠诚者和转换型忠诚者来识别营销中可以纠正的弱点。需要注意的是,仅看起来显得忠诚的购买模式,可能反映的是消费者的习惯、冷漠、低价格、高转换成本,或没有其他品牌可选。
- **态度**。消费者对产品的态度有五种:热情的,积极的,冷漠的,消极的,以及敌视的。在政治竞选活动中,工作人员根据选民的态度来决定为其花费的时间和精力。他们感谢热心的选民并提醒他们投票,强化积极支持者的态度,力争赢得冷漠选民的选票,他们并不会花时间尝试改变消极的和敌视的选民的态度。

 ## 6.2 企业市场细分基础

我们可以使用一些消费者市场使用的变量来细分企业市场,比如地理、利益及使用率。除此之外,企业市场还使用其他细分变量(见表6.2)。其中最重要的是人口统计变量,其次是经营变量,最后是购买者的个人特征。在选定的目标行业中,可以根据公司客户的规模进行市场细分,分别向大型和小型公司设立单独的销售系统。企业还可以依据购买标准对市场进行进一步细分。

表 6.2　企业市场中的主要细分变量

人口统计变量
1. 产业:我们应当服务于哪些产业?
2. 企业规模:我们应当服务于多大规模的企业?
3. 位置:我们应当服务于哪些地理区域?

经营变量
4. 技术:我们应当关注哪些客户技术?
5. 用户或非用户状态:我们应当服务于重度使用者、中度使用者、轻度使用者还是非用户?
6. 顾客能力:我们应当服务于需求大量服务还是需求少量服务的客户?

采购方法
7. 采购职能组织:我们应当服务于采购组织高度集中还是分散化的公司?
8. 权力结构:我们应当服务于工程主导、财务主导还是其他形式的公司?
9. 现有关系的性质:我们应当服务于关系稳固的公司还是最理想的合作公司?
10. 总体采购政策:我们应当服务于倾向采用租赁、服务合同、系统购买还是封闭投标的公司?
11. 采购标准:我们应当服务于追求质量、服务还是价格的公司?

情境因素
12. 紧急性:我们是否应当为需要快速或紧急交付的公司提供服务?
13. 特定应用:我们是否应当专注于产品的某一特定应用而不是所有应用?
14. 规模或订单:我们应该聚焦大宗订单还是小额订单?

个人特征
15. 买方—卖方相似性:我们是否应当服务于和我们有相似客户和价值观的公司?
16. 面对风险的态度:我们应当服务于风险承担型客户还是风险规避型客户?
17. 忠诚度:我们是否应当服务于那些对供应商有高度忠诚度的公司?

企业营销人员通过一个连续的流程来识别细分市场。以一家铝业公司为例:企业首先进行宏观细分。它先要考虑服务哪些终端用户市场:汽车、住宅、还是饮料包装行业。企业从中选定住宅市场作为目标市场,接下来需要确定最具吸引力的产品应用:半成品材料、建筑材料或铝制活动房。企业决定重点聚焦建筑材料制造,考虑最佳客户规模之后选择了大规模客户。其次进行微观细分。企业根据顾客购买因素把客户区分为追求价格、追求服务或追求质量的购买者。由于企业在服务方面具有优势,因此决定聚焦于服务驱动的细分市场。

B2B(企业对企业)营销专家 James C. Anderson 与 James A. Narus 主张营销人员为同一市场细分所有成员提供灵活的产品和服务。[9]有灵活性的产品或服务包括两部分:基本方案——所有细分市场成员看重的产品和服务要素;自由选项——一些细分市场成员看重的产品和服务要素,每一个选项都可能会产生额外费用。

6.3　目标市场选择

有多种统计方法来进行市场细分。[10]一旦企业明确了市场细分机会,就需要确定细分成多少个市场以及选择哪些目标市场。营销人员越来越多地把多个变量结合起来,以识别规模更小、界定更清晰的目标群体。因此,银行可能不只是识别出富有的退休人员这一群体,还会在群体内根据当前收入、资产、储蓄和风险偏好进一步划分出多个细分市场。这也使一些市场研究人员提倡使用基于需求的市场细分方法。表 6.3 列出了 Roger Best 提出的七步法。

表 6.3 市场细分的步骤

步 骤	描 述
1. 基于需求的细分	依据顾客在解决特定消费问题时寻求的相似需求与利益,对顾客进行分组。
2. 细分市场识别	对于每一个基于需求的细分市场,确定哪些人口特征、生活方式和使用行为使其与众不同、可以识别(可操作)。
3. 细分市场吸引力	使用预先确定的细分市场吸引力标准(如市场增长、竞争强度与市场可进入性),来评估每个细分市场的总体吸引力。
4. 细分市场盈利能力	确定细分市场的获利能力。
5. 细分市场定位	针对每一个细分市场,创建一个基于细分市场独特需求和特征的"价值定位"及产品—价格定位战略。
6. 细分市场"酸性试验"	通过"细分故事板"测试每个细分市场定位战略的吸引力。
7. 营销组合战略	扩展细分市场定位战略以包含组合营销要素:产品,价格,促销,以及渠道。

6.3.1 有效的细分标准

并非所有的细分模式都有用。例如,我们可以把食盐消费者划分为金发和黑发客户,但是头发的颜色与购买食盐毫不相干。此外,如果所有的食盐消费者每个月购买相同数量的食盐,认为所有的食盐并无差异,并且只愿意支付一种价格,那么从营销角度来说,这个市场能够进行细分的程度很小。

评估细分市场 可以通过以下五个关键标准来评估细分市场的有用性:
- **可测量**。细分市场的规模、购买力及特征都可以被测量。
- **规模足够大**。细分市场的规模和盈利能力足以值得为之服务,一个细分市场应当是最大的同质用户群体,并且值得为之定制营销方案。
- **可进入**。细分市场可以有效地进入和服务。
- **可区分**。不同的细分市场可进行概念上的区分,并对不同的营销组合要素和营销方案有不同的反应。如果已婚和单身女性对某香水销售活动的反应相同,则她们就不是独立的细分市场。
- **可操作**。可以制定有效的营销方案来吸引和服务此细分市场。

细分市场的长期吸引力 迈克尔·波特使用五力模型来识别一个市场或细分市场的长期内在吸引力:行业竞争者、潜在进入者、替代品、买方和供应商议价能力。[11] 第一个力量是已有竞争者威胁,如果一个细分市场内已经有很多强大的或者有攻击性的竞争对手,那么这个细分市场不具吸引力。如果这一市场很稳定或趋于衰退,生产能力需要大幅追加,固定成本或退出壁垒很高,或者竞争对手有很强的动机留在这个细分领域,那么该细分市场就更不具有吸引力。

第二个力量是潜在进入者的威胁。最具吸引力的市场是进入壁垒高、退出壁垒低的细分市场。这时很少有新的企业可以进入,业绩不佳的公司又能很容易退出。当进入和退出壁垒都很高的时候,细分市场的潜在利润会很高,但是企业面临的风险就会很大,因为业绩不佳的企业也在市场内努力竞争。当进入和退出壁垒都很低的时候,企业很容易进入和退出这个行业,能够获得比较稳定但很低的收益。最差的一种情况就是进入壁垒很低而退出壁垒很高,企业在时机好的时候进入市场,但在艰难的时候却很难退出。

第三个力量是替代品的威胁。当市场中存在商品实际的或者潜在的替代品时,这一细分市场并不具吸引力。替代品的存在限制了商品的价格和利润。如果替代品行业技术进步或者竞争加剧,则市场中商品的价格和利润很可能会下降。

第四个力量是买方议价能力的威胁。如果买方的议价能力很强或不断提高,那么这个细分市场就不具吸引力。当存在以下情况时,买方的议价能力会提高:买方更集中或形成组织;产品占买方支出的很大一部分;产品没有差异化;买方转换成本很低;买方能够整合上游企业。为了保护自己的利益,卖方可能会选择议价能力或者转换供应商能力最小的买方。更好的防御方法是生产强势买方也无法拒绝的出众产品。

第五个力量是供应商议价能力的威胁。当供应商能够提高价格或者降低产品服务质量的时候,这一细分市场就不具有吸引力。当出现以下情况时,供应商的议价能力增强:供应商集中或组织起来;供应商能够整合下游企业;替代品很少;所供应商品是重要的原材料;转换供应商的成本很高。最好的防御方法就是与供应商建立共赢关系,并且采用多渠道供应源。

6.3.2 评估和选择细分市场

在评估市场细分时,企业必须考虑两方面:细分市场的整体吸引力,企业的目标和资源。一个潜在细分市场在以上五个标准中得分如何?细分市场是否具备可使自己变得有吸引力的特征,如规模、增长、盈利能力、规模经济和低风险?以公司的目标、能力和资源,投资这一细分市场是否合理?一些吸引人的细分市场可能并不符合企业的长期目标,或企业可能缺乏提供卓越价值所需的一种或多种能力。

营销人员根据细分程度的范围决定目标市场策略。一个极端是大众细分,即只有一个细分市场,另一个极端是个人细分市场,即每个消费者构成一个细分市场,介于二者之间的则是多重细分市场和单个细分市场。下面我们将介绍这四类细分程度不同的细分市场的营销策略。

完全市场覆盖 企业试图为各类顾客群体提供各种产品以满足其需求,通常只有实力很强的大企业才会采用这种策略,例如微软公司(软件市场)和可口可乐公司(饮料市场)。通过差异化营销和无差异营销均可实现完全市场覆盖。

在无差异营销或者大众营销(undifferentiated or mass marketing)中,企业忽略不同细分市场的差异,向整个市场提供一种产品。卓越的产品形象是此类产品营销计划的核心,通过大规模分销和大众传播渠道销售给尽可能多的购买者。无差异营销策略适用于所有消费者偏好趋同且无法进行自然细分的市场。狭窄的产品线降低了研发、生产、库存、运输、营销传播和产品管理的成本。然而,许多批评人士指出,日益碎片化的市场、激增的营销渠道和传播渠道使得需要触及大量顾客的大众营销变得更加昂贵困难。

在**差异化营销**(differentiated marketing)中,企业对不同的细分市场销售不同产品。差异化营销通常比无差异营销创造更高的销售额,然而也增加了企业的运营成本。由于差异化营销同时带来高销售和高成本,因此对其盈利能力较难一概而论。

多细分市场专业化 采用选择专业化(selective specialization)策略的企业选择若干个细分市场,每个细分市场都具有客观吸引力且恰当。各细分市场之间几乎没有协同效应,但每个细分市场都有望获利。这种多重细分策略还具有分散公司风险的优点。企业可以尝试在超细分市场中应用协同效应,而不是在单个细分市场经营业务。**超细分市场**(supersegment)是指一系列具有相似开发价值的细分市场。企业也可以尝试通过产品专业化或市场专业化实现协同效应。

- 产品专业化。企业向不同的细分市场销售同一种产品。例如,显微镜制造商把显微镜销售给大学、政府和商业实验室,为每类客户生产不同的显微镜,在这一特定产品领域树立了良好声誉。这种策略的风险就是产品可能会被全新技术所替代。
- 市场专业化。企业集中满足某一特定顾客群体的多种需求,例如只向大学实验室销售一系列不同产品。企业在其所服务的客户群体中获得良好声誉,成为该细分市场顾客获得其他产品的渠道。这种策略的风险就是顾客群体可能削减预算或缩小购买规模。

市场集中化 在市场集中化中,企业仅对一个特定细分市场进行营销。通过集中化营销,企业可以深刻了解该细分市场的需求特点,并且获得有力的市场地位。企业通过专业化生产、分销和推广,还可以获得经营的规模经济。如果企业能够掌握该细分市场的主导地位,则可以获得高投资回报。

利基市场(niche)是一个细分市场中追求独特利益组合的更窄的顾客群体。营销人员通常把一个细分市场进一步分成若干子市场,以确定利基市场。什么样的利基市场有吸引力呢?利基市场顾客有一系列独特需求;他们会向最满足其需求的公司支付溢价;利基市场虽小,但在规模、利润和成长方面具有潜力,并且不太可能吸引很多竞争对手;企业通过专业化可获得规模效益。随着营销效率的提高,看起来很小的利基市场可能会产生更大的收益。详见"营销洞察:追逐长尾"。

个性化营销 市场细分的终极形式会产生"一人一个细分市场""定制化营销"或"一对一营销"。[12]由于企业已经能够熟练地收集个人客户和企业合伙伙伴的信息,而且有设计更为灵活的工厂,因此企业提供个性化产品服务、信息以及媒体的能力大大提高。**大规模定制**(mass customization)是企业满足每个客户定制化需求的能力,即在大规模基础上设计个性化产品、服务、方案和传播。[13]

一对一营销并不适合每一个公司。这种营销方式最适用于:通常会收集大量个人客户信息和经营大量可交叉销售的产品的公司;需要定期更换或升级产品的公司;提供高价值产品和服务的公司。对于其他公司来说,实施定制化营销在信息收集、硬件和软件方面所需的投资可能会超出预算,所带来的高额产品成本超出了顾客愿意支付的范围。

营销洞察

追逐长尾

据《长尾》一书作者克里斯·安德森所说,技术的发展使电子商务成为可能,并出现了亚马逊、eBay、iTunes 和 Netflix 这些代表性电子商务企业,引发了消费者购买模式的变化。在大多数市场,产品销量的分布符合一条"头重脚轻"的曲线,即大部分销售额来自极少数产品,之后曲线迅速下降,在接近 0 的水平上沿着 X 轴方向延伸很长,即"长尾",表明绝大多数产品的销量非常小。传统大众市场聚焦于占据前端的"主打"产品。

安德森认为,互联网正将对多种产品类别(包括音乐、书籍、服装和电影)的需求转移到长尾部分,从主打变为利基。他的理论基于以下三个前提:(1)更低的分销成本使产品销售前无须精确预测需求在经济上更为可行;(2)可供出售的产品越多,传统零售渠道无法接触到小众利基市场潜在需求的可能性越大;(3)如果聚集足够的利基市场需求,则会产生新的大市场。尽管一些研究支持这一理论,也有一些研究发现,份额特别低的商品可能比较小众,以至于还没有形成频繁购买前就消失了。对销售实物产品的公司来说,仓储、库存和搬运成本等将超过任何一个利基产品带来的收益。

目标市场选择的法律和道德问题 营销人员选择目标市场时要非常谨慎,以避免消费者产生强烈反应。一些消费者抵制被"贴标签"。[14] 当营销人员选择目标市场时不公平地利用弱势群体(如儿童)或劣势群体(如内城居民),或者促销潜在的有害产品时,必然会引起公众争议。如今消费者保护主义的倡导者关注的关键领域是数以百万计的上网儿童。

并非所有试图以儿童、少数民族或其他特殊领域为目标市场的行为都会引来批评。高露洁儿童牙膏具有特殊的功能设计,使孩子可以更长时间、更频繁地刷牙。因此,问题不在于选择谁为目标市场,而在于选择方式和目的。具有社会责任感的营销,要求企业在选择目标市场时,不仅要服务于公司利益,而且要服务于目标群体的利益。

本章总结

目标营销包括三种活动:市场细分、目标市场选择和市场定位。市场细分是把总体市场划分为若干个明确定义的子市场,具有相似的需求和愿望的用户构成一个细分市场。消费者市场细分变量归纳起来主要包括地理因素、人口因素、心理因素和行为因素,这些变量可以单独或者结合起来使用。企业市场营销人员将所有这些变量与经营变量、购买方法和情境因素等变量结合使用。为了使细分更有意义,细分市场必须可测量、规模足够大、可进入、可区分及可操作。

我们根据细分程度选择目标市场:大众市场、多重细分、单一(或利基)细分和个性化。完全市场覆盖是大众市场的细分方法,仅用于规模最大的企业。利基市场是一个细分市场中更窄的群体。当前越来越多企业开始实行个性化营销和大规模定制营销。在评估市场细分时,企业必须考虑两方面:细分市场的整体吸引力,企业的目标和资源。最后，营销人员选择目标市场必须符合法律和道德规范。

 注释

1. E. B. Boyd, "After LinkedIn's IPO, What Will It Have to Do to Earn Its $4.3 Billion Valuation," *Fast Company*, May 19, 2011; Evelyn M. Rusli, "LinkedIn Earnings: Profit Soars, but Shares Fall on Weak Outlook," *Wall Street Journal*, May 2, 2013; Alexandra Chang, "LinkedIn Revamps Mobile Apps to Focus on Stories, Updates," *Wired*, April 18, 2013; Russell Flannery, "LinkedIn Members in China Surpass Five Million," Forbes.com, May 26, 2014.
2. By visiting the company's sponsored site, MyBestSegments.com, you can enter in a zip code and discover the top five clusters for that area. Note that another leading supplier of geodemographic data is ClusterPlus (Strategic Mapping).
3. For some consumer behavior findings on gender, see Kristina M. Durante, Vladas Griskevicius, Sarah E. Hill, Carin Perilloux, and Norman P. Li, "Ovulation, Female Competition, and Product Choice: Hormonal Influences on Consumer Behavior," *Journal of Consumer Research* 37 (April 2011), pp. 921–34; Valentyna Melnyk, Stijn M. J. van Osselaer, and Tammo H. A. Bijmolt, "Are Women More Loyal Customers than Men? Gender Differences in Loyalty to Firms and Individual Service Providers," *Journal of Marketing* 73 (July 2009), pp. 82–96; Jane Cunningham and Philippa Roberts, "What Woman Want," *Brand Strategy*, December 2006–January 2007, pp. 40–41; Robert J. Fisher and Laurette Dube, "Gender Differences in Responses to Emotional Advertising," *Journal of Consumer Research* 31 (March 2005), pp. 850–58.
4. Charles D. Schewe and Geoffrey Meredith, "Segmenting Global Markets by Generational Cohort: Determining Motivations by Age," *Journal of Consumer Behavior* 4 (October 2004), pp. 51–63; Geoffrey E. Meredith and Charles D. Schewe, *Managing by Defining Moments: America's 7 Generational Cohorts, Their Workplace Values, and Why Managers Should Care* (New York: Hungry Minds, 2002); Geoffrey E. Meredith, Charles D. Schewe, and Janice Karlovich, *Defining Markets, Defining Moments* (New York: Hungry Minds, 2001).
5. Amy Chozick, "Television's Senior Moment," *Wall Street Journal*, March 9, 2011.
6. Marissa Miley, "Don't Bypass African-Americans," *Advertising Age*, February 2, 2009.
7. www.strategicbusinessinsights.com/vals/presurvey.shtml, accessed May 20, 2014.
8. This classification was adapted from George H. Brown, "Brand Loyalty: Fact or Fiction?," *Advertising Age*, June 1952–January 1953, a series. See also Peter E. Rossi, Robert E. McCulloch, and Greg M. Allenby, "The Value of Purchase History Data in Target Marketing," *Marketing Science* 15 (Fall 1996), pp. 321–40.
9. James C. Anderson and James A. Narus, "Capturing the Value of Supplementary Services," *Harvard Business Review*, January–February 1995, pp. 75–83. But also see Frank V. Cespedes, James P. Dougherty, and Ben S. Skinner III, "How to Identify the Best Customers for Your Business," *MIT Sloan Management Review*, Winter 2013, pp. 53–59.
10. For a review of methodological issues in developing segmentation schemes, see William R. Dillon and Soumen Mukherjee, "A Guide to the Design and Execution of Segmentation Studies," Rajiv Grover and Marco Vriens, eds., *Handbook of Marketing Research* (Thousand Oaks, CA: Sage, 2006).
11. Michael E. Porter, *Competitive Strategy* (New York: Free Press, 1980), pp. 22–23.
12. Don Peppers and Martha Rogers, *One-to-One B2B: Customer Development Strategies for the Business-to-Business World* (New York: Doubleday, 2001); Jerry Wind and Arvind Rangaswamy, "Customerization: The Next Revolution in Mass Customization," *Journal of Interactive Marketing* 15 (Winter 2001), pp. 13–32; Itamar Simonson, "Determinants of Customers' Responses to Customized Offers: Conceptual Framework and Research Propositions," *Journal of Marketing* 69 (January 2005), pp. 32–45.
13. James H. Gilmore and B. Joseph Pine II, *Markets of One: Creating Customer-Unique Value through Mass Customization* (Boston: Harvard Business School Press, 2000); B. Joseph Pine II, "Beyond Mass Customization," *Harvard Business Review*, May 2, 2011.
14. Woo Jin Choi and Karen Page Winterich, "Can Brands Move In from the Outside? How Moral Identity Enhances Out-Group Brand Attitudes," *Journal of Marketing* 77 (March 2013), pp. 96–111; Jennifer E. Escales and James R. Bettman, "Self-Construal, Reference Groups, and Brand Meaning," *Journal of Consumer Research* 32 (December 2005), pp. 378–89.

第 7 章

打造品牌定位与有效竞争

本章将解决下列问题：

1. 企业如何形成和创建一个有效的定位？
2. 品牌如何成功地实现差异化？
3. 营销人员如何正确认识并分析竞争？
4. 市场领导者、市场挑战者、市场追随者以及市场利基者如何有效竞争？

DirecTV 的营销管理

直播卫星服务提供商 DirecTV 正面临着来自传统有线电视公司（Comcast）、其他直播卫星服务提供商（Dish）以及数字电视服务公司（Hulu，Netflix & Amazon）的挑战。DirecTV 的定位反映了其不易被竞争对手模仿的综合特征。其定位的三大支柱是"最先进的技术、无可匹敌的节目内容以及行业领先的客户服务"。公司将大量业务重点放在运动节目组合方面，如广泛的高清频道和广播平台，使客户在家能够通过电视、笔记本电脑、平板电脑和手机收看到体育节目。DirecTV 将战略目标转向"高质量"用户，即那些购买增值服务、按时交费且很少投诉的忠诚用户。[1]

像 DirecTV 这样创造一个引人注目且差异化的品牌定位，需要对客户需求、自身能力以及竞争行为有敏锐理解。本章中我们将介绍一个流程，企业遵循这一流程能够找到最有效的品牌定位。我们也将探究竞争的角色，以及如何基于市场定位进行品牌管理。

7.1 开发和创建品牌定位

所有的营销策略都建立在市场细分、目标市场选择及市场定位的基础上。企业在市场上发现不同的需求和不同的顾客群体,并定位于那些企业能够用卓越的方式满足的顾客群,然后定位产品和服务,以使目标市场能够识别出其独特的产品和服务。通过建立顾客优势,企业可以向顾客传递更高的顾客价值和满意度,以确保高重复购买率,最终带来更高的企业盈利。

7.1.1 理解定位和价值主张

定位(positioning)是公司对产品和形象进行设计,使其在目标市场用户心中占据独特位置的行为[2];其目标是将品牌植入用户心中以使企业潜在利益最大化。一个好的品牌定位能够阐明品牌精髓,确定能帮消费者实现的目标以及如何操作,从而有助于引导企业营销策略的制定。

定位的结果是成功地创造以客户为中心的价值主张(value proposition),阐明了为什么目标客户购买该产品或服务的有说服力的理由。表7.1展示了三家企业通过多年与目标客户的交流经验,所定义的企业价值主张。[3]

确定公司的定位需要做到以下几点:(1)通过识别目标市场及竞争状况来选择竞争参照系;(2)确定品牌联想的最佳相同点和差异点,包括情感品牌塑造;(3)创建品牌箴言,总结品牌的定位和精髓。

表 7.1 价值主张示例		
公司和产品	目标顾客	价值主张
Hertz(汽车租赁)	忙碌的商务人士	让顾客在机场能够快捷、便利地租到合适的车
Volvo(旅行轿车)	有安全意识的上层家庭	家庭驾驶的最安全、最耐用的旅行车
Domino's(披萨)	追求便利的披萨爱好者	及时送到家门口的热呼呼的美味披萨

7.1.2 选择竞争参照系

竞争参照系(competitive frame of reference)确定了与自身品牌相竞争的其他品牌,以及其中哪些应该作为竞争分析的重点。定义一个品牌定位的竞争参照系,可以从确定类别成员开始,**类别成员**(category membership)即竞争品牌中有近似替代品功能的产品或系列产品。对于一个企业来讲识别竞争者似乎是一件很容易的事情,例如,百事公司了解在瓶装饮料领域,可口可乐的Dasani是其旗下Aquafina品牌瓶装水的最大竞争对手;富国银行了解美国银行是其在银行业的主要竞争对手。

然而一个企业现实的及潜在的竞争对手范围可能会更广。一个品牌为进入新的市场,可能需要一个更广泛或更理想的竞争参照系。而且,与现有竞争对手相比,企业或许更可能受到新兴竞争对手或新技术冲击。

我们可以从行业和市场两个角度来审视竞争。[4] **行业**（industry）是提供近似替代品或品类的企业群体。使用市场方法，我们将竞争者定义为满足相同客户需求的企业。例如，一个购买文字处理软件的用户，实际上想买的是"写字能力"，铅笔、钢笔或者过去的打字机也同样可以满足这一需求。营销人员必须克服"营销近视症"，并且不要再以传统类别和行业术语来定义竞争。[5]

一旦企业清楚地认识到自己的竞争对手及其优缺点，就一定会问：每个竞争对手在市场中寻求什么？是什么驱动竞争者的行为？其实有许多因素决定竞争者的行为目标，例如企业的规模、文化、管理以及财务状况。如果企业竞争对手是一家大公司分支机构，那么了解母公司经营这一分支的目的非常重要，是为了成长还是盈利，或者只是为了榨取其价值？基于以上所有分析，营销人员将正式定位竞争参照系，指导企业定位。在几乎没有短期变化的稳定市场中，识别一个、两个或三个主要竞争对手相当容易。但是在动态市场，竞争可能会以不同的形式出现或存在，那么就需要多个参照系。

当营销人员对竞争对手进行分析时应监测以下三个变量：

1. 市场份额（share of market）——竞争对手的目标市场份额。

2. 心理份额（share of mind）——当回答"列举这个行业中你首先想到哪一家公司"这一问题时，答案是竞争对手公司的顾客占全部顾客的百分比。

3. 情感份额（share of heart）——在回答"列举你喜欢在哪家公司购买该产品"这一问题时，答案是竞争对手公司名字的顾客占全部顾客的百分比。

一般来说，心理份额和情感份额稳步增长的公司，其市场份额和盈利能力必然会增长。Timberland、乔丹家具和韦格曼斯都通过提供情感、体验、社会和经济价值，满足了客户要求而获得收益。[6]

7.1.3 识别潜在差异点和共同点

营销人员明确目标用户市场和竞争状况之后，即会确定竞争参照系，接下来就可以定义合适的差异点和共同点联想。[7] **差异点**（points-of-difference，PODs）是能够让消费者产生强烈正面品牌联想的属性或利益，且相信竞争品牌无法匹及。强势品牌通常有多个差异点，例如耐克（性能、创新技术和成功）和西南航空公司（价值、可靠性和有趣的个性）。

如下 3 个标准决定了品牌联想是否真能起到差异点的作用：吸引性、可传达性和差异性。

1. 对用户有吸引力：消费者必须视品牌联想与其个人相关。

2. 企业能够传达：企业必须投入资源和承诺，并以可行且有利可图的方式在消费者心中创建并保持品牌联想。理想化的品牌应该是先发制人、可防御，且难以攻击的。

3. 能与竞争对手形成差异：消费者必须认为品牌联想具有独特性且优于竞争对手。

共同点（points-of-Parity，POPs）是指并非某品牌所独有的，可能是与其他品牌所共有的属性或利益联想。[8] 这类联想有三种基本形式：类别共同点、相关共同点和竞争共同点。

类别共同点是指消费者认为某产品类别中合法且可靠的产品必须具备的基本属性或利益，虽然并不一定是品牌选择的充分条件。长期来看，由于技术进步、法律工作进展及消费趋势的变化,类别共同点可能会发生变化。

相关共同点是来自已有正面品牌联想的潜在负面联想。对营销人员的挑战是,构成共同点和差异点的很多属性或利益之间负相关。换句话说,如果你的品牌在一方面具有优势,如并不昂贵,消费者就会认为该品牌在其他方面并不具有优势,例如质量。

竞争共同点是为了克服品牌感知弱点而根据竞争对手差异点设计的品牌联想。发现关键竞争共同点的一个好办法,就是模拟竞争对手的定位过程,从而推断出其预期差异点。反过来,竞争对手的差异点也暗示了其共同点。一项产品或服务要实现某个属性或利益的共同点,需要有足够多的消费者认为该品牌在这一维度上足够好。

如果竞争扩大或者企业计划扩充新的产品类别,那么为一个品牌确定多个实际或潜在竞争参考系就很平常。多参考系的选择主要有两个,一是首先为竞争对手的每类产品建立最好的可能定位,然后由此生成一个能够有效涵盖所有方面的足够稳健的组合定位。然而如果竞争过多,就有必要择优选取竞争对手,并且选择最重要的定位组合作为竞争参考系。尽量不要面面俱到顾及每个竞争对手,这样会导致无效的大众定位。

有的时候,企业还可以选择一组共同点和差异点以跨越两个竞争参考系。如此一来,一个类别的共同点就成为另一个类别的差异点,反之亦然。例如,赛百味餐厅被定位为提供健康美味的三明治。对麦当劳、汉堡王等快餐店来说,这一品牌定位在口味上形成共同点,在健康方面形成了差异点。同时,对于定位健康食物的餐厅或咖啡馆来说,这一定位则创造了健康方面的共同点和口味上的差异点。跨越式定位能够让品牌扩大市场覆盖率以及潜在用户群体。然而,如果品牌共同点和差异点不被用户所接受,那么该品牌在任何产品类别都不能成为合法参与者。

7.1.4 选择差异点和共同点

为了建造一个强大的品牌并且避免商品化陷阱,营销人员必须树立信念能够对任何商品实现差异化。迈克尔·波特鼓励企业创造可持续竞争优势。[9] **竞争优势**(competitive advantage)就是企业在一个或多个方面拥有的竞争对手无法企及的能力。

在选择构成品牌定位的共同点和差异点时,市场营销人员主要关注品牌利益。品牌属性的支持作用主要在于提供令人信服的理由或证据,说明该品牌声明所提供的某些利益是可靠的。一项产品利益可能由多种属性支持,这些属性可能会随时间而变化。对消费者来说,最明显的通常也是最吸引人的差异化,来自与产品性能相关的各种利益。为了识别可能的差异化方法,营销人员需要将企业能力与消费者对某利益的期望相匹配,然后传递这种利益。

进行品牌定位时,**感知图**(perceptual maps)对于选择特定利益作为差异点和共同点非常有用。感知图是消费者感知和偏好的视觉表征,它提供了各维度下市场状况及消费者对不同产品、服务和品牌看法的定量分析图。通过用品牌认知替代消费者偏好,营销人员揭示了预示着未被满足的需求和市场机会的"缺口"。[10]

例如,图7.1展示了一个假设的饮料类产品心理感知图。在消费者如何看待饮料口味(清淡与浓重)和个性形象(现代与传统)方面,四个品牌A、B、C、D各不相同。感知图中还显示了三个细分市场(1、2和3)中的理想"布局"点位置。理想点代表了每个细分市场对口味与形象的最优组合。品牌 A 被认为在口味和形象两方面都比较均衡。

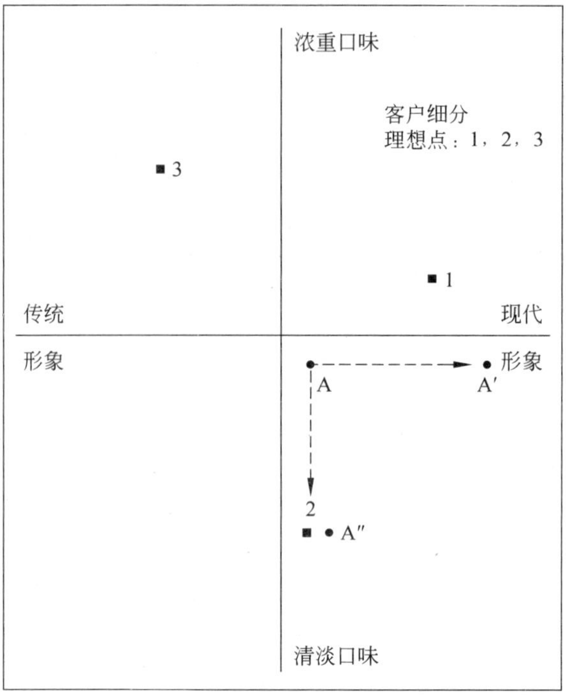

图 7.1 假设的饮料感知图

在图 7.1 中,品牌 A 有两个可能的再定位策略。一是通过塑造更加现代的形象,品牌 A 可以移动到 A′,把细分市场 1 中的消费群作为目标顾客,即可在形象方面获得与品牌 B 一样的共同点,保持与其在口味上的差异点。二是将品牌 A 的口味变得更为清淡,品牌 A 可以移动到 A″,把细分市场 2 中的消费群作为目标顾客,即可在口味方面获得与品牌 C 一样的相同点,保持与其在形象上的差异点。要确定 A′和 A″哪个重新定位点更有前景,还需要进行详细的消费者和竞争分析。

7.1.5 基于情感的品牌定位

许多营销专家都认为品牌定位中应同时包括理性和感性因素。换句话说,它应该包含既能吸引"大脑"又能吸引"内心"的共同点和差异点。[11]一个人对品牌及其营销方式的情感反应取决于多种因素,其中越来越重要的一个因素就是品牌的真实性。[12]例如好时巧克力(Hershey's)、卡夫(Kraft)、绘儿乐(Crayola)、家乐氏(Kellogg's)和强生(Johnson & Johnson)都是消费者认可的真实、真诚的品牌,能够引发消费者信任、喜爱和高度忠诚等情感。[13]

真实性也能够产生功能性价值。由 1150 个葡萄种植场共同所有的伟惜(Welch's)公司被消费者视为"健康的、真诚和真实的"。这个品牌通过专注于从当地取材来强化消费者的信任感,这对于关心食物来源的消费者越来越重要。[14]

7.1.6 品牌箴言

企业可以制定品牌箴言以进一步强调品牌定位,引导营销人员帮助消费者更好地理解品牌。[15]品牌箴言(brand mantra)是对品牌核心与灵魂的 3~5 个字的浓缩,与"品牌精髓"和"品牌核心承诺"等相关概念十分近似。品牌箴言必须能够言简意赅地传达:该品牌是什么及不是什么。什么是好的品牌箴言呢?麦当劳的"食物、亲朋与乐趣"就捕获了其品牌精髓和品牌核心承诺。

一个好的品牌箴言应当传播产品类别,阐明品牌独特性;应当生动形象、令人难忘,接地气并具有个性化含义和相关性。对于预期成长快速的品牌,品牌箴言有助于定义其想要竞争的产品或利益空间,如耐克的"运动性能"和迪斯尼的"家庭娱乐"。但是为了使品牌箴言有效,没有品牌可以在所有方面都实现超越。

7.1.7 创建品牌定位

一个好的品牌定位通常都包括若干共同点和差异点,其中有 2 个或 3 个属性真正界定了竞争领域,应该仔细分析和开发。创建品牌定位最典型的方法是在陈述品牌差异点之前,就告知消费者品牌所属类别。消费者需要了解产品是什么及其功能,才能确定该产品是否优于竞争品牌。对于新产品来说,初期宣传一般都集中在创造品牌认知,随后的广告则试图创建品牌形象。

可以通过三种方式传播品牌所属类别。

1. 宣传类别优势——为了使消费者确信品牌将传递属于该类别的根本原因,营销人员通常宣传该类别的利益。因此,工业设备可能会宣传其耐久性。

2. 对比范例——可以通过同一类别中的知名品牌帮助本品牌明确所属类别。当 Tommy Hilfiger 还是非知名品牌时,通过广告宣传与著名的同类别成员如 Calvin Klein 联系起来,定位为著名的美国设计师品牌。

3. 基于产品描述—— 产品名称后所附产品描述通常是传递类别起源的简洁方法。

如前所述,创建品牌定位的一个常见挑战就是构成相同点和差异点的属性利益呈负相关。此外,单个属性或利益都会兼有积极和消极层面。例如历史悠久的品牌巴宝莉(Burberry),其品牌的悠久性意味着富有经验、智慧、专业性及真实,但也可能表示过时。遗憾的是,消费者往往希望两个负相关的属性或者利益同时最大化。显然,最好的办法就是开发出在两方面都表现良好的产品或者服务。

为了权衡属性或利益间的冲突,营销人员可以:开展两种不同的营销活动,每种活动针对一个品牌属性或利益;将品牌与拥有合适的价值的人、地点或事物联系起来,建立可作为差异点或相同点的属性或利益;或者说服消费者相信如果换一种思考角度,属性与利益间的负相关实际上是正向。

界定清晰的相同点和差异点对小企业来说尤为重要。"营销洞察:小企业的定位和品牌"中讲述了更多小企业的定位和品牌策略。

> **营销洞察**
>
> 小企业的品牌和定位
>
> 下面针对资源有限的小企业提出一些品牌定位建议。
>
> - **找到一个引人注目的功能优势**。产品和服务功能上的有效差异点是成功的关键。在线存储公司 Dropbox 一开始就开拓出强有力的竞争地位,通过独立文件夹的方法在一定程度上来适应消费者多设备的需求。
> - **基于一两个关键品牌联想打造一两个强势品牌**。小企业通常基于一两个品牌和主要品牌联想作为差异点,并在营销方案中将其强化。例如,Volcom 成功地采用"青年反对体制"理念来营销其音乐、运动服装、首饰。
> - **鼓励尝试多种可能**。用样品、现场展示或其他方法使消费者参与活动并鼓励消费者试用。时思糖果(See's Candies)允许店内顾客试吃样品糖果,正如一名经理所说:"这是我们最好的营销方式,如果人们试吃糖果,他们一定会爱上它。"
> - **制定数字战略,使品牌"更大更好"**。互联网和手机市场为小企业提供了广阔前景。Rider Shack 冲浪用品店利用 Facebook 的特别功能保持品牌在消费者面前的曝光度,提高了其在旧金山店的销售量。
> - **制造舆论,创建忠诚品牌社区**。正如性价比高的公共关系、社会网络、促销和赞助等营销方式,口碑非常重要。Evernote 有几十个"超级用户"为品牌进行口碑宣传。
> - **采用一套有效、良好的品牌元素**。小企业应该建立一套独特的、整合良好的品牌元素,包括品牌名、标志、包装,以提升品牌认知和品牌形象。
> - **利用次级联想**。次级联想,即产生任何相关联想的人、地点或事件,通常是高性价比的建立品牌资产的捷径。
> - **创造性地进行市场调研**。大量低成本的营销调研方法能够帮助小企业与消费者联系,以及向竞争对手学习,例如与当地高校的学生和教授一起开展研究。

7.1.8 其他定位方法

近年来,营销人员提出了一些结构化程度更低的、创意更刺激的品牌定位方法,包括品牌叙事、故事演绎以及基于文化的品牌定位。

品牌叙事与故事演绎 一些营销专家通过叙事或故事的方式来描述品牌定位,而不是将具体的属性或利益罗列出来。企业喜欢演绎品牌或服务背后的故事所带来的丰富性和想象力。兰达尔·瑞格和迈克尔·锡伯杜将叙事性品牌定位(narrative branding)看作基于与人们的记忆、联想和故事相关的深层隐喻方法。[16] 他们识别出叙事性品牌定位的5个要素:(1)关于文字和比喻的品牌故事;(2)消费者旅程或其参与品牌的方法,以及消费者与品牌的接触点;(3)品牌的可视化语言或表达;(4)故事的经验性表达方式或品牌融入感觉的方法;(5)品牌在消费者生活中扮演的角色。

帕特里克·汉伦提出了一个相关概念"原品牌定位",将品牌视为复杂的信仰系统。根据汉伦的理论,大型企业如谷歌、迷你库珀、美国海军陆战队、星巴克、苹果、UPS 和 Aveda 都有"原代码"来与其消费者产生共鸣,激起他们对品牌的激情和热情。7 个部分组成了信仰系统和原代码:创业故事、信仰、图标、仪式、圣语、对待非信仰者的方法以及好的领导者。[17]

基于文化的品牌 道格拉斯·霍尔特认为一个企业要想建立标志性的领导品牌,就必须根据基于文化的品牌定位原则集成文化相关知识并制定战略,雇用、培训文化专家。[18]威斯康星大学的克雷格·汤普森把品牌文化视为社会文化的样板,将关于品牌的研究调查作为文化资源引证。例如,美国女孩公司(American Girls)生产的玩偶进军母女关系及女性气质的跨代转移领域。[19]因为维基百科的内容来自各行各业的贡献者,包括各种观点,专家们将这种消费者积极参与品牌内涵共创和定位的现象称为"品牌维基百科化"(brand wikification)。[20]

7.2 市场领导者的竞争战略

假设一个市场由图 7.2 所示的四类企业所占领,其中市场领导者(market leader)占据 40%,市场挑战者(market challenger)占 30%,市场追随者(market follower)占 20%,它们希望维持其份额而不愿意破坏现状,剩下的 10% 属于市场利基者,它们服务于那些大公司不感兴趣的小细分市场。

市场领导者,如麦当劳,拥有行业最大市场份额,通常可以引领行业价格变化、新产品推出、渠道覆盖和促销强度。虽然营销人员认为知名品牌在消费者心目中是与众不同的,但是除非一家公司享有合法垄断地位,否则就必须时刻保持警惕。因为一个强大的产品创新可能出现,竞争对手可能会找到新的营销视角或启动一项重要的营销投资,或市场领导者的成本结构可能会螺旋式上升。

为了保持第一的位置,市场领导者必须找到可以扩大总体市场需求的方法;通过适当的防御和攻击措施来保护已有市场份额;即使在市场规模不变的情况下,仍然努力提高市场份额。

图 7.2 假设的市场结构

7.2.1 扩大市场总需求

当总体市场扩大时,市场主导企业通常获利最大。如果亨氏食品公司(Heinz)能够说服更多人使用番茄酱,或者在更多的食物中使用番茄酱,或者在每次用餐中都使用番茄酱,公司一定会相当获益,因为其番茄酱销量已经占到全美番茄酱销量的 2/3。总的来说,市场领导者应当寻找新的顾客,或者让现有消费者更多地使用产品。企业可以从3个群体中寻找新客户：可能使用但还未使用的消费者（市场渗透策略）；从未使用过企业产品的消费者（新市场细分策略）；其他地区的潜在消费者（地域扩张策略）。

营销人员可以尝试增加产品消费的数量、水平以及频率。有时营销人员可以通过包装或产品再设计来增加消费量。例如，更大的包装能够增加消费者每一次的产品使用量。[21]当"冲动型"产品如软饮料或零食更容易购买时，消费者就会消费得更多。[22]然而，一些食品企业，如好时，开发出更小的包装，通过鼓励更高频率的消费而增加了销售量。一般来说，提高消费频率需要：(1)识别出用相同的方法使用该品牌的额外机会；(2)识别出使用该品牌的全新的和不同的方式。

7.2.2 保护市场份额

当试图扩大总体市场规模时，市场主导企业还需要积极保护好现有业务，例如波音与空客公司、谷歌与微软。[23]那么这种情况下市场领导者应当如何去做？最有建设性的回应就是持续创新。领跑企业应当引领行业开发新产品和顾客服务、提高渠道效果并降低成本。综合解决方案增加了企业竞争实力及客户价值，让顾客感受到自己有价值甚至享有特权而不是被骗或被利用。[24]

主动式营销　在满足顾客需求方面，我们可以归纳出响应型营销、预期型营销和创造型营销之间的区别。响应型市场营销人员发现一个已存在的需求并满足它。预期型营销人员发现消费者在不久的将来可能会产生的需求。创造型营销人员发掘消费者没有主动要求却会热心回应的解决方案。实施创造型营销的企业是主动的驱动市场型企业，而不只是市场驱动型企业。[25]

企业需要两个主动型技巧：(1)危机降临时的响应型预期，正如IBM从硬件制造商转型为服务提供商；(2)创造型预期，设计创新型解决方案。请注意，响应型预期发生在既定的变化之前，而被动响应则是发生在变化之后。埃森哲公司认为，电子商务、社交媒体和个性展示等10个消费领域在2013—2016年将产生超过2万亿美元的市场机会。[26]

防御型营销　即使不发起任何进攻，市场领导者也必须做好防范工作。防御策略的主要目的是减少被攻击的可能性，将攻击转移到威胁更小的领域。一家主导企业可以使用如下6种防御策略：

- **定位防御**。这意味着要占据消费者心中最有利的定位空间，让品牌基本不可战胜。宝洁在许多产品领域都拥有主要的功能性利益，例如帮宝适纸尿裤的"干爽"定位。
- **侧面防御**。市场领导者应当建立前哨保护较弱的前线或作为反攻基地。例如宝洁旗下的格尼（Gain）和洗好（Cheer）两个品牌的洗衣液，在对汰渍品牌的支持上就发挥了很好的进攻和防御角色。
- **先发防御**。更具进攻性的策略是先发制人，或许可以在市场中采用游击战术，在这边打击一个竞争对手，再在那边打击另一个竞争对手，让对手失衡。另一个方法是实现广阔的市场包围，向竞争对手发出不要攻击的警示信号。[27]另一种先发防御策略就是引入一系列新产品，并抢先公之于众。

- **反攻防御**。市场领导者可以正面迎战,使竞争对手不得不撤回攻击进行防守,或者利用经济或政治影响力反击。市场领导者打击竞争对手的方法包括:通过低价补贴弱势产品,并从高利润产品收益中补贴;或者游说立法者采取政治行动来阻止竞争。
- **运动防御**。市场领导者通过市场扩张和市场多元化的方法将其主导市场延伸及新领域。进行市场扩张时,公司的关注点从现有产品转变为潜在一般的需求,正如"石油"公司将自己重定位为"能源"公司。市场多元化将公司的关注点转移到不相关行业。
- **收缩防御**。有时大公司不再能够防御所有领域。在有计划的收缩(也称战略撤退)中,它们可能会放弃较弱的市场,并且将资源重新分配给较强的市场。当宝洁公司决定将业务聚焦在核心家庭日用品和消费品时,它便以约2.7亿美元的价格将品客薯片卖给了家乐氏(Kellogg)。[28]

7.2.3 提高市场份额

在一些市场,一个百分点的市场份额就可以价值几千万美元,这就是为何市场竞争如此激烈的原因。通过收购的方式获得更多市场份额,成本可能远远超过所带来的收益价值,因此企业在提高市场份额前应该首先考虑以下四点。

1. 反垄断行动的可能性。如果占统治地位的企业进一步侵占市场份额,处于不利地位的竞争者可能会通过法律手段反垄断。微软和英特尔公司不得不抵御来自全球的众多诉讼案件和法律挑战,因为很多企业认为这两个公司行为不当或不合法甚至滥用市场权力。
2. 经济成本。图 7.3 反映出在市场份额达到一定水平后,企业盈利能力可能会随着市场份额的增加而降低。如图所示,企业的最优市场份额是50%。"拒不合作"的消费者要么不喜欢市场领导者企业,或者忠诚于竞争对手,或者有独特需求,或者偏好和小公司打交道,此时企业获得更多市场份额的成本可能超出了可能得到的价值。当市场细分不

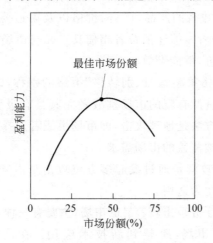

图 7.3 最优市场份额概念

那么具有吸引力,购买者希望渠道多样化,市场退出壁垒较高,以及几乎没有规模经济时,极力追求更高的市场份额得不偿失。

3. 追求错误的营销行为。成功获得市场份额的企业通常在以下领域优于竞争对手:新产品活动、产品相对质量和营销支出。[29]试图通过比竞争对手降低更多价格来增加市场份额的企业,通常不会获得很大收益,因为竞争对手也会降价,或者提供更多价值来维系顾客。

4. 市场份额增加对实际和感知质量的影响。顾客过多可能导致企业资源紧张,损害产品价值和服务传递。

7.3 其他竞争战略

不是行业领导者的企业经常会被称为亚军或者跟随公司,一些亚军企业如百事公司和福特,凭借自身实力已经发展得相当庞大。这些公司要么为了获得更多市场份额以成为市场挑战者(market challengers)而攻击市场领导者或竞争对手,要么就是选择安于现状,成为市场追随者(market followers)。

7.3.1 市场挑战者战略

很多市场挑战者已经从市场领导者手里掠夺了市场份额甚至超越了市场领导者。市场挑战者首先需要确定战略目标(例如增加市场份额),然后再决定向谁发起挑战。如果市场领导者并没有很周全地服务市场,那么挑战市场领导者就是一个高风险却有潜在高回报的策略。市场挑战者可以攻击那些业绩不佳、财务状况不佳、产品老化、价格过高,或在某方面无法满足客户的规模相仿的公司。另一个选择就是攻击本地和区域性小公司。市场挑战者还可以将一个行业作为一个整体来攻击,或认为其并没有充分挖掘客户需求。

在给定清晰的对手和目标后,市场挑战者可选择如下五种攻击策略:

1. 正面进攻。首先进攻者的产品、广告、价格以及渠道要与对手相匹配。如果市场领导者不予回击,并且竞争者能够让消费者相信其产品与市场领导者的产品相当,则一种调整的正面进攻策略如降价,就能奏效。

2. 侧面攻击。侧面攻击策略是"识别转移"策略的别称,即制造市场发展缺口,再去填补缺口。侧面攻击对于资源有限的市场挑战者尤其具有吸引力,而且比正面攻击更容易成功。侧面攻击的一个方法是地理攻击,即市场挑战者选择对手业绩不佳的区域进攻。另一个方法就是服务于未被覆盖的市场需求。

3. 包围进攻。包围进攻就是通过发起多方位攻击来占领广阔领地。这一战略在市场挑战者拥有优质资源时尤为适用。

4. 迂回进攻。绕过对手并攻击较容易的市场,主要有三种方法:多样化经营不相关产品,多元化进入新的区域市场,跨越到新技术应用。在实行技术跨越(technological leapfrogging)时,市场挑战者需要耐心考察并发展新技术,把战地转移到自己的优势领域。

5. 游击战。游击战包括小型的、间歇的常规或非常规进攻,骚扰对手最终获得永久的立足之地,具体方法包括选择性降价、密集的促销攻势和偶尔的法律行动。游击战的成本可能会很高,并且常须以更强大的进攻作为后盾来打败竞争对手。

7.3.2 市场追随者战略

西奥多·莱维特认为,产品模仿战略(product imitation)可能会像产品创新(product innovation)战略一样盈利。[30]创新者承担了开发新产品、分销、传播和培养市场的高额成本,所有对这些工作及风险的回报通常是获得市场领导地位。然而,另一家企业会紧跟其后,模仿或者改进新产品。尽管追随者可能无法超越市场领导者,但却可以实现高利润,因为不用承担任何创新费用。

很多企业宁愿追随市场领导者而不是去挑战领导者,尤其是资本密集型产业和产品同质化产业,如钢铁、肥料和化学品行业。这类行业的产品差异化和品牌形象差异化的机会很小,服务质量相当,而且价格敏感度非常高。在这种情况下,攫取短期市场份额的行为只会引发报复,因此大多数公司通过模仿市场领导者的产品,给用户提供相似产品,使市场份额保持稳定。

一些市场追随者是仿造者,克隆市场领导者的产品、名称和包装,只做细微改变。一些市场追随者是模仿者,只是复制市场领导者产品的一些方面,在包装、广告、定价和渠道等方面实现一定的差异化。只要模仿者不进行侵略性攻击,市场领导者就不会太在意。一些市场追随者变成了改造者,对市场领导者的产品进行调整或改进,可能销往不同的市场。需要注意的是,这三种追随者战略与那些非法不道德地生产假货的追随者策略有很大不同。造假商复制市场领导者的产品和包装,然后在黑市出售或者通过名声不好的经销商出售。

市场追随者能获取多少利润呢?通常少于市场领导者。有些追随者在其他行业获得了成功。

7.3.3 市场利基者战略

在大市场中做市场追随者的替代选择是成为一个小市场或利基市场的领导者。小企业通常选择大企业不感兴趣的小市场作为目标市场,以避免与大公司竞争。久而久之,这些市场可能会在其自己的领域规模发展壮大。市场利基者获得高利润,而大众营销者获得高销量。利基市场存在可能资源耗尽或者被攻击的风险,因此利基者必须设法创造新的利基市场、扩展现有利基市场并保护已有利基市场。多重利基市场可能会比单一利基市场更好,因为将优势分散到两个或多个利基市场,提高了企业的生存率。表7.2展示了市场利基者的专家角色。

表 7.2　市场利基者专家角色

- **终端用户专家**(end-user specialist)：公司专门为某一类终端用户服务。
- **纵向专家**(vertical-level specialist)：公司专门服务于产品分销价值链的某些垂直层次。
- **顾客规模专家**(customer-size specialist)：公司聚焦中小型或大型客户。
- **特定顾客专家**(specific-customer specialist)：公司将销售对象限定为某一个或少数顾客。
- **地理区域专家**(geographic specialist)：公司仅在某一地区销售产品。
- **产品或产品线专家**(product or product line specialist)：公司只拥有一种产品线或只生产一种产品。
- **产品特色专家**(product-feature specialist)：公司专门聚焦于某一产品类型或产品特色。
- **定制专家**(job-shop specialist)：公司为个体消费者定制产品。
- **质量价格专家**(quality-price specialist)：公司在低端或高端市场经营。
- **服务专家**(service specialist)：公司提供一种或多种其他公司没有的服务。
- **渠道专家**(channel specialist)：公司专门服务一个分销渠道。

本章总结

为了制定一个有效的定位，企业必须了解竞争对手以及现实和潜在顾客。定位的形成需要通过识别目标市场和竞争本质来确定竞争参照系以及最优的品牌联想相同点和差异点。基于市场和行业的分析可以帮助企业发现竞争者和潜在竞争者。差异点是对品牌而言独特的能够被消费者记住并且获得正面评价的联想。相同点就是不一定是品牌独有的而是和其他品牌共享的联想点。

有多种方法可以产品或服务进行定位。偏定性的结构化程度较低的方法，以品牌叙事、故事演绎和基于文化的品牌定位等这些理念为基础。市场领导者通过扩大总体市场需求、保护现有份额、增加市场份额（即使市场规模不变）来保持龙头老大的位置。非市场领导者，可以通过攻击市场领导者或竞争对手成为市场挑战者，或者也可以成为市场追随者。在大市场做市场追随者的替代选择是成为一个小市场或利基市场的领导者。

注释

1. Noel Murray, "DirecTV's Ad Campaign Wants to Make You Hate Cable as Much as It Does," www.avclub.com, February 26, 2013; Shalini Ramachandran and Ben Fox Rubin, "DirecTV Profit Rises on Latin America Growth," *Wall Street Journal*, February 14, 2013; Alex Sherman, "DirecTV Profit Lags Estimates after First U.S. Customer Loss," *Bloomberg BusinessWeek*, August 2, 2012.
2. Al Ries and Jack Trout, *Positioning: The Battle for Your Mind*, 20th Anniversary Edition (New York: McGraw-Hill, 2000).
3. Michael J. Lanning and Lynn W. Phillips, "Building Market-Focused Organizations," Gemini Consulting White Paper, 1991.
4. Allan D. Shocker, "Determining the Structure of Product-Markets: Practices, Issues, and Suggestions," Barton A. Weitz and Robin Wensley, eds., *Handbook of Marketing* (London: Sage, 2002), pp. 106–25. See also Bruce H. Clark and David B. Montgomery, "Managerial Identification of Competitors," *Journal of Marketing* 63 (July 1999), pp. 67–83.
5. "What Business Are You In? Classic Advice from Theodore Levitt," *Harvard Business Review*, October 2006, pp. 127–37. See also Theodore Levitt's seminal article, "Marketing Myopia," *Harvard Business Review*, July–August 1960, pp. 45–56.
6. Rajendra S. Sisodia, David B. Wolfe, and Jagdish N. Sheth, *Firms of Endearment: How World-Class Companies Benefit Profit from Passion & Purpose* (Upper Saddle River, NJ: Wharton School Publishing, 2007).
7. Kevin Lane Keller, Brian Sternthal, and Alice Tybout, "Three Questions You Need to Ask about Your Brand," *Harvard Business Review*, September 2002, pp. 80–89.
8. Thomas A. Brunner and Michaela Wänke, "The Reduced and Enhanced Impact of Shared Features on Individual Brand Evaluations," *Journal of Consumer Psychology* 16 (April 2006), pp. 101–11.
9. Michael E. Porter, *Competitive Strategy: Techniques for Analyzing Industries and Competitors* (New York: Free Press, 1980).
10. For a classic analysis of perceptual maps, see John R. Hauser and Frank S. Koppelman, "Alternative Perceptual Mapping Techniques: Relative Accuracy and Usefulness," *Journal of Marketing Research* 16 (November 1979), pp. 495–506. For some contemporary perspectives on measurement techniques for positioning, see Sanjay K. Rao, "Data-Based Differentiation," *Marketing Insights*, Spring 2013, pp. 26–32.
11. Brian Sheehan, *Loveworks: How the World's Top Marketers Make Emotional Connections to Win in the Marketplace* (Brooklyn, NY: powerHouse, 2013).
12. James H. Gilmore and B. Joseph Pine II, *Authenticity: What Consumers Really Want* (Cambridge, MA: Harvard Business School Press, 2007); Lynn B. Upshaw, *Truth: The New Rules for Marketing in a Skeptical World* (New York: AMACOM, 2007).
13. Owen Jenkins, "Gimme Some Lovin'," *Marketing News*, May 15, 2009, p. 19.
14. Jack Neff, "Welch's Local-Sourcing Story Core to Outreach," *Advertising Age*, January 24, 2011.
15. Scott Bedbury, *A New Brand World* (New York: Viking Press, 2002).
16. Randall Ringer and Michael Thibodeau, "A Breakthrough Approach to Brand Creation," *Verse, The Narrative Branding Company*, www.versegroup.com, accessed March 7, 2014.
17. Patrick Hanlon, *Primal Branding: Create Zealots for Your Brand, Your Company, and Your Future* (New York: Free Press, 2006); ThinkTopia, www.thinktopia.com, accessed May 26, 2014.
18. Douglas Holt, *How Brands Become Icons: The Principle of Cultural Branding* (Cambridge, MA: Harvard Business School Press, 2004); Douglas Holt, "Branding as Cultural Activism," www.zibs.com; Douglas Holt, "What Becomes an Icon Most," *Harvard Business Review*, March 2003, pp. 43–49; See also Grant McKracken, *Culture and Consumption II: Markets, Meaning, and Brand Management* (Bloomington, IN: Indiana University Press, 2005).
19. Craig Thompson, "Brands as Culturally Embedded Resources," 43rd AMA Sheth Foundation Doctoral Consortium, University of Missouri, June 6, 2008. See also research by John Sherry and Robert Kozinets, including John F. Sherry Jr., Robert V. Kozinets, Adam Duhachek, Benét DeBerry-Spence, Krittinee Nuttavuthisit and Diana Storm, "Gendered Behavior in a Male Preserve: Role Playing at ESPN Zone Chicago," *Journal of Consumer Psychology* 14, nos. 1 & 2 (2004), pp. 151–58; Stephen Brown, Robert V. Kozinets, and John F. Sherry Jr., "Teaching Old Brands New Tricks: Retro Branding and the Revival of Brand Meaning," *Journal of Marketing* 67 (July 2003), pp. 19–33.
20. Nick Wreden, *Fusion Branding* (Atlanta: Accountability Press, 2002); Fusion Branding, www.fusionbranding.com, accessed May 26, 2014.
21. Priya Raghubir and Eric A. Greenleaf, "Ratios in Proportion: What Should the Shape of the Package Be?," *Journal of Marketing* 70 (April 2006), pp. 95–107;

and Valerie Folkes and Shashi Matta, "The Effect of Package Shape on Consumers' Judgments of Product Volume: Attention as a Mental Contaminant," *Journal of Consumer Research* 31 (September 2004), pp. 390–401.
22. Sarah Nassaur, "The Psychology of Small Packages," *Wall Street Journal*, April 15, 2013.
23. George Stalk Jr. and Rob Lachanauer, "Hardball: Five Killer Strategies for Trouncing the Competition," *Harvard Business Review*, April 2004, pp. 62–71; Richard D'Aveni, "The Empire Strikes Back: Counterrevolutionary Strategies for Industry Leaders," *Harvard Business Review*, November 2002, pp. 66–74.
24. Kyle B. Murray and Gerald Häubl, "Why Dominant Companies Are Vulnerable," *MIT Sloan Management Review*, Winter 2012, pp. 12–14.
25. Nirmalya Kumar, Lisa Sheer, and Philip Kotler, "From Market Driven to Market Driving," *European Management Journal* 18 (April 2000), pp. 129–42.
26. "New Trends Worth $4.5tr," www.warc.com, January 25, 2013.
27. Michael E. Porter, *Market Signals, Competitive Strategy: Techniques for Analyzing Industries and Competitors* (New York: Free Press, 1998), pp. 75–87; Jaideep Prabhu and David W. Stewart, "Signaling Strategies in Competitive Interaction," *Journal of Marketing Research* 38 (February 2001), pp. 62–72.
28. "P&G Completes Sale of Pringles to Kellogg," *Business Wire*, May 31, 2012.
29. Robert D. Buzzell and Frederick D. Wiersema, "Successful Share-Building Strategies," *Harvard Business Review*, January–February 1981, pp. 135–44.
30. Theodore Levitt, "Innovative Imitation," *Harvard Business Review*, September–October 1966, p. 63. Also see Steven P. Schnaars, *Managing Imitation Strategies: How Later Entrants Seize Markets from Pioneers* (New York: Free Press, 1994).

第 8 章

创建品牌资产与驱动增长

本章将解决下列问题：

1. 品牌是什么以及如何运作？
2. 什么是品牌资产，如何创建、测量和管理品牌资产？
3. 开发品牌战略中的重要决策是什么？
4. 为什么发展核心业务对企业非常重要？

佳得乐的营销管理

佳得乐（Gatorade）最初由佛罗里达大学的研究人员研制，旨在帮助学校的运动员们应对高温、潮湿的气候。它首创了运动型饮料这一品类，这一成功促成了百事公司于2001年对其母公司进行收购，并且追加投资。然而，佳得乐的销售额在2007—2010年下降了10亿美元，因此百事公司决定要对其现状进行改变。佳得乐公司的营销人员对品牌定位回归其源头，更多地聚焦运动员群体。他们选择针对运动员锻炼前、锻炼中和锻炼后这三种不同的消费市场，为三条产品线重新设计配方，并重新包装。G系列产品定位于活跃在校园内或健身俱乐部的"功能"运动员；G健康系列产品主要定位于每周运动3~4次的18~34岁人群；G专业系列产品定位于专业运动员。佳得乐的广告语"决胜于心"反映了公司的新品牌战略，并且营销传播预算中的30%用于数字营销。[1]

战略品牌管理（strategic brand management）是营销活动和方案的设计与实施结合起来，对品牌进行创建、测量和管理，以实现品牌价值最大化。战略品牌管理主要包括四个步骤：(1) 识别并创建品牌定位；(2) 规划并实施品牌营销；(3) 测量和诠释品牌性能；(4) 发展和保持品牌价值。[2]在本章中，我们将讨论品牌化、品牌资产、品牌战略以及核心业务发展。

8.1 如何进行品牌化

美国市场协会对**品牌**(brand)的定义为"一种名称、术语、标记、符号或设计,或者是它们的组合,其目的是用以识别某个销售商或某群销售商的产品或服务,并使之与竞争对手的产品服务区别开来。"品牌就是使产品或服务能够与满足相同需求的其他产品或服务区别开来的某些方面。这些不同之处可能是与品牌的产品性能相关的功能性、理性或者有形差异,也可能是与品牌所代表的抽象含义相关的更具象征性的、情感的或者无形的差异。

8.1.1 品牌的作用

通过品牌能识别产品的生产者,使得消费者能够根据品牌性能将责任归属于制造商或分销商。根据拥有相同产品的不同品牌的表现,消费者可以对产品做出不同评价。[3] 消费者从以往购买经验及其活动来了解品牌,找出哪些品牌可以满足自己的需求,而哪些品牌不可以。随着消费者的生活变得日益复杂,一个品牌所具备的简化消费者决策并降低其风险的能力就变得非常有价值。[4] 品牌对于消费者来说,也具有一定的个人意义,成为身份的一个重要组成部分。[5] 对一些消费者来说,品牌甚至具备一些和人类相似的特征。[6]

品牌对公司还有非常有价值的功能。[7] 首先,品牌简化了产品处理,有助于企业组织库存和财务记录。此外,品牌还为公司产品的独特性能给予法律保护。[8] 通过注册商标可以保护品牌名称,专利可以保护产品的制造过程,产品包装可以通过版权和专利设计所有权加以保护。这些知识产权确保公司能够安全地对品牌进行投资并获益。事实上,品牌代表了非常有价值的法定资产,能够影响消费者行为,可以买卖,并产生持续性收入。[9]

品牌忠诚为公司带来了需求的可预测性和安全性,并且创造了进入壁垒,使其他企业难以进入市场。忠诚度也可以转化为支付更高价格的消费者意愿,通常可比竞争品牌的价格高出 20%~25%。[10] 尽管竞争对手可能会复制生产流程与产品设计,但是它们很难匹敌多年良好的产品体验与营销活动留在用户心中的持久印象。因此,品牌化是确保竞争优势的强大工具。[11]

8.1.2 品牌化的范畴

品牌化(branding)是赋予产品和服务以品牌力量的过程,包含创造产品之间差异的一切内容。营销人员需要通过为产品赋予名称和其他品牌元素以识别该产品,来告诉消费者该产品是什么,能够实现什么功能,以及消费者为什么应当关注它,等等。品牌化可以构建心理架构,帮助消费者组织关于产品和服务的知识,帮助消费者理清其决策过程,并且在这个过程中为公司带来价值。

为了成功地实施品牌化战略并创造品牌价值,必须让消费者相信在同类产品中不同品牌之间确实存在有意义的差异。与他们自身一样,在消费者眼中,成功的品牌意味着该企业及其所销售的产品真实可信且可靠。一个实物产品(福特福克斯汽车)、一种服务(新加坡航空)、一个人(演员安吉丽娜·朱莉)、一个地方(冰岛)、一个组织(美国汽车协会),或一个想法(自由贸易),都有可能成为品牌。[12]

8.2 定义品牌资产

品牌资产(brand equity)是指产品和服务所具有的附加价值。这种价值可以体现在消费者对品牌的思考、感受和行为方式中,以及品牌价格、市场份额和利润等方面。营销人员和研究人员使用不同的方法对品牌资产进行研究。[13] 基于顾客的方法认为品牌的力量蕴藏在顾客对品牌的所见、所闻、所知、所思考和所感受的一切中。[14]

8.2.1 基于顾客的品牌资产

基于顾客的品牌资产(customer-based brand equity)是指顾客拥有的品牌知识对顾客对于品牌营销活动反应的差异化影响。[15] 当品牌可识别时,顾客对产品及其营销方式的反应更好时,品牌就拥有正的基于顾客的品牌资产。在相同情况下,如果消费者对于品牌营销活动的反应不好,那么品牌就有负的基于顾客的品牌资产。

基于顾客的品牌资产包含三个关键要素。第一,品牌资产来自消费者的差异化反应。如果不存在差异,品牌产品本质上就是基本商品,而且竞争很可能是以价格为基础。第二,差异化反应是顾客拥有的**品牌知识**(brand knowledge)引起的,即与品牌相关的所有的想法、感觉、形象、经验和信念。品牌必须能够让顾客创造强烈的、有利的、独特的品牌联想。第三,品牌资产体现在与品牌营销相关的各方面的感知、偏好和行为中。越强势的品牌获得的收益越多。[16] 表 8.1 总结了品牌资产的一些关键利益。

表 8.1 强势品牌的营销优势	
提高产品性能感知	更大的交易合作与支持
更高的忠诚度	提升的营销传播效果
不易受竞争性营销行为的影响	可能的授权机会
不易受营销危机的影响	额外的品牌延伸机会
较大的利润空间	提升的员工招聘和员工保留
消费者对价格上涨的反应更加缺乏弹性	更高的金融市场回报
消费者对价格下降的反应更富有弹性	

顾客的品牌知识决定了品牌未来的正确发展方向。消费者将根据他们对品牌的思考和感觉,来决定他们所认为的品牌的发展方向和方式,以及对营销行为的许可。如 Cracker Jack 谷物食品进军新产品失败,是因为消费者认为其品牌延伸并不恰当。**品牌承诺**(brand promise)是营销人员对于品牌是什么以及必须为消费者做什么的愿景。

8.2.2 品牌资产模型

品牌资产模型为品牌化提供了不同观点。这里我们重点介绍三种更为成熟的模型。

- **品牌资产评估模型**(Brand Asset Valuator,BAV)。广告公司扬罗必凯(Young & Rubicam,Y&R)开发的品牌资产评估模型(BAV),涵盖了品牌资产的四大支柱(见图 8.1)。与相关性相比,强势新品牌展现出更高水平的差异化和能力,然而消费者对品牌的尊重和知识仍旧比较低。领导品牌在所有"支柱"上都表现出较高的水平,并且品牌强度高于其声望。衰退品牌表现出的是高知识水平、较低的尊重,甚至更低的品牌相关性和差异。

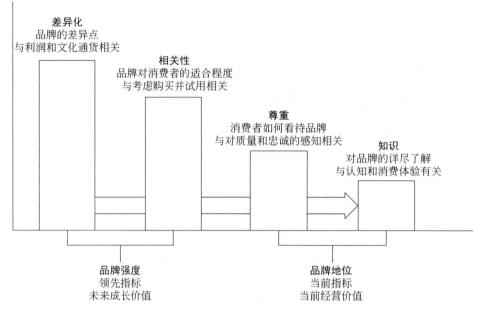

图 8.1 品牌资产评估模型

- **BrandZ 和品牌动态金字塔模型**(BrandZ and BrandDynamics™)。市场研究咨询公司华通明略和 WPP 开发的品牌强度测量模型 BrandZ 模型,其核心就是品牌动态金字塔模型(见图 8.2)。此模型基于由有意义的、不同的、突出的品牌联想构成的系统,建立了顾客购买品牌的倾向。这些品牌联想产出三个重要的测量变量:能力(预期品牌销售量份额),溢价(要求价格溢价的能力),潜力(品牌价值份额增加的可能性)。

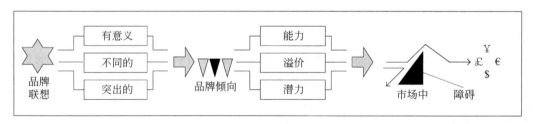

图 8.2 品牌动态金字塔模型

- **品牌共鸣模型**(Brands Resonance Model)。品牌共鸣模式将品牌建设看作不断上升的一系列步骤。实施这四个步骤意味着建立一个由六个"品牌搭建模块"组成的金字塔形,如图 8.3 所示。该模型强调了品牌的二元性,品牌建设的理性路径是在金字塔的左侧,而感性路径在右侧。[17]

图 8.3 品牌共鸣金字塔

 ## 8.3 建立品牌资产

营销人员通过对正确的消费者创建正确的品牌知识结构来建立品牌资产,这一过程的成功依赖于所有品牌相关的接触,无论是否由营销人员发起。[18] 从营销管理的视角来看,有三组主要的品牌资产驱动因素。

1. **首选的品牌元素或品牌标识(品牌名称、网址、标志、符号、文字、代言人、口号、广告曲、包装以及标识系统)**——微软之所以选择必应(Bing)作为其搜索引擎的名字,是因为微软认为这个单词非常明确地传递了搜索的意思,并且在一个"啊哈"的瞬间就能检索到用户所需。同时这个名字也很简短、有吸引力、易记、积极,并且具备多元文化有效性。[19]

2. **产品、服务以及所有相关营销活动和支持计划**——通用磨坊(General Mills)正在进行一系列营销活动销售它的谷物产品、蛋糕粉和酸奶酪。公司正在探索通过二维码、手机应用以及增强现实技术以最大化利用客户的智能手机,并在此过程中开发新的包装策略。[20]

3. **通过与其他实体(如人、地方或东西)建立连接,将其他联想间接转移到该品牌上**——新西兰伏特加酒品牌 42BELOW,这一品牌名称不仅表示贯穿新西兰的纬度,还表示其酒精度。产品包装及其他视觉线索设计都是基于顾客对新西兰的纯净感知,以传播品牌定位。[21]

8.3.1 选择品牌元素

品牌元素(brand elements)是用以识别和区分品牌的商标设计。例如,耐克有着独特的"对勾"标志、"Just Do It"口号,以及源自希腊胜利女神的"Nike"名称。对于品牌构建的考验,就是当消费者了解所有的品牌元素时,他们对产品的看法和感受是什么。例如,消费者仅从松下笔记本电脑"Toughbook"这一品牌名称,就能预料笔记本耐用可靠。

表 8.2 列出了选择品牌元素的六个标准。前三个用于品牌创建——难忘、有意义、受

欢迎；后三个则有助于提升和保护品牌资产免受侵犯——可转让、可调整以及可保护。

表8.2 选择品牌元素的标准

用于品牌创建	用于品牌保护
难忘：在购买和消费时，品牌元素是否容易被记起和识别？比如汰渍	可转移：品牌元素能在相同或不同产品类别中引入新产品？它能跨越地理边界和细分市场增加品牌资产吗？比如亚马逊网站
有意义：品牌元素可信且能预示产品类别吗？它是否能令人想起某产品成分或品牌使用者？比如DieHard	可调整：品牌元素可以调整更新吗？比如壳牌石油的标志
受欢迎：品牌元素吸引人或有趣吗？比如照片分享网站拼趣（Pinterest）	可保护：品牌元素在法律和竞争方面受保护吗？公司能够保有商标权吗？比如雅虎

在品牌构建过程中，品牌元素可以发挥多种作用。[22]如果消费者在做产品购买决策时不考察太多信息，品牌元素应该很容易能回忆起来，而且品牌元素与生俱来应有很强的描述性和说服力。品牌元素的受欢迎性能够提升品牌认知和品牌联想。[23]通常，品牌利益越不具体，品牌元素所表现的无形特征越重要。这也是为什么很多保险公司为其品牌选择象征力量的符号的原因（如英国保诚集团（Prudential）的直布罗陀岩石）。正如品牌名称一样，品牌口号标语也是构建品牌资产十分有效的方法。[24]这些口号标语能帮消费者快速了解品牌内涵及该品牌的特殊之处，例如口号"犹如一个好邻居，State Farm 无处不在"。

8.3.2 设计整合营销活动

顾客通过一系列接触点来了解品牌：个人观察和使用、口碑、与公司员工互动、在线或电话体验，以及支付交易。**品牌接触**（brand contact）是顾客或潜在顾客在品牌、产品类别或市场等方面的全部与信息产生相关的体验[25]，可能是正面体验，也可能是负面体验。公司必须投入几乎和广告制作一样多的努力，来管理这些品牌接触体验，因为任何品牌接触都能影响消费者的品牌知识及其对品牌的思考、感受或行为。

整合营销（integrated marketing）是指对营销活动进行组合搭配，以使独立和集体营销效果均能达到最大化。[26]营销人员需要多种能够持续强化品牌承诺的营销活动，相互结合发挥作用。整合营销活动能够影响品牌认知及品牌联想和品牌形象的创建、维护和加强，我们可以根据营销效果和效率对整合营销活动进行评估。

8.3.3 次级联想杠杆

建立品牌资产的第三个也是最后一个方法就是"借力"，把品牌和消费者记忆中有意义的信息即次级品牌联想联系起来（见图8.4）。这些次级品牌联想能够和公司本身、国家或其他地理区域、分销渠道这些资源连接，也能够和其他品牌、文字（通过许可）、代言人（通过授权）、运动或者文化事件（通过赞助）、其他第三方资源（通过奖励或审查）相连接。发挥次级联想的杠杆作用是有效可行的品牌强化方式。但是把品牌与某人或某事相关联也存在风险，因为这些实体所发生的任何不好的事情（如涉及代言人的丑闻）也都会被关联到品牌上。

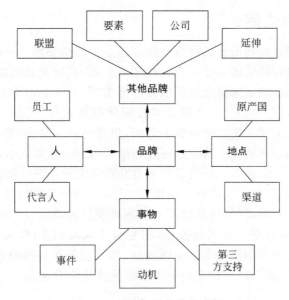

图 8.4 品牌知识的次级来源

8.3.4 内部品牌化

营销人员必须通过内部视角确保员工与营销伙伴赞成并理解基本的品牌化概念,以及知道自己如何做能够帮助或损害品牌资产。[27] 内部品牌化(internal branding)由有助于告知并激励员工的活动与流程组成。[28] 全局营销人员甚至能更进一步,培训和鼓励分销商和经销商更好地服务客户。

8.4 测量和管理品牌资产

怎么测量品牌资产?间接的方法是通过识别和追踪消费者的品牌知识结构,评估品牌资产的潜在来源。[29] 直接的方法是评估品牌知识对不同营销活动引起消费者反应的实际影响。为了使品牌资产能够引导营销战略和决策制定,营销人员需要充分了解:(1)品牌资产的来源及如何影响利益产出;(2)这些来源和产出随着时间的推移如何变化。品牌审计对于前者非常重要,品牌追踪对于后者非常重要。

8.4.1 品牌审计和品牌追踪

品牌审计(brand audit)是评估品牌健康程度的一系列聚焦流程,揭示品牌资产的来源,提出改善品牌资产并发挥其杠杆作用的建议。定期进行品牌审计能够让营销人员更加主动和积极地管理品牌。一项好的品牌审计能够提供对消费者、品牌以及二者关系的敏锐洞察。品牌追踪研究(brand tracking studies)使用品牌审计作为输入源,用来收集消费者长期量化数据,为品牌和营销活动的规划执行提供一致性基准信息。追踪研究能够帮助我们了解品牌价值的来源、价值量和价值创造方式,以促进日常决策制定。

8.4.2 品牌估值

营销人员应当将品牌估值和品牌资产加以区分。**品牌估值**（brand valuation）是对品牌的总体财务价值进行评估的工作。在一些知名公司，品牌价值通常占到公司总体市场价值的一半以上。顶级的品牌管理公司国际品牌集团（Interbrand）开发了一个五步模型来评估品牌的货币价值，帮助公司实现品牌投资回报最大化。[30]第一步是市场细分，以确定品牌不同客户群的差异。第二步是财务分析，以评估购买价格、购买量和频率，帮助准确计算未来的品牌销售和收入。这一步还须扣除所有相关运营成本，计算出息税前收益，还要扣除应纳税款和资本成本。最终获得来自品牌业务的经济性收益。

第三步是市场调研，以评估品牌化的作用，计算品牌产生的经济性收益占比，即品牌收益。第四步是评估品牌优势，以及确定未来实现预计品牌收益的可能性。国际品牌集团（Interbrand）为品牌确定一个风险溢价，把它与无风险利率（体现为政府债券收益率）相加。将品牌折现率用于预测的未来品牌收益，得到品牌收益的净现值。最后一步是计算品牌价值，即通过品牌折现率折现后的预期品牌收益的净现值。[31]

8.4.3 管理品牌资产

由于消费者对于营销活动的反应取决于他们对于该品牌的记忆和了解，因此企业的短期营销活动能够改变品牌知识，必然会影响未来营销活动的长期成败。

品牌强化　营销人员通过持续不断地传递如下品牌意义可以强化品牌资产：（1）品牌代表的是什么产品，它提供的核心利益是什么，以及满足了哪些需求；（2）品牌如何使产品变得出众，消费者心中应该留下哪些强烈、有利和独特的品牌联想。强化品牌资产要求品牌总是向着正确的方向发展，提供新的引人注目的产品或服务及营销方法。虽然没有必要偏离成功的定位，但是为了保持品牌的战略延伸和方向，有必要进行一些战术上的变化。当需要变化时，营销人员应当大力保护和捍卫品牌资产的来源。

品牌激活　营销环境的任何新发展都会影响一个品牌的命运。尽管如此，近年来许多品牌还是成功地东山再起，令人印象深刻。[32]汽车行业在经历了一段艰难时期之后，卡迪拉克、菲亚特与大众汽车都不同程度地实现了品牌逆转。激活品牌的第一步是要了解品牌资产的来源。正面联想正在丧失其优势和独特性吗？负面联想是否和品牌相关联？接下来公司需要决定保持原有定位还是创建新的定位。如果创建新定位，是什么？[33]有时候问题的根源在于实际营销规划未能传递品牌承诺。此时，"正本清源"的战略可能具有意义。

在其他情况下，旧的市场定位不再适用，"重新再定位"就非常必要。在一系列品牌激活战略中，纯粹的"正本清源"是一个极端，纯粹的"激活"是另一个极端，大部分介于二者之间。挑战来自必须做出充分改变，以吸引新客户，但同时又不造成老客户的疏远。几乎任何类型的品牌激活都始于产品。[34]

8.5　设计品牌战略

一个公司的**品牌战略**（branding strategy），通常被称为品牌架构（brand architecture），反映了其一般品牌元素和独特品牌元素的数量与性质。确定如何进行新产品的品牌化至关重要。公司可以有三种主要选择：(1)为新产品开发新的品牌元素；(2)使用现有品牌元素；或者(3)使用新元素和现有元素的组合(见表 8.3)。

表 8.3 新产品的品牌化

概　　念	定　　义
品牌延伸	将已有品牌名称用于新产品
子品牌	将新品牌与已有品牌结合
母品牌	用于品牌延伸或子品牌的已有品牌
主品牌或家族品牌	已经通过品牌延伸用于多个产品的母品牌
产品线延伸	将母品牌用于当前产品类别中的新产品(如新的味道或颜色)
类别延伸	将母品牌用于不同于当前产品类别的新产品
品牌线	在某品牌下出售的全部产品，包括产品线延伸和类别延伸
品牌组合	销售者出售的所有品牌线
品牌变型	专门向特定零售商或分销渠道提供的特定品牌线
特许产品	企业根据特许协议，使用另一个公司的品牌用于自身产品命名

8.5.1 品牌化决策

如今几乎任何物品都走向了品牌化。假设一个公司决定对其产品和服务进行品牌化，就必须选择使用什么品牌名称。三种常用战略如下。

- **单一品牌名称**(individual or separate family brand names)。公司通常对同类产品中不同质量的产品线使用不同的品牌名称。这一策略主要的优势在于，一旦一个产品失败或者看起来品质差，公司声誉并不会完全受到影响。[35]
- **公司品牌名称**(corporate umbrella or company brand name)。许多公司(如通用电气)，使用企业品牌作为家族品牌，对所有产品使用统一品牌。[36] 这种战略的品牌开发成本更低，如果企业品牌声誉高，则新产品销售会非常强劲。与创新、专业、可信相关的企业形象联想，已被证明能够直接影响消费者的评价。[37]
- **子品牌名称**(sub-brand name)。子品牌结合了两个或以上企业品牌、家族品牌或单个产品的品牌名称。家乐氏公司(Kollogg)就采取了这一战略，把企业品牌和单个产品名称结合起来形成子品牌家乐氏米脆(Rice Krispies)。公司品牌使新产品品牌合法化，同时单个产品名称又使其个性化。

为不同产品使用单一或独立家族品牌被称为"多品牌"战略，为所有产品使用同一企业品牌被称为"单一品牌"战略。这两个战略代表了品牌关系频谱的两端，子品牌战略位于两者之间。[38] 对于单一品牌战略而言，拥有一个优质的旗舰产品(flagship product)通常很有帮助，对消费者来说这个旗舰产品很好地展示和代表了整体品牌。它往往是使品牌获得名气的第一款产品；销售广泛的畅销商品，或者被高度赞赏或赢得殊荣的产品。[39]

8.5.2 品牌组合

品牌组合(brand portfolios)是公司针对某一特定类别或者细分市场出售的所有品牌与品牌产品线的集合。其基本规则是最大化市场覆盖率，以确保不会忽略任何潜在客户，但同时要最小化品牌重叠,以避免为获取顾客认可而造成品牌间相互竞争。每个品牌应该能够清晰地实现差异化,并且吸引足够规模的细分市场,以证明营销和生产成本的合理投入。营销人员应当随时仔细监控品牌组合,以识别弱势品牌,并且去除非盈利品牌。[40]

各品牌作为品牌组合的一部分,可以起到很多作用。

- 侧翼(flankers)。侧翼品牌或者"战斗"品牌是专门针对竞争对手的定位,其目的是让确保重要(或更具盈利性)的重要品牌能够保持其理想定位。战斗品牌既不能太具吸引力,以致抢占相对高价产品的销售,也不能设计得太过廉价,以致无法反映与竞争品牌相似的定位。
- 现金牛(cash cows)。公司会保留一些销量下降的品牌,因为即便在几乎没有营销支持的情况下它们仍能盈利。公司可以充分利用其积累的品牌资产,有效地榨取这些"现金牛"的品牌价值。
- 低端入门级(low-end entry level)。相对低价的品牌在品牌组合中的作用通常是将顾客吸引到品牌专营权。零售商称这些低价品牌为"客流量制造者",因为它们能够吸引客户来购买更高价位的产品。
- 高端产品(high-end prestige)。相对高价位品牌的作用是增加整个品牌组合的威望和可信度。

8.5.3 品牌延伸

许多公司在其最强势的品牌下引入新产品,以发挥最有价值的品牌资产的杠杆作用。大多数新产品事实上都是品牌延伸,通常每年占到80%~90%。此外,那些最成功的"新"产品中,按品牌来源评估,大部分都来自品牌延伸。

品牌延伸的优势 品牌延伸的两大主要优势在于:能够提升新产品的接受度、为母品牌和公司提供积极反馈。客户基于其对母品牌的认知以及对二者相关性的推断,形成对于新产品的期望。形成正面预期能够降低品牌延伸的风险,也更容易说服零售商由于预期需求的增加而购入和推广新产品。延伸产品的入市宣传活动无须同时为品牌和新产品创建认知,可以聚焦于新产品本身。[41]

重要的是品牌延伸可以减少品牌推广成本,在美国市场建立一个新的包装消费品品牌可能需要超过1亿美元的花费!品牌延伸还能回避选择新品牌名称这一难题,节省成本,并且提高包装和标签效率。在同一产品类别中提供多样化的品牌组合,求变的消费者无须离开家族品牌就能够转而选择不同的产品类型。

第二个优势是品牌延伸能够提供反馈效应。[42]品牌延伸有助于阐明品牌意义及核心价值,或提高消费者对实施品牌延伸的公司的忠诚度。[43]品牌延伸能够延续人们对品牌的兴趣和喜爱,并通过扩展市场覆盖率使得母品牌受益。事实上,成功的品牌延伸可能不仅能够强化母品牌、开辟新市场,甚至还能够促进新的产品类别延伸。[44]

品牌延伸的劣势 产品线延伸可能会使单个产品的品牌名称识别度降低。当客户不再将一个品牌和某特定产品或高度相似的产品联系起来,并且越来越少地想到该品牌的时候,就会造成**品牌稀释**(brand dilution)。如果公司发起的品牌延伸消费者认为不合适,他们就会质疑品牌的完整性,或者变得困惑、沮丧:哪一个版本的产品是适合他们的?

他们对品牌有如自己认为的那般了解吗?由于缺少货架或展示空间,零售商拒绝很多新产品和品牌的销售,公司本身也变得手足无措。品牌延伸的另一个缺点是,公司放弃了用其独特形象和资产创造新品牌的机会。

在品牌延伸过程中,最糟糕的情况是不仅延伸失败,而且对母品牌造成了损害。幸运的是这种情况很少发生。一个品牌吸引的顾客过少是"营销失败",品牌从根本上无法兑现其承诺为"产品失败",前者通常比后者的损害性小得多。只有当延伸看起来和母品牌非常相似时,产品失败才会稀释品牌资产。即使品牌延伸实现的销量达到了很高的目标,收益也可能来自母品牌的现有消费者,他们从母品牌已有产品转移到新产品购买,这实际上是与母品牌自相残杀。然而如果它们之间是一种先发制人的蚕食,那么这种内部品牌间的转换也并非不可取。

成功的特征 营销人员对每个品牌延伸进行判断时,需要分析将母品牌的品牌资产延伸至新产品的杠杆作用是否有效,以及品牌延伸产品反过来如何对母品牌资产和盈利能力产生贡献。在评估品牌延伸机会时常犯的主要错误是,没有全面考虑顾客的品牌知识结构,而是只集中于一个或几个品牌联想,作为匹配的潜在基础。[45]

8.6 顾客资产

我们可以把品牌资产和另一个重要的营销概念联系起来:顾客资产(customer equity)。客户关系管理(CRM)的目的是产生高顾客资产。[46]顾客资产是"所有顾客终身价值的总和",尽管可以用不同的方式计算。[47]顾客终身价值受收入以及顾客获取、维系和交叉销售的成本影响。[48]

品牌资产和顾客资产有很多共通之处。[49]二者都强调客户忠诚的重要性,认可这一理念:通过拥有尽可能多的客户、支付尽可能高的价格来创造价值。顾客资产视角聚焦基线财务价值,其明确的价值是能对财务绩效进行量化测量。但它对进入市场策略仅提供了有限指导,忽略了创建强势品牌所产生的重要优势。并且它并没有全面考虑竞争动向、社交网络效应、口碑、客户间相互推荐。

另外,品牌资产强调品牌管理、品牌认知和形象创建及借势中的战略问题,为营销活动提供实践指导。然而,即使以品牌为中心,管理人员也并非总是针对所实现的品牌资产或创造的长期盈利能力来进行详细的客户分析。[50]品牌资产方法得益于来自客户层面分析的更为清晰的细分方案,以及关于如何制定个性化营销方案的更多思考。无论如何,品牌资产和顾客资产都很重要。品牌被零售商和其他渠道中间商作为"诱饵",用以吸引能够攫取利润的顾客。顾客是实现品牌价值货币化的有形利润引擎。

8.7 驱动增长

营销的一个重要功能是驱动销售和收益增长,尤其对于拥有很多竞争优势和潜力的新产品,效果明显。有效的营销能够鼓励试用、促进口碑与传播。在更为成熟的市场中,营销更具挑战性。

8.7.1 增长战略

菲儿和密尔顿·科特勒强调以下八个增长战略[51]，公司可以通过如下方式来实现增长：(1)建立市场份额；(2)发展忠实顾客及利益相关者；(3)创建强势品牌；(4)创新新产品、服务和体验；(5)国际化扩张；(6)收购、兼并与结盟；(7)在社会责任方面创建良好声誉；(8)与政府和非政府组织合作。

8.7.2 增长核心能力

最好的机会来自核心能力的增长——专注于最成功的已有产品和市场。增长核心能力是比扩展到新产品类别风险更低的选择，可以增强品牌作为权威和信誉的来源，产生规模经济。增长核心能力可以提高收入、降低成本，带来更大的利润。

英国营销大师戴维·泰勒提出增长核心能力的三个主要战略，引用如下[52]。

1. 使品牌的核心能力尽可能独特。银河巧克力将自己定位为"你的伙伴在巧克力里放纵"，配以更加精炼的口味和更加时尚的包装，成功地竞争过吉百利公司。

2. 同时通过已有和新渠道分销。英国第一咖啡连锁店 Costa 咖啡，找到了新的分销途径，如免下车通道、自动售货机和校园咖啡馆。

3. 提供核心产品的新形式或新版本。WD-40 为其热销产品万能防锈润滑剂，新推出一款智能吸管版，安装了一个能够在使用时自动弹出的内置吸管。

聚焦核心企业业务并不意味着放弃新的市场机会，尤其当核心业务不可扩展时。然而，营销人员必须避免过高估计新创企业的有利之处，将公司拉入未知领域。"营销洞察：了解双重危险"描述了市场领导者如何受益于来自市场规模的品牌忠诚。

> **营销洞察**
>
> ### 了解双重危险
>
> 双重危险这一概念由英国学者 Andrew Ehrenberg 在营销领域推广普及，可归结为：市场份额很小的品牌会受到双重惩罚这一事实——购买者数量和购买频率都远少于市场份额高的品牌。其结果是，大部分品牌的市场份额都被解释为其市场渗透率及客户群规模，而非顾客的重复购买。这就意味着，品牌是可以替代的，并且有共同的目标细分市场。事实上，观测到的最常见情况是小企业品牌与其差异化较弱的品牌定位人群相同。例外的是繁荣发展的高度差异化的利基品牌，它们享有小份额、高忠诚度，并通过季节性品牌提供独特价值及短期集中购买。
>
> 双重危险概念的支持者得出的一个启示是，追求增长的营销人员应当聚焦于增加客户基数的规模，而不是深化已有客户的忠诚度。双重危险概念的批判者质疑其发生的必然性，并且看到对营销人员的其他可能影响。例如，为了避免双重危险的预期结果，营销人员会将新品牌或已有品牌的新定位或信息视为足够差异化。

本章总结

品牌是一种名称、术语、标记、符号或设计,或者是它们的组合,其目的是用以识别某个销售商或某群销售商的产品或服务,并使之与竞争对手的产品和服务区别开来。品牌是有价值的无形资产,为客户和公司带来了许多益处。品牌资产应当根据归因于品牌的独特营销效果来定义。品牌资产的建立主要取决于三个因素:(1)构成品牌要素或实体的初始选择;(2)品牌与支持性营销方案的整合方式;(3)通过与其他实体的连接间接转移到该品牌的品牌联想。品牌审计测量的是"品牌的过去",而品牌追踪研究测量的是"品牌的现在"。

品牌战略明确了公司选择哪些适用于各种产品的品牌要素。在品牌延伸中,企业采用已建立的品牌名称引入新产品。对潜在品牌延伸进行判断时,需要分析将母品牌的品牌资产延伸至新产品的杠杆作用是否有效,以及品牌延伸产品反过来如何对母品牌资产和盈利能力产生贡献。每个拥有名牌的产品都必须通过明确的定位,来最大化市场覆盖率,最小化品牌重叠,从而优化品牌组合。顾客资产是品牌资产的补充概念,反映了一个品牌所有顾客的终身价值总和。增长核心能力——聚焦现有产品和市场机会——通常是增加销售和利润的谨慎方式,风险小于向新产品类别扩展。

注释

1. Jennifer Haderspeck, "Sports and Protein Drinks Share the Glory," *Beverage Industry*, May 2013; Natalie Zmuda, "Why Gatorade Held Big Play for Second Quarter and Print Is Key to New Push," *Advertising Age*, March 25, 2013; Jason Feifer, "How Gatorade Redefined Its Audience and a Flagging Brand," *Fast Company*, June 2012; Duane Stanford, "Gatorade Goes Back to the Lab," *Bloomberg Businessweek*, November 28, 2010; Kate MacArthur, "Gatorade Execs Focus on Sales Gains as Powerade Gulps More of Sports Drink Market," *Chicago Business*, May 30, 2011; Natalie Zmuda, "Morgan Flatley Named CMO of Gatorade, Propel," *Advertising Age*, June 5, 2014.
2. Kevin Lane Keller, *Strategic Brand Management*, 4th ed. (Upper Saddle River, NJ: Pearson, 2013). For other foundational work on branding, see Jean-Noel Kapferer, *The New Strategic Brand Management*, 5th ed. (London, UK: Kogan Page, 2012); Leslie de Chernatony, *From Brand Vision to Brand Evaluation: The Strategic Process of Growing and Strengthening Brands*, 3rd ed. (Oxford, UK: Butterworth-Heinemann, 2010); David A. Aaker and Erich Joachimsthaler, *Brand Leadership* (New York: Free Press, 2000).
3. JoAndrea Hoegg and Joseph W. Alba, "Taste Perception: More than Meets the Tongue," *Journal of Consumer Research* 33 (March 2007), pp. 490–98.
4. Rajneesh Suri and Kent B. Monroe, "The Effects of Time Pressure on Consumers' Judgments of Prices and Products," *Journal of Consumer Research* 30 (June 2003), pp. 92–104.
5. Rosellina Ferraro, Amna Kirmani, and Ted Matherly, "Look at Me! Look at Me! Conspicuous Brand Usage, Self-Brand Connection, and Dilution," *Journal of Marketing Research* 50 (August 2013), pp. 477–88; Alexander Chernev, Ryan Hamilton, and David Gal, "Competing for Consumer Identity: Limits to Self-Expression and the Perils of Lifestyle Branding," *Journal of Marketing* 75 (May 2011).
6. Pankaj Aggrawal and Ann L. McGill, "When Brands Seem Human, Do Humans Act Like Brands? Automatic Behavioral Priming Effects of Brand Anthropomorphism," *Journal of Consumer Research* 39 (August 2012), pp. 307–23. For some related research, see Nicolas Kervyn, Susan T. Fiske, and Chris Malone, "Brands as Intentional Agents Framework: How Perceived Intentions and Ability Can Map Brand Perception," *Journal of Consumer Psychology* 22 (2012), pp. 166–76, as well as commentaries on that article published in that issue.
7. Tilde Heding, Charlotte F. Knudtzen, and Mogens Bjerre, *Brand Management: Research, Theory & Practice* (New York: Routledge, 2009); Rita Clifton and John

Simmons, eds., *The Economist on Branding* (New York: Bloomberg Press, 2004); Rik Riezebos, *Brand Management* (Essex, UK: Pearson Education, 2003); and Paul Temporal, *Advanced Brand Management: From Vision to Valuation* (Singapore: John Wiley & Sons, 2002).

8. Constance E. Bagley, *Managers and the Legal Environment: Strategies for the 21st Century*, 3rd ed. (Cincinnati, OH: South-Western College/West Publishing, 2005); for a marketing academic point of view of some important legal issues, see Judith Zaichkowsky, *The Psychology behind Trademark Infringement and Counterfeiting* (Mahwah, NJ: LEA Publishing, 2006) and Maureen Morrin, Jonathan Lee, and Greg M. Allenby, "Determinants of Trademark Dilution," *Journal of Consumer Research* 33 (September 2006), pp. 248–57.

9. Xueming Luo, Sascha Raithel, and Michael A. Wiles, "The Impact of Brand Rating Dispersion on Firm Value," *Journal of Marketing Research* 50 (June 2013), pp. 399–415.

10. Scott Davis, *Brand Asset Management: Driving Profitable Growth through Your Brands* (San Francisco: Jossey-Bass, 2000); Mary W. Sullivan, "How Brand Names Affect the Demand for Twin Automobiles," *Journal of Marketing Research* 35 (May 1998), pp. 154–65.

11. The power of branding is not without its critics, however, some of whom reject the commercialism associated with branding activities. See Naomi Klein, *No Logo: Taking Aim at the Brand Bullies* (New York: Picador, 2000).

12. For an academic discussion of how consumers become so strongly attached to people as brands, see Matthew Thomson, "Human Brands: Investigating Antecedents to Consumers' Stronger Attachments to Celebrities," *Journal of Marketing* 70 (July 2006), pp. 104–19.

13. Other approaches are based on economic principles of signaling (e.g., Tulin Erdem, "Brand Equity as a Signaling Phenomenon," *Journal of Consumer Psychology* 7 [1998], pp. 131–57) or more of a sociological, anthropological, or biological perspective (e.g., Grant McCracken, *Culture and Consumption II: Markets, Meaning, and Brand Management* (Bloomington: Indiana University Press, 2005)). For a broad view of consumer psychology perspectives on branding, see Bernd Schmitt, "The Consumer Psychology of Brands," *Journal of Consumer Psychology* 22 (2012), pp. 7–17.

14. For an overview of academic research on branding, see Kevin Lane Keller, "Branding and Brand Equity," Bart Weitz and Robin Wensley, eds., *Handbook of Marketing* (London: Sage Publications, 2002), pp. 151–78; Kevin Lane Keller and Don Lehmann, "Brands and Branding: Research Findings and Future Priorities," *Marketing Science* 25 (November–December 2006), pp. 740–59.

15. Keller, *Strategic Brand Management*.

16. Kusum Ailawadi, Donald R. Lehmann, and Scott Neslin, "Revenue Premium as an Outcome Measure of Brand Equity," *Journal of Marketing* 67 (October 2003), pp. 1–17.

17. Kevin Lane Keller, "Building Customer-Based Brand Equity: A Blueprint for Creating Strong Brands," *Marketing Management* 10 (July–August 2001), pp. 15–19.

18. M. Berk Ataman, Carl F. Mela, and Harald J. van Heerde, "Building Brands," *Marketing Science* 27 (November–December 2008), pp. 1036–54.

19. Todd Wasserman, "Why Microsoft Chose the Name 'Bing,'" *Brandweek*, June 1, 2009, p. 33.

20. Jefferson Graham, "General Mills Spoons Up Digital Fun on Cereal Boxes," *USA Today*, January 31, 2013.

21. "No Matter How You 'Like' It, 42BELOW Vodka Encourages Everyone to Celebrate National Coming Out Day," *PR Newswire*, October 7, 2011.

22. Alina Wheeler, *Designing Brand Identity* (Hoboken, NJ: John Wiley & Sons, 2003).

23. Eric A. Yorkston and Geeta Menon, "A Sound Idea: Phonetic Effects of Brand Names on Consumer Judgments," *Journal of Consumer Research* 31 (June 2004), pp. 43–51; Tina M. Lowery and L. J. Shrum, "Phonetic Symbolism and Brand Name Preference," *Journal of Consumer Research* 34 (October 2007), pp. 406–14.

24. For interesting theoretical perspectives, see Claudiu V. Dimofte and Richard F. Yalch, "Consumer Response to Polysemous Brand Slogans," *Journal of Consumer Research* 33 (March 2007), pp. 515–22.

25. Don Schultz and Heidi Schultz, *IMC: The Next Generation* (New York: McGraw-Hill, 2003).

26. Dawn Iacobucci and Bobby Calder, eds., *Kellogg on Integrated Marketing* (New York: John Wiley & Sons, 2003).

27. Scott Davis and Michael Dunn, *Building the Brand-Driven Business* (New York: John Wiley & Sons, 2002).

28. For an interesting application of branding to internal projects, see Karen A. Brown, Richard E. Ettenson, and Nancy Lea Hyer, "Why Every Project Needs a Brand (and How to Create One)," *MIT Sloan Management Review*, Summer 2011, pp. 61–68.

29. Deborah Roedder John, Barbara Loken, Kyeong-Heui Kim, and Alokparna Basu Monga, "Brand Concept Maps: A Methodology for Identifying Brand

Association Networks," *Journal of Marketing Research* 43 (November 2006), pp. 549–63.

30. "The Best Global Brands," *Bloomberg BusinessWeek*, October 2, 2012. For an academic discussion, see V. Srinivasan, Chan Su Park, and Dae Ryun Chang, "An Approach to the Measurement, Analysis, and Prediction of Brand Equity and Its Sources," *Management Science* 51 (September 2005), pp. 1433–48. For a comparison of the Interbrand valuation to a consumer-based brand equity measure, see Johny K. Johansson, Claudiu V. Dimofte, and Sanal K. Mazvancheryl, "The Performance of Global Brands in the 2008 Financial Crisis: A Test of Two Brand Value Measures," *International Journal of Research in Marketing* 29 (September 2012), pp. 235–45.

31. Interbrand, the Interbrand Brand Glossary, and Interbrand's Nik Stucky and Rita Clifton, January 2009. For an alternative brand valuation method, see Millward Brown's BrandZ brand valuation methodology: www.millwardbrown.com/BrandZ/Top_100_Global_Brands/Methodology.aspx.

32. Larry Light and Joan Kiddon, *Six Rules for Brand Revitalization: Learn How Companies Like McDonald's Can Re-Energize Their Brands* (Wharton School Publishing, 2009).

33. Jonathan R. Copulsky, *Brand Resilience: Managing Risk and Recovery in a High Speed World* (New York: Palgrave Macmillan, 2011).

34. Rebecca J. Slotegraaf and Koen Pauwels, "The Impact of Brand Equity and Innovation on the Long-Term Effectiveness of Promotions," *Journal of Marketing Research* 45 (June 2008), pp. 293–306.

35. Jing Lei, Niraj Dawar, and Jos Lemmink, "Negative Spillover in Brand Portfolios: Exploring the Antecedents of Asymmetric Effects," *Journal of Marketing* 72 (May 2008), pp. 111–23.

36. For comprehensive corporate branding guidelines, see James R. Gregory, *The Best of Branding: Best Practices in Corporate Branding* (New York: McGraw-Hill, 2004). For some B-to-B applications, see Atlee Valentine Pope and Ralph Oliva, "Building Blocks: Ten Key Roles of B-to-B Corporate Marketing," *Marketing Management*, Winter 2012, pp. 23–28.

37. Guido Berens, Cees B. M. van Riel, and Gerrit H. van Bruggen, "Corporate Associations and Consumer Product Responses: The Moderating Role of Corporate Brand Dominance," *Journal of Marketing* 69 (July 2005), pp. 35–48; Zeynep Gürhan-Canli and Rajeev Batra, "When Corporate Image Affects Product Evaluations: The Moderating Role of Perceived Risk," *Journal of Marketing Research* 41 (May 2004), pp. 197–205; Gabriel J. Biehal and Daniel A. Sheinin, "The Influence of Corporate Messages on the Product Portfolio," *Journal of Marketing* 71 (April 2007), pp. 12–25.

38. Deborah Roedder John, Barbara Loken, and Christopher Joiner, "The Negative Impact of Extensions: Can Flagship Products Be Diluted?", *Journal of Marketing* 62 (January 1998), pp. 19–32.

39. Nirmalya Kumar, "Kill a Brand, Keep a Customer," *Harvard Business Review*, December 2003, pp. 87–95.

40. Valarie A. Taylor and William O. Bearden, "Ad Spending on Brand Extensions: Does Similarity Matter?," *Journal of Brand Management* 11 (September 2003), pp. 63–74; Sheri Bridges, Kevin Lane Keller, and Sanjay Sood, "Communication Strategies for Brand Extensions: Enhancing Perceived Fit by Establishing Explanatory Links," *Journal of Advertising* 29 (Winter 2000), pp. 1–11.

41. Subramanian Balachander and Sanjoy Ghose, "Reciprocal Spillover Effects: A Strategic Benefit of Brand Extensions," *Journal of Marketing* 67 (January 2003), pp. 4–13.

42. Bharat N. Anand and Ron Shachar, "Brands as Beacons: A New Source of Loyalty to Multiproduct Firms," *Journal of Marketing Research* 41 (May 2004), pp. 135–50.

43. For consumer processing implications, see Huifung Mao and H. Shanker Krishnan, "Effects of Prototype and Exemplar Fit on Brand Extension Evaluations," *Journal of Consumer Research* 33 (June 2006), pp. 41–49; Byung Chul Shine, Jongwon Park, and Robert S. Wyer Jr., "Brand Synergy Effects in Multiple Brand Extensions," *Journal of Marketing Research* 44 (November 2007), pp. 663–70.

44. Pierre Berthon, Morris B. Holbrook, James M. Hulbert, and Leyland F. Pitt, "Viewing Brands in Multiple Dimensions," *MIT Sloan Management Review* (Winter 2007), pp. 37–43.

45. Roland T. Rust, Valerie A. Zeithaml, and Katherine A. Lemon, "Measuring Customer Equity and Calculating Marketing ROI," Rajiv Grover and Marco Vriens, eds., *Handbook of Marketing Research* (Thousand Oaks, CA: Sage Publications, 2006), pp. 588–601.

46. Robert C. Blattberg and John Deighton, "Manage Marketing by the Customer Equity Test," *Harvard Business Review*, July–August 1996, pp. 136–44.

47. Robert C. Blattberg, Gary Getz, and Jacquelyn S. Thomas, *Customer Equity: Building and Managing Relationships as Valuable Assets* (Boston: Harvard Business School Press, 2001).

48. Much of this section is based on Robert Leone, Vithala Rao, Kevin Lane Keller, Man Luo, Leigh McAlister, and Rajendra Srivatstava, "Linking Brand Equity to Customer Equity," *Journal of Service Research* 9 (November 2006), pp. 125–38.
49. Niraj Dawar, "What Are Brands Good For?," *MIT Sloan Management Review* (Fall 2004), pp. 31–37. See also Florian Stahl, Mark Heitmann, Donald R. Lehmann, and Scott A. Neslin, "The Impact of Brand Equity on Customer Acquisition, Retention, and Profit Margin," *Journal of Marketing* 76 (July 2012), pp. 44–63.
50. Philip Kotler and Milton Kotler, *Market Your Way to Growth: 8 Ways to Win* (Hoboken, NJ: John Wiley & Sons, 2013).
51. David Taylor, *Grow the Core: How to Focus on Your Core Business for Brand Success* (West Sussex, UK: John Wiley & Sons, 2012).

第四篇

创造价值

第 9 章　制定产品策略，推出新产品
第 10 章　服务设计与管理
第 11 章　制定定价策略与方案

营销管理（精要版·第6版）
A Framework for Marketing Management

第 9 章

制定产品策略，推出新产品

本章将解决下列问题：

1. 产品具有什么样的特征，如何对产品进行分类？
2. 企业如何实现产品差异化？
3. 企业如何构建并管理产品组合和产品线？
4. 企业如何运用包装、标签、担保与质量保证来进行营销？
5. 什么战略适用于介绍新产品并影响顾客采纳？
6. 产品生命周期的不同阶段应该采取哪些不同的战略？

雷克萨斯的营销管理

自1989年第一辆雷克萨斯汽车进入美国以来，正如其长久以来的宣传语"矢志不渝，追求完美"所言，雷克萨斯一直强调一流的产品质量和客户服务。在"雷克萨斯誓约"中，雷克萨斯宣告拥有业界最好的经销商网络，并用心对待每一位顾客，让其有宾至如归的感觉。为此，雷克萨斯从头开始建立经销合作框架，使精选出的经销商致力于为顾客提供非凡的体验。这个体系也被竞争者认可，成为行业典范。雷克萨斯车主目前平均年龄五十多岁，公司开始将目光投向更年轻的买主，强调造型更为激进、更具操纵动力以及司机能够参与更多配置选择。社交媒体等多种方式的推广宣传活动围绕食品、时尚、娱乐和旅游，创造了很多新奇的顾客体验。[1]

卓越品牌的根本在于卓越的产品。顾客通过三个基本要素对产品进行评价，即产品特征与质量、服务组合与质量、价格。在本章中，我们将会探讨产品战略、新产品开发和产品生命周期等内容。在第10章我们将探讨服务相关内容，第11章讨论价格。

9.1 产品特征与分类

产品(product)是指提供给市场用以满足需要和欲望的任何东西,包括有形产品、服务、体验、事件、人员、地点、资产、组织、信息和创意。

9.1.1 产品层次:顾客价值层级

在规划向市场提供的产品时,营销者需要考虑五个产品层次(见图 9.1)[2],每一层都为产品增加了更多的顾客价值,它们共同构成**顾客价值层级**(customer-value hierarchy)。基础层级是**核心利益**(core benefit),即顾客实际购买的基本服务或利益。例如,住酒店的顾客购买的是休息和睡眠。可见,营销人员需要认识到自己是利益提供者。在顾客价值层级的第二层次,营销者则需要将核心利益转化为**基本产品**(basic product)。因此,酒店的房间应包括床、浴室和毛巾。第三层级营销人员需要提供**期望产品**(expected product),即购买者在购买产品时,通常期望得到的与产品密切相关的一系列属性和条件。比如,酒店的顾客期望房间里有干净的床、新的毛巾等。

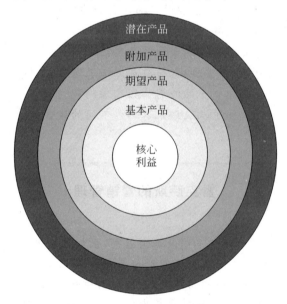

图 9.1　五大产品层次

第四层级,需要营销者为客户提供超出顾客期望的**附加产品**(augmented product)。在发达国家,品牌定位和竞争通常都发生在这一层级。第五层级是**潜在产品**(potential product),也就是未来该产品可能的全部改进和更新。企业在这个层级上寻找产品差异化及让客户更满意的新方式。

在附加产品层次,随着差异化的出现,竞争越来越激烈。产品的每个附加利益都会增加公司成本,然而,附加利益很快会变为此类产品用户的期望利益。当有些企业为其附加产品提价时,其他竞争者则反其道而行之,即以较低价格出售精简版产品。在这种情况下,营销人员需要确保消费者不会因为精简版稍低的质量或有限的功能而认为不公平。[3]

9.1.2 产品分类

营销人员根据耐用性、有形性以及用途(消费品和工业用品)来对产品进行分类。每一类产品对应不同的营销组合战略。[4]

- **耐用性与有形性**(durability and tangibility)。**非耐用品**(nondurable goods)是指通常使用一次或几次就消耗掉的有形产品(如洗发水)。因为这类产品消耗快,消费者购买频率高,所以适宜的市场营销战略是,在众多商业网点出售这类商品,同时毛利要定得低些,广告宣传重在鼓励消费者试用,并建立对产品的偏好。**耐用品**(durable goods)是指可以使用较长时间的有形物品,如冰箱。耐用品需要更多的人员推销和服务,销售利润较高,同时需要卖方提供更多的保障。**服务**(services)是一种无形产品(如理发),具有不可分割性、异质性和易逝性等特点。服务通常对质量控制、供应商信誉和适用性有更高的要求。

- **消费品分类**(consumer-goods classification)。对消费品按照消费者的购买习惯进行分类,可分为便利品、选购品、特殊品和非搜索商品。**便利品**(convenience goods)指消费者经常购买,需要时能即刻买到,并且容易做购买决定的商品,如软饮料。**选购品**(shopping goods)指消费者在选购过程中,对产品的适用性、质量、价格和式样等方面需要做有针对性比较的产品,如家具。**特殊品**(specialty goods)指具有独特特征或者品牌标识的产品,并且有相当多的购买者都愿意为这些特性而付出特别的购买努力,如汽车。**非搜索商品**(unsought goods)是指消费者未曾听说过或者通常情况下不想购买的产品,如烟雾报警器等。

- **工业品分类**(industrial-goods classification)。工业品又分材料和零部件、资本项目以及供给品和商业服务。**材料和零部件**(materials and parts)是指可完全转化为生产商产成品的产品。原材料(raw materials)既可以是农产品(如小麦),也可以是天然产品(如铁矿石);加工材料和零部件(manufactured materials and parts)则分为组合材料(如电线)和组合部件(如小马达)两类。**资本产品**(capital items)是指辅助产成品开发和管理的长效商品,包括设施(如厂房)和设备(如工具)。**供给品和商业服务**(supplies and business services)是指辅助产成品开发或管理的短期性商品或服务。

9.2 差异化

产品需要经过差异化才能形成品牌。一种极端情况是产品几乎无法进行差异化,如鸡肉和钢铁。然而,即使在这种情况下,也有可能做到些许的差异化,如裴顿(Perdue)鸡肉和印度塔塔钢铁(Tata Steel)就在其所属品类中因独特性而独树一帜。另一种极端情况则是产品可高度差异化,如汽车、商业大楼和家具。

9.2.1 产品差异化

可以从以下几个方面实现产品的差异化：形式、特征、性能质量、品质一致性、耐用性、可靠性、可维修性、风格和定制化。[5] 如下文所述，设计也是实现差异化的方式之一。

- **形式**(form)。形式指产品的大小、形状和物理结构。例如，阿司匹林的差异化可以通过剂量、形状、颜色、有无糖衣或者作用时间等方面来实现。
- **特征**(features)。大部分产品都在其基本功能之上增加不同的特征。企业可以通过消费者调研来识别用户需要的新特征，然后对每个潜在特征带来的顾客价值和所需成本进行计算，来识别和选择新的特征。营销人员应当考虑有多少人需要这种特征，需要多长时间引入市场，以及竞争者是否能够轻易复制这种特征。[6]
- **性能质量**(performance quality)。性能质量是产品的主要特征在使用过程中所表现出来的水准。企业需要根据目标市场和竞争状况（不是必须参照最强有力的竞争对手），设计出恰当的性能等级，并对性能质量进行持续管理。
- **品质一致性**(conformance quality)。消费者期望所购买的产品具有较高的品质一致性，即所有产品的品质都是相同的，而且符合企业的承诺。品质一致性低的产品，会让一些消费者失望。
- **耐用性**(durability)。耐用性用来衡量一种产品在自然或高负荷情况下的预计使用寿命，是耐用品的一个重要属性。用户需要为获得耐用性而多支付的价格，一定不能定得太高，而且当产品的技术更新很快时，也不适宜利用耐用性实现差异化。
- **可靠性**(reliability)。可靠性是指产品在一定时间内使用或运转而不出故障的可能性。购买者通常愿意为可靠性支付额外的费用。
- **可维修性**(repairability)。可维修性衡量产品发生故障或停止运转时维修的容易程度。用户只需要花费极少的时间和成本便能自行修好的产品，具有理想的可维修性。
- **风格**(style)。风格描述的是产品的外观以及给购买者的感觉。虽然强烈的风格并不总意味着产品具有更好的性能，但通过风格实现差异化所创造的独特性，难以被竞争对手模仿。在许多品牌的营销中，风格都扮演着关键角色，例如苹果公司的平板电脑。
- **定制化**(customization)。企业通过定制化产品和营销能够实现较高的差异化，通过发现客户到底需要什么并实现它，让企业做到有的放矢，与众不同。印着客户独特信息的M&M巧克力豆，以及用客户所选面料和配件生产的巴宝莉外套，都属于定制产品。[7]

9.2.2 服务差异化

当实体产品难以形成差异时，竞争成功的关键就在于增加有价值的服务，并且提升服务质量。实现服务差异化的主要方法包括：

- **订购便捷性**(ordering ease)。顾客向企业下订单的难易程度。

- 送货(delivery)。产品或服务送达顾客的情况,包括送货速度、准确程度和送货过程中的小心谨慎。
- 安装(installation)。如何使产品在预先指定的地点正常安装运转?对于重型设备这类复杂产品,安装是一个真正的卖点。
- 客户培训(customer training)。对顾客或顾客的员工进行培训,教他们如何正确而高效地使用新产品。
- 客户咨询(customer consulting)。企业能向顾客提供的数据、信息系统以及建议等服务。
- 维护和修理(maintenance and repair)。帮助客户确保所购产品持续正常地运转。维护和修理在企业间营销以及奢侈品营销中十分重要。

9.2.3 设计差异化

随着竞争越来越激烈,设计成为企业产品和服务实现差异化和定位的有效方式。**设计**(design)是指能够影响产品外观、消费者感觉和功能的全部特征。设计不仅能带来功能和美学上的效益,而且能满足消费者的理性和感性诉求。[8]整合营销人员逐渐意识到设计对情感诉求的影响力,以及对顾客来说产品外观和感觉变得与产品功能同等重要,因此以往忽视设计的产品类别中,设计发挥出越来越重要的影响。对企业来说,设计优良的产品易于生产和分销。对顾客来说,设计优良的产品不仅是一种视觉享受,也更容易开关、安装、使用、修理和处置。

9.3 产品和品牌关系

每个产品都可以与其他产品相互关联,确保企业出售和营销的是最优的产品组合。

9.3.1 产品层级

产品层级是指从基本需要开始,一直延伸到能够满足这些需要的具体产品。**产品体系**(product system)是一组相互兼容相互关联的多样化产品项目集合。[9] **产品组合**(product mix),也称"**产品搭配**"(product assortment),是指一个企业销售的一系列产品和产品项目的组合。产品组合由不同的产品线构成。如表9.1所示,每个企业的产品组合都有一定的宽度、长度、深度和一致性,表中为宝洁公司部分产品的产品组合属性。

产品组合的宽度(width)指企业拥有的不同产品线的数量。表9.1中显示的产品组合宽度为5,即5条产品线(表中仅包括部分宝洁公司产品)。产品组合的长度(length)是指产品组合中产品项目的总数。产品组合的深度(depth)是指产品线上每种产品有多少品种规格。产品组合的一致性(consistency)是指企业的不同产品线在最终用途、生产条件、分销渠道等方面的相关联程度。

表 9.1　宝洁公司产品组合宽度和产品线长度(包括产品上市年份)

	产品组合宽度				
	洗涤产品	牙膏	肥皂	纸尿裤	纸制品
产品线长度	象牙雪(1930)	格利姆(1952)	象牙(1879)	帮宝适(1961)	魅力(1928)
	卓夫特(1933)	佳洁士(1955)	卡玫尔(1926)	乐芙适(1976)	帕芙(1960)
	汰渍(1946)		激爽(1952)		帮庭(1965)
	洗好(1950)		舒肤佳(1963)		
	达诗(1954)		玉兰油(1993)		
	波特(1965)				
	格尼(1966)				
	时代(1972)				

产品组合的这四个维度让企业能够从四个不同的方面拓展自己的业务。企业可以增加新的产品线,从而拓宽其产品组合宽度;也可以延长每条产品线的长度;或者增加产品品类来增加产品组合深度;还可以提高产品线的一致性。营销人员需要进行产品线分析以做出恰当的决策。

9.3.2　产品线分析

在进行产品线设计时,企业通常会开发一个基础平台,后期通过增加不同模块,来满足不同的顾客需求,类似于汽车厂商基于一个基础平台来生产车辆。产品线经理需要了解产品线上每个产品项目的销售额和利润,来决定哪些产品项目需要生产、维持、收获或者放弃。[10] 此外,他们还需要理解每个产品线的市场概况和市场形象。[11] 营销人员可以利用产品地图(product map)来观察自己的产品项目有哪些竞争对手,识别确定不同的细分市场,判断其产品定位对这些细分市场需求的满足程度。

9.3.3　产品线长度

追求高市场份额和高市场增长率的企业,通常会选择较长的产品线。而注重高收益率的企业则会更谨慎地选择产品项目,相应的产品线也会较短。然而,消费者对于密集的产品线、过度延伸的品牌和功能过多的产品感到越来越厌烦(详见"营销洞察:少即是多")。[12]

营销洞察

少 即 是 多

每年都有成千上万的新产品上市,消费者感觉更难在商店货架中找到所需商品。研究发现,消费者在超市的汽水货架旁需要花费平均 40 秒甚至更多时间,而六七年前却只需要25秒。虽然消费者可能会认为,更多的产品种类能提高他们买到更好商品的可能性,但是事实往往并非如此。研究显示,当选择过多时,人们往往"选择不做出选择",即使这样做可能并不符合他们的最大利益。

与此类似,如果一个产品组合里的产品质量很高,消费者其实更倾向于更少的选择。高差异化产品因其能够提供一些独特价值,因此有明确偏好的消费者能够从中获益,而其他的消费者则可能因选择过多而沮丧、迷惑和遗憾。同时,如果产品变化和新产品推出过于频繁,会导致消费者重新考虑自己的选择,甚至可能转而购买竞争对手的产品。不仅产品线让消费者晕头转向,很多产品本身也过于复杂。技术营销人员对信息过载所带来的问题要尤为敏感。

企业可以通过两种方式增加产品线长度:产品线延伸和产品线扩充。当企业需要在其现有产品范围之外扩展产品线时,即为产品线延伸(line stretching)。企业可以选择向下延伸——引入低价产品线——来吸引追求性价比的消费者,打击低端竞争对手,或者避免一直徘徊于中端市场。企业还可以选择向上延伸策略,目标则是获取更多市场增长、实现更高的边际收益,或者只是将自己定位为全产品线生产商。服务中端市场的企业可能在两个方向同时延伸。

产品线扩充策略(line filling)是指企业在现有的产品线范围内增加更多产品项目。企业选择产品线扩充策略的目标包括:渐进式增加利润,满足那些抱怨因产品线不全而损失利润的经销商的要求,充分利用过剩产能,成为领先的全线产品生产商,以及填补市场空缺,防止竞争者入侵。

9.3.4 产品线现代化、特色化与精简

产品线需要现代化。在快速变化的市场中,现代化是一个持续的进程。企业通过产品改进计划,鼓励顾客转向价值和价格都更高的产品项目。营销人员希望根据时间来进行产品改进,以免过早(损害现有产品线的销售)或者过迟(给竞争对手建立强大声誉的时间)[13]。企业通常选择产品线中的一个或一些产品项目进行特色化,可能是通过低价的产品项目来吸引顾客,或者通过高端项目来建立声誉。全球的多品牌企业都在对其产品组合进行优化,确保产品线中每个产品都能发挥作用,表明企业需要聚焦核心品牌的成长,将资源集中投入在最大和最强势的品牌上。

9.3.5 产品组合定价

当产品属于某个产品组合的一部分时,营销人员需要调整其定价逻辑。在进行产品组合定价(product mix pricing)时,企业需要找到使产品组合整体利润最大化的一组价格。定价过程充满难度和挑战性,因为不同产品的需求和成本是相互影响的,而且还受到不同竞争程度的影响。表9.2列出了产品组合定价的六种情境。

表9.2 产品组合定价情境

1. **产品线定价**。销售商在产品线中引入价格阶梯,通过建立感知质量差异体现价格差异的合理性。
2. **可选特征定价**。除了核心产品,销售商还向顾客提供可选的相关产品、特征和服务,如汽车厂商提供不同的内饰配置。这一定价策略的挑战在于,企业需要确定哪些选项包含在标准价格之内,哪些选项单独分离出来销售。
3. **附属产品定价**。有些产品需要配件或附属产品才能使用。如剃须刀厂商,通常给剃须刀定较低的价格,而给刀片即附属产品定较高的价格。但如果附属产品定价过高,则假冒品和替代品就会侵蚀市场。
4. **两段定价**。很多服务企业采用固定费用加可变使用费用的定价模式。比如手机用户通常按月支付固定的月租费,还要为超出套餐之外的通话支付额外费用。这一定价策略的挑战在于,服务商需要确定基本服务费和可变使用费的收费标准。
5. **副产品定价**。某些产品的生产(如肉类)通常会带来副产品,必须基于其价值进行定价。如果激烈的竞争使得主产品定价较低,则副产品带来的收入能够进行一定的弥补。
6. **捆绑定价**。当企业只以捆绑的形式销售某些产品而不单卖时,即为完全捆绑。混合捆绑是指企业既单卖产品,又将产品捆绑销售,通常捆绑销售的价格低于单独购买的价格,这一差价要足够大才能吸引消费者购买。

9.3.6 联合品牌与成分品牌

营销人员通常会将自己的产品与其他公司的产品以多种方式进行组合。**联合品牌**(co-branding),又称双品牌或品牌捆绑,是指两个或多个知名品牌组合为一个联合产品或者以某种方式共同营销。同一公司品牌联合(same-company co-branding)是联合品牌的一种形式,例如通用磨坊将旗下的特利克斯麦片和优诺酸奶两个品牌产品捆绑在一起做广告。联合品牌其他的形式还包括合资联合品牌(joint-venture co-branding)、多赞助商联合品牌(multiple-sponsor co-branding)和零售联合品牌(retail co-branding)。联合品牌策略想要成功,每个单独的品牌都必须有自己的品牌资产——充分的品牌认知和正面品牌形象。

联合品牌的主要优势在于:产品能够基于多个品牌的亮点建立令人信服的定位,从现有市场获得更多销售额,以及获取更多打开新市场和新渠道的机会。此策略也能减少产品引入市场的成本,因为联合了两个知名品牌形象,能够加快市场接受速度。同时,联合品牌策略也是了解消费者以及其他企业如何接触客户的一个重要方式。联合品牌的潜在劣势是与另一个品牌联合所带来的风险和控制力的缺失。消费者对联合品牌的期望可能较高,因此差强人意的表现会为两个品牌都带来负面影响。并且,顾客对品牌感知的确定性也不如品牌联合之前。[14]

成分品牌(ingredient branding)是联合品牌的一种特殊形式[15],为其他品牌产品中必不可少的材料、组成成分和部件等构成要素创造品牌价值。对于品牌并不那么强的主产品,成分品牌能带来差异化,也是重要的产品质量信号。[16]成分品牌策略的一个有趣之处是企业宣传自我品牌化成分(self-branded ingredients),甚至注册商标。[17]例如,威斯汀酒店广告宣传其"天梦之床"。天梦之床是保证顾客夜间优质睡眠的一个重要要素。成分品牌旨在让消费者对产品产生足够的认知及偏好,使消费者不会去购买一个不含有该成分的产品。

那么,创建成功的成分品牌有哪些要求?[18]

1. 顾客必须相信成分对于终端产品的性能和成功重要的作用。在理想情况下,这个内在价值能够被轻易地发现或者体验到。

2. 顾客必须确信并非所有的成分品牌都一样,这个成分是出众的。

3. 必须有独特的标记或者商标来清晰地表明主产品含有这一成分。在理想情况下,这个标记或商标是简单、通用的,能够可靠地传递质量和信任,起到"印章"的作用。

4. 必须有协同的"推式""拉式"营销活动来帮助消费者理解品牌成分的优势。渠道成员必须提供全面的支持,如广告与促销。有时候也需要和制造商合作,进行商业零售和推广。

9.4　包装、标签、担保与质量保证

许多营销人员把**包装**(packaging)称为 4P——价格(price)、产品(product)、渠道(place)和促销(promotion)——之外的第五个 P。然而,包装和标签通常被视为产品战略的一个元素。担保与质量保证也是产品策略中很重要的一部分。

9.4.1　包装

包装包括设计并生产产品容器的全部活动。包装可多至三层:首先是基本包装(内包装),之后装入二级包装,运输时再把一个或多个包装好的产品装入一个运输包装。包装的重要性在于它是购买者对产品的第一印象,好的包装能吸引消费者的注意并促使购买。像欧托滋薄荷那样与众不同的包装,是品牌资产很重要的一部分。

包装必须达到一些目标:(1)识别品牌;(2)传递描述性和有说服力的信息;(3)保护商品,便于运输;(4)方便家常储存;(5)易于家庭消费。从功能上说,结构设计至关重要。包装的大小、形状、材料、色彩、文字说明以及图案都要考虑美学效果。包装的各元素之间都要协调统一,并与产品定价、广告和其他营销活动相匹配。颜色可以体现一个品牌,如蒂芙尼的蓝色盒子和 UPS 快递的棕色卡车。重新设计或更新包装能够保持品牌的时代感、相关性或实用性,但如果消费者不喜欢新包装或者将新包装与其他品牌混淆,则会带来负面作用。企业也必须考虑过度包装和包装浪费带来的环境与安全问题。

9.4.2　标签

标签可以是附着在产品上的简单标记,也可以是精心设计的图案,属于包装的一部分。标签具有多种功能。首先,标签能够用来识别产品或品牌,例如,橙子上贴有新奇士品牌的标签。标签能够起到产品分级的作用,例如桃子罐头就有 A、B、C 三种等级的标签。标签还能描述产品相关信息,如生产者名称、产地、生产时间、主要成分、使用方法和安全警示等方面。最后,标签还能通过有吸引力的图案起到促销的作用。

标签也需要更新。自 19 世纪 90 年代以来,象牙皂上的标签已经更新了至少 18 次,体现在字母设计和字体大小的变化。设计标签时,必须考虑法律法规的要求。例如,加工食品必须有营养标签,清晰地标明蛋白质、脂肪、碳水化合物、卡路里的含量,以及维生素

和矿物质成分,并给出每日建议摄取量的比例。[19]

9.4.3 担保与质量保证

所有销售者都对满足购买者的正常或合理期望负有法定责任。**担保**(warranties)是生产商对产品预期性能的正式声明。在担保期内的商品可以退还给生产商,或者在指定的维修中心修理、换货或者退款。明示的和隐含的担保都具有法律强制力。**质量保证**(guarantees)降低了购买者的感知风险,表明产品具有高质量,企业及其服务值得信赖。当企业或产品并不知名或者当产品质量优于竞争对手时,质量保证就尤为有用。

9.5 管理新产品

企业可以通过两种方式增加新产品:购买(收购其他公司,购买其他公司的专利,从其他公司购买许可或特许经营权)或者内部开发(自主研发,与独立研究者合作,或者雇用新产品开发公司)。[20] 新产品的范畴包括从能创造一个全新市场的全新产品,到对现有产品的微小改进。大部分新产品相关活动都专注于对现有产品的改进。相比之下,全新产品所承担的成本和风险都是最高的。虽然突破式创新在短期内会让企业亏本,但是一旦获得成功,企业就能提升企业形象,创造比普通产品更大的可持续竞争优势,并获得可观的回报。[21]

9.5.1 创新的必要性与新产品成功

在经济急速变化的今天,持续创新非常必要。不能成功开发新产品的企业,将无法应对不断变化的顾客需求和品位、缩短的产品生命周期、加剧的国内外竞争,尤其是新技术的变革。大部分成熟企业都会聚焦于渐进式创新(incremental innovation),通过对产品稍作调整以服务新客户,进入新市场,在核心产品基础上增加变化以保持在市场中的领先优势,并为行业问题创建临时解决方案。新建立的企业创造出成本更低的突破式技术,更有可能改变竞争环境。

新产品专家罗伯特·库珀和埃尔·科克莱因施密特发现,独特而优异的新产品成功的概率大概为98%,而有中等优势的新产品成功概率为58%,优势较小的新产品则只有18%的成功概率。影响新产品成功的其他因素还包括明确的产品概念、明确的目标市场和利益、技术与营销的协同、执行质量以及市场吸引力。[22]

据估计,新产品有着高达50%的失败率,在美国和欧洲这个数值甚至分别达到了95%和90%。[23] 失败的原因有很多:忽视市场调研或者对调研结果理解有误,高估了市场规模,过高的开发成本,劣质的设计或者无效的性能,错误的定位、宣传和定价,缺乏足够的分销支持,竞争对手的强势反击,利润或投资回报率低。

9.5.2 新产品开发

图9.2展示了新产品开发的不同阶段,下文将会进行说明。

创意产生 新产品开发过程从寻找创意开始。一些营销专家相信,如果找到最匹配

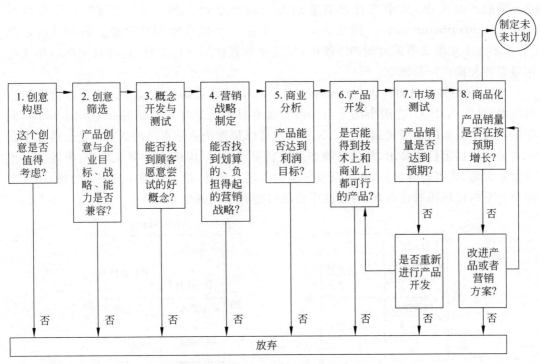

图 9.2 新产品开发决策过程

的未被满足的消费者需求或技术创新,就为新产品找到了最好的机会,并能产生最大影响。[24] 新产品创意可以来自客户、雇员、科研人员及其他群体,可以来自创造性的技术方法,也可以向竞争对手学习。通过基于互联网的**众包**(crowdsourcing),外部人士能够以有偿或无偿的方式提供企业所需专业知识,或者对于新产品项目的不同观点,而这些在传统环境中通常容易被忽略。传统的以企业为中心的产品创新方式,已经让位给企业和顾客共同创造产品的参与模式。这种共同创造模式,除了能够产生更新更好的创意,还能够缩短顾客与企业的距离感,并创造良好的口碑。[25]

创意筛选 创意筛选的目的是尽可能早地舍弃不好的创意,因为在产品开发的每个阶段成本都会大幅度增加。大多数企业都要求主管人员在一张标准的表格里对新产品创意进行描述,以便委员会审查。描述内容包括产品创意、目标市场、竞争状况、预估市场规模、产品价格、开发时间和成本、生产成本和回报率等方面。执行委员会依据如下一系列标准对每个创意进行评估筛选:新产品是否能满足特定需求?是否提供更卓越的价值?能否对新产品进行独特的广告宣传?企业是否具有新产品开发所必需的技术和资金?新产品能否实现期望的销售量、销售增长率和利润?委员会还需要估计每个新产品创意成功的概率是否足够大,以保证能够进入后续开发过程。

概念开发与测试 产品创意(product idea)指的是企业可能向市场提供的产品,而产品概念(product concept)是用消费者术语描述的更为详细的产品构思。通过回答以下问题,能够把一个产品创意转换成多个产品概念:谁会使用这个产品?产品提供的主要利益是什么?人们什么时候购买和使用该产品?回答完这些问题之后,企业能够形成若干个不同的产品概念,从中选择最有发展潜力的那个产品概念,为之制作产品定位图(product-positioning map)。图9.3(a)显示的是一个低成本即食早餐饮料产品的定位图,基于成本和准备所需时间两个维度,与其他早餐食品进行对比,这些对比可以用于向市场宣传和推广产品概念。

图9.3(b)是品牌定位图(brand-positioning map),展示的是现有的三个即食早餐饮料品牌(品牌A、B、C)在四个细分市场消费者心目中的感知定位图(perceptual map),图中的点表示聚集的消费者偏好。品牌定位图可以帮助企业给自己的饮料确定价格和卡路里含量。根据定位图显示,新的品牌如果想脱颖而出,则应该进入中等价位、中等卡路里含量的市场,或者高等价位、高卡路里含量的市场。此外,细分市场4与中等价格、中等卡路里含量的市场相对接近,说明在这个市场可能有最大的机会。

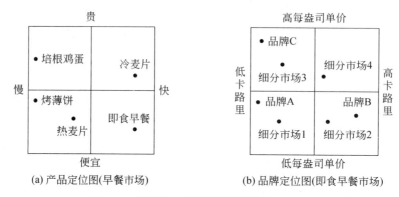

图9.3 产品和品牌定位

概念测试是指通过符号或实体形式向目标消费者展示详细的产品概念,并了解他们的反应。所测试概念和最终产品或体验越相似,则概念测试的可靠性也就越高。以前,制作实物原型既昂贵又耗时,但是现在,企业可以借助快速原型化技术(rapid prototyping)在计算机上设计产品,然后制做出产品模型向潜在顾客展示,了解他们的反应。现在也有企业使用虚拟现实技术(virtual reality)来测试产品概念。消费者的反应可以说明这个产品概念是否具有广泛而强烈的消费者需求,会与什么产品形成竞争,以及什么类型的消费者是最佳的目标群体。通过比较需求差距水平和购买意愿水平,企业也可以判断这个产品概念是可能会成功,或是存在较大风险,还是会失败。

营销战略制定 在概念测试成功之后,为了把该产品更好地投放市场,企业将会着手制定包括三部分内容的初步营销战略。第一部分描述的是目标市场的规模、结构和行为、预期品牌定位、销售量、市场份额以及最初几年的利润目标。第二部分概述产品的预期价格、分销战略和第一年的营销预算。第三部分内容描述的是长期销售量、利润目标以及营销战略组合。营销战略制定是后续企业进行商业分析的基础。

商业分析 商业分析(business analysis)是对目标产品的商业吸引力进行评价。管理人员需要预测产品销售情况、成本和利润来确定该产品是否能够满足企业目标。如果能够满足企业目标,就可以进入产品开发阶段。随着新信息的不断获取,企业会对商业分析的内容进行修正和扩展。采用哪种方法来预估销售量,往往取决于消费者对该产品是一次性购买、非频繁购买,还是经常性购买。

对一次性购买的产品而言,初期销售量会逐渐上升到顶峰,然后随着潜在消费者数量的减少,销售量逐渐下降到趋于零;如果新的购买者不断进入市场,那么该曲线一般不会下降到零。汽车这类非频繁购买的产品的更新周期,既受到物理损耗的影响,又受到不断变化的样式、特征和性能等因素的影响。因此,这类产品的销售预测要求分别估计首次销售量和更新销售量。对于经常性购买的产品而言,如非耐用消费品和非耐用工业品,首次购买人数先逐渐增加,继而随着未购买该产品人数(假设人口数量固定不变)的减少而逐渐降低。如果该产品能够使某些顾客感到满意,那么很快就会产生重复购买。最后,销售曲线会落在一个相对稳定的水平,代表稳定的重复购买量。此时,该产品就不再属于新产品的范畴了。

产品开发 到现在为止,产品还只存在于一段描述、一张图片或一个原型中。下一步产品开发需要巨大投资,远远超过之前产生的所有成本。在这一阶段,企业需要确定产品创意能否转化为技术上和商业上都可行的产品。

把目标顾客的要求转变成实际产品原型的工作,需要借助**质量功能展开**(quality function deployment,QFD)的方法进行。根据市场调研所获得的各种顾客属性(customer attributes,CAs)罗列成具体清单,然后将其转化为供工程师使用的工程属性(engineering attributes,EAs)。质量功能展开这一方法能够增进营销人员、工程师和制造人员之间的沟通。[26]

研发部门接下来将以产品概念中描述的关键属性为核心开发产品原型,能够在正常使用和正常条件下保证安全性,并且生产成本在预算范围内,通过虚拟现实技术和互联网能够加速产品的生产。制作好的新产品原型在最终投放市场之前,必须进行一系列严格的功能测试和顾客测试。阿尔法测试(alpha testing)是指在企业内部测试产品,以便检验其在不同应用环境中的性能如何。进一步完善产品原型之后,企业将进行面向顾客的贝塔测试(beta testing)。消费者测试可以采用多种形式,比如让消费者在实验室试用样品,或者送样品上门试用。

市场测试 当管理者对产品的功能表现和心理表现都感到满意之后,就可以为产品确定名称、商标和包装,进入真实市场测试(market testing)。并非所有企业都会开展市场测试。是否开展市场测试一方面会受企业投资成本和风险的影响,另一方面也会受时间压力和研究成本的影响。对于高投资高风险的产品,由于高失败率,所以必须进行市场测试,而且市场测试成本在项目成本中只占有微不足道的比例。对消费品进行市场测试,主要是估计四个变量:试用、首次重购、采纳和购买频率。表9.3中按照所需成本从低到高,展示了消费品市场测试的四种主要方法。

表9.3 消费品市场测试方法	
方法	描述
销售波研究法	公司首先将产品免费提供给消费者试用,然后再以略低于正常水平的价格把产品或竞争对手产品提供给消费者,这样重复提供多达5次(销售波)。在此过程中,企业能够了解有多少消费者再次选择企业产品以及他们的满意程度。

续表

方　法	描　述
模拟测试法	找30~40位满足条件的购物者，询问他们对所测试产品类别的品牌熟悉度和品牌偏好，并观看一个简短的广告。然后，发给每位消费者少量现金，请他们到一家商店购物。企业能够观察到购买新产品和购买竞争品牌的人数，并请消费者回答买或不买的原因。没有购买新产品的顾客会得到免费样品，企业会在一段时间后回访这些用户，了解他们对产品的态度、使用情况、满意程度和重复购买意愿。
控制测试法	调研公司选择一组参与新产品销售的商店，并控制店里的货架位置、定价、产品陈列和购买点促销等。这样，企业就能评估产品的销售情况、店内广告和促销的影响，以及消费者对产品的印象。
市场试销法	企业选择几个代表性城市，通过贸易渠道销售产品，在这些城市开展全方位营销传播活动。营销人员需要确定试销城市的数目、试销期限以及企业需要收集什么数据。试销结束，企业决定后续需要采取的措施。现在很多企业都省略了市场试销，而依赖更快、更经济的测试方法。

昂贵的工业产品和新技术产品一般会进行阿尔法和贝塔测试。在贝塔测试中，企业技术人员会观察消费者如何使用产品，如果测试中经常出现未预料到的安全和服务问题，企业就要注意考虑市场对顾客培训和服务的需求。企业还可以通过贸易展会来观察顾客对新产品有多大兴趣，他们对产品性能和价格条款的反应，以及有多少人有购买意向甚至直接下订单。还可以在分销商与经销商的展厅中展示新产品，把新产品放在生产商其他产品或竞争对手产品的旁边，以获取在产品正常销售环境下顾客偏好和定价等方面的信息。但是，进入展厅的顾客未必代表目标市场，或者有些顾客可能想现场提前订货，却无法实现。

商业化　商业化（commercialization）是整个新产品开发过程中成本最高的环节，因为企业需要委托生产商生产产品，或者自建/租赁全套生产设施来生产。此外，还需要对新产品进行营销宣传，通过一系列营销沟通工具的组合来建立消费者对产品的认知和消费者偏好、对产品的选择和忠诚。[27]营销时机是这一阶段成功的关键。

当企业发现竞争对手也即将推出新产品时，可以有三种选择：(1)第一个进入市场以获得"先行者优势"，锁定关键分销商和顾客，成为市场领导者，但是，如果产品还没有完全调试顺畅则有可能弄巧成拙；(2)平行进入，指与竞争者的产品同时进入市场，两种产品获得的关注会更多；(3)延后进入，即在竞争对手产品上市之后再进入市场，能够节省市场培育成本，了解市场规模，回避竞争对手在进入市场时出现的问题。

大多数企业会制定市场推广计划，根据市场潜力、企业的本地声誉、填补市场空缺的成本、传播媒介的成本、对其他地区的影响力以及竞争渗透情况，确定新产品进入的市场。如今互联网能将全球各个地方都连接在一起，竞争往往是跨国界的。越来越多的企业开始在全球范围内同时推出新产品。

9.6　消费者采纳过程

采纳（adoption）是指个体消费者决定成为某产品的常规用户，消费者采纳之后即可进入顾客忠诚过程（customer-loyalty process）。新产品营销人员通常以早期采用者为目标对象，通过创新扩散理论和消费者采纳理论来识别这些早期采用者。

9.6.1 采纳过程的阶段

创新(innovation)是指人们感知到"新"的任何产品、服务或创意,而不管历史是否久远。埃弗雷特·罗杰斯将**创新扩散过程**(innovation diffusion process)定义为"创意从创造者或发明者传播到最终使用者或采纳者的过程"。[28] 消费者采纳过程(consumer-adoption process)则是个体从首次听到一个创意到最终采纳的心理过程[29],这个过程包括以下五个阶段:

(1) 知晓:消费者对创新有所觉察,但缺少相关信息。
(2) 兴趣:消费者受到驱动产生兴趣,开始检索信息。
(3) 评价:消费者考虑是否尝试该创新产品。
(4) 试用:消费者试用该产品来并估计其价值。
(5) 采纳:消费者决定完全采纳该新产品并经常使用。

9.6.2 影响采纳过程的因素

罗杰斯把一个人的创新性水平界定为"一个人在其社会系统中比其他成员相对更早地采用新创意的程度"。如图 9.4 曲线所示,创新者是最早采纳创新事物的人。最初,新产品采纳人数增长缓慢,然后会日益增加,并一直达到顶峰。之后,随着不采纳者越来越少,曲线又会逐渐下降。图中的五类采纳者(创新者、早期采纳者、早期大众、晚期大众和落伍者)具有不同的价值导向,采用或拒绝新产品的动机也是不一样的。[30]

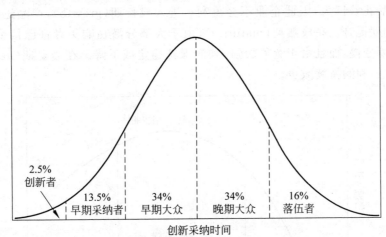

图 9.4 基于创新采纳相对时间的采纳者分类

人际影响(personal influence)是指一个人对其他人的态度或购买可能性所产生的影响。人际影响在不同的情境下,对不同的个体而言,重要程度不同。人际影响在采纳过程中的评估阶段作用更为突出。相比早期采纳者,晚期采纳者受人际影响作用更大。此外,在高感知风险的情境中,人际影响的作用也会更大。

影响创新产品采纳率的五大特征为:(1)相对优势,即新产品优于现有产品的程度;(2)兼容性,即新产品与消费者的价值观和体验相吻合的程度;(3)复杂性,即了解和使用新产品的相对困难程度;(4)可分性,即新产品在有限基础上被试用的程度;(5)可传播性,即新产品带来的利益能被观察或向他人描述的程度。其他影响创新产品采纳率的因素包括成本、风险和不确定性、科学可信度和社会认可。

最后,采纳还与组织环境(社会进步、社区收入)、组织本身(规模、利润、变革压力)及管理者(教育水平、年龄、经验)等因素相关。还会有一些其他因素加入,以使新产品被那些政府资助的组织(如公立学校)所采纳。有争议的或过度创新的产品也会受到负面公众舆论的影响。

9.7 产品生命周期营销战略

随着企业的产品、市场和竞争对手在产品生命周期(product life cycle,PLC)不同阶段的变化,企业的定位和差异化战略也必须做相应调整。产品生命周期包括以下四方面含义:(1)产品的生命有限;(2)产品销售经历不同阶段,每个阶段都面临不同的挑战和机遇;(3)产品在生命周期的不同阶段利润水平不同;(4)在产品生命周期的不同阶段,需要不同的营销、财务、生产、采购和人力资源战略。

9.7.1 产品生命周期

大部分产品的生命周期都呈钟形曲线(如图 9.5),通常可分为四个阶段:引入期、成长期、成熟期和衰退期。在引入期(introduction),随着产品进入市场,销售额缓慢增长;由于引入产品花费巨大,因此企业不会盈利。进入成长期(growth),产品迅速被市场接受,利润大幅度提升。在成熟期(maturity),由于大部分潜在购买者都已接受产品,因此销售增长速度变慢,而且由于竞争加强,利润保持稳定或下降。在衰退期(decline),销售下降趋势增强,利润持续减少。

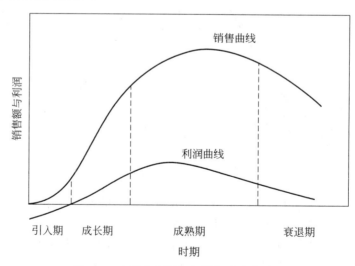

图 9.5 产品生命周期与销售利润曲线图

9.7.2 营销战略：引入期和开拓者优势

在引入期，由于推出新产品、解决技术问题、构建分销渠道以及赢得消费者的认可都需要花费时间，因此销售增长缓慢。此外，新产品利润通常很低甚至出现亏损，促销费用占销售额的比例也会达到最高，这是因为企业需要做如下事情：(1)告知潜在消费者新产品信息；(2)引导消费者试用新产品；(3)确保产品的分销渠道。[31]

第一个进入市场即成为市场开拓者，有可能收获颇丰，但风险和代价也很大。史蒂文·施纳尔研究了28个产业的模仿者超越创新者案例，找到了市场开拓者失败的几个原因[32]：新产品过于粗糙，定位不准，或者产品推出时市场还未形成强劲需求；产品开发成本耗尽了企业资源；缺乏足够资源与大企业竞争；管理不善或不健康的自满。成功的模仿者则通过提供更低价格、持续改进产品，或者用残酷的市场力量赶超开拓者，来实现繁荣发展。

特里斯和戈尔德识别出长期市场领导地位的五大支撑要素：大众市场视角、坚持不懈、不间断的创新、财务承诺和资产杠杆。[33]研究发现，在快速变化中实现效益的互联网公司一般具有以下三个特点：(1)是大型市场的开拓者之一；(2)为竞争者的进入建立障碍；(3)直接掌握创立企业必不可少的关键要素。[34]

9.7.3 营销战略：成长期

成长期的标志是销售快速攀升，因为早期采纳者喜爱该产品，引发越来越多的消费者开始购买。但随着新的竞争者进入市场，它们会开发新产品特色、扩展分销渠道，市场价格会稍有下降或者保持平稳，价格的变化趋势取决于市场需求增长的速度。为了应对竞争，企业需要维持或增加营销支出，而销售增长的速度将远远高于支出。这一阶段由于大规模销售分摊了营销成本，单位生产成本的降幅快于价格的降幅，因此利润会增加。在这个过程中，企业必须注意销售增长速度的变化，当出现减速时，企业需要准备新的应对策略。

企业为了保持快速的市场成长，可以采取以下方式：提高产品质量，增加新的产品特色，改进样式；增加新型号和辅助产品来保护主产品；进入新的细分市场；扩大渠道覆盖率，进入新的分销渠道；传播沟通的目标从建立认知、吸引试用，转向培养消费者偏好和忠诚；以更低的价格吸引价格敏感型顾客。在产品改进、促销和分销方面投资，企业虽然失去了最大化当前利润的机会，但却能够赢得更高的市场份额，占据市场支配地位，寄希望于在下一阶段获得更大利润。

9.7.4 营销战略：成熟期

产品销量的增长在某一时刻开始下降，表明产品进入成熟期。大部分产品都处于其生命周期的成熟期阶段，这个阶段的持续时间比前两个阶段都要长。在成熟期，改进品牌进程的三种方法分别是市场调整、产品调整和营销方案调整。企业可以通过增加消费者数量(将非用户转化为用户，进入新的细分市场，或者吸引竞争对手的顾客)和提高用户的使用频率(让现有客户更多次地使用产品，每次使用量更多，或者用新的方式使用产品)来扩展市场。企业可以通过提高质量、改善性能、优化设计来刺激更多的消费。企业还可以通过改进非产品要素,尤其是价格、分销和传播,来刺激销售增长。

9.7.5 营销战略:衰退期

销售下降的原因有多种,包括技术进步、消费者偏好改变以及国内外竞争的加剧。所有这些都会导致产能过剩、价格持续下跌以及利润侵蚀。随着销量和利润的下降,部分企业会退出市场。留下来的企业则会减少产品数量,舍弃较小的细分市场和较弱的交易渠道,缩减营销开支,进一步降低价格。除非有强势的理由留在这个市场,否则保留一个衰落产品的代价通常很高。

企业虽然拥有竞争优势,但如果所在行业不具吸引力,则需要考虑有选择性地收缩业务。如果企业所在行业有吸引力,且同时具有竞争优势,则企业应当考虑加大投资。企业往往通过增加成熟产品的价值,使之生命周期得以改变,重获新生。对处于成熟期的产品,企业的另外两个选择分别是收获和剥离。收获(harvesting)策略要求企业在维持销售额的同时逐步减少产品或企业投入成本。当企业决定剥离(divest)一个有很强的分销渠道以及残留声誉的产品时,可以考虑将其卖给其他公司。如果找不到买家,那么就必须决定是立即还是暂缓清算。

9.7.6 对产品生命周期概念的评论

表9.4总结了产品生命周期每个阶段的特征、目标和战略。产品生命周期概念能够帮助营销人员解释产品和市场动态、计划、控制和预测。但是,也有批评家评论,生命周期模式的形式变化太多,营销人员难以确定他们的产品究竟处于哪个阶段。当产品看似进入成熟期,可能只是达到另一个高峰期之前的平稳阶段。批评家也指出,产品生命周期模式其实是营销战略自我实现的结果,有技巧的营销方式能够带来持续增长。[35] 由于市场的演化受到新需求、竞争、技术、渠道和其他发展的影响,因此企业需要将市场演化路径可视化,并以此调整产品和品牌定位跟上市场变化步伐。[36]

表9.4 产品生命周期各阶段的特征、目标和战略

	引入期	成长期	成熟期	衰退期
特征				
销量	低	迅速增长	达到顶峰	下降
成本	高单位顾客成本	单位顾客成本处于平均水平	单位顾客成本低	单位顾客成本低
利润	负利润(亏损)	利润增长	高利润	利润下降
顾客	创新者	早期采用者	早期和晚期大众	落后者
竞争者	几乎没有	数量增加	数量稳定,开始下降	数量减少

续表

	引入期	成长期	成熟期	衰退期
营销目标	创建产品认知度，鼓励顾客试用	市场份额最大化	保持市场份额的同时利润最大化	减少支出并榨取品牌收益
战略				
产品	提供基本产品	提供延伸产品、服务和保证	品牌和产品样式多样化	淘汰衰落产品
价格	成本加成定价	市场渗透定价	迎合或赶超竞争者定价	降价
渠道	选择性分销	密集性分销	超密集性分销	选择性分销，淘汰不盈利网点
传播	在早期采用者和经销商中建立产品认知，鼓励试用	在大众市场建立品牌认知和兴趣	强调品牌差异和利益；鼓励品牌转换	减少到维持核心忠诚顾客所需的最低水平

 本章总结

产品是指提供给市场用以满足需要和欲望的任何东西。设计产品时，营销人员需要考虑产品的五个层次：核心利益、基本产品、期望产品、附加产品和潜在产品。营销人员基于耐用、有形性以及用途（消费品和工业用品）对产品进行分类。产品差异化可以体现在形式、特色、性能质量、一致性质量、耐用性、可靠性、可维修性、风格、定制化和设计等方面。服务差异化可以体现在订货方便、送货、安装、客户培训、客户咨询、维护和修理等方面。

产品组合可以按宽度、长度、深度和一致性来进行分类，这四个维度是企业制定营销战略的依据，决定发展、维护、收获和放弃哪条产品线。实体产品必须包装并贴标签，包装设计可以很精美，并有担保和质量保证。新产品开发过程包括创意产生、创意筛选、概念开发与测试、营销战略制定、商业分析、产品开发、市场测试和商业化等阶段。消费者采纳过程，即消费者从了解新产品、试用到最后采纳或拒绝该产品的过程，受到多种因素的影响。不同的产品生命周期阶段（引入期、成长期、成熟期、衰退期）需要不同的营销战略。

注释

1. Michael McCarthy, "Lexus Makes Big 'Move' to Regain Crown," *Advertising Age*, June 24, 2013; Cheryl Jensen, "Cars More Dependable than Ever, Lexus Tops the Chart while Land Rover Is Least Reliable," *New York Daily News*, April 16, 2013; Matthew de Paula, "Lexus Pursues Hipper Crowd with New Ads for Its LS Sedan," *Forbes*, October 31, 2012; Craig Trudell and Yuki Hagiwara, "Lexus Beating Mercedes Shows U.S. Luxury a 3-Brand Race," *Bloomberg News*, June 6, 2014.
2. This discussion is adapted from a classic article: Theodore Levitt, "Marketing Success through Differentiation: Of Anything," *Harvard Business Review*, January–February 1980, pp. 83–91. The first level, core benefit, has been added to Levitt's discussion.
3. Andrew D. Gershoff, Ran Kivetz, and Anat Keinan, "Consumer Response to Versioning: How Brands' Production Methods Affect Perceptions of Unfairness," *Journal of Consumer Research* 39 (August 2012), pp. 382–98.
4. For some definitions, see *AMA Dictionary* from the American Marketing Association, www.ama.org/resources/Pages/Dictionary.aspx.
5. Some of these bases are discussed in David A. Garvin, "Competing on the Eight Dimensions of Quality," *Harvard Business Review,* November–December 1987, pp. 101–9.
6. Marco Bertini, Elie Ofek, and Dan Ariely, "The Impact of Add-On Features on Product Evaluations," *Journal of Consumer Research* 36 (June 2009), pp. 17–28; Tripat Gill, "Convergent Products: What Functionalities Add More Value to the Base," *Journal of Marketing* 72 (March 2008), pp. 46–62; Robert J. Meyer, Sheghui Zhao, and Jin K. Han, "Biases in Valuation vs. Usage of Innovative Product Features," *Marketing Science* 27 (November–December 2008), pp. 1083–96.
7. Rupal Parekh, "Personalized Products Please but Can They Create Profit," *Advertising Age*, May 20, 2012; www.us.burberry.com/store/bespoke; Paul Sonne, "Mink or Fox? The Trench Gets Complicated," *Wall Street Journal*, November 3, 2011.
8. Ravindra Chitturi, Rajagopal Raghunathan, and Vijay Mahajan, "Delight by Design: The Role of Hedonic versus Utilitarian Benefits," *Journal of Marketing* 72 (May 2008), pp. 48–63.
9. For branding advantages of a product system, see Ryan Rahinel and Joseph P. Redden, "Brands as Product Coordinators: Matching Brands Make Joint Consumption Experiences More Enjoyable," *Journal of Consumer Research* 39 (April 2013), pp. 1290–99.
10. A. Yesim Orhun, "Optimal Product Line Design when Consumers Exhibit Choice Set-Dependent Preferences," *Marketing Science* 28 (September–October 2009), pp. 868–86; Robert Bordley, "Determining the Appropriate Depth and Breadth of a Firm's Product Portfolio," *Journal of Marketing Research* 40 (February 2003), pp. 39–53; Peter Boatwright and Joseph C. Nunes, "Reducing Assortment: An Attribute-Based Approach," *Journal of Marketing* 65 (July 2001), pp. 50–63.
11. Ryan Hamilton and Alexander Chernev, "The Impact of Product Line Extensions and Consumer Goals on the Formation of Price Image," *Journal of Marketing Research* 47 (February 2010), pp. 51–62.
12. Aner Sela, Jonah Berger, and Wendy Liu, "Variety, Vice and Virtue: How Assortment Size Influences Option Choice," *Journal of Consumer Research* 35 (April 2009), pp. 941–51; Cassie Mogilner, Tamar Rudnick, and Sheena S. Iyengar, "The Mere Categorization Effect: How the Presence of Categories Increases Choosers' Perceptions of Assortment Variety and Outcome Satisfaction," *Journal of Consumer Research* 35 (August 2008), pp. 202–15; John Gourville and Dilip Soman, "Overchoice and Assortment Type: When and Why Variety Backfires," *Marketing Science* 24 (Summer 2005), pp. 382–95.
13. Brett R. Gordon, "A Dynamic Model of Consumer Replacement Cycles in the PC Processor Industry,"

Marketing Science 28 (September–October 2009), pp. 846–67; Raghunath Singh Rao, Om Narasimhan, and George John, "Understanding the Role of Trade-Ins in Durable Goods Markets: Theory and Evidence," *Marketing Science* 28 (September–October 2009), pp. 950–67.

14. Tansev Geylani, J. Jeffrey Inman, and Frenkel Ter Hofstede, "Image Reinforcement or Impairment: The Effects of Co-Branding on Attribute Uncertainty," *Marketing Science* 27 (July–August 2008), pp. 730–44; Ed Lebar, Phil Buehler, Kevin Lane Keller, Monika Sawicka, Zeynep Aksehirli, and Keith Richey, "Brand Equity Implications of Joint Branding Programs," *Journal of Advertising Research* 45 (December 2005).

15. Philip Kotler and Waldermar Pfoertsch, *Ingredient Branding: Making the Invisible Visible* (Heidelberg, Germany: Springer-Verlag, 2011).

16. Simon Graj, "Intel, Gore-Tex and Eastman: The Provenance of Ingredient Branding," *Forbes*, July 10, 2013; Anil Jayaraj, "Solving Ingredient Branding Puzzle," *Business Standard*, August 13, 2012.

17. Kalpesh Kaushik Desai and Kevin Lane Keller, "The Effects of Brand Expansions and Ingredient Branding Strategies on Host Brand Extendibility," *Journal of Marketing* 66 (January 2002), pp. 73–93.

18. Kevin Lane Keller, *Strategic Brand Management*, 4th ed. (Upper Saddle River, NJ: Prentice Hall, 2013). See also Philip Kotler and Waldemar Pfoertsch, *B2B Brand Management* (New York: Springer, 2006).

19. John C. Kozup, Elizabeth H. Creyer, and Scot Burton, "Making Healthful Food Choices," *Journal of Marketing* 67 (April 2003), pp. 19–34; Siva K. Balasubramanian and Catherine Cole, "Consumers' Search and Use of Nutrition Information," *Journal of Marketing* 66 (July 2002), pp. 112–27.

20. Stephen J. Carson, "When to Give Up Control of Outsourced New-Product Development," *Journal of Marketing* 71 (January 2007), pp. 49–66.

21. Thomas Dotzel, Venkatesh Shankar, and Leonard L. Berry, "Service Innovativeness and Firm Value," *Journal of Marketing Research* 50 (April 2013), pp. 259–76; Michael J. Barone and Robert D. Jewell, "The Innovator's License: A Latitude to Deviate from Category Norms," *Journal of Marketing* 77 (January 2013), pp. 120–34; Christine Moorman, Simone Wies, Natalie Mizik, and Fredrika J. Spencer, "Firm Innovation and the Ratchet Effect among Consumer Packaged Goods Firms," *Marketing Science* 31 (November/December 2012), pp. 934–51; Katrijn Gielens, "New Products: The Antidote to Private Label Growth?," *Journal of Marketing Research* 49 (June 2012), pp. 408–23; Gaia Rubera and Ahmet H. Kirca, "Firm Innovativeness and Its Performance Outcomes: A Meta-Analytic Review and Theoretical Integration," *Journal of Marketing* 76 (May 2012), pp. 130–47; Shuba Srinivasan, Koen Pauwels, Jorge Silva-Risso, and Dominique M. Hanssens, "Product Innovations, Advertising and Stock Returns," *Journal of Marketing* 73 (January 2009), pp. 24–43; Alina B. Sorescu and Jelena Spanjol, "Innovation's Effect on Firm Value and Risk: Insights from Consumer Packaged Goods," *Journal of Marketing* 72 (March 2008), pp. 114–32; Sungwook Min, Manohar U. Kalwani, and William T. Robinson, "Market Pioneer and Early Follower Survival Risks," *Journal of Marketing* 70 (January 2006), pp. 15–33.

22. Robert G. Cooper and Elko J. Kleinschmidt, *New Products: The Key Factors in Success* (Chicago: American Marketing Association, 1990).

23. Elaine Wong, "The Most Memorable Product Launches of 2010," *Forbes*, December 3, 2010; Susumu Ogama and Frank T. Piller, "Reducing the Risks of New-Product Development," *MIT Sloan Management Review* 47 (Winter 2006), pp. 65–71.

24. John Hauser, Gerard J. Tellis, and Abbie Griffin, "Research on Innovation: A Review and Agenda for Marketing Science," *Marketing Science* 25 (November–December 2006), pp. 687–717.

25. Martin Schreier, Christoph Fuchs, and Darren W. Dahl, "The Innovation Effect of User Design: Exploring Consumers' Innovation Perceptions of Firms Selling Products Designed by Users," *Journal of Marketing* 76 (September 2012), pp. 18–32; Patricia Seybold, *Outside Innovation: How Your Customers Will Codesign Your Company's Future* (New York: Collins, 2006).

26. John Hauser, "House of Quality," *Harvard Business Review*, May–June 1988, pp. 63–73; customer-driven engineering is also called "quality function deployment."

27. Alicia Barroso and Gerard Llobet, "Advertising and Consumer Awareness of New, Differentiated Products," *Journal of Marketing Research* 49 (December 2012), pp. 773–92; Norris I. Bruce, Natasha Zhang Foutz, and Ceren Kolsarici, "Dynamic Effectiveness of Advertising and Word of Mouth in Sequential Distribution of New Products," *Journal of Marketing Research* 49 (August 2012), pp. 469–86.

28. The following discussion leans heavily on Everett M. Rogers, *Diffusion of Innovations* (New York: Free Press, 1962). Also see his third edition, published in 1983.

29. Karthik Sridhar, Ram Bezawada, and Minakshi Trivedi, "Investigating the Drivers of Consumer Cross-Category Learning for New Products Using Multiple Data Sets," *Marketing Science* 31 (July/August 2012), pp. 668–88; C. Page Moreau, Donald R. Lehmann, and Arthur B. Markman, "Entrenched Knowledge Structures and

Consumer Response to New Products," *Journal of Marketing Research* 38 (February 2001), pp. 14–29.
30. Everett M. Rogers, *Diffusion of Innovations* (New York: Free Press, 1962), p. 192; Geoffrey A. Moore, *Crossing the Chasm* (New York: HarperBusiness, 1999); for an interesting application with services, see Barak Libai, Eitan Muller, and Renana Peres, "The Diffusion of Services," *Journal of Marketing Research* 46 (April 2009), pp. 163–75.
31. Rajesh J. Chandy, Gerard J. Tellis, Deborah J. MacInnis, and Pattana Thaivanich, "What to Say When: Advertising Appeals in Evolving Markets," *Journal of Marketing Research* 38 (November 2001), pp. 399–414.
32. Steven P. Schnaars, *Managing Imitation Strategies* (New York: Free Press, 1994). See also Jin K. Han, Namwoon Kim, and Hony-Bom Kin, "Entry Barriers: A Dull-, One-, or Two-Edged Sword for Incumbents?," *Journal of Marketing* 65 (January 2001), pp. 1–14.
33. Gerald Tellis and Peter Golder, *Will and Vision: How Latecomers Can Grow to Dominate Markets* (New York: McGraw-Hill, 2001); Rajesh K. Chandy and Gerald J. Tellis, "The Incumbent's Curse? Incumbency, Size, and Radical Product Innovation," *Journal of Marketing Research* 64 (July 2000), pp. 1–17. See also Dave Ulrich and Norm Smallwood, "Building a Leadership Brand," *Harvard Business Review*, July–August 2007, pp. 93–100.
34. Marty Bates, Syed S. H. Rizvi, Prashant Tewari, and Dev Vardhan, "How Fast Is Too Fast?," *McKinsey Quarterly* no. 3 (2001); see also Stephen Wunker, "Better Growth Decisions: Early Mover, Fast Follower or Late Follower?," *Strategy & Leadership* 40, no. 2 (2012).
35. Youngme Moon, "Break Free from the Product Life Cycle," *Harvard Business Review*, May 2005, pp. 87–94.
36. Hubert Gatignon and David Soberman, "Competitive Response and Market Evolution," Barton A. Weitz and Robin Wensley, eds., *Handbook of Marketing* (London, UK: Sage Publications, 2002), pp. 126–47; Robert D. Buzzell, "Market Functions and Market Evolution," *Journal of Marketing* 63 (Special Issue 1999), pp. 61–63.

第 10 章

服务设计与管理

本章将解决下列问题：

1. 如何定义服务及其分类？服务与产品有哪些区别？
2. 新的服务现实是什么？
3. 企业如何管理服务质量并在服务营销中胜出？
4. 产品经销商如何提升客户支持服务水平？

USAA 的营销管理

USAA 保险公司的主要业务，是向现役和退伍军人及其家庭销售车险和其他保险。通过推出消费者银行、发行信用卡、开通折扣经纪服务、提供免佣金共同基金等项目，USAA 在每个客户的业务份额上获得了显著提升，优质的服务质量使公司在业界获得了最高的客户满意度，并因此带来高用户忠诚度和大量交叉销售机会。USAA 对客户服务中心工作人员统一培训如何回答用户的投资及保险相关咨询，减少了因客服知识不全面而需要将客户转接至不同客户人员的麻烦，提高了效率。作为技术上的领先者，USAA 是首个为军队客户提供 iPhone 存款业务和视频通话服务的企业。USAA 承诺，无论客户是远程使用平板电脑、智能手机、电脑，还是前往军事基地附近的金融中心，都能根据客户的需求提供优质的服务。[1]

企业发现实体产品的差异化难度更大，进而转向服务差异化，这意味着是否能准时交货，更快更好地响应客户咨询，或者更迅速地解决客户投诉。由于了解服务的特性及其对营销人员的意义非常重要，所以本章将对服务进行分析，并探讨如何有效地进行服务营销。

10.1 服务的性质

政府部门及其下设的法院、医院、部队、警察、消防部门、邮政服务、管制机构和学校都属于服务业范畴。私有非营利部门(private nonprofit sector),如博物馆、慈善机构、大学和医院,也属于服务行业。商业领域中的航空公司、银行、酒店、保险公司、律师事务所、医疗服务中心、房地产公司,同样属于服务行业。制造行业中的一些工作人员如会计和法律人员,实质上也是服务提供者,这些服务人员构成"服务工厂",为"产品工厂"提供服务。在零售行业工作的收银员、销售人员和客户服务代表,同样都在为客户提供服务。

服务(service)是指一方向另一方提供的任何活动或行动,服务本质上是无形的,并且不会产生所有权问题。服务的生产可能和实体产品相关,也可能无关。越来越多生产商、分销商和零售商通过提供增值服务或更优质的客户服务,来实现差异化。很多服务企业也开始通过互联网联系客户,有些只开展在线服务。

10.1.1 服务组合分类

企业给用户提供的组合中,服务可以占一小部分或者一大部分。服务可分为五种类型。

1. **纯有形产品**:不带附加服务的有形产品,如肥皂、牙刷、盐等。
2. **伴随附加服务的有形产品**:比如汽车、电脑或者手机这类产品,购买的时候通常带有保修及客户服务合同。通常产品本身的技术含量越高,就越需要高质量的支持服务。
3. **混合产品服务**:企业提供比重相当的产品和服务,比如餐厅同时提供食物和就餐服务。
4. **伴随附加产品或服务的主体服务**:比如航空服务中提供零食和饮料。
5. **纯服务**:企业提供的主要是无形服务,如照顾儿童、心理咨询或按摩服务。

即使用户在接受服务之后,对某些服务的技术质量也无法评价。[2] 如图10.1所示,图左侧产品具有高搜寻质量(search quality),即用户能够在购买前对其特性进行评价;图中

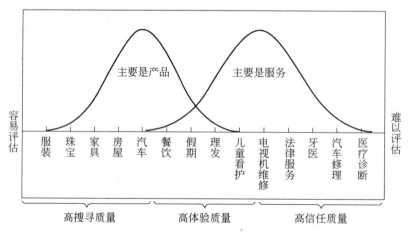

图10.1 不同类型产品的评估频谱

间的产品服务具有高体验质量(experience quality),即用户在购买之后才能对其特性进行评价;图右侧产品服务具有高信任质量(credence quality),即用户在购买使用之后,也很难对其特性进行评价。[3]

由于服务通常具有高体验质量和信任质量,因此购买时感知风险更高,会产生如下几种结果。首先,消费者通常更依靠口碑而不是企业广告来做出购买决策。其次,消费者主要依赖于价格、供应商和实体环境来判断服务质量。再次,如果对服务表示满意,消费者对服务商会产生很高的忠诚度。最后,由于更换服务商的转换成本较高,消费者会产生消费惯性,因此从竞争对手处吸引消费者富有挑战性。

10.1.2 服务的独特性

服务具有以下四个区别于产品的主要特点:无形性(intangibility)、不可分离性(inseparability)、异质性(variability)和易逝性(perishability)。

无形性 与实体产品不同,服务在购买前是看不见、摸不着、尝不了、听不见、闻不到的。例如,用户在进行整容手术之前,无法确切得知手术后的结果。为了减少不确定性,用户会根据诸如服务地点、人员、设备、宣传材料、企业标识和价格等线索,对服务质量进行判断。因此服务商的任务是对这些线索进行管理,把无形的服务有形化。[4]服务企业可以尝试通过有形线索和展示来体现其服务质量。[5]表 10.1 是对于品牌体验的通用测量,包含感官要素、情感要素、行为要素和智力要素,在服务中的应用显而易见。

表 10.1 品牌体验的维度

感官要素
- 品牌通过视觉或其他感官效果给我留下了深刻的印象。
- 我发现这个品牌在感官体验方面很有趣。
- 这个品牌在感官方面完全没有吸引力。

情感要素
- 这个品牌触发了我的一些情感和情绪。
- 我对这个品牌产生不了强烈的情感。
- 这个品牌是情感化的。

行为要素
- 在体验这个品牌的时候,我有行动上的参与。
- 这个品牌能带来身体上的体验。
- 这个品牌不是行动导向的。

智力要素
- 我在体验这个品牌时进行了很多的思考。
- 这个品牌没有引发我的思考。
- 这个品牌激发了我的好奇心和探索问题的欲望。

不可分离性 实体产品会经历生产、储存、分销、消费等一系列环节,而服务的生产和消费往往同时发生。因为客户通常在服务生产现场,因此服务商—客户的互动是服务营销的一个显著特征。服务商可以采用几种不同的战略来突破服务不可分离性的限制。首先,当客户对服务提供者有强烈偏好时,该服务提供者可提高价格以更合理地分配有限的时间。其次,服务企业还可以服务更大的客户群体,提高服务效率,培训更多服务人员,以及提高客户信心。

异质性 因为服务的质量取决于提供服务者、服务提供的时间、地点、对象等因素,所以服务具有高度的异质性。服务的消费者意识到这种潜在的异质性,因此在选择具体服务商之前,他们通常会与其他人交流或者上网搜集相关信息。为了让客户放心,一些企业会提供服务保证(service guarantees)以减少客户感知风险。[6]企业可以通过如下三个步骤对服务质量进行控制:(1)在优质员工招聘和培训方面进行投资;(2)服务流程标准化;(3)追踪顾客满意度。服务企业也可以设计营销传播信息和活动,使消费者能够在主观体验之外,对企业服务有更多了解。

易逝性 也称为不可存储性,即服务无法存储以备日后使用,因此当需求波动时,服务的易逝性就会成为问题。例如,为了适应高峰期用车需求,公共交通公司需要准备比日平均需求量更多的车辆。需求和收益管理至关重要:企业必须在合适的时间和地点以合适的价格向合适的顾客提供合适的服务,才能获得最大利润。

以下几种策略可以实现服务的供给和需求之间更好的匹配。[7]需求方(客户)可以采用的战略包括:通过差别定价将高峰期的需求转到非高峰时期(如对早场电影的低定价策略)、培养非高峰时期的需求(如麦当劳推广早餐服务)、提供可供顾客选择的补充服务(如银行提供 ATM 服务),或者采用预订系统管理需求(如航空公司)。从供给角度来看,可采用如下策略:雇用兼职人员在高峰期提供服务、让员工在高峰期只提供基本服务、提高顾客参与度(顾客购物时自助装袋)、通过共享服务来提高效率(医院可以共享医疗设备的采购),以及获取未来业务发展所需的设施。

10.2 新的服务现实

尽管服务企业营销方面曾落后于制造业,但是现在的一些服务企业已经跻身于最有能力的营销者之列。然而,由于美国的消费者对服务交付有着很高的要求,他们常感到需求并没有得到充分满足。Forrester 公司在 2013 年的一项研究中,要求消费者对 154 家企业如下方面的表现进行评价:是否能很好地满足消费者需求,在服务过程中是否能提供便利且舒适的体验。将近 2/3 的企业得到的评价仅是"一般""差"或"非常差"。就平均水平而言,零售业和酒店行业获得的评价水平最高,而互联网、健康和电视服务业提供商得到了最差的评价。[8]这仅是客户与服务商之间关系发生转换的一个信号而已。

10.2.1 顾客关系转变

智慧的服务营销人员意识到新的服务现实的重要性,比如客户授权、客户合作生产以及让员工和客户都满意。

顾客授权 客户在购买产品支持型服务方面越来越老练,迫切要求服务商提供"非捆绑式服务",以便于他们可以选择自己想要的元素,而且顾客也越来越厌烦与经营不同类型产品和设备的诸多服务商打交道。最重要的是,通过互联网,顾客只须轻点鼠标就可以将自己的评论传递到世界各地。服务体验好的客户倾向于向别人谈论好的体验,而体验差的顾客会向更多人抱怨。[9] 大多数企业都会及时响应客户抱怨,因为高效地解决客户的问题可以帮助企业赢得长期顾客忠诚。[10]

客户合作生产 事实上,顾客不仅仅是服务的购买者和使用者,他们在服务传递过程中还扮演着一个重要、积极的角色。顾客的言行会影响自己和他人的服务体验质量,还会影响到前台服务员工的工作效率。[11] 这种合作生产方式会带给员工压力,尤其当员工和顾客存在文化或者其他方面的差异时,客户的满意度会受到影响。[12] 此外,一项研究表明,大约有1/3的服务问题是由顾客自身造成的。[13]

由于服务补救总是极具挑战,因此防止服务失败至关重要。其中最大的问题之一是责任归属,顾客通常认为错在企业,即便不是如此,他们也认为企业有责任去纠正发生的任何问题。不幸的是,尽管很多企业都精心设计并有效执行补救程序来应对企业失误,它们发现,管理因用户错误或缺乏理解而造成的服务失败,难度大得多。解决方法包括:重新设计流程和顾客角色以简化服务过程;利用技术手段为顾客和员工提供帮助;提高顾客角色的清晰度、动机和能力的认知,以及鼓励顾客互相帮助。[14]

让员工和顾客满意 优秀的服务企业了解积极的员工态度能够促进用户忠诚。[15] 向员工传递顾客导向理念也能提高他们自身的工作满意度和承诺,尤其是高顾客接触服务。当员工有内在动力去(1)把顾客当上帝,(2)准确理解顾客需求,(3)和顾客建立个人关系,(4)用高质量的服务解决顾客问题时,他们在与客户接触时就会做得越来越好。[16] 了解员工的积极态度对客户满意度的重要影响之后,服务企业应当尽可能去吸引优秀员工。员工获得的是一项事业而不仅仅是一份工作,企业必须设计完善的培训计划,支持并奖励表现出色的员工,强化以顾客为中心的思想,还需要定期评估员工的工作满意度。

10.2.2 实现卓越的服务营销

随着服务行业的重要性与日递增,企业更多地聚焦于如何在服务营销领域胜出。[17] 服务业成功的营销需要涵盖如下宽广的领域:外部营销、内部营销和互动营销(见图10.2)。[18] 外

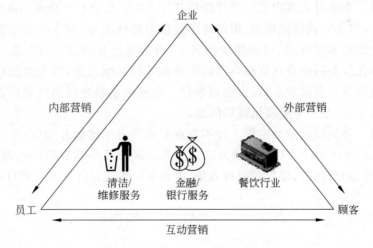

图10.2 服务营销的三种形式

部营销(external marketing)描述的是为顾客提供服务所做的准备、定价、分销、促销等常规工作。内部营销(internal marketing)描述的是对员工进行培训和激励,使他们更好地服务客户。营销部门最重要的贡献即是"可以巧妙地让组织中每一个人都参与营销活动"。[19]

互动营销(interactive marketing)描述的是员工服务客户的技能。顾客对于服务质量的评价,不仅通过技术质量(technical quality)(如外科手术是否成功),而且还要判断其功能质量(functional quality)(如外科医生是否关心并鼓励病人保持信心)。[20] 团队合作通常是互动营销的关键,而且对前台员工授权可以让服务人员有更大的灵活性和适应性,因为这样能促进问题更好地解决,增强员工合作,使得员工间的知识传递更有效率。[21]

企业需要避免过于强调技术效率,否则会降低用户的感知服务质量。[22] 有些技术方法会带来过多的标准化,而服务的传递必须是既有"高科技性"又有"高接触性"。[23] 亚马逊在网上零售方面拥有最具创新性的技术,同时它确保出现问题时,用户不必和亚马逊员工直接沟通也能得到满意解决。[24]

营销出色、管理精良的企业在如下方面都有共性:拥有战略理念、高层管理者的质量承诺、高标准、利润分层,以及服务质量监控系统和用户投诉解决系统。

战略理念 顶级的服务企业坚持客户至上的宗旨,它们对目标客户及其需求有着非常清晰的认识,并且制定明确的方案来满足客户需求。

高管承诺 USSA 和万豪酒店对自己的服务质量有着全面的承诺。企业管理者每月不仅检查财务绩效,还检查服务绩效。USAA、好事达、唐恩品牌以及甲骨文这些企业都设置首席顾客/客户官和首席体验官这类专门的高层经理职位,赋予其权力通过每一个客户交互提升客户服务质量。[25]

高标准 最好的服务提供商通常都制定很高的服务质量标准,服务质量标准必须设置在合理高度。98%的精确率标准可能听起来非常高,但根据这一比例来算,医院每天将产生40万个错误处方、每天将有300万单信件包裹丢失,或者每年会有8天断电、断电话、断网络。

利润分层 企业对大客户实行优待以使其尽可能长久地惠顾企业。能给企业带来高利润层的客户,将会得到特别优惠、促销优惠及很多特殊服务,对企业利润贡献率低的客户可能需要交纳较多的费用、得到较少的服务,或者通过自动语音而非人工来回复其咨询。提供差异化服务的企业在宣称自己的优质服务时必须谨慎,因为得到较少服务的顾客可能会对企业进行恶意攻击,损害公司名誉。如何提供服务以同时确保客户满意程度和企业利润最大化,是一个极富挑战的问题。

监督系统 顶尖的企业会定期审计本企业和竞争对手的服务绩效,通过收集顾客之声(voice of the customer,VOC)测量方法探索用户满意或不满意的影响因素,通过比较购物、神秘顾客、用户调查、建议和投诉表单、服务审计和顾客信件等方式对服务表现进行监督。

营销洞察

改善企业呼叫中心

很多企业已经深切体验到自主权更多的顾客无法再容忍糟糕的服务。Sprint 和 Nextel 两个通信公司合并之后,把呼叫中心作为成本中心进行管理,而非提高顾客忠诚的渠道。与顾客通话时间短曾经成为奖励员工的标准,当管理层甚至连员工上洗手间的时间都开始监控时,员工士气大为下降。客户流失一发不可收拾,因此 Sprint Nextel 任命了企业史上第一位首席服务官,并对客户首次来电就能解决问题的员工进行奖励。

有些企业如 AT&T、摩根大通和 Expedia 将呼叫中心建在了菲律宾而不是印度,因为菲律宾人的英语口语更为标准,而且更容易融入美国文化。有些企业更为聪明,对连接到离岸呼叫中心的电话,会把其中问题复杂的电话再转接至国内优秀的客服代表。有些企业利用大数据为用户匹配最合适的呼叫中心客服代表,满足其需求。这些企业采用在线约会站点的类似方法,通过先进的分析技术对用户交易信息和人口统计信息进行分析,检测客服代表平均接线时间及销售效率,实时地对顾客和客服代表进行最优匹配。

解决顾客投诉 平均 40% 的顾客在体验了糟糕的服务之后会终止与该公司之间的业务。[26] 事实证明,那些鼓励不满意顾客进行投诉,并授权员工实地解决问题的企业,相比那些缺少系统的措施来处理服务失败问题的企业,能够获取更高的收入和利润。[27] 顾客会根据所得到的处理结果、处理流程,以及在处理过程中的人际互动,对服务投诉事件进行评价。[28] 同时企业也在改进呼叫中心和客服代表的质量,以更好地应对顾客投诉(见"营销洞察:改善企业呼叫中心")。

10.2.3 服务差异化

卓越营销要求营销人员对品牌实行持续地差异化策略,以使其不被视为无差异商品。顾客期望获得的是基本服务包,服务商还可以增加辅助服务功能。在酒店行业,各连锁酒店已经引入了诸如商品销售、免费早餐和忠诚度计划这类辅助服务。

创新在任何行业都至关重要[29],并且能带来很大回报。例如,Ticketmaster 公司推出互动选座地图,客户可以自行选择座位,而不是传统的系统分配"最佳可选座位"功能,这一创新使得潜在购买者向实际购买者的转换率从 25% 增长到 30%。如果能说服一位购买演出票的观众在其 Facebook 朋友圈分享一条信息"我正要去观看……",则能够带来平均 5 美元的演出票销售额增加,添加观看评论能够使用户转化率翻倍。[30]

10.3 服务质量管理

企业的每一次服务都是让用户对其服务质量的检验。一项研究表明 800 多个关键行为会导致用户更换服务商,表 10.2 中将这些行为归为 8 类。[31] 最近的一项研究对顾客更希望企业测量的服务维度进行了调查,其中"知识丰富的前台员工"和"一次性解决问题的能力"这两项位列榜首。[32] 服务质量管理中两个重要的方面是顾客期望管理和纳入自助服务技术。

表 10.2 顾客更换服务商的因素分类

定价	对服务失误的响应
• 高价格	• 消极回应
• 价格上涨	• 无回应
• 不公平定价	• 勉强回应
• 欺诈定价	竞争
不便捷	• 发现更好的服务
• 地点/时间	道德问题
• 等候预约	• 欺诈
• 等候服务	• 强行推销
核心服务失误	• 安全隐患
• 服务差错	• 利益冲突
• 账单错误	服务接触失误
• 服务灾难	• 不关心
非自愿更换商家	• 不礼貌
• 客户搬家	• 没有响应
• 供应商倒闭	• 不知晓业务

10.3.1 顾客期望管理

用户对服务质量的期望是由服务体验、口碑和广告宣传等因素共同作用形成的。用户通常会把感知服务（perceived service）和期望服务（expected service）进行比较，如果感知服务达不到期望的水平，用户则会失望。成功的企业会在服务中增加附加利益，不仅让顾客满意，而且因超出顾客预期而带给顾客惊喜。[33] 图 10.3 所示的服务质量模型中展示了导致服务失误的五个差距。[34]

1. **消费者期望与管理者感知之间的差距**。管理者并不总能正确地感知用户需求。例如，医院管理者可能认为病人想要更好的伙食，而病人可能更关心护士的响应能力。

2. **管理者感知与服务质量规范之间的差距**。管理者或许能够正确感知用户需求，但并没有设置绩效标准。例如，医院的管理者可能告诉护士服务要"快"，却没有具体的时间标准。

3. **服务质量规范与服务交付之间的差距**。员工可能会缺乏训练、能力不足或不愿遵循标准，从而与标准产生冲突，比如花时间倾听客户和快速响应服务。

4. **服务交付与外部传播之间的差距**。顾客期望会受到公司的宣传广告内容的影响。如果医院的宣传册上展示了一个漂亮的病房，但是病人入住后却发现房间简陋，这就是外部沟通使顾客期望产生了偏差。

5. **感知服务与期望服务之间的差距**。此差距的产生是因为客户可能会对服务质量产生误解。例如，医生出于对病人的关心会经常探视询问，但是病人可能会觉得这意味着自己的病情加重了。

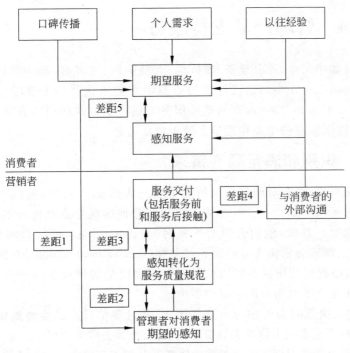

图 10.3　服务质量模型

基于此服务质量模型,研究人员识别出服务质量的五个决定因素。这些因素按照重要性程度排序为:可靠性、响应性、保证性、共情性和有形性。[35]研究人员还注意到存在一个可容忍区域(zone of tolerance),在此区域范围内,消费者对于服务质量的感知被认为是满意的。容忍区域的下边界是消费者愿意接受的最低服务水平,上边界是消费者相信企业能够并且应该提供的服务水平。

很多方面已经证实,消费者期望对于消费者理解和评价所接受的服务以及双方长期关系的维系非常重要。[36]消费者做决定往往具有前瞻性,通过企业的服务及互动来判断是否继续这段服务关系。任何对现在或可预见未来产生影响的营销活动,都有助于巩固企业和顾客之间的服务关系。

10.3.2　自助服务技术

消费者很看重服务的便利性[37],人与人之间很多面对面的服务互动正逐渐被自助服务技术(SST)所替代,使得服务更加便利。这种自助服务技术的应用包括传统的自动售货机、自动柜员机(ATM)、加油站的自助加油、酒店的自助结账,以及各种互联网应用,比如在线购票。并非所有的自助服务技术都改善了服务质量,但它们能使服务过程更加准确、方便、快捷,显然还能降低成本。技术公司 Comverse 的预估数据显示,通过呼叫中心每答复一次用户咨询的成本为 7 美元,而通过在线的形式成本仅为每次 10 美分。[38]

因此,要想把技术和人力进行成功整合,需要对前端进行全面重组,明确人力和机器分别最适合做什么,如何有效地利用两者的独立效用和聚合效用。[39]消费者必须明确自己在此过程中的角色。

10.4 管理产品支持服务

设备生产商如小家电、办公设备、拖拉机、大型主机、飞机等,都必须提供产品支持服务(product-support services),这已经成为企业争夺竞争优势的主战场。一些设备生产商,如 Caterpillar 和 John Deere,都从这些服务中获得了可观利润。[40] 在全球市场,那些产品质量好,但当地服务差的企业在竞争上处于极度劣势。

10.4.1 识别和满足顾客需求

从传统意义来说,顾客对产品的支持服务有三大顾虑。[41] 首先,他们担心产品的可靠性和故障率(failure frequency)。一个农民可以容忍他的联合割草机一年坏一次,而无法忍受一年坏两三次。其次,他们会担心停机时间(downtime),停机时间越长,成本就越高,这就是为什么顾客会依赖卖方的服务可靠性(service dependability),即能够快速修复机器或至少能暂时提供代用品的能力。第三个问题就是实付成本(out-of pocket costs),即顾客需要在常规的维护和修理上花费多少。

买家在做购买决策时会考虑所有这些因素,并且要估计产品**生命周期成本**(life-cycle cost),即产品的购买成本加上维修保养费用的现值,再减去残值的现值。为了提供最好的支持服务,生产商必须能够识别顾客最看重的服务及其相对重要性。对于价格昂贵的设备,生产商通常会提供便利服务(facilitating service),如安装、人员培训、维修保养服务以及融资服务。生产商还可能提供超出产品功能和性能的增值服务(value-augmenting service)。

生产商以不同的方式提供产品支持服务,并收取相关费用。比如一家化学公司提供标准化产品附加基本服务。如果客户想要更多服务,可以选择支付额外的费用,或者增加年度购买量来获得更高水平的服务。很多企业会提供服务合同(service contracts)(也称为延长保修,extended warranties),客户签署合同即可在指定的时间内以固定的价格获得维修保养服务。

产品生产商在开发服务时,必须理解自身的战略意图和竞争优势:服务部门是支持或保护现有产品业务,或是发展为一个独立平台?竞争优势是来自规模经济还是技术(智慧)经济?[42]

10.4.2 售后服务策略

不同企业客户服务部门的服务质量往往存在很大差异,其中,一种极端情况是,简单地把顾客电话转接到相关部门的人员进行处理,几乎没有对后续进展的跟进。另一个极端则是,顾客服务部门热心听取客户的需求、建议甚至投诉,并迅速处理和解决问题。有些企业甚至在销售完成之后,主动联系客户来提供服务。[43]

生产商的售后服务通常是从自建零部件和服务部门开始,它们希望近距离跟踪设备使用情况并了解出现的问题。同时它们也发现培训其他人提供服务耗时耗力且成本高,如果本企业是客户唯一零部件供应商,则能够收取更高的价格。事实上,很多生产商对设备的定价较低,而对配件和服务收取高价获得补偿。

随着时间的推移,生产商更多地把维修服务授权给分销商和经销商,因为这些中间商离用户更近，而且分布范围更广，能够提供更快捷的服务。之后又出现了独立的服务企业，以更低的价格提供更高效的服务。目前，相当大比重的汽车服务都是由授权经销商之外的独立汽车维修店提供，如 Midas Muffler 和 Sears 连锁店。这些独立的服务商能够处理主控设备、通信设备以及其他各种设备出现的问题。

然而，随着客户对服务商的选择日益增多，设备生产商越来越急迫地需要找出如何不依赖服务合同而是从设备上赚钱。目前一些新车的保修里程达10万英里，随着可置换零配件和不易损坏的设备越来越多，顾客越来越不情愿每年为售后服务支付占购置价2%~10%的费用。一些企业客户发现，现场配备自己的服务人员可能是更加经济的选择。

本章总结

服务是一方向另一方提供的任何活动或行动，本质上是无形的，并且不会产生所有权问题。服务的生产可能和实体产品相关，也可能无关。服务有以下五种类型：(1)纯有形产品；(2)伴随附加服务的有形产品；(3)混合产品服务；(4)伴随附加产品或服务的主体服务；(5)纯服务。服务是无形的、不可分离的、异质的和易逝的。营销人员需要寻找各种方法，增加无形服务的有形性，提高服务提供商的生产效率，提高服务标准化程度和质量，使市场需求与服务供应达到匹配。

由于顾客授权、客户合作生产、让员工和顾客都满意这些新需求的出现，使得服务营销面临新的局面。实现卓越的服务营销需要外部营销、内部营销和互动营销的有机融合。顶尖的服务企业往往在如下方面都有着出色的表现：拥有战略理念、高层管理者的质量承诺、高标准、自助技术、利润分层、服务绩效监控系统和用户投诉处理系统。这些企业还通过提供基本服务和辅助服务以及持续创新，来实现品牌差异化。优质的服务还需要对顾客期望进行管理，并结合自助服务技术。有形产品生产商应当识别并满足顾客的服务需求，提供相应的售后服务。

注释

1. John Adams, "How USAA Innovates Online Banking," *American Banker*, September 1, 2012; David Rohde, "In the Era of Greed, Meet America's Good Bank: USAA," *The Atlantic*, January 27, 2012; Jena McGregor, "USAA's Battle Plan," *Bloomberg BusinessWeek*, March 1, 2010; "Customer Service Champs," *BusinessWeek*, March 5, 2007; Allison Enright, "Serve Them Right," *Marketing News*, May 1, 2006; Mike W. Thomas, "USAA Reports Mid-Year Growth," *San Antonio Business Journal*, July 28, 2014, www.bizjournals.com.

2. Valarie A. Zeithaml, "How Consumer Evaluation Processes Differ between Goods and Services," J. Donnelly and W. R. George, eds., *Marketing of Services* (Chicago: American Marketing Association, 1981), pp. 186–90.

3. Jin Sun, Hean Tat Keh, and Angela Y. Lee, "The Effect of Attribute Alignability on Service Evaluation: The Moderating Role of Uncertainty," *Journal of Consumer Research* 39 (December 2012), pp. 831–47.

4. Theodore Levitt, "Marketing Intangible Products and Product Intangibles," *Harvard Business Review*, May–June 1981, pp. 94–102; Leonard L. Berry, "Services Marketing Is Different," *Business*, May–June 1980, pp. 24–29.

5. B. H. Booms and M. J. Bitner, "Marketing Strategies and Organizational Structures for Service Firms," J. Donnelly and W. R. George, eds., *Marketing of Services* (Chicago: American Marketing Association, 1981), pp. 47–51.

6. Rebecca J. Slotegraaf and J. Jeffrey Inman, "Longitudinal Shifts in the Drivers of Satisfaction with

Product Quality: The Role of Attribute Resolvability," *Journal of Marketing Research* 41 (August 2004), pp. 269–80.

7. W. Earl Sasser, "Match Supply and Demand in Service Industries," *Harvard Business Review,* November–December 1976, pp. 133–40.

8. David Roe, "Forrester's Customer Experience Index: The Good, The Bad and the Poor," www.cmswire.com, January 17, 2013; "The Emerging Role of Social Customer Experience in Customer Care," www.lithium.com, May 2013; "The State of Customer Experience, 2012," white paper, Forrester Research, Inc., April 24, 2012; Josh Bernoff, "Numbers Show Marketing Value in Sustaining Good Customer Service," *Advertising Age,* January 17, 2011.

9. Elisabeth Sullivan, "Happy Endings Lead to Happy Returns," *Marketing News,* October 30, 2009, p. 20.

10. Matthew Dixon, Karen Freeman, and Nicholas Toman, "Stop Trying to Delight Your Customers," *Harvard Business Review,* July–August 2010, pp. 116–22.

11. Chi Kin (Bennett) Yim, Kimmy Wa Chan, and Simon S. K. Lam, "Do Customers and Employees Enjoy Service Participation? Synergistic Effects of Self- and Other-Efficacy," *Journal of Marketing* 76 (November 2012), pp. 121–40; Zhenfeng Ma & Laurette Dubé, "Process and Outcome Interdependency in Frontline Service Encounters," *Journal of Marketing* 75 (May 2011), pp. 83–98; Stephen S. Tax, Mark Colgate, and David Bowen, "How to Prevent Your Customers from Failing," *MIT Sloan Management Review* (Spring 2006), pp. 30–38.

12. Kimmy Wa Chan, Chi Kin (Bennett) Yim, and Simon S. K. Lam, "Is Customer Participation in Value Creation a Double-Edged Sword? Evidence from Professional Financial Services Across Cultures," *Journal of Marketing* 74 (May 2010), pp. 48–64.

13. Valarie Zeithaml, Mary Jo Bitner, and Dwayne D. Gremler, *Services Marketing: Integrating Customer Focus across the Firm,* 6th ed. (New York: McGraw-Hill, 2013).

14. Rachel R. Chen, Eitan Gerstner, and Yinghui (Catherine) Yang, "Customer Bill of Rights Under No-Fault Service Failure: Confinement and Compensation," *Marketing Science* 31 (January/February 2012), pp. 157–71; Michael Sanserino and Cari Tuna, "Companies Strive Harder to Please Customers," *Wall Street Journal,* July 27, 2009, p. B4.

15. James L. Heskett, W. Earl Sasser Jr., and Joe Wheeler, *Ownership Quotient: Putting the Service Profit Chain to Work for Unbeatable Competitive Advantage* (Boston, MA: Harvard Business School Press, 2008).

16. D. Todd Donovan, Tom J. Brown, and John C. Mowen, "Internal Benefits of Service Worker Customer Orientation," *Journal of Marketing* 68 (January 2004), pp. 128–46.

17. Frances X. Frei, "The Four Things a Service Business Must Get Right," *Harvard Business Review,* April 2008, pp. 70–80.

18. Christian Gronroos, "A Service-Quality Model and Its Marketing Implications," *European Journal of Marketing* 18 (1984), pp. 36–44.

19. Detelina Marinova, Jun Ye, and Jagdip Singh, "Do Frontline Mechanisms Matter? Impact of Quality and Productivity Orientations on Unit Revenue, Efficiency, and Customer Satisfaction," *Journal of Marketing* 72 (March 2008), pp. 28–45.

20. Christian Gronroos, "A Service-Quality Model and Its Marketing Implications," *European Journal of Marketing* 18 (1984), pp. 36–44.

21. Ad de Jong, Ko de Ruyter, and Jos Lemmink, "Antecedents and Consequences of the Service Climate in Boundary-Spanning Self-Managing Service Teams," *Journal of Marketing* 68 (April 2004), pp. 18–35; Michael D. Hartline and O. C. Ferrell, "The Management of Customer-Contact Service Employees," *Journal of Marketing* 60 (October 1996), pp. 52–70; Christian Homburg, Jan Wieseke, and Torsten Bornemann, "Implementing the Marketing Concept at the Employee-Customer Interface," *Journal of Marketing* 73 (July 2009), pp. 64–81; Chi Kin (Bennett) Yim, David K. Tse, and Kimmy Wa Chan, "Strengthening Customer Loyalty through Intimacy and Passion," *Journal of Marketing Research* 45 (December 2008), pp. 741–56.

22. Roland T. Rust and Ming-Hui Huang, "Optimizing Service Productivity," *Journal of Marketing* 76 (March 2012), pp. 47–66.

23. Linda Ferrell and O.C. Ferrell, "Redirecting Direct Selling: High-touch Embraces High-tech," *Business Horizons* 55 (May 2012), pp. 273–81.

24. Heather Green, "How Amazon Aims to Keep You Clicking," *BusinessWeek,* March 2, 2009, pp. 34–40.

25. Paul Hagen, "The Rise of the Chief Customer Officer," *Forbes,* February 16, 2011.

26. Dave Dougherty and Ajay Murthy, "What Service Customers Really Want," *Harvard Business Review,* September 2009, p. 22; for a contrarian point of view, see Edward Kasabov, "The Compliant Customer," *MIT Sloan Management Review* (Spring 2010), pp. 18–19.

27. Jeffrey G. Blodgett and Ronald D. Anderson, "A Bayesian Network Model of the Customer Complaint Process," *Journal of Service Research* 2 (May 2000), pp. 321–38.

28. Stephen S. Tax, Stephen W. Brown, and Murali Chandrashekaran, "Customer Evaluations of Service

Complaint Experiences: Implications for Relationship Marketing," *Journal of Marketing* 62 (April 1998), pp. 60–76.
29. Thomas Dotzel, Venkatesh Shankar, and Leonard L. Berry, "Service Innovativeness and Firm Value," *Journal of Marketing Research* 50 (April 2013), pp. 259–76.
30. Eric Savitz, "Can Ticketmaster CEO Nathan Hubbard Fix the Ticket Market," *Forbes*, February 18, 2011.
31. Susan M. Keaveney, "Customer Switching Behavior in Service Industries: An Exploratory Study," *Journal of Marketing* 59 (April 1995), pp. 71–82.
32. Dave Dougherty and Ajay Murthy, "What Service Customers Really Want," *Harvard Business Review*, September 2009, p. 22.
33. Roland T. Rust and Richard L. Oliver, "Should We Delight the Customer?," *Journal of the Academy of Marketing Science* 28 (December 2000), pp. 86–94.
34. A. Parasuraman, Valarie A. Zeithaml, and Leonard L. Berry, "A Conceptual Model of Service Quality and Its Implications for Future Research," *Journal of Marketing* 49 (Fall 1985), pp. 41–50. See also Michael K. Brady and J. Joseph Cronin Jr., "Some New Thoughts on Conceptualizing Perceived Service Quality," *Journal of Marketing* 65 (July 2001), pp. 34–49.
35. Leonard L. Berry and A. Parasuraman, *Marketing Services: Competing through Quality* (New York: Free Press, 1991), p. 16.
36. Roland T. Rust and Tuck Siong Chung, "Marketing Models of Service and Relationships," *Marketing Science* 25 (November–December 2006), pp. 560–80; Katherine N. Lemon, Tiffany Barnett White, and Russell S. Winer, "Dynamic Customer Relationship Management: Incorporating Future Considerations into the Service Retention Decision," *Journal of Marketing* 66 (January 2002), pp. 1–14.
37. Leonard L. Berry, Kathleen Seiders, and Dhruv Grewal, "Understanding Service Convenience," *Journal of Marketing* 66 (July 2002), pp. 1–17.
38. "Help Yourself," *Economist*, July 2, 2009, pp. 62–63.
39. Jeffrey F. Rayport and Bernard J. Jaworski, *Best Face Forward* (Boston: Harvard Business School Press, 2005); Jeffrey F. Rayport, Bernard J. Jaworski, and Ellie J. Kyung, "Best Face Forward," *Journal of Interactive Marketing* 19 (Autumn 2005), pp. 67–80; Jeffrey F. Rayport and Bernard J. Jaworski, "Best Face Forward," *Harvard Business Review*, December 2004, pp. 47–58.
40. Eric Fang, Robert W. Palmatier, and Jan-Benedict E. M. Steenkamp, "Effect of Service Transition Strategies on Firm Value," *Journal of Marketing* 72 (September 2008), pp. 1–14.
41. Mark Vandenbosch and Niraj Dawar, "Beyond Better Products: Capturing Value in Customer Interactions," *MIT Sloan Management Review* 43 (Summer 2002), pp. 35–42.
42. Byron G. Auguste, Eric P. Harmon, and Vivek Pandit, "The Right Service Strategies for Product Companies," *McKinsey Quarterly* 1 (2006), pp. 41–51.
43. Goutam Challagalla, R. Venkatesh, and Ajay K. Kohli, "Proactive Postsales Service: When and Why Does It Pay Off?," *Journal of Marketing* 73 (March 2009), pp. 70–87.

第 11 章

制定定价策略与方案

本章将解决下列问题：

1. 消费者如何处理和评估价格？
2. 企业如何确定初始价格？
3. 企业应如何调整价格以适应变化的环境和机遇？
4. 企业应何时以什么方式调整价格与应对竞争对手的价格变化？

瑞安航空公司的营销管理

瑞安航空是欧洲的一家廉价航空公司，其利润极大地归功于革命性的商业模式。创始人迈克尔·奥莱利（Michael O'Leary）采用零售商式的思维，除了座位之外，其他东西几乎都向乘客收费。现在瑞安航空1/4的座位是免费的，奥莱利希望五年内免费座位数翻倍，最终目标是所有座位都免费。目前单程平均航运费约52美元，乘客只需要再支付10~24美元的税费。除此之外的其他任何服务都需要额外收费，例如行李托运（每件行李9.5美元），食物（热狗每个5.5美元，水3.5美元）。其他战略也都聚焦于削减开支和创造额外利润。公司99%以上的机票通过在线渠道销售，网站同时提供旅游保险、酒店预订、滑雪套餐和汽车租赁服务。每年有580万人乘坐瑞安航空的飞机，航线覆盖150多个机场。瑞安的净利润率达25%，是美国西南航空公司（7%）的三倍还多。一些行业权威甚至将瑞安比作"装上翅膀的沃尔玛"！[1]

价格是营销组合中唯一创造收入的要素，其他要素都只产生成本。价格水平也传递了企业对其产品或品牌的价值定位。但是新的经济现实使得消费者对其愿意支付的产品进行重新估价，因此企业需要更加谨慎地审视自己的价格策略。价格制定者在做定价决策时，必须考虑包括企业、顾客、竞争对手和市场环境在内的诸多因素。本章我们将探讨定价概念及工具，以帮助企业设定初始价格及动态地调整价格。

11.1 理解定价

价格并非只是标签上的一个数字。价格以多种形式存在,功能各异,比如租金、学费、车票、小费、利率、通行费和手续费等。价格同样包含多种要素。纵观历史,价格通常由卖方和买方协商确定。19世纪末,伴随着大规模零售业的发展,出现了对所有购买者统一价格这种相对现代的理念。蒂芙尼等公司大力宣传"严格的单一价格政策",因为这些公司经营的商品项太多,同时需要管理大量员工。

11.1.1 数字世界的定价

从传统上来看,价格是购买者做选择的一个主要决定因素。个人消费者和企业采购代理商如果能够获取价格信息及价格折扣,则降价压力就会转向零售商,零售商继续把这个压力转移给生产商,最终结果则是形成一个以高折扣和促销为特征的市场。

来自经济环境变化的这种下行降价压力,与技术环境的一些长期变化趋势类似。近年来,互联网已经改变了买卖双方的互动方式。买方能够比较成千上万商家的实时价格,能够核查价格,还能够自定义价格,甚至获得免费产品。卖方则能够监测顾客行为,为每位顾客定制产品,给予特定顾客特殊价格。买卖双方还可以在在线拍卖和交易平台上协商价格,或者面对面议价。

11.1.2 变化的定价环境

2008—2009年的严重经济衰退、缓慢复苏和快速的技术进步,在一定程度上使得企业定价行为发生了显著变化。不过新"千禧一代"也带来了新的消费态度和价值观。这一代人(1977—1994年出生的人)往往承担着助学贷款和其他财务压力,他们会重新考虑哪些是他们真正需要拥有的,通常选择租赁、借用和共享等方式满足需求。

一些人认为,这些新的行为方式创造了新的**共享经济**(sharing economy),也就是消费者通过与他人共享自行车、汽车、衣服、沙发、公寓、工具甚至技能,从他们已经拥有的物品中获取更多价值。正如一个从事共享业务的企业家所说,"我们正从一个围绕所有制组织的世界,转移到一个以资产使用途径组织的世界中去。"在共享经济时代,人们可以既是消费者又是生产者,从两种身份获益。[2]信任和好声誉在任何交易中都至关重要,但在共享经济中则更是必不可少。从事共享相关业务的大多数平台都有不同形式的自我管理机制,例如信息公开、评价系统,或者链接到Facebook等社交媒体。

11.1.3 企业如何定价

小公司里价格往往由老板决定;在大企业,价格由部门经理和产品经理共同制定。即便如此,高层管理人员也要制定总的定价目标和政策,并对下层管理人员所提议的价格进行审批。

在一些行业(例如铁路和石油公司)价格是关键因素,企业通常会设立定价部门,负责价格制定或者协助其他部门确定恰当的价格。这个部门需要向营销部、财务部和高层管理部门报告。研究表明,在 B2B 情境中,如果定价权在销售、营销和财务部门间水平传播,或者当个体销售人员、团队和中央管理层间的集权和授权达到平衡时,定价效果会得到改善。[3]

定价中存在的普遍问题包括:价格的调整常常不足以应对市场变化;将价格置于其他营销要素之外独立定价,而不是把价格作为市场定位战略中的一个因素来整合考虑;没有根据不同的产品、细分市场、分销渠道和购买时机来充分调整价格。对任何组织而言,价格战略的有效设计和实施,都需要充分理解消费者价格心理,并有一套制定、调整和改变价格的系统方法。

11.1.4 消费者心理与定价

营销人员认识到,消费者会经常主动地对价格信息进行加工,根据以往购买经验、正式传播渠道(广告、电话销售和宣传册等)、非正式传播媒介(朋友、同事或家庭成员)、销售点或网络资源以及其他因素对价格进行解释。[4]消费者做购买决策是基于其对价格的心理感知,认为当前实际价格应为多少,而并非营销人员声明的价格。消费者心里可能会有一个价格下限,低于这个价格就表示较差或无法接受的质量;同时消费者心里也有一个价格上限,高于这个价格就会使消费者望而却步,认为商品不值得购买。

以下是了解消费者如何感知价格的三个关键方面。

- **参考价格**(reference prices)。虽然消费者可能已经相当了解价格范围,但意外的是很少有人能够准确地回想起产品的具体价格。[5]选购商品时,消费者仍然经常会使用参考价格,将产品的销售价格与内部参考价格(记忆中的价格),或外部参考框架(如公布的"常规零售价")进行比较。[6]依据这种心理,营销人员通过公布一个较高的生产商建议价格,暗示产品初始价格更高;或者指出竞争对手的高价,暗示消费者将此作为参考价格。[7]聪明的营销人员会将价格定在最能彰显其产品价值的水平上。对于相对昂贵的商品,当用更小的单位来表示时,价格会显得实惠一些,例如"年费 500 美元"就比"每月低于 50 美元的会员费"看上去更贵,虽然年消费总额相同。[8]

- **价格质量推断**(price-quality inferences)。许多消费者认为价格水平预示着质量高低。例如,形象定价对于个体自我敏感度高的产品如香水、豪华车和名牌服装尤为有效。当消费者能获得体现真实质量的信息时,价格作为质量的指示器作用就没有那么重要了。对于追求独特性的奢侈品消费者而言,价格越高,他们会认为能负担得起的顾客会越少,那么市场需求量反而会越大。[9]

- **价格尾数**(price endings)。对于标价 299 美元的商品,顾客感知的价格范围是 200 多美元而非 300 美元。消费者更趋向于"从左到右"看价格,而不是四舍五入。[10]如果消费者的心理价位打破了四舍五入后较高的整数价格,那么如何理解这种尾数定价则非常重要。以"9"为价格尾数定价较为普遍,一种解释是这种定价暗示着折扣或者便宜。因此,如果企业形象需要定位在高价格水平,就应该尽量避免奇数尾数的定价策略。[11]

11.2 制定价格

当企业开发新产品、向新的分销渠道或者地区推广常规产品、为新合同竞标时,都需要制定价格。企业必须明确产品在质量和价格上的定位。

企业通过设计品牌战略,向消费者传递产品或服务不同的质量—价格层级。[12] 如果企业有多个价格点,则能覆盖更多市场,也能让消费者有更多选择。"营销洞察:趋优消费、趋低消费、转换消费"描述了近年来消费者在支出上的变化。

在制定价格策略时,企业必须考虑诸多因素[13],表 11.1 总结了定价流程的六个步骤。

营销洞察

趋优消费、趋低消费、转换消费

迈克尔·西尔弗斯坦(Michael Silverstein)和尼尔·菲斯克(Neil Fiske)在《奢华正在流行:新奢侈时代的制胜理念》一书中,通过对一些中产阶级消费者的定期观察,发现了"趋优消费"的趋势,即购买"新奢侈"商品和服务。所谓"新奢侈"也就是比其他同类产品有着更高的质量、品位和声望,但也不至于贵得遥不可及。

新奢侈商品的三种主要类型包括:

- 可获得的超优质商品,虽然和同类商品比价格溢价较高,但仍然属于相对定价较低、可支付得起的商品类别,如可特美味薯片。
- 传统奢侈品牌延伸,即保持了其奢侈品牌的根本,但在价格上却又向大众产品靠拢,如梅德赛斯-奔驰 C 系列。
- 新奢华主义大众商品,基于情感定价,价位介于中产市场品牌和超优质传统奢侈品牌之间,如科颜氏护肤品。

对于这些有情感倾向的品牌,消费者向上趋优消费;而对于日常用品,消费者则往往趋低消费,购买以质量和功能为主的折扣产品。近期低迷的经济推动了趋低消费的流行。随着经济的复苏,消费者不愿再推迟消费,因此零售行业销售额会增加。趋优和趋低消费会持续,但是同时会伴随着"转换消费",即消费者从某买一种商品转为购买另一种商品,例如,一个消费者购买了新的家庭影院设备而不是新车。

表 11.1 定 价 步 骤

1. 选择定价目标
2. 确定需求
3. 估算成本
4. 分析竞争对手成本、价格及产品
5. 选择定价方法
6. 确定最终价格

11.2.1 第一步：选择定价目标

企业的五个主要定价目标为：生存、当期利润最大化、市场份额最大化、市场撇脂最大化和产品质量引领者。当企业面临产能过剩、激烈的竞争或消费者需求变化时，维持生存就成为企业的主要目标。只要价格能够覆盖可变成本和一部分固定成本，企业业务就能维持。为实现当期利润最大化，企业需要对若干可选价格的相关需求和成本进行预测，并从中选择能创造最大当前利润、现金流或者投资回报率的价格。但在这种情形下，其他营销组合要素、竞争对手的反应和法律对价格的约束等问题会被忽视，从而牺牲企业的长期利益。

追求市场份额最大化的企业认为，销售量越大，产品的单位成本越低，企业的长期利润就越高。假定市场对价格敏感的情况下，企业可通过**市场渗透定价法**（market penetration pricing），将价格定到最低。这种策略的适用条件是：(1)市场对价格高度敏感，低价可以促使市场增长；(2)随着生产经验的累积，产品生产和分销成本降低；(3)低价能够阻止现实和潜在的竞争。

企业推出新技术时喜欢制定高价以"攫取"首批用户的高额利润，实现市场撇脂最大化。**市场撇脂定价法**（market-skimming pricing）是指开始时将价格定得很高，然后随时间推移逐渐降价。市场撇脂定价法的适用条件是：(1)有足够的购买者和高需求；(2)小批量生产的单位成本不能过高，能够抵消因高价而造成的购买量减少；(3)较高的初始价格不会吸引更多竞争者进入该市场；(4)高价能传达优质的产品形象。

一些企业可能会致力于成为市场中的产品质量引领者（product-quality leader）。[14] 许多品牌力争成为"平价奢侈品"——以高感知质量、品位和地位为特点，价格又不至于高到遥不可及的产品或服务。

非营利组织和公共机构可能会有其他定价目标。例如一所大学的目标是抵消部分成本，因为它必须依靠私人馈赠和公共资助来覆盖其剩余成本。一家非营利医院可能以回收全部成本作为其定价目标，非营利影院则可能以上座率最大化为定价目标。

11.2.2 第二步：确定需求

不同的价格会导致不同水平的需求量，从而对公司的营销目标产生不同影响。价格和需求之间的关系可以用需求曲线来表示。一般情况下，两者是负相关关系：价格越高，需求越少。但对于一些声望商品，需求曲线的斜率有时候也会为正。因为有些消费者认为价格越高，商品越好。但是，如果价格定得过高，需求也会下降。

价格敏感度 需求曲线表示在不同的价格水平下，市场可能的购买数量，体现的是价格敏感度（price sensitivity）各异的大量消费者对价格反应的总和。对需求进行估计的第一步就是要理解影响价格敏感度的因素。一般来说，顾客对低价或者不经常购买的商品价格敏感度较低。如下情况也会让顾客对价格的敏感度降低：(1)市场上几乎没有替代品或竞争对手；(2)消费者尚未注意到价格变高；(3)消费者改变购买习惯的速度很慢；(4)消费者认为提高价格是有道理的；(5)在商品生命周期内，销售价格仅占产品获得、使用和维护保养这些总支出中很小的一部分。

如果销售人员能够使消费者确信企业给出的是最低的所有权总成本（total cost of ownership，TCO），就能成功地比竞争者要价更高。营销人员常把服务作为产品销售的一项激励，而不是可以收费的增值项。事实上，价格战略专家汤姆·纳格尔（Tom Nagle）就曾指出，制造商最常犯的错误就是通过提供服务来实现产品差异化，却不对服务收费。[15]

估计需求曲线 大部分企业采用不同的方法估计需求曲线（demand curves）。有些使用调查法了解消费者在不同的价格水平上愿意购买的商品数量。然而，消费者在面对较高的价格时可能有意低估自己的购买意愿，以阻止企业定价过高，同时他们也可能夸大购买新产品或服务的意愿。[16] 另一种估计需求曲线的方法是价格试验，给同一商店中的不同商品制定多种价格，或者在类似区域内对同一商品设定不同价格，以观察价格变化如何影响销售。另外，对过去价格、销量和其他因素进行统计分析，也可以揭示价格和需求之间的关系。

在测量价格和需求之间的关系时，市场调研人员必须对可能影响需求的其他因素加以控制，例如竞争对手的反应会产生影响。[17] 如果企业同时改变了价格以及其他营销组合要素，则很难分离出价格这一要素产生的独立影响。

需求的价格弹性 营销人员需要了解需求对价格变化的反应有多敏感或者灵活。价格有小变化时，如果需求几乎不变化，那就是缺乏弹性（inelastic）；如果需求变化相当大，那就是富有弹性（elastic）。每一百分比价格下降引起的需求增加量越多，弹性就越大。如果需求是富有弹性的，企业可以考虑降低价格来创造更多的总收益。只要生产和销售产品的单位成本是成比例增长的，这个方法就适用。

需求的价格弹性（price elasticity of demand）取决于预期价格变化的幅度和方向。价格变化小时，可能微不足道；而价格变化大时，则可能会对需求产生很大影响。价格上涨和价格下降引发的价格弹性可能不一样，甚至可能在一个区间内价格变化对需求基本没有影响。长期价格弹性和短期价格弹性也有所区别。价格上涨后，消费者可能继续购买现有供应商的产品，但是最终还是会转向其他商家。短期和长期价格弹性的区别表明卖家只有等到时间过去才能知道价格变化的总效应。

在经济困难时期，消费者对价格更加敏感，但并非所有种类的商品均如此。[18] 一项历时40年来关于价格弹性的学术研究得出非常有趣的发现[19]：耐用消费品的价格弹性比其他产品高，处于引入期或成长期的产品的价格弹性比处于成熟期或衰退期的产品价格弹性高。此外，促销商品的价格弹性在短期内高于实际价格弹性（在长期内则恰恰相反）。

11.2.3 第三步：估算成本

需求和成本分别决定了企业给产品制定价格的上限和下限。企业希望其定价能覆盖生产、分销和促销商品的全部成本，还应包括对所承担风险的合理回报。然而，当企业定价覆盖了总成本，也并非总能产生净利润。

成本种类和产量水平 企业的成本分为固定成本和变动成本。**固定成本**（fixed costs），也称为间接费用（overhead），是指不随产量或销售收入变化的成本，如租金、利息和工资等。**变动成本**（variable costs）则是直接随产量变化而变化的成本。例如，某公司生产的计算器,成本包括塑料、微处理芯片和包装等费用。对于单位产品而言,这些成本是固定的,之所以被称为变动成本,是因为其总和随生产量而变化。

总成本(total costs)指的是一定产量下所需的变动成本和固定成本之和。**平均成本**(average costs)是该产量水平下单位产品的成本,等于总成本除以总产量。管理者希望所制定的价格至少能弥补一定产量下的总生产成本。

为了更明智地定价,管理者需要了解不同产量下成本如何变化。如果每天的生产量很低,那么产品的单位成本就会很高。随着产量增加,固定成本则会被分摊到更多的单位产品中,因此平均成本会下降。但是,当产量达到某一点之后,产品的平均成本在短期内反而会随着产量的增加而升高,这是因为生产效率降低(如机器故障等问题会更频繁)。通过计算不同规模工厂的成本,企业能够明确最优生产规模和产量水平。为了估算销售给不同零售商或顾客所带来的实际利润,生产商需要采用作业成本会计法(activity-based costing,ABC),而不是标准成本会计法。

累积生产经验 假设三星公司有一个日产3000台平板电脑的工厂。随着公司生产经验的积累,生产工艺得到改进。工人掌握了工作捷径,物料流动更加顺畅,采购成本也得以下降。结果如图11.1所示,平均成本随着生产经验的积累而下降。因此,公司最初生产100 000台平板电脑的平均成本是100美元/台,当生产到第200 000台时,平均成本下降到90美元/台,当生产经验累积到产量再次翻倍达到400 000台时,平均成本变为80美元/台。这种平均成本随着生产经验的累积而下降的趋势,称为**经验曲线**(experience curve)或学习曲线(learning curve)。

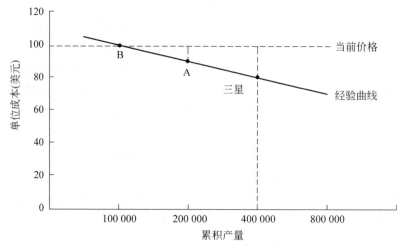

图11.1 作为累积产量函数的单位成本:经验曲线

现在假设平板电脑市场有三家公司竞争:三星、A公司和B公司。三星过去已经积累400 000台的生产经验,平均成本80美元/台,是成本最低的生产商。如果三家厂商都以100美元的单价出售平板电脑,则三星每台获利20美元,A公司获利10美元,B公司则刚达到盈亏平衡。对三星来说,明智的选择是将产品价格降到90美元,这样就能将B逐出市场,甚至A也会考虑离开。这样三星就能把原本属于B(可能包括A)的市场份额纳入囊中。而且，价格敏感的消费者也会在价格较低的情况下进入市场。三星的成本也会在产量超过 400 000 台之后继续更快速地下降，即使以 90 美元的单价销售也能获利。

然而，通过经验曲线定价也有较大风险。这种进攻型定价策略可能会给顾客形成"廉价产品"的形象，同时需要假设竞争者都是较弱的市场跟随者。这种战略还会引导企业建造更多工厂以满足需求，而竞争者可能会选择成本更低的技术创新以应对竞争，这时市场领导者就会被旧的技术所束缚。

目标成本法 成本会随着生产规模和经验而变化，企业的设计人员、技术人员和采购代理也可以通过**目标成本法**（target costing）来降低成本。目标成本法需要通过市场调查确定新产品应具备的功能，然后根据产品诉求和竞争者的价格水平，确定产品售价，再从这个价格中减去利润，即是营销人员必须实现的目标成本。企业必须检查每一项成本——设计成本、工程成本、生产成本、销售成本等，并进一步分解，考虑所有可能降低成本的方法，从而将最终成本控制在目标成本范围内。成本削减也不能过度，以免有损于品牌承诺及品牌传递的价值。

11.2.4 第四步：分析竞争者的成本、价格和产品

在由市场需求和企业成本所决定的价格范围内，企业还必须考虑竞争对手的成本、价格和可能的反应。如果企业产品有直接竞争者所不能提供的性能，企业就应该评估这些特征对于消费者的价值，并将其加在竞争对手的价格之上。如果竞争对手的产品包括本企业无法提供的性能特征，则企业应该在自己的价格中减去相应价值。按照这种方式，企业就能决定其定价应当高于、等于或低于竞争对手价格。[20]

11.2.5 第五步：选择定价方法

到这一步，企业已经准备好选择一个价格了。图 11.2 总结了企业制定价格时需要重点考虑的三方面：成本（决定价格的下限）、竞争产品和替代产品价格（提供了定价的参考基准点）、顾客对产品独特性的评价（决定价格的上限）。下面我们将讨论 7 种定价方法：成本加成定价法、目标收益定价法、感知价值定价法、价值定价法、天天平价定价法（EDLP）、随行就市定价法和拍卖定价法。

成本加成定价法 成本加成定价法（markup pricing）是最基本的定价方法，就是在产品成本基础之上加一个标准加价（markup）。例如，建筑公司就是通过估计工程总成本，再加上利润加成的总价来投标。假设，一个烤面包机制造商的成本和期望销量如下所示：

单位变动成本　　　　　　　10 美元
固定成本　　　　　　　　　300 000 美元
预计销量　　　　　　　　　50 000 台

那么该制造商的单位成本为：

$$单位成本 = 可变单位成本 + \frac{固定成本}{预计产量} = 10 + \frac{300\ 000}{50\ 000} = 16(美元)$$

如果厂商希望获得 20% 的销售利润，那么加成后的价格则是

$$加成价格 = \frac{单位成本}{(1-期望的销售回报率)} = \frac{16}{1-0.2} = 20(美元)$$

因此，该制造商会以每台20美元的价格把烤箱卖给经销商，获得单位利润4美元。如果该制造商希望获得50%的销售利润，则需要将价格定为40美元，即成本加成率100%。

总的来说，成本加成定价法并不合乎逻辑。因为任何忽略当前需求、感知价值和竞争状况的定价方法，都不可能制定出最优价格。只有当加成定价法制定的价格能带来预期的销量时，这种定价方法才有效。即便如此，加成定价法仍旧被普遍使用，主要原因在于：（1）对于销售方而言，计算成本比估计需求要容易得多，因此将价格和成本联系在一起，销售者可以简化定价过程；（2）当行业内所有的企业都采用这个定价方法时，会导致价格趋同，从而在最大程度上避免价格竞争；（3）许多人认为成本加成定价法对卖方和买方都更加公平。

目标收益定价法 采用目标收益定价法（target-return pricing），企业首先设定目标投资回报率，以此为基础制定产品价格。需要获得公平投资回报的公用事业公司，常选择这种定价方法。假设之前例子中的烤面包机制造商，在这项业务上投资100万美元，并希望获得20%的投资回报率（ROI），即20万美元，那么根据目标收益定价法，通过以下公式可计算出目标价格：

高价

（在这个价格下没有需求）

价格上限
顾客对产品特性的估价

基准点
竞争品和替代品的价格

成本
价格下限

低价

（在这个价格下没有利润）

图11.2 定价的3C模型

$$目标回报价格 = 单位成本 + \frac{目标回报率 \times 投入资本}{产量}$$

$$= 16 + \frac{0.20 \times 1\,000\,000}{50\,000} = 20(美元)$$

制造商将意识到，获得20%投资回报率的前提是基于对成本和预计产量的精确估算。然而如果销售量达不到50 000台怎么办？制造商可以绘制一个盈亏平衡图来了解不同产量水平下的获利情况（图11.3）。如图所示，固定成本保持不变，不随产量变化而变化；

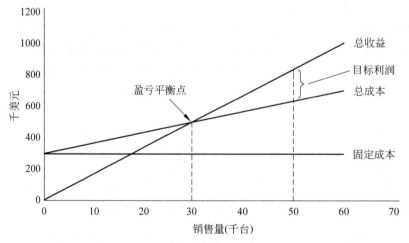

图11.3 盈亏平衡图：确定目标收益价格和盈亏平衡销售量

变动成本(图中没有标出)随销售量增加而增加;总成本是固定成本和变动成本之和;总收益曲线从零开始,随着销售量的增加而上升。

总收益曲线和总成本曲线在销售量 30 000 台这一点相交,交点即盈亏平衡点,可以通过如下公式计算:

$$盈亏平衡产量 = \frac{固定成本}{价格-可变单位成本} = \frac{300\ 000}{20-10} = 30\ 000(台)$$

如果制造商以 20 美元的价格在市场上售出 50 000 台烤面包机,则其 100 万美元的投资将盈利 20 万美元,然而,这一结果在很大程度上也取决于价格弹性和竞争者的价格。遗憾的是,目标收益定价法忽略了这些因素。制造商还需要考虑不同价格对销量和利润的影响,并寻找降低固定成本和变动成本的方法,因为较低的成本会降低达到盈亏平衡所需的销量。

感知价值定价法 越来越多企业开始根据顾客对产品的感知价值来制定价格。感知价值(perceived value)由诸多因素构成,如消费者对产品性能的预期、交付渠道、担保质量、客户支持,以及供应商声誉等。企业须提供其价值主张所承诺的价值,并能让顾客感知到这一价值。企业通过其他营销方式,如广告、销售团队和互联网来传递和提升其产品在购买者心中的感知价值。

即使企业声明其产品传递了更多价值,并非所有顾客都会积极响应,有些消费者仅关心价格,而有的客户细分群体特别关注质量。感知价值定价法(perceived-value pricing)的关键在于提供比竞争对手更高的产品价值,并展示给潜在顾客。

价值定价法 价值定价法(value pricing)是指企业通过低价提供高质量的产品或服务,以赢得忠诚顾客的定价方法。这一定价方法要求企业对运营进行重组,在不牺牲质量的前提下降低生产成本,吸引大量注重产品价值的顾客。

天天低价法 采用天天低价(everyday low pricing,EDLP)定价策略的零售商保持一个固定的低价,几乎不提供促销或特卖。这种固定的低价策略消除了价格的不确定性,也减少了与以促销为导向采用"高—低定价法"的竞争者的竞争。采用**高—低定价法**(high-low pricing)的零售商,将日常基价定得较高,却频繁进行促销,促销价格甚至低于"天天低价"的价格。[21]零售商采用 EDLP 最重要的原因是频繁的打折和促销成本很高,而且会损害消费者对于日常价格的信心;一些消费者也没有足够的时间和耐心去寻找收集商家优惠券。然而,促销和打折的确会产生刺激和吸引购物者,因此,EDLP 并不能确保成功,也并非适合每一个企业。[22]

随行就市定价法 采用**随行就市定价法**(going-rate pricing)的企业基于竞争者的价格进行定价。规模较小的企业"追随市场引领者",跟随市场领导者价格的变化来调整自己的价格。一些企业会有一个小的溢价或者折扣,它们会维持这种差异。随行就市定价法十分普遍,因为当难以估计成本或竞争者反应不明确时,企业会认为维持现行价格是个好方法,它们相信这一价格水平体现了行业集体智慧。

拍卖定价法 随着互联网的广泛应用,拍卖定价法(auction-type pricing)也越来越流行。拍卖定价法包括如下三种形式。

(1) 英式拍卖(English auctions),即增价拍卖,通常有一个卖家和多个买家,竞标人不断提高价格直到出价最高者购得商品。

（2）荷兰式拍卖（Dutch auctions），即减价拍卖（递减出价），有两种方式。第一种情形：拍卖者报出一个很高的价格，然后逐渐降低报价直至有竞标者出价接受。第二种情形：买家先报出想购买的商品，潜在卖家通过不断降低价格相互竞争以竞得此交易。

（3）暗标拍卖（sealed-bid auctions），是指每个供应商只能报一个价格，并且不知道其他人的报价。美国政府通常采用这种方式来选择供应商。供应商的报价不会低于自己的成本，但也不能报价太高以免失去机会，这两者的净效益就是投标的预期利润。

11.2.6　第六步：确定最终价格

通过以上定价方法缩小了企业确定最终产品价格的范围。在确定最终价格时，企业必须考虑其他一些因素，包括：其他营销活动的影响、企业定价政策、收益—风险分担定价法，以及价格对其他各方的影响。

其他营销活动的影响　最终价格的确定必须考虑自身相对于竞争对手的产品质量和广告支出。保罗·法利斯（Paul Farris）和大卫·鲁宾斯坦（David Reibstein）考察了227家消费品企业相对价格、相对质量和相对广告投入之间的关系。他们发现，具有相对平均质量但相对高广告预算的品牌，能够收取高价，因为消费者愿意为熟悉的品牌支付更高的价格[23]；具有相对高质量和相对高广告预算的品牌，售价最高；相反，质量和广告投入均低的品牌，售价最低；对市场领导者而言，高产品价格与高广告投入之间的正相关关系，在产品生命周期的后几个阶段表现最为明显。

企业定价政策　最终价格必须和企业定价政策一致。虽然在某些情况下企业也可能设定定价惩罚，但企业应当审慎使用且尽力避免疏远消费者。许多企业都设立了专门的定价部门，来制定定价政策并审核决策，旨在确保销售人员的报价既对顾客来说是合理的，同时又能让公司获利。

收益—风险分担定价法　顾客可能因为感知风险过高而拒绝接受销售方的销售建议，这种情况常发生在诸如大型计算机硬件或者企业健康计划这些产品的购买中。当产品不能实现其所承诺的全部价值时，销售者可以选择为顾客承担部分或全部风险。越来越多的企业，尤其是B2B企业营销人员，不得不准备好担保其承诺的节省金额，同时如果收益大幅超出预期，也会给出相应更有利可图的价格。

价格对其他各方的影响　批发商和经销商会如何看待预期价格？[24]如果它们赚不到足够的利润，则可能不会将产品引入市场。销售团队愿意以这一价格销售吗？竞争对手会如何反应？供应商看到产品价格之后会提价吗？政府会干预和阻止这一价格的制定吗？例如，企业故意设置较高的常规价格，再通过"特价"降到正常价格的行为是违法的。

11.3　调整价格

公司一般不会只设定一个单一价格，而是通过制定定价体系，以反映不同区域在需求和成本、细分市场要求、购买时机、订单量、送货频率、担保、服务合同及其他因素等方面存在的差异。由于有折扣、折让和促销等活动，企业很难从出售的每单位产品中获得相同的利润。在此我们将讨论如下几种价格调整战略：地区性定价、价格折扣和折让、促销定价和差别定价。

11.3.1 地区性定价（现金交易、对销贸易、易货贸易）

地区性定价是指企业需要确定如何针对不同地区和国家的顾客定价。企业应该对偏远地区顾客收取更高的价格来弥补较高的物流成本，还是应该收取低价以赢得更多额外业务？该如何考虑汇率因素及不同货币的坚挺程度？

另一个问题是如何支付。当买家没有足够的硬通货来支付货款时这个问题尤为关键。许多买主希望以其他商品来冲抵货款，即**对销贸易**（countertrade）。美国公司往往为了赢得业务会不得不采取这种支付方式。对销贸易有多种形式：第一种是易货贸易（barter），指买方和卖方直接交换商品，不涉及现金和第三方参与；第二种是补偿贸易（compensation deal），卖方收取一定比例的现金货款，剩余部分以商品形式支付；第三种是产品回购协议（buyback agreement），卖方出售厂房、设备或技术，并同意对方用所购设备生产的产品支付部分款项；第四种是置换（offset），卖方收到全额现金货款，但是同意在规定的一段时间内将其中大部分现金在买方所在国进行消费。

11.3.2 价格折扣和折让

大部分公司都会调整其标价，提供折扣和折让，以鼓励顾客及早支付、批量购买和反季购买（见表11.2所示）。企业调整价格必须谨慎行事，否则可能会发现实际利润比预期低很多。[25] 有些产品甚至会因为过于频繁的促销而自毁品牌。制造商应当考虑给零售商提供折扣带来的可能效果，因为折扣价格能够促使短期销量增加，但从长期看可能会损失利润。高层管理者应当进行净价格分析（net price analysis），计算出产品或服务的"真实价格"，真实价格会受到折扣及其他费用的影响。

表 11.2　价格折扣和折让	
现金折扣	现金折扣是对及时付款顾客的一种价格优惠。一个典型的例子是："2/10, net 30"，意为买方应在30天内付款，如果在交易后10天内付款则能享受2%的折扣优惠。
数量折扣	数量折扣是对大批量购买的客户的一种价格优惠。例如："购买100件以下单价10美元，购买100件及以上单价9美元。"数量折扣必须等同地提供给所有顾客，但不能超过卖方因批量销售所节约的成本。数量折扣又分为累计数量折扣和一次性数量折扣两种。
功能折扣	功能折扣（也称为贸易折扣）是制造商向在产品销售过程中发挥一定作用（如销售、存储、记账等）的贸易渠道成员所提供的折扣。制造商必须向同一渠道的成员提供统一的功能折扣。
季节折扣	季节折扣指卖方向购买淡季商品或服务的买方提供的价格优惠。酒店和航空公司在淡季会提供季节折扣。
折让	折让是为了吸引销售商参与到某些活动中而提供额外金额。旧货折让（trade-in allowances）是当顾客购买新产品时，可用同类旧商品进行折价而提供的折让。促销折让（promotional allowances）是卖方为了奖励经销商参与广告和支持销售活动而给予的折让。

11.3.3 促销定价

企业可以采用如下多种促销定价方法来刺激早期购买。

- **亏本商品定价法**(loss-leader pricing)。商店通常会把一些知名品牌产品的价格降到成本价以下，以吸引顾客，激发商店客流量。如果因此所增加的其他商品销量能够补偿该商品亏本销售带来的损失，那么就是可行的。制造商通常会反对这样做，因为这会损害其品牌形象，而且会引起其他以正常标价销售的零售商的不满。
- **特殊事件定价法**(special event pricing)。在某些特定时期，销售商可能会制定特殊价格以吸引更多顾客购买，例如开学季出现为学生返校提供的特卖活动。
- **特定客户定价法**(special customer pricing)。销售商仅向某些特定客户（如品牌社区会员）提供特别价格。
- **现金返利**(cash rebates)。汽车公司和其他消费品企业通常会提供现金返利，鼓励顾客在特定时间内购买其产品，以帮助企业在不降低标价的情况下清理存货。
- **低息融资**(low-interest financing)。公司顾客提供低息贷款，而不必降价。
- **延长付款期限**(longer payment terms)。销售商，尤其是抵押银行和汽车公司，可通过延长分期还款期限以降低每月还款额。顾客通常更关心每月所承担的还款额，而不是贷款成本（利率）。
- **担保和服务合同**(warranties and service contracts)。企业可以通过增加免费或低成本的保修或服务合同来进行促销。
- **心理折扣**(psychological discounting)。采用这种策略的企业，人为地给产品制定一个高价，然后再大幅度降价出售，例如"原价 359 美元，现价 299 美元"。美国联邦贸易委员会和美国商业服务监督局大力打击非法折扣行为。

促销定价策略通常是一个零和博弈。如果这种方法成功，竞争对手会争相效仿，就会导致这一方法失效；如果这种方法失败，企业就浪费了本可以投资于其他营销活动的资金，如提高产品质量和服务，或通过广告强化产品形象等。

11.3.4 差别定价

企业常会调整其基础价格，以适应顾客、产品、地区等方面的差异。**价格歧视**(price discrimination)，是指当企业不存在成本差异时，以两种或两种以上的价格出售同一种产品或服务。在一级价格歧视下，销售商根据不同消费者的需求强度，为每个顾客单独制定价格。在二级价格歧视下，销售者对大批量购买者收取较低的价格。在三级价格歧视下，销售者对不同顾客群体收取不同的价格。例如，对学生和老人收取低价；依据产品不同版本而制定不同价格；依照不同形象对同一个产品收取不同水平的价格；依据不同销售渠道收取不同价格；在不同地区定价不同；不同季节、日期和时间，制定不同价格。

航空公司和酒店行业使用收益管理系统和收益定价(yield pricing)方法，即为数量有限的早期购买者提供折扣，后期购买价格较高，而到期前未卖出的存货价格最低。例如，航空公司根据座位等级、航班时间、航班日期等对同一航班上的乘客，采取不同的定价。

对不同客户制定不同的价格,以及动态调整价格的现象呈现出爆炸式增长。亚马逊网站平台上的销售商,调整价格的频率以小时甚至分钟为单位,在一定程度上能够让自己的商品保持在搜索结果页的榜首。[26]甚至连运动比赛也会根据比赛选手的知名度和比赛时间来调整门票价格。[27]

有效实施价格歧视策略的条件包括:(1)市场可细分,且每个细分市场体现不同的需求强度;(2)支付低价的细分市场顾客不能够将产品转售给支付高价的细分市场;(3)在高价细分市场中,竞争对手的价格不能低于本公司售价;(4)进行市场细分和规制市场的成本不能高于价格歧视定价所获得的额外收益;(5)价格歧视定价法不会引起消费者的不满和敌意;(6)价格歧视的具体形式必须合法。[28]

11.4 发起及应对价格变动

企业经常因为各种原因需要降价或提价。

11.4.1 发起降价

如下几种情况会导致企业降价。一种情况是工厂产能过剩:企业需要扩展更多业务,却无法通过加强销售力度、改进产品或其他方法实现。另一种情况是通过较低的成本主导市场:有时企业发起降价是希望通过低成本来占领市场份额,占据市场主导地位。公司或者最初成本就低于竞争对手,或者希望通过降价获得更多市场份额,降低成本。

通过降价的方法来留住客户或者打击竞争对手,往往会鼓励消费者要求持续低价,而销售人员也会逐渐接受这一要求。[29]此外,降价策略还会带来其他可能的误区:消费者可能会认为低价格预示产品质量低下,或者低价提高了市场份额却不能培养市场忠诚度,因为消费者随时都会转换到价格更低的企业。而且,价格高的竞争者也可能降价,而且它们由于有更多现金储备,降价时间能够持续更长。最后,降价还可能触发价格战[30]。

11.4.2 发起提价

成功的提价能够增加可观的利润。例如,当企业利润为销售额的3%时,那么在销售量不受影响的情况下,提价1%能带来33%的利润增长。引发提价的一个主要原因是成本膨胀(cost inflation)。生产率的增长无法与逐渐上涨的成本相匹配,挤压利润空间,使得企业常规地一轮轮提高价格。考虑对未来通胀的预期或政府对价格的控制,企业提价的幅度通常高于成本增加的幅度,这种做法称为预期定价(anticipatory pricing)。

引发提价的另一个原因是供不应求(overdemand)。当企业的供应无法满足所有顾客时,可以提高售价、限量供应或二者兼用。虽然提价可能常常给消费者传递积极信息,如产品很流行,具有独特价值,但消费者通常并不喜欢提价。为避免价格上涨引发的标价冲击和市场敌意行为,企业在提价前应该提前通知消费者,便于他们提前购买或者货比三家。价格大幅增长同样需要用可以理解的理由给消费者合理解释。

11.4.3　预测竞争对手反应

企业如何预测竞争对手的反应？一种方法是假设竞争对手以常规方式对新价格和价格变动进行回应。另一种方法是假设竞争对手把每一个价格差异和每一次价格变化都当作一次新挑战，并根据自身利益来进行反应。这种情况下，企业就需要调查竞争对手当前的财务状况、近期销量、顾客忠诚度和公司目标。如果竞争对手追求的是市场份额目标，则很有可能调整其价格以与当前价格差异和变动相匹配。[31] 如果竞争对手以利润最大化为目标，则其反应可能是提高广告预算或者改进产品质量。

11.4.4　应对竞争对手价格变化

应对竞争对手的降价行为时，企业必须考虑产品所处生命周期阶段、产品在公司产品组合中的重要性、竞争者的意图和资源、市场对于价格和质量的敏感度、成本随产量变化的情况，以及企业的其他机会。在产品高度同质化的市场中，企业可以强化其附加产品或者和竞争对手一起降价。如果竞争对手在同质产品市场提价，而提价如不能使整个行业获益，则其他企业可能并不会跟随，那么市场领导者就需要把价格降回原来的水平。

在异质产品市场中，企业应当考虑：竞争对手为什么要改变价格？是为了掠夺市场份额、利用过剩产能，应对成本变化，还是想要引领全行业范围内的价格变化？竞争对手的价格变化是暂时的还是长久的？如果企业不予回应，那么企业的市场份额和利润会发生什么变化？其他企业会如何反应？竞争对手和其他企业会对各种可能的反应再采取何种应对措施？

本章总结

价格是营销组合中唯一创造收入的要素，其他要素仅产生成本。消费者会根据以往购买体验、正式及非正式媒体传播信息、在线资源或离线现场销售以及其他因素，经常主动地处理价格信息。企业制定价格策略遵循的六个步骤分别是：(1) 选择定价目标；(2) 确定需求；(3) 估算成本；(4) 分析竞争对手的成本、价格和产品；(5) 选择定价方法；(6) 确定最终价格。价格调整战略包括地区性定价、价格折扣和折让、促销定价和差别定价。定价方法包括成本加成定价法、目标收益定价法、感知价值定价法、价值定价法、天天低价法、随行就市定价法和拍卖定价法。

企业降低价格的原因可能是由于工厂产能过剩、企业市场份额下降、希望通过降低成本占据市场主导地位，或者仅是因为经济衰退。价格提高可能是由于成本膨胀和供不应求。企业在提价时必须认真对待消费者对价格的感知，同时还需要预测竞争对手的价格变化并准备可能的应对，如维持现状或者改变价格或产品质量。当竞争对手价格变动时，企业应试图理解竞争对手的意图和价格变化可能持续的时间。

注释

1. "Ryanair Food Costs More than Price of Flight," *The Telegraph*, August 28, 2012; Simon Calder, "Ryanair Unveils Its Latest Plan to Save Money: Remove Toilets from the Plane," *The Independent*, October 12, 2011; Peter J. Howe, "The Next Pinch: Fees to Check Bags," *Boston Globe*, March 8, 2007; Kerry Capel, "'Wal-Mart with Wings,'" *BusinessWeek*, November 27, 2006, pp. 44–45; Renee Schultes, "Ryanair Could Hold Altitude in Airline Descent," *Wall Street Journal*, July 6, 2014.

2. Tomio Geron, "The Share Economy," *Forbes*, February 11, 2013.

3. Christian Homburg, Ove Jensen, and Alexander Hahn, "How to Organize Pricing? Vertical Delegation and Horizontal Dispersion of Pricing Authority," *Journal of Marketing* 76 (September 2012), pp. 49–69.

4. For a review of pricing research, see Chezy Ofir and Russell S. Winer, "Pricing: Economic and Behavioral Models," Bart Weitz and Robin Wensley, eds., *Handbook of Marketing* (London: Sage Publications, 2002). For a recent sampling of some research on consumer processing of prices, see Ray Weaver and Shane Frederick, "A Reference Price Theory of the Endowment Effect," *Journal of Marketing Research* 49 (October 2012), pp. 696–707; and Kwanho Suk, Jiheon Lee, and Donald R. Lichtenstein, "The Influence of Price Presentation Order on Consumer Choice," *Journal of Marketing Research* 49 (October 2012), pp. 708–17.

5. Hooman Estalami, Alfred Holden, and Donald R. Lehmann, "Macro-Economic Determinants of Consumer Price Knowledge: A Meta-Analysis of Four Decades of Research," *International Journal of Research in Marketing* 18 (December 2001), pp. 341–55.

6. For a comprehensive review, see Tridib Mazumdar, S. P. Raj, and Indrajit Sinha, "Reference Price Research: Review and Propositions," *Journal of Marketing* 69 (October 2005), pp. 84–102. For a different point of view, see Chris Janiszewski and Donald R. Lichtenstein, "A Range Theory Account of Price Perception," *Journal of Consumer Research* 25 (March 1999), pp. 353–68. For business-to-business applications, see Hernan A. Bruno, Hai Che, and Shantanu Dutta, "Role of Reference Price on Price and Quantity: Insights from Business-to-Business Markets," *Journal of Marketing Research* 49 (October 2012), pp. 640–54.

7. Ritesh Saini, Raghunath Singh Rao, and Ashwani Monga, "Is the Deal Worth My Time? The Interactive Effect of Relative and Referent Thinking on Willingness to Seek a Bargain," *Journal of Marketing* 74 (January 2010), pp. 34–48.

8. John T. Gourville, "Pennies-a-Day: The Effect of Temporal Reframing on Transaction Evaluation," *Journal of Consumer Research* 24 (March 1998), pp. 395–408. See also Anja Lambrecht and Catherine Tucker, "Paying with Money or Effort: Pricing when Customers Anticipate Hassle," *Journal of Marketing Research* 49 (February 2012), pp. 66–82.

9. Wilfred Amaldoss and Sanjay Jain, "Pricing of Conspicuous Goods: A Competitive Analysis of Social Effects," *Journal of Marketing Research* 42 (February 2005), pp. 30–42.

10. Mark Stiving and Russell S. Winer, "An Empirical Analysis of Price Endings with Scanner Data," *Journal of Consumer Research* 24 (June 1997), pp. 57–68.

11. Eric T. Anderson and Duncan Simester, "Effects of $9 Price Endings on Retail Sales: Evidence from Field Experiments," *Quantitative Marketing and Economics* 1 (March 2003), pp. 93–110.

12. Katherine N. Lemon and Stephen M. Nowlis, "Developing Synergies between Promotions and Brands in Different Price-Quality Tiers," *Journal of Marketing Research* 39 (May 2002), pp. 171–85; but see also Serdar Sayman, Stephen J. Hoch, and Jagmohan S. Raju, "Positioning of Store Brands," *Marketing Science* 21 (Fall 2002), pp. 378–97.

13. Shantanu Dutta, Mark J. Zbaracki, and Mark Bergen, "Pricing Process as a Capability: A Resource-Based Perspective," *Strategic Management Journal* 24 (July 2003), pp. 615–30.

14. Wilfred Amaldoss and Chuan He, "Pricing Prototypical Products," *Marketing Science* 32 (September–October 2013), pp. 733–52.

15. Timothy Aeppel, "Seeking Perfect Prices, CEO Tears Up the Rules," *Wall Street Journal*, March 27, 2007.

16. Joo Heon Park and Douglas L. MacLachlan, "Estimating Willingness to Pay with Exaggeration Bias-Corrected Contingent Valuation Method," *Marketing Science* 27 (July–August 2008), pp. 691–98.

17. Thomas T. Nagle, John E. Hogan, and Joseph Zale, *The Strategy and Tactics of Pricing*, 5th ed. (Upper Saddle River, NJ: Pearson, 2011)

18. Brett R. Gordon, Avi Goldfarb, and Yang Li, "Does Price Elasticity Vary with Economic Growth? A Cross-Category Analysis," *Journal of Marketing Research* 50 (February 2013), pp. 4–23. See also Harald J. Van Heerde, Maarten J. Gijsenberg, Marnik G. Dekimpe, and Jan-Benedict E. M. Steenkamp, "Price and Advertising Effectiveness over the Business Cycle," *Journal of Marketing Research* 50 (April 2013), pp. 177–93.
19. Tammo H. A. Bijmolt, Harald J. Van Heerde, and Rik G. M. Pieters, "New Empirical Generalizations on the Determinants of Price Elasticity," *Journal of Marketing Research* 42 (May 2005), pp. 141–56.
20. Marco Bertini, Luc Wathieu, and Sheena S. Iyengar, "The Discriminating Consumer: Product Proliferation and Willingness to Pay for Quality," *Journal of Marketing Research* 49 (February 2012), pp. 39–49.
21. Michael Tsiros and David M. Hardesty, "Ending a Price Promotion: Retracting It in One Step or Phasing It Out Gradually," *Journal of Marketing* 74 (January 2010), pp. 49–64.
22. Paul B. Ellickson, Sanjog Misra, and Harikesh S. Nair, "Repositioning Dynamics and Pricing Strategy," *Journal of Marketing Research* 49 (December 2012), pp. 750–72.
23. Paul W. Farris and David J. Reibstein, "How Prices, Expenditures, and Profits Are Linked," *Harvard Business Review*, November–December 1979, pp. 173–84.
24. Joel E. Urbany, "Justifying Profitable Pricing," *Journal of Product and Brand Management* 10 (2001), pp. 141–57; Charles Fishman, "The Wal-Mart You Don't Know," *Fast Company*, December 2003, pp. 68–80.
25. Kusum L. Ailawadi, Scott A. Neslin, and Karen Gedenk, "Pursuing the Value-Conscious Consumer," *Journal of Marketing* 65 (January 2001), pp. 71–89.
26. "Increasing Revenue and Reducing Workload Using Yield Management Software," *Globe Newswire*, March 12, 2013; Julia Angwin and Dana Mattioli, "Coming Soon: Toilet Paper Priced Like Airline Tickets," *Wall Street Journal*, September 5, 2012.
27. Andrea Rothman, "Greyhound Taps Airline Pricing Models to Boost Profit," www.bloomberg.com, May 21, 2013; Bill Saporito, "This Offer Won't Last! Why Sellers Are Switching to Dynamic Pricing," *Time*, January 21, 2013, p. 56; Patrick Rishe, "Dynamic Pricing: The Future of Ticket Pricing in Sports," *Forbes*, January 6, 2012.
28. Felix Salmon, "Why the Internet Is Perfect for Price Discrimination," *Reuters*, September 3, 2013. For more information about specific types of price discrimination that are illegal, see Henry Cheeseman, *Business Law*, 8th ed. (Upper Saddle River, NJ: Pearson, 2013).
29. Bob Donath, "Dispel Major Myths about Pricing," *Marketing News*, February 3, 2003, p. 10.
30. Harald J. Van Heerde, Els Gijsbrechts, and Koen Pauwels, "Winners and Losers in a Major Price War," *Journal of Marketing Research* 45 (October 2008), pp. 499–518.
31. Kusum L. Ailawadi, Donald R. Lehmann, and Scott A. Neslin, "Market Response to a Major Policy Change in the Marketing Mix," *Journal of Marketing* 65 (January 2001), pp. 44–61.

第五篇

传递价值

第12章 设计和管理整合营销渠道
第13章 零售、批发和物流管理

营销管理(精要版·第6版)
A Framework for Marketing Management

第 12 章

设计和管理整合营销渠道

本章将解决下列问题:

1. 什么是营销渠道系统和价值网络?
2. 营销渠道的作用是什么?
3. 在设计、管理和整合营销渠道时,公司需要做哪些决策?
4. 电子商务和移动商务中的关键渠道问题是什么?

里昂比恩(L.L.Bean)的营销管理

1911年,里昂比恩的创始人里昂·里昂伍德·比恩拖着冰冷、潮湿的双脚从缅因州狩猎旅行回来,萌生了创造一双舒适的多功能靴子的革命性想法。这双鞋并没有获得首发成功。在最初卖出的100双鞋中,有90双鞋因为鞋面和鞋底分离的问题而被退回,比恩返还了顾客全部货款并解决了这一问题。确保顾客100%的满意度一直是里昂比恩公司的核心。如今,里昂比恩已经是一个价值15亿美元的公司,它不仅通过著名的目录销售,还通过实体零售店和网上商店销售产品。里昂比恩还进行了全球性扩张,在中国和日本均开设了店铺。里昂比恩公司还在网上开设了顾客评论和评级功能,邀请顾客通过在线聊天和电子邮件方式与销售代表进行沟通,并且提供能够在两分钟内接通客户服务电话的"点击拨号"系统。里昂比恩不仅能够密切监测顾客反馈,而且其顾客服务也在《彭博商业周刊》上排名第一。[1]

随着电子商务(e-commerce)(在线交易)和移动商务(m-commerce)(通过移动电话或平板电脑进行交易)时代的到来,顾客正以一种从未体验过的方式进行购物。当今企业必须建立一个不断发展并日益完备的渠道体系和价值网络,并进行有效管理。在本章中,我们将探讨整合营销渠道和开发价值网络中的战略和战术问题。第13章将从零售商、批发商和物流代理商等不同视角,探讨营销渠道问题。

12.1 营销渠道和价值网络

大多数制造商并不直接将产品销售给最终用户，二者之间存在着承担多种功能的中间商，构成营销渠道。**营销渠道**（marketing channels）是指产品或服务在供使用或消费的过程中相互依存的一系列组织，这些参与方是产品或服务在生产出来之后，直到被最终用户购买和消费这一过程中的一系列途径。[2]

12.1.1 营销渠道的重要性

营销渠道系统（marketing channel system）是一个企业所采用的营销渠道的特定集合，营销渠道系统相关决策是管理层所要面对的最重要决策之一。在美国，渠道成员团体曾历史性地获得过占最终销售价格30%～50%的利润，而广告占比通常不足5%～7%。[3] 营销渠道的一个首要任务就是把潜在买家转换为有利可图的顾客。营销渠道不能是仅仅服务于市场，还必须可以创造市场。[4]

渠道的选择会影响企业其他所有营销决策。公司的定价策略取决于其销售渠道是网上折扣商店还是高质量精品店。公司销售团队和广告决策取决于其分销商需要多少培训和激励。此外，渠道决策还包括与其他企业的长期承诺，以及一系列政策和程序。当一个汽车制造商与多个独立经销商签订汽车销售合同后，它就不能在第二天回购其经销权，用公司自己旗下的销售网点取而代之。整合营销人员要确保在各个不同领域所做出的营销决策能够使整体价值最大化。

企业在管理中间商时，需要决定在"推战略"和"拉战略"中各投入多少精力。**推战略**（push strategy）是通过制造商销售团队、贸易推广资金或其他方法，引导中间商承销、推广和销售产品给最终用户。推战略的适用场景包括：品牌忠诚度低的产品类别，在店里做出品牌选择，并且产品属于冲动型购买产品，以及产品优点众所周知等情况。在**拉战略**（pull strategy）中，制造商利用广告、促销或者其他传播方式来说服消费者产生需求，并从中间商那里订购产品。拉战略适用的场景包括：高品牌忠诚度和高参与程度的产品类别，消费者能够感知品牌差异，并且在进店之前就做出了品牌选择等情况。如可口可乐和耐克这样的顶级营销公司，就巧妙地同时使用推和拉两种战略。

12.1.2 多渠道营销

如今成功的企业通常都会采用**多渠道营销**（multichannel marketing），即在一个市场使用两种或多种营销渠道触及目标客户群。例如，惠普公司对大客户使用销售团队，对中等客户使用电话营销，对小型客户则使用直邮方式，对更小的客户使用零售方式，通过互联网销售专门产品。每一种渠道都能够定位到不同的细分市场，或者同一消费者的不同需求，从而以最小的成本将恰当的产品通过恰当的方式送至适当的地点。

研究表明，拥有多渠道顾客对于营销人员来说更有价值。[5] 诺德斯特龙（Nordstrom）发现其多渠道顾客的消费是仅通过一种渠道购买商品的顾客的4倍，不过一些学术研究表明,对于享乐型产品(如服装和化妆品),这种效应要强于功能性产品(如办公用品和园艺用品)。[6]

12.1.3 整合多渠道营销体系

当今大多数企业都采取了多渠道营销方式。越来越多公司使用电子分销策略,通过网站直接向顾客出售商品,或者通过网络平台向顾客出售商品。这些公司正在尝试实现**全渠道营销**(omnichannel marketing),即多渠道无缝协同工作,各渠道与相应的目标客户需求偏好相匹配,无论客户是通过线上、实体店还是手机终端,都能够提供正确的产品信息和客户服务。

在**整合营销渠道系统**(integrated marketing channel system)中,一个销售渠道的战略和战术应当与其他渠道的销售战略和战术相呼应。增加更多渠道会让企业在如下三方面获益:(1)增加市场覆盖率;(2)降低渠道成本;(3)提升定制化销售的能力。然而,新渠道通常会带来控制和协作方面的冲突和问题。两个甚至多个渠道最终可能为会相同的顾客群而相互竞争。[7]显然,企业需要全面考虑渠道结构,决定每个渠道应该发挥的功能。[8]

12.1.4 价值网络

企业应当首先考虑目标市场,然后以此为基础反向设计供应链,这一策略被称为"**需求链规划**"(demand chain planning)。[9] **价值网络**(value networks)概念的视角更为广阔,是指由企业创建,用以寻求供应商、提升价值并交付产品的合作伙伴和联盟系统。一个价值网络包括企业的供应商、供应商的供应商、直接客户和最终客户,还包括与大学研究者和政府许可机构等各方之间建立的有价值的关系。

需求链规划提供了如下启示[10]:首先,企业可以预估能从链条上游还是下游赚更多钱,从而选择向前整合还是向后整合;其次,企业对供应链中任何可能导致成本、价格或供应发生变化的干扰因素会更加清楚;最后,企业可以通过网络和业务伙伴开展商业活动,以加快沟通、交易和支付速度,降低成本,提高准确性。

12.1.5 数字渠道革命

数字革命正深刻地改变着分销渠道策略。随着个人和企业用户越来越热衷于网上购物,以及智能手机使用人数呈爆炸式增长,传统的实体渠道策略正发生改变甚至被取代。顾客需要电子渠道带来的优势——大量的产品选择、丰富的产品信息、有益的顾客评论和建议,同时也需要实体渠道的优势——高度个性化的服务、细致的产品查验、完整的活动和体验。他们期望无缝的渠道整合,从而能够实现[11]:

- 通过实体店、互联网或者手机都可以享受到有帮助的客户支持
- 去实体店购买前,就可以在网上查询到当地实体店是否有货
- 发现实体店内某商品无货时,可以从另一个实体店购买并送货上门
- 在线订购商品,在方便的零售店取货
- 在线购买的商品可以在就近的实体店退货
- 基于线上和线下的购买总额获得相应的折扣和促销优惠

12.2 营销渠道的作用

为什么制造商会放弃对产品销售模式和销售对象的控制权,而将一部分销售工作委托给中间商?因为中间商通过其人脉、经验、专业化和规模经营,使产品受众更广,更容易进入目标市场,比制造商自己销售的效益和效率都更高。[12] 很多生产商缺乏自己直销所需的财务资源和专业知识。威廉箭牌糖果有限公司发现,通过在世界各地设立小型零售店、在线或者邮购来销售箭牌口香糖的方式并不实际,而通过私有分销机构的密集网络来分销会更容易。即使是福特公司,想替换掉遍布全球的成千上万的经销商网点,自己来做所有的事情,也会是非常困难的。

12.2.1 渠道功能和流程

营销渠道承担着将商品从生产商转移到消费者处的功能,弥补了产品和服务因提供者和需求者分离而产生的时间、地点和所有权方面的缺口。营销渠道成员履行着一系列重要功能(见表 12.1)。

表 12.1 渠道成员的功能
• 收集潜在顾客、现有顾客、竞争对手及营销环境中其他各方的相关信息。
• 开发和传播具说服力的传播方式以刺激购买。
• 沟通价格和其他条款并达成协议,以实现所有权或占有权的转移。
• 向制造商下订单。
• 获取资金以资助营销渠道中各层级的库存需求。
• 推测开展渠道工作的相关风险。
• 为实体产品提供持续的存储和运送。
• 为买方提供通过银行或者其他金融机构进行账单支付的服务。
• 监督商品所有权从一个组织或个人向另一个组织或个人转移的过程。

其中一部分功能(存储运送、所有权转移和传播)构成了从企业到消费者的前向流动(forward flow),一部分功能(订购和付款)构成了从顾客到企业的后向流动(backward flow),还有一部分功能(信息收集、议价、融资和风险承担)在两个方向都会发生。图 12.1 中描述了叉车营销过程中的五种"流"。如果将这些"流"叠加在一张图中,即使是非常简单的营销渠道,看起来也会极其复杂。

销售实体产品和服务的生产商可能需要三种渠道:销售渠道(sales channel)、送货渠道(delivery channel)和服务渠道(service channel)。营销人员面临的问题不在于各种渠道功能是否都需要执行——这毋庸置疑,因此问题在于由谁来执行这些功能。所有的渠道功能都会消耗稀缺资源;专业化通常能够使这些功能执行得更好;渠道功能可以在不同的渠道成员间转换。将部分功能转移给中间商,能够降低制造商的成本和价格,但是中间商则必须通过加价来弥补服务成本。如果中间商比制造商更高效,那么消费者会享受到较低的价格。如果消费者能够承担一些渠道功能,则能享受到更低的价格。

第 12 章 设计和管理整合营销渠道

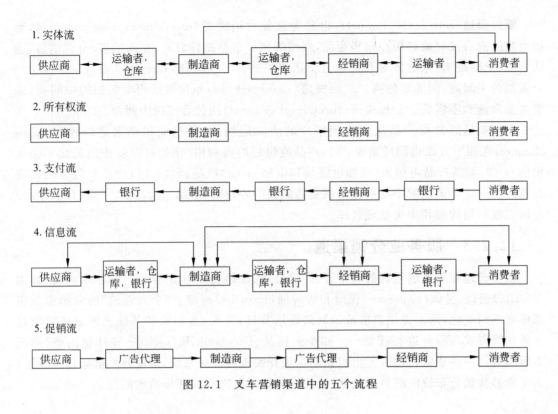

图 12.1 叉车营销渠道中的五个流程

12.2.2 渠道层级

每一个营销渠道都至少包括生产商和最终消费者。本书中用中间商的层级数表示渠道长度。图 12.2(a)展示了几个不同层级的消费品营销渠道，图 12.2(b)展示了一些工业品营销渠道。

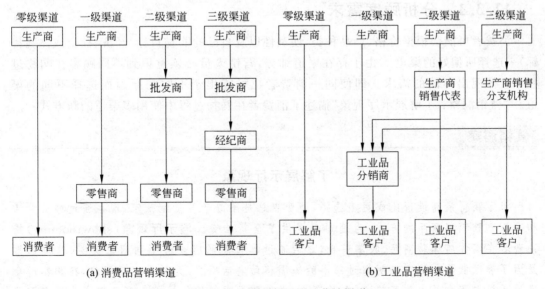

图 12.2 消费品与工业品营销渠道

零级渠道(zero-level channel),也称为**直复营销渠道**(direct marketing channel),是指由制造商直接向最终用户销售商品,典型的例子包括邮件订购、在线销售、电视销售、电话营销、上门推销、家庭派对和厂家直营店等方式。一级渠道(one-level channel)包括一个级别的中间商,例如零售商。二级渠道(two-level channel)包括两个级别的中间商,通常为批发商和零售商。三级渠道(three-level channel)则包含三级中间商。

营销渠道通常指产品从源头到用户的前向运动,但是反向流动渠道(reverse-flow channel)在如下方面也同样重要:(1)产品或包装的再利用(比如可重复使用的化学品运输桶);(2)翻新产品再销售(比如电路板和电脑);(3)产品回收;(4)产品和包装的废弃处置。反向流动渠道的中间商包括制造商回收中心、社区小组、垃圾回收专员、回收中心、垃圾回收利用代理和中央处理仓库。

12.2.3 服务业分销渠道

很多通过在线渠道运营的新银行、保险公司、旅游公司和证券公司都非常成功,如盟友(Ally)银行、易保(Esurance)保险和智游网(Expedia)旅游。"个人营销"的营销渠道也同样在不断变化,除了提供直播或录制的娱乐节目,艺人、音乐家和其他艺术家还能通过多种在线方式与粉丝进行接触——如个人网站、Facebook 和 Twitter 等社交网络、第三方网站等。一些非营利性服务组织如学校正开发教育传播系统,医院开发健康传递系统,为了能够接触分布较广的目标受众,这些机构必须解决代理和场所的问题。13

12.3 渠道设计决策

设计营销渠道系统,营销人员需要分析顾客需求,建立渠道目标和约束,以及识别和评估主要的渠道选择方案。

12.3.1 分析顾客需求

消费者可能会根据价格、产品种类、便利性以及自己的购物目标(经济、社交或体验目标)来选择所偏好的渠道。14 由于存在渠道细分,营销人员必须意识到不同顾客在购物过程中会体现出不同的需求。即使同一消费者也可能出于不同的原因而选择不同的渠道。15 "营销洞察:了解展示厅现象"描述了消费者在购物过程中使用多渠道的新方式。

营销洞察

了解展示厅现象

为了获得最高性价比或更多选择,消费者总是不辞辛苦货比三家,现在通过移动电话和平板电脑销售商品的方式,为消费者提供了全新转变。**展示厅现象**(showrooming)指消费者在实体店体验商品、收集信息,之后通过零售商网店或者不同商家购买,这样通常是为了确保低价。研究表明超过一半的美国移动电话用户,尤其是年轻用户,在购物时会通过手机向朋友寻求购买建议、查看评论,或者搜寻更低的价格。手机已经成为很多零售商应对展示厅现象的首要工具。塔吉特（Target）超市已经对其移动媒体功能进行了扩展，增加了二维码和短信购物功能，以及全新结账扫描性能，使移动优惠券的使用更高效便捷。许多零售商也在把店内体验变得信息量更丰富、更物有所值。盖尔斯（Guess）、帕克森（PacSun）和 AERO（Aeropostale）都给店内员工配备了 iPad 或平板电脑，便于与顾客更全面深入地分享产品信息。研究表明，70%的展示厅顾客更可能在具有如下特点的零售商网站购买：拥有设计精致的网站和 APP、强大的多渠道支持及二维码比价功能。

营销渠道提供如下 5 种服务。

1. **期望批量**——渠道允许一个消费者一次购买的产品数量。在购置汽车时，赫兹（Hertz）公司偏好选择能够一次性大批量购买的渠道，而对于家庭用户来说，想要选择是一次只购买一辆汽车的渠道。
2. **等待和交付时间**——消费者收到商品的平均等待时间。消费者越来越喜欢能够快速交付产品的渠道。
3. **空间便利性**——消费者通过营销渠道购买商品时的便利程度。
4. **产品多样性**——营销渠道提供的产品种类的多样性。通常来说，消费者更喜欢产品种类多的渠道，因为更多的选择可以提高找到所需产品的概率，尽管有时选择过多会产生负面效果。[16]
5. **服务支持**——渠道提供的附加服务（如信贷、运送、安装、维修）。

提供更多的服务，也意味着渠道的成本会增加，商品的价格也会相应提高。一些折扣商店的成功，如沃尔玛和塔吉特，表明如果消费者能够节省更多的钱，那么他们愿意接受更少的服务。

12.3.2 建立目标和约束

营销人员需要设定渠道目标，包括提供的服务层级以及相关成本、支持水平等。在竞争环境中，渠道成员需要统筹安排功能性任务，以使成本最小化的同时还能够提供预期服务。企业人员通常能够根据预期服务水平的不同识别出不同细分市场，并为每一个细分市场用户选择最优营销渠道。

渠道目标因产品特性的不同而有所不同。像建筑材料类大宗商品，需要渠道能够最小化运输距离和搬运次数。需要安装或维修保养服务的产品，如温控系统，通常由公司或特许经销商销售和维护。单位价值高的商品如涡轮机，通常由公司的销售人员而非中间商进行销售。法律法规和法律约束也会影响渠道设计。

12.3.3 选择渠道方案

每个渠道——从销售人员到代理商、分销商、经销商、直邮、电话营销和互联网——都有其独特优势和劣势。渠道方案选择主要考虑如下三个方面：中间商类型、中间商数量和每个渠道成员的责权利。

中间商类型 商人中间商（如批发商和零售商）通过购买取得商品所有权，再进行转售。代理商(如经纪人、制造商代表和销售代理)帮助生产商寻找客户并可能代表生产商与客户进行谈判,但它们并不拥有商品所有权。服务商(facilitators)如运输公司、独立仓储公司、银行、广告公司等,它们在分销过程中提供相应服务,但既不拥有商品所有权,也不洽谈购买或销售事项。有些时候,考虑到与主流渠道商合作的困难、成本或低效等问题,一些公司也会选择新的或非传统渠道。例如,邮寄租赁DVD这一革命性渠道曾给网飞公司(Netflix)带来巨大成功,如今公司正迅速地转向另一个全新渠道:在线流媒体娱乐。[17]

中间商数量 中间商数量的选择可以通过如下三种策略:排他型分销、选择型分销和密集型分销。**排他型分销**(exclusive distribution)策略严格限制中间商的数量,适用于生产商想要更专业、更投入的中间商的情形,这一策略通常还包括排他型交易安排,尤其是在价格驱动作用趋强的市场中。**选择型分销**(selective distribution)策略是指仅选择目标市场中愿意经营特定产品的一部分而非全部中间商。与密集型分销相比,选择型分销既能够使企业获得足够的市场覆盖率,又能够对分销商有较多控制权和较低的成本。**密集型分销**(intensive distribution)策略是指生产商选择尽可能多的中间商来销售商品或服务,适用于消费者会频繁购买或在多处购买的商品,如休闲食品、软饮料、报纸和口香糖等。

渠道成员的责权利 贸易关系组合中的主要因素包括价格政策、销售条款、区域权利及各方需提供的具体服务。价格政策要求生产商制定出中间商认为公平充分的价目表和折扣折让明细表。销售条款是指生产商设定的支付条款和担保。大多数生产商会给早付款的分销商现金折扣;它们也可能向分销商做出针对缺陷产品或价格下降问题的处理担保,以此吸引分销商购买更多数量的商品。分销商区域权利明确了分销商负责的地区范围,以及何种情况下生产商会选择其他分销商的条款。除此之外,对于共有服务和责任必须谨慎阐明,特别是对于特许经营和独家代理渠道。

12.3.4 评估渠道方案

对于每一个渠道方案,都需要根据经济性、可控性、适应性原则进行评估。

图12.3显示了六种不同销售渠道所增加的价值和每笔交易的成本。第一步是估计每一种方案可能创造的销售额。只要每笔销售的增值足够充分,销售商就会设法用低成本渠道取代高成本渠道。每开发一个渠道,渠道成员都必须在一段特定时期内遵守既定承诺,而这些承诺总是会降低生产商对变化和不确定性的响应能力。使用销售代理会产生渠道控制问题,代理商可能会更多地关注购买量最多的顾客,而不一定是购买该生产商产品的顾客。它们可能对企业产品的技术细节并不掌握,也不能有效地处理宣传材料。

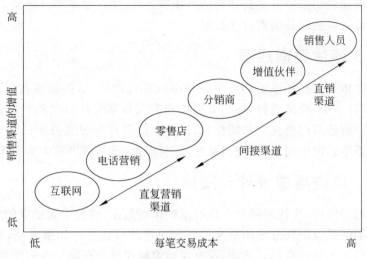

图 12.3 不同渠道的增值和成本对比

12.4 渠道管理决策

企业确定了渠道系统之后，必须选择、培训、激励和评价每一个渠道中间商。此外随着时间推移，企业还需要对渠道设计和安排进行调整。

12.4.1 选择渠道成员

对顾客来说，渠道即代表企业。想象一下，如果梅赛德斯—奔驰公司的经销商代表看起来衣着邋遢、效率低下、令人不快，那么消费者对梅赛德斯—奔驰这个公司就会产生负面印象。制造商应当明确优秀的中间商具备的特征——从业年数、经销的产品线、业绩增长和收益记录、财务能力、合作状况及服务声誉。如果中间商是销售代理商，则生产商还应当评估其所代理的其他产品线的数量和特点，以及销售队伍的规模和质量。如果中间商想要获得独家经销权，那么还需考虑中间商店面的位置、未来成长潜力以及顾客群类型。

12.4.2 培训和激励渠道成员

企业需要将中间商视为自己的最终顾客——明确中间商的需求，为不同渠道量身定制经销的产品，为其提供更多价值。认真开展培训、市场调研和其他能力构建计划，能够激励和提高中间商的绩效。企业必须不断地向中间商传递如下观念：中间商是企业的重要合作伙伴，双方应当共同努力以满足产品最终用户的需求。

渠道权力(channel power)是指改变渠道成员行为，以使其做没有做过的事情的能力。[18]生产商在渠道权力方面差异很大。大部分生产商都将与中间商建立合作视为巨大挑战。在很多情况下，零售商拥有较大的渠道权力，因此生产商需要了解零售采购商和商店经理的可接受标准。越来越多有经验的公司努力与分销商建立长期合作关系。制造商应向分销商清晰地表明需要分销商获得的市场覆盖面、库存水平和其他渠道问题,并且可能会制定补偿计划以激励分销商遵守政策。

12.4.3 评估渠道成员

制造商必须依据一些标准定期对中间商绩效进行评估,这些标准包括:销售配额完成情况、平均库存水平、商品交付时间、对损坏和丢失商品的处理以及与促销和培训计划的合作情况等。制造商应当建立功能折扣,依据渠道商在每项服务中的表现进行一定额度的奖励。表现不佳的中间商,则应当被劝诫、暂保留、重新激发或中止合作。

12.4.4 改进渠道设计和安排

新公司在起步阶段,往往局限于本地有限的市场范围,通过少量已有的中间商销售产品。此时的问题便是说服现有中间商来经营公司产品线业务。如果成功,企业可能会通过不同的新渠道进入新的市场。然而,没有渠道策略在整个产品生命周期过程中都奏效。分销渠道的运转可能并非和规划中一致,随着消费者购买方式改变、市场扩张、新竞争对手出现、新渠道产生、产品进入新的生命周期阶段等变化,都需要对渠道进行改进。[19]当增加或削减某渠道成员时,企业需要进行增量分析,即有没有这个中间商参与,对企业的销售和利润会有什么影响?

12.4.5 全球渠道

全球市场的特征(如消费者购物习惯的多样化、需要获得社会认可及合法性等)对企业既是巨大的挑战,同时也是机遇。[20]规划全球渠道的第一步就是接近消费者。总部位于费城的 Urban Outfitters 在欧洲开设第一家店之前,为使其服装设计符合欧洲人的审美,公司在伦敦设立了一个独立的设计和经销部门。尽管这一做法增加了成本,但欧美混搭的独特设计帮助这家店脱颖而出,使它成为为数不多的在经济衰退期提升实力的时装经销商。[21]

12.5 渠道整合与营销系统

除了前文提到的多渠道营销系统外,另外两种渠道发展方式为垂直营销系统和水平营销系统。

12.5.1 垂直营销系统

传统营销渠道(conventional marketing channel)由独立的制造商、批发商和零售商构成,其中每个成员都是以自身利益最大化为目标的独立业务实体,即使这一目标会损害营销系统的整体利益。任何渠道成员对其他成员都没有绝对或实质性的控制权。

相比之下,**垂直营销系统**(vertical marketing system,VMS)是由制造商、批发商和零售商构成的统一系统。渠道成员中有一个渠道巨头(channel captain),有时也被称为渠道管理员(channel steward),它或者拥有对其他成员的产权,或者是特许经营授权者,或者对其他合作成员拥有相当的影响力。渠道管理员可说服渠道成员以整体利益最优为行动主旨，无须发布命令便可实现渠道的协调。[22] 渠道管理员可以是产品或服务的生产商（如宝洁或美国航空公司），可以是关键部件制造商（如微型芯片制造商英特尔），可以是供应商或组装商（如戴尔），可以是分销商（如固安捷），也可以是零售商（如沃尔玛）。

垂直营销系统已经成为美国消费市场中占主导地位的分销模式。垂直营销系统有三种主要类型：公司式、管理式和契约式。公司式垂直营销系统（corporate VMS）将同一所有者名下的生产和分销合并成连续的阶段，如宣伟公司（Sherwin-William）既生产涂料又拥有并经营零售店。管理式垂直营销系统（administered VMS）通过一个渠道成员的规模和影响力，实现对生产和分销连续阶段的协调整合，如菲多利（Frito-Lay）和其他一些著名品牌都是用这种方式确保与强大的分销商合作并获得支持。契约式垂直营销系统（contractual VMS）是指通过契约，对处于生产和分销不同层级的独立企业进行业务整合，以此来获得独立经营无法获取的经济利益和销售效果。[23] 表12.2 描述了契约式垂直营销系统的三种类型。

表 12.2　契约式垂直营销系统类型	
契约式垂直营销系统的类型	描　　述
批发商发起的自愿连锁组织	批发商把独立的零售商组织起来，帮助其标准化销售行为，实现采购的规模经济，以更好地与大型连锁组织竞争。
零售商合作组织	由零售商组建的商业实体，开展批发及一些生产活动。零售商通过合作组织集中采购，并联合进行广告宣传，根据采购比例进行利润分配。
特许经营组织	组织中的特许者把生产—分销过程中几个连续阶段连接起来。组织形式包括：制造商发起的零售商特许经营组织（如福特汽车公司及其经销商）、制造商发起的批发商特许经营组织（如可口可乐及其灌装公司）和服务企业发起的零售商特许经营组织（如麦当劳）。

12.5.2　水平营销系统

在**水平营销系统**（horizontal marketing system）中，两家或多家不相关的公司将资源或项目整合起来，以探索新兴营销机会。对于单个公司而言，可能缺少资金、专门技术、生产能力或独立运营的营销资源，或者惧怕风险。而这些企业可以进行临时或永久的合作，或者创建一个合资公司，来解决以上问题。例如，很多连锁超市都与当地银行合作，提供店内银行业务。

12.6　电子商务和移动商务营销实践

正如前文所提到的，数字渠道变革正在影响着企业的分销策略。**电子商务**（e-commerce）是通过网站进行交易，或者帮助在线商品和服务的销售；**移动商务**（m-commerce）是指通过智能手机和平板电脑等移动设备来销售商品。在线零售商能够有预见性地为各类不同消费者和企业提供便利、信息量大及个性化的购物体验。由于电子商务在实体店面、员工和库存方面都节省了成本，因此向利基市场销售小批量产品仍旧有利可图。消费者常上网寻找更低的价格[24],因此在线零售商的竞争实际上来自交易的三方面:(1)顾客与网站的交互;(2)送货;(3)发生问题时的处理能力。[25]

纯网络公司(pure-click)是指仅有网站而没有实体形式存在的公司,而**鼠标加水泥**(brick-and-click)企业是指现有公司增加了展示信息或开展电子商务的在线网站。

12.6.1　电子商务和纯网络公司

纯网络企业有以下几种类型:搜索引擎、互联网服务提供商(ISP)、商务网站、交易网站、内容网站和技术网站。客户服务对纯网络公司至关重要,网站必须快速、简洁、易用。类似在屏幕上允许用户放大产品图片这样简单的功能,都能够增加顾客浏览时间和购买量。[26]一些大型电子商务公司如 eBay 和亚马逊,在主要市场提供当天送达服务。[27]良好的退货政策也非常关键[28];确保线上隐私安全依然很重要,必须让顾客觉得网站值得信赖。

B2B 网站提高了市场效率,使顾客能够非常容易地从如下多种渠道获得大量信息:(1)供应商网站;(2)信息中介(informediaries),通过整合多方信息而实现价值增值的第三方;(3)做市商(market makers),连接买方和卖方的第三方;(4)用户社区(customer communities),用户交换产品和服务相关信息的场所。[29]企业使用 B2B 拍卖网站、现货交易所、在线商品目录、易货网站和其他在线资源来获取更合适的价格,随之而来的结果就是价格越来越透明。

12.6.2　电子商务和鼠标加水泥公司

尽管很多"鼠标加水泥"企业曾经担心网络渠道会和其他渠道合作伙伴产生冲突,而犹豫是否开通电子商务渠道,但是当大多数企业看到在线渠道产生的业务量级之后,都增加了互联网渠道。即使宝洁公司也通过其在线商店销售一些著名品牌产品,如汰渍,部分原因也是希望更近距离地监测消费者的购物习惯。[30]

因此,管理线上和线下渠道已经成为很多企业的头等大事。[31]为了获得中间商的认可,营销人员可以:(1)在线上和线下渠道分别提供不同的品牌或产品;(2)给线下合作伙伴提供更高的佣金,以减轻线上渠道对销售的负面影响;(3)网上下订单,但由零售商负责送货和收取货款。

12.6.3　移动商务营销

移动渠道和媒体能够让消费者与自己选择的品牌联结起来并保持互动。到 2013 年中期,美国超多半数的网络购买者都有在移动设备上购物的经历,移动商务在全部电子商务中占比超过 11%。[32]平板电脑在移动购物方面的使用率有望超过智能手机,预测到 2017 年移动零售市场 70% 以上的销售额将来自平板电脑终端。[33]

在世界上一些地区,移动商务发展非常成熟。在亚洲移动手机已经替代电脑成为消费者主要的智能设备,这得益于发展完备的移动通信基础设施。在美国,移动营销越来越盛行,而且形式多样。企业尝试把网络技术引入商店,使用户在更大程度上能够控制自己的购物体验,尤其是通过移动应用程序 APP 的功能。

广告、促销与移动商务　考虑到移动设备的小屏幕和消费者短暂的注意力等问题,实现广告告知和说服这一传统角色的功能,对移动商务营销人员越来越具有挑战性。从好的方面来说,消费者在使用智能手机时比用电脑时更投入和专心。³⁴ 尽管如此,很多移动商务公司正在减少移动端广告,以便消费者通过尽可能少的点击就能完成购物。³⁵ 促销的情形则大不相同。消费者经常使用智能手机来寻找或者使用优惠:移动优惠券的兑换率(10%)远远超过纸质优惠券的兑换率(1%)。³⁶ 研究表明,移动促销能让消费者在店里走更长的距离,产生更多计划外购买。³⁷

地理边界、隐私与移动商务 地理边界(geofencing)是用移动促销活动来定位在一个特定地理空间内的目标客户,通常是店内或店面附近。这项基于本地的服务只需一个应用程序和GPS坐标就能实现,但是需消费者选择接受服务才能生效。比如,化妆品零售商科颜氏将地理边界设置为独立店和综合商场售货亭周边,向注册客户提供免费润唇膏。同时,它将短信限制在每月三条,以免打扰用户。³⁸

任何一个企业都可以通过GPS技术精确定位顾客或员工的位置,这一事实引发了一些隐私问题。虽然很多消费者愿意接受cookies、个人配置文件和其他一些在线工具,让电子商务企业知道他们的身份、购物时间和购物方式,但是他们仍然很关心这些监测是什么时候发生的。当诺德斯特龙告知消费者要测试一项新技术,需要追踪客户智能手机发出的WiFi信号时,遭到了一些客户的拒绝,导致企业不得不放弃这一实验。³⁹

12.7 渠道冲突、合作和竞争

无论渠道设计和管理得如何好,总不可避免会出现渠道冲突,因为独立的商业实体间的利益并不总能保持一致。当一个渠道成员的做法妨碍了另一个成员达到其目标时,就会产生**渠道冲突**(channel conflict)。软件行业巨头甲骨文公司(Oracle),就受其强大的销售团队和供应商合作伙伴之间的冲突所困扰,已经尝试了很多解决办法,包括推出新的"全伙伴领地"计划,即除了特别战略用户之外,其他交易均通过经挑选的甲骨文合作伙伴,合作伙伴能够为超过10亿美元的大账户提供安全保护。⁴⁰

渠道协调(channel coordination)是指渠道成员为了推进整体渠道目标的实现而凝聚起来,而不是追求各自不兼容的个体目标。⁴¹ 在此我们需要思考三个问题:渠道中有哪些类型的冲突?导致渠道冲突的原因是什么?如何才能解决渠道冲突?

12.7.1 渠道冲突和渠道竞争的类型

水平渠道冲突(horizontal channel conflict)是指发生在处于同一层级的渠道成员之间的冲突。**垂直渠道冲突**(vertical channel conflict)则是指发生在渠道不同层级之间的冲突。在美国,制造商平均80%以上的业务来自前十大零售商,因此如果大型零售商联合起来,就会形成更大的价格压力和渠道影响。⁴² 例如,沃尔玛是包括迪斯尼在内的很多生产商的首要买家,它可以要求供应商降价或提供数量折扣。⁴³ 当制造商在同一市场建立了两个或更多渠道时就会产生**多渠道冲突**(multichannel conflict)。⁴⁴ 当同一渠道中的一些成员获得比其他成员更低的价格(大批量购买),或者一些成员经营利润较低时,多渠道冲突可能会更为激烈。

12.7.2 渠道冲突的原因

产生渠道冲突的一个原因是目标不一致。例如,制造商可能希望通过低价格策略尽快渗透市场,而经销商却更希望销售高利润产品以提高短期盈利。另一个原因是角色和权利不明晰,包括地理边界和销售信用问题。第三个原因是感知差异,例如制造商对当前经济形势预计乐观,希望经销商增加购买提高库存水平,而经销商们可能对未来经济形势持悲观态度。最后,当中间商对制造商的依赖程度很高时,也会产生渠道冲突。比如,排他型分销商(如汽车经销商)的经营在很大程度上会受到制造商产品和定价决策的影响。

12.7.3 管理渠道冲突

一定程度的渠道冲突能产生建设性作用,能够让渠道成员更好地适应变化的市场环境,但是渠道冲突太多时便会失调。[45] 渠道管理的挑战不是消除所有的渠道冲突,而是如何通过机制来管理好冲突,一些有效的机制包括:战略合理性(向渠道或成员展示各自如何服务于不同的细分市场);双重补偿(用新渠道创造的销售收益来弥补已有渠道的费用);高级目标(互惠互利);员工轮岗(不同渠道层级之间);联合会员制(贸易团体中);选举(包括咨询委员会和其他团体的领导);协商、调解和仲裁(当冲突是习惯性的或尖锐的);法律资源(当其他方法都不奏效时)。[46]

12.7.4 稀释和蚕食

营销人员必须要非常小心,避免选择不适合的渠道而稀释自己的品牌。这一点对奢侈品品牌尤为重要,因为其品牌形象都是建立在排他性和个性化服务之上。考虑到奢侈品牌商家对实体店顾客的取悦——包括门卫和豪华装修——它们不得不努力提供高质量的数字体验。为了能够接触那些因忙于工作而没有时间购物的富有顾客,许多高端时尚品牌,如迪奥、路易威登、芬迪等纷纷推出了电子商务网站,供顾客在逛实体店之前检索浏览商品,同时也是打击网上销售假货的手段。

12.7.5 渠道关系中的法律和道德问题

法律旨在防止不允许竞争对手使用同一渠道的排他型策略。这里我们简单考虑几个实践惯例的合法性问题,包括排他性交易、排他性区域、捆绑协议和经销商权利。在排他型分销(exclusive distribution)中,销售商只允许某些特定的经销商销售其产品。在排他型分销中,当同时要求经销商不能销售竞争对手的产品时,就叫作排他性交易(exclusive dealing)。通过这种形式,销售商可获得更加忠诚可靠的经销商,经销商能够获得某些特定商品的稳定货源和强大支持。只要排他性交易双方均为自愿,且不会严重削弱市场竞争或造成垄断,则排他性协议就是合法的。

对于强势品牌生产商来说,有时只有当经销商能够同时购买其产品线中剩余产品的一部分或者全部时,制造商才会将此产品卖给经销商,这种做法叫作搭售(full-line forcing)。这种捆绑协议(tying agreements)并不一定违法,但是如果制造商的做法导致竞争大幅削弱,便触犯了美国法律。总的来说,销售商可以因法定理由放弃与经销商的合作,但如果是经销商拒绝在有争议(如排他性交易或捆绑协议)的法律文件上签字,则销售商也无法终止合作。

本章总结

大多数生产商并不直接将商品销售给最终用户，在这两方之间存在着一个或多个营销渠道，中间商在其中完成多种功能。当企业缺少足够资金来进行直接营销，或者直接营销并不可行，或者当使用间接渠道销售利润更大时，企业就会利用中间商来进行销售。中间商完成的最重要的功能是：提供信息、促销、谈判、下订单、提供融资、承担风险、库存管理、支付和所有权转移。

制造商能够根据顾客需求、渠道目标和中间商的类型和数量等因素，来决定直接销售商品，还是使用零级、一级、二级或者三级渠道进行销售。有效的渠道管理要求生产商仔细选择中间商，并向它们提供培训和激励，以建立互惠互利的合作伙伴关系。当前三种重要的渠道发展趋势为：垂直营销系统、水平营销系统和多渠道营销系统。越来越多的企业已经采用了"鼠标加水泥"电子商务渠道系统；移动商务（通过智能手机和平板电脑进行销售）也变得日益重要。由于渠道成员存在目标不一致、角色和权利界定不明晰、感知差异及相互依赖程度高等问题，所有的营销渠道都有可能产生冲突和竞争。在规划渠道策略时，营销人员需要考虑的法律和道德问题为：排他性交易或排他性区域、捆绑协议和经销商权利。

注释

1. L.L.Bean, www.llbean.com; Shelley Banjo, "Firms Take Online Reviews to Heart," *Wall Street Journal*, July 29, 2012; Michael Arndt, "L.L.Bean Follows Its Shoppers to the Web," *Bloomberg Businessweek*, February 18, 2010; Darren Fishell, "L.L.Bean's First Chief Executive from Outside the Founding Family to Retire in 2016," *Bangor Daily News (Maine)*, May 19, 2014.
2. Anne T. Coughlan, Erin Anderson, Louis W. Stern, and Adel I. El-Ansary, *Marketing Channels*, 7th ed. (Upper Saddle River, NJ: Prentice Hall, 2007).
3. Louis W. Stern and Barton A. Weitz, "The Revolution in Distribution: Challenges and Opportunities," *Long Range Planning* 30 (December 1997), pp. 823–29.
4. For a summary of academic research, see Erin Anderson and Anne T. Coughlan, "Channel Management: Structure, Governance, and Relationship Management," Bart Weitz and Robin Wensley, eds., *Handbook of Marketing* (London: Sage, 2001), pp. 223–47.
5. V. Kumar and Rajkumar Venkatesan, "Who Are Multichannel Shoppers and How Do They Perform?," *Journal of Interactive Marketing* 19 (Spring 2005), pp. 44–61.
6. Tarun Kushwaha and Venkatesh Shankar, "Are Multichannel Customers Really More Valuable? The Moderating Role of Product Category Characteristics," *Journal of Marketing* 77 (July 2013), pp. 67–85.
7. For a detailed conceptual model, see Jill Avery, Thomas J. Steenburgh, John Deighton, and Mary Caravella, "Adding Bricks to Clicks: Predicting the Patterns of Cross-Channel Elasticities over Time," *Journal of Marketing* 76 (May 2012), pp. 96–111.
8. Peter C. Verhoef, Scott A. Neslin, and Björn Vroomen, "Multichannel Customer Management: Understanding the Research-Shopper Phenomenon," *International Journal of Research in Marketing* 24, no. 2 (2007), pp. 129–48.
9. Chekitan S. Dev and Don E. Schultz, "In the Mix: A Customer-Focused Approach Can Bring the Current Marketing Mix into the 21st Century," *Marketing Management* 14 (January–February 2005).
10. Robert Shaw and Philip Kotler, "Rethinking the Chain," *Marketing Management* (July/August 2009), pp. 18–23.
11. "E-commerce Sales to Rise in U.S.," www.warc.com, March 15, 2013; Lucia Moses, "Data Points: Spending It," *Adweek*, April 16, 2012, pp. 24–25; Darrell Rigby, "The Future of Shopping," *Harvard Business Review*, December 2011.
12. Anderson and Coughlan, "Channel Management: Structure, Governance, and Relationship Management," *Handbook of Marketing*, pp. 223–47.
13. www.clevelandclinic.org, December 9, 2010; Geoff Colvin, "The Cleveland Clinic's Delos Cosgrove," *Fortune*, March 1, 2010, pp. 38–45.

14. Asim Ansari, Carl F. Mela, and Scott A. Neslin, "Customer Channel Migration," *Journal of Marketing Research* 45 (February 2008), pp. 60–76; Jacquelyn S. Thomas and Ursula Y. Sullivan, "Managing Marketing Communications," *Journal of Marketing* 69 (October 2005), pp. 239–51; Sridhar Balasubramanian, Rajagopal Raghunathan, and Vijay Mahajan, "Consumers in a Multichannel Environment," *Journal of Interactive Marketing* 19 (Spring 2005), pp. 12–30; Edward J. Fox, Alan L. Montgomery, and Leonard M. Lodish, "Consumer Shopping and Spending across Retail Formats," *Journal of Business* 77 (April 2004), pp. S25–S60.
15. Sara Valentini, Elisa Montaguti, and Scott A. Neslin, "Decision Process Evolution in Customer Channel Choice," *Journal of Marketing* 75 (November 2011), pp. 72–86.
16. Susan Broniarczyk, "Product Assortment," Curtis Haugtvedt, Paul Herr, and Frank Kardes, eds., *Handbook of Consumer Psychology* (New York: Lawrence Erlbaum Associates, 2008), pp. 755–79; Alexander Chernev and Ryan Hamilton, "Assortment Size and Option Attractiveness in Consumer Choice among Retailers," *Journal of Marketing Research* 46 (June 2009), pp. 410–20; Richard A. Briesch, Pradeep K. Chintagunta, and Edward J. Fox, "How Does Assortment Affect Grocery Store Choice," *Journal of Marketing Research* 46 (April 2009), pp. 176–89.
17. Janko Roettgers, "Netflix May Ditch DVDs Sooner Rather than Later," *Bloomberg Businessweek*, October 21, 2013; Ashlee Vance, "Netflix, Reed Hastings Survive Missteps to Join Silicon Valley's Elite," *Bloomberg Businessweek*, May 9, 2013; Ronald Grover, Adam Satariano, and Ari Levy, "Honest, Hollywood, Netflix Is Your Friend," *Bloomberg Businessweek*, January 11, 2010, pp. 54–55.
18. Anderson and Coughlan, "Channel Management: Structure, Governance, and Relationship Management," *Handbook of Marketing*, pp. 223–47; Michaela Draganska, Daniel Klapper, and Sofia B. Villa-Boas, "A Larger Slice or a Larger Pie? An Empirical Investigation of Bargaining Power in the Distribution Channel," *Marketing Science* 29 (January–February 2010), pp. 57–74.
19. Xinlei Chen, George John, and Om Narasimhan, "Assessing the Consequences of a Channel Switch," *Marketing Science* 27 (May–June 2008), pp. 398–416.
20. Rajdeep Grewal, Alok Kumar, Girish Mallapragada, and Amit Saini, "Marketing Channels in Foreign Markets: Control Mechanisms and the Moderating Role of Multinational Corporation Headquarters–Subsidiary Relationship," *Journal of Marketing Research* 50 (June 2013), pp. 378–98; Zhilin Yang, Chenting Su, and Kim-Shyan Fam, "Dealing with Institutional Distances in International Marketing Channels: Governance Strategies That Engender Legitimacy and Efficiency," *Journal of Marketing* 76 (May 2012), pp. 41–55.
21. Harriett Walker, "Bright Sparks: Urban Outfitters," *The Independent*, January 23, 2012; Michael Arndt, "Urban Outfitters Grow-Slow Strategy," *Bloomberg Businessweek*, March 1, 2010, p. 56; Michael Arndt, "How to Play It: Apparel Makers," *Bloomberg Businessweek*, March 1, 2010, p. 61.
22. V. Kasturi Rangan, *Transforming Your Go-to-Market Strategy: The Three Disciplines of Channel Management* (Boston: Harvard Business School Press, 2006).
23. Arnt Bovik and George John, "When Does Vertical Coordination Improve Industrial Purchasing Relationships," *Journal of Marketing* 64 (October 2000), pp. 52–64.
24. "Low Prices Key to E-commerce," www.warc.com, March 6, 2013.
25. Joel C. Collier and Carol C. Bienstock, "How Do Customers Judge Quality in an E-tailer," *MIT Sloan Management Review* (Fall 2006), pp. 35–40.
26. Jeff Borden, "The Right Tools," *Marketing News*, April 15, 2008, pp. 19–21.
27. Geg Bensinger, "Order It Online, and … Voilá," *Wall Street Journal*, December 3, 2012.
28. Amanda B. Bower and James G. Maxham III, "Return Shipping Policies of Online Retailers: Normative Assumptions and the Long-Term Consequences of Fee and Free Returns," *Journal of Marketing* 76 (September 2012), pp. 110–24.
29. Ronald Abler, John S. Adams, and Peter Gould, *Spatial Organizations: The Geographer's View of the World* (Upper Saddle River, NJ: Prentice Hall, 1971), pp. 531–32.
30. Anjali Cordeiro, "Procter & Gamble Sees Aisle Expansion on the Web," *Wall Street Journal*, September 2, 2009, p. B6A; Anjali Cordeiro and Ellen Byron, "Procter & Gamble to Test Online Store to Study Buying Habits," *Wall Street Journal*, January 15, 2010.
31. Xubing Zhang, "Retailer's Multichannel and Price Advertising Strategies," *Marketing Science* 28 (November–December 2009), pp. 1080–94.
32. "How Mobile Coupons Are Driving an Explosion in Mobile Commerce," *Business Insider,* August 12, 2013; "New York Startup Launches First Stand-Alone Mobile Commerce Solution for Small and Medium-Sized Businesses," *PRNewswire,* June 27, 2013.
33. Lucia Moses, "Data Points: Mobile Shopping," *Adweek*, May 20, 2013, pp. 20–21.

34. Christopher Heine, "The Top 7 Reasons Mobile Ads Don't Work," *Adweek*, October 17, 2013.
35. Farhan Thawar, "2013: The Breakout Year for Mobile Commerce," *Wired,* March 15, 2013.
36. "How Mobile Coupons Are Driving an Explosion in Mobile Commerce," *Business Insider,* August 12, 2013.
37. Sam K. Hui, J. Jeffrey Inman, Yanliu Huang, and Jacob Suher, "The Effect of In-Store Travel Distance on Unplanned Spending: Applications to Mobile Promotion Strategies," *Journal of Marketing* 77 (March 2013), pp. 1–16.
38. Lauren Brousel, "5 Things You Need to Know about Geofencing," *CIO*, August 28, 2013; Dana Mattioli and Miguel Bustillo, "Can Texting Save Stores?," *Wall Street Journal,* May 8, 2012.
39. Stephanie Clifford, "Attention, Shoppers: Store Is Tracking Your Cell," *New York Times*, July 14, 2013.
40. Rick Whiting, "Oracle Says Recent Initiatives Are Reducing Channel Conflict," www.crn.com, October 14, 2009; Barbara Darow, "Oracle's New Partner Path," *CRN,* August 21, 2006, p. 4.
41. Anne Coughlan and Louis Stern, "Marketing Channel Design and Management," Dawn Iacobucci, ed., *Kellogg on Marketing* (New York: John Wiley & Sons, 2001), pp. 247–69.
42. Matthew Boyle, "Brand Killers," *Fortune*, August 11, 2003, pp. 51–56; for an opposing view, see Anthony J. Dukes, Esther Gal-Or, and Kannan Srinivasan, "Channel Bargaining with Retailer Asymmetry," *Journal of Marketing Research* 43 (February 2006), pp. 84–97.
43. Jerry Useem, Julie Schlosser, and Helen Kim, "One Nation under Wal-Mart," *Fortune* (Europe), March 3, 2003. For a more thorough academic examination that shows the benefits to suppliers from Walmart expanding their market, see Qingyi Huang, Vincent R. Nijs, Karsten Hansen, and Eric T. Anderson, "Wal-Mart's Impact on Supplier Profits," *Journal of Marketing Research* 49 (April 2012), pp. 131–43.
44. Sreekumar R. Bhaskaran and Stephen M. Gilbert, "Implications of Channel Structure for Leasing or Selling Durable Goods," *Marketing Science* 28 (September–October 2009), pp. 918–34.
45. For some examples of when conflict can be viewed as helpful, see Anil Arya and Brian Mittendorf, "Benefits of Channel Discord in the Sale of Durable Goods," *Marketing Science* 25 (January–February 2006), pp. 91–96; and Nirmalya Kumar, "Living with Channel Conflict," *CMO Magazine*, October 2004.
46. This section draws on Coughlan et al., *Marketing Channels,* chapter 9. See also Jonathan D. Hibbard, Nirmalya Kumar, and Louis W. Stern, "Examining the Impact of Destructive Acts in Marketing Channel Relationships," *Journal of Marketing Research* 38 (February 2001), pp. 45–61; Kersi D. Antia and Gary L. Frazier, "The Severity of Contract Enforcement in Interfirm Channel Relationships," *Journal of Marketing* 65 (October 2001), pp. 67–81; James R. Brown, Chekitan S. Dev, and Dong-Jin Lee, "Managing Marketing Channel Opportunism: The Efficiency of Alternative Governance Mechanisms," *Journal of Marketing* 64 (April 2000), pp. 51–65; Alberto Sa Vinhas and Erin Anderson, "How Potential Conflict Drives Channel Structure: Concurrent (Direct and Indirect) Channels," *Journal of Marketing Research* 42 (November 2005), pp. 507–15.

第13章

零售、批发和物流管理

本章将解决下列问题：

1. 营销中间商有哪些主要类型，它们面临的营销决策有哪些？
2. 自有品牌的未来发展如何？
3. 批发和物流中有哪些重要问题？

沃比帕克（Warby Parker）的营销管理

沃顿商学院四名MBA毕业生创办了电子商务创业公司——沃比帕克眼镜公司，向眼镜行业巨头Luxottica公司发起了挑战。沃比帕克的营销战略是将时尚、价值、顾客体验和社会责任巧妙地融合在一起。其框架原材料来自一家意大利家族企业，在中国组装，并且无中间商，因此沃比帕克公司能在保持低成本的同时，实现其承诺：产品质量可以与知名设计师作品媲美。沃比帕克普通眼镜统一售价95美元（钛合金镜框为145美元），包邮并可免费退货。为挑选到合适的眼镜，顾客可以使用带有面部识别技术的虚拟试戴工具，也可以选择免费邮寄最多5副样镜亲自试戴。通过"慈善眼镜"营销推广活动，沃比帕克每销售出一副眼镜就捐赠出一副眼镜给需要的人。为了扩展网下客户群，提高顾客参与度，公司在所选城市的商场设立了店中店，并且在纽约开设了旗舰店。[1]

在这个瞬息万变的世界，零售商、批发商和物流商都在努力构建并完善自己的营销战略。成功的中间商会细分市场、改善目标市场并进行产品定位，同时，通过难忘的体验、相关且及时的信息以及恰当的产品和服务与顾客紧密连接。本章我们将探讨零售、批发和物流管理中的卓越营销。

13.1 零售

零售(retailing)包含了将产品或服务直接销售给最终消费者,以供其个人和非商业性使用的全部活动。**零售商**(retailer)或**零售店**(retail store)是销量主要来自零售业务的任何商业企业。任何组织,无论是生产商、批发商或者零售商,只要面向最终消费者进行销售,都属于零售业务,与商品或服务的销售方式如何(面对面、邮件、电话、自动售货机、在线销售)或者销售地点(实体店、街道或消费者家中)无关。

13.1.1 零售商类型

正如表13.1所示,如今消费者可以从零售商店、无店铺零售商、零售组织处购买商品和服务。不同形式零售商店的竞争强度和价格变化不同。例如,长久以来折扣店之间的直接竞争远远高于其他类型零售店,但这种情况正在发生改变。[2]

表13.1 零售商店的主要类型

专卖店:产品线狭窄。如The Limited、美体小铺。
百货商店:经营多条产品线。如梅西百货、布卢明代尔(Bloomingdale's)百货。
超级市场:大规模、低成本、低利润、高销量的自助服务商店,旨在满足顾客对食物和日用品的需求。如克罗格(Kroger)、西夫维公司(Safeway)。
便利店:居民区内的小型商店,通常24小时营业,提供品种有限的高周转率便利品,提供外卖。如7-ELEVEN、Circle K便利店。
药店:销售处方药和非处方药、健康美容产品、其他个人护理用品、少量耐用品和其他商品。如CVS和乌尔格林(Walgreens)药店。
折扣店:销售标准化或专门化商品,低价、低利润、高销量,如沃尔玛、凯马特(K-mart)。
超值廉价商店:商品种类比折扣店少,但价格更低,如德国Aldi超市、一元店(Dollar General)。
上品折扣商店:以低于零售店的价格出售库存商品、过季商品、非常规商品。如工厂店、独立的名品折扣店(如Tjmaxx)、仓储式会员店(如Costco)。
超级商场:销售常规购买的食物和生活用品,并提供生活服务(洗衣、修鞋、支票兑现)的大型综合性商场。包括:品类杀手(出售单一品类的全部商品),如文具销售商Staples;联合商店,如Jewel-Osco超市;超市场(综合了超市、折扣店和仓储零售店在一起的大型市场),如法国的家乐福。
目录销售展示厅:以目录形式和折扣价格销售种类多、利润高、周转快的品牌产品,消费者在店内取货。如Inside Edge Ski和Bike。

如下四种层次的服务,零售商可以选择其一给自己定位。

1. **自助服务**(self-service):自助服务是所有折扣活动的基础形式。许多消费者为了省钱,愿意根据自己确定的"查找—比较—挑选"过程进行购物。
2. **自助选择**(self-selection):顾客自己寻找所需商品,但可以向店员寻求帮助。
3. **有限服务**(limited service):这类零售商经营更多种类的产品和服务,如信贷和退货权。消费者需要更多信息和帮助。
4. **全面服务**(full service):销售人员随时准备在顾客"查找—比较—挑选"商品的各个环节,提供所需帮助。高昂的人工成本、多样化服务、高比例的专卖品和平销品,导致了这种形式的零售成本非常高昂。

随着电子商务和移动商务的蓬勃发展,无店铺零售(nonstore retailing)的成长速度远远超过店铺零售。无店铺零售有四种主要类型:(1)直复营销(direct marketing),包括电话营销、直邮、目录营销和在线营销;(2)直销(direct selling),也叫多级销售和网络营销,采取上门推销或家庭销售派对的形式;(3)自动售货机(automatic vending),销售冲动型产品,如软饮料或化妆品等;(4)购货服务(buying service),无店铺零售商服务于特定大型组织客户的方式,向会员提供折扣。

越来越多的零售企业成为合作零售(corporate retailing)组织的一部分(见表13.2)。与独立零售店相比,这些组织可以获得规模经济、更强的购买权力、更广泛的品牌认知和更训练有素的雇员。

表13.2 合作零售组织的主要类型

公司连锁店:拥有和控制两个及以上门店,采用集中采购,出售类似商品。如Gap、陶瓷谷仓(Pottery Barn)。
自愿连锁店:由批发商发起、独立零售商组成的团体,进行大宗采购,销售统一的商品。如独立杂货商联盟(IGA)。
零售商合作组织:由独立零售商组成,进行集中采购和联合促销。如ACE五金店。
消费者合作组织:由顾客所有的零售公司。成员集资设立自己的商店,投票决定公司政策,选举管理团队并分红。在很多市场都可见当地的合作型杂货店。
特许经营组织:加盟商和特许经营商之间的契约型联合,常见于很多商品和服务领域。如Dunkin's多纳圈、万豪国际和UPS快递。
商业集团:将几种不同的零售产品线和销售形式联合起来、所有权集中的公司,分销和管理在一定程度上实现一体化。如梅西集团经营梅西百货和其他零售店(例如布卢明代尔百货)。

13.1.2 现代零售业的营销环境

当今的零售营销环境与大约十年前相比已有显著不同。为了更好地满足消费者对便利性的需求,产生了很多新的零售形式。零售商们正在实验"快闪店",即通过与顾客之间的互动体验来创造热点,并在繁华地段进行几个星期的品牌推广。如沃尔玛这样的零售业巨头也在通过信息系统、物流系统和购买能力优势,以极富吸引力的价格向大量消费者提供优质服务和极大量级商品。随着折扣零售商在质量和形象两方面的不断提升,以及一些零售商进一步向高端转移,中等规模零售商正在逐渐衰退。如今百货商店不能仅仅担心来自其他百货商店的竞争,一些连锁折扣店如沃尔玛和特易购(Tesco),已经将产品扩展到诸如服饰、保健、美容和电子设备领域。[3]

另一个重要的趋势是快销的出现,尤其是在时尚领域,快销的影响更为广泛。零售商如Zara和优衣库,就为此开发出了完全不同的供应链和分销系统,使它们能够向消费者提供不断变化的商品选择。然而批评人士严厉地指责了快时尚的计划淘汰机制,及其导致的随意丢弃与浪费。[4]

科技深刻地影响着零售商开展业务的方方面面。如今,几乎所有零售商都通过技术来进行生产预测、控制库存成本、向供应商订货、降低打折需求以及通过促销清理存货。科技也会直接影响消费者在店内的购物体验,包括体验虚拟购物屏幕、音频和视频展示及其他应用。**购买者营销**（shopper marketing）是指生产商和零售商利用存货、展示品和促销活动来影响消费者积极地购买某商品。"营销洞察：购买者营销的发展"描述了科技在购物通道中的重要作用。

节假日正是购买者搜寻商品信息、分享成功购物经历的高峰，此时社会化媒体对零售商来说就尤为重要。节假日之外，很多零售商会在 Instagram、Pinterest 和其他站点上链接消费者分享公司品牌的照片，增加社会参与度。[5]

13.1.3 零售商的营销决策

在新的零售环境下，先来探讨零售商在如下关键领域的营销决策：目标市场、渠道、产品品种、采购、价格、服务、店内氛围、店内活动与体验、传播和选址。

目标市场　零售商只有在确定并了解了**目标市场**（target market）后，才能做出关于产品种类、店铺装饰、广告信息和媒体、价格和服务水平的一致性决策。如今零售商对市场进行更进一步的精细细分，引进新的店铺开发利基市场，提供相关度更高的产品和服务，正如金宝贝公司推出"珍妮和杰克"高端品牌店，销售婴儿和学步儿童的服饰和礼物。

> **营销洞察**
>
> #### 购买者营销的发展
>
> 调查表明，一半以上的消费者购买决策都是在店内做出，企业越来越多地认识到在销售现场通过购买者营销影响消费者决策的重要性。在沃尔玛针对帮宝适这类高端纸尿裤的促销活动中，宝洁公司观察到了商品展示的有力作用。宝洁在卖场建立了第一个宝宝中心，将婴儿用品集中起来占据单独一条通道，新的货架布局摆放激励父母们逗留更久，花费更多，从而提高了帮宝适的销量。
>
> 零售商也会采用技术手段研究顾客购买行为并且在购物时对其产生影响。一些超市正在使用移动应用软件或称为"智能购物车"，帮助顾客在商店中找到商品的位置，发现促销和特价信息，方便地付款。学术研究表明，产品被触摸得越多，顾客考虑购买的时间越长，顾客离货架越近，视野中的货架展示越少，顾客能够越快地从外部获取信息参考，无计划消费就会增加。即使是简单地通过平板电脑屏幕触碰商品，也表明购买意向的增加。

渠道　基于第 12 章中讨论的目标市场分析及其他一些考虑，零售商必须决定选择哪些渠道（channles）接触消费者。企业越来越多地采用多渠道策略。史泰博（Staples）的销售渠道包括：传统实体店渠道、直销网站、虚拟商场、与联盟网站的链接。尽管一些专家曾预测目录销售会受到互联网的威胁，但事实上却恰恰相反，因为更多的企业将目录作为品牌化工具，作为其线上活动的补充，使目录销售在互联网世界得以发展。[6]

产品品种　零售商经营的产品种类（product assortment）必须在广度和深度（breadth and depth）上符合目标市场的购物期望。[7]例如，餐馆可以提供窄而浅的食物品种（便餐台），或浅而深的食物品种（熟食店），或广而浅的食物品种（自助餐馆），或广而深的品种（如大餐厅）。目的地品类（destination categories）非常重要，因为它们对家庭选择购物地点(如买生鲜产品)及如何看待某个零售商影响最大。零售商的另一挑战是制定产品产异化战略,包括:提供别处买不到的品牌、提供自有品牌商品、展示与众不同的商品事件、经常更新商品或提供惊喜商品、提供新商品、提供定制化服务或提供高度目标化的商品品种。

采购 零售店使用**直接产品盈利性**(direct product profitability,DPP)来测量商品从进入仓库直到被消费者购买这一过程中的处理成本,包括接收、入库、文档工作、筛选、验货、装卸和空间成本。有时会发现产品毛利和直接产品利润几乎没有关系。一些大批量产品可能处理成本非常高,降低了盈利率,因此应为小批量商品分配更多货架空间,除非顾客购买足够多的其他高利润商品,以弥补大批量产品推广带来的损失。

价格 价格是市场定位的关键因素,定价时必须考虑目标市场、产品—服务品种和竞争状况。[8]大部分零售商都属于高利润、低销量(精品专卖店)企业,或低利润、高销量(折扣店)企业。大多数零售商会将某些商品价格调低(甚至亏本销售),用来吸引客流,或传递其定价政策。[9]商店的平均价格水平和折扣政策会影响顾客对企业价格形象的感知,但是非价格因素如商店气氛和服务水平也同样非常重要。[10]

服务 零售商必须决定要给顾客提供什么样的服务组合(services mix)。购前服务包括接听电话、邮件订货、广告、橱窗展示和店内陈列、试衣间、营业时间、时装秀和以旧换新。购后服务包括运输和交货、礼品包装、调整和退货、修改和裁剪、安装和印刻。辅助服务包括咨询信息、支票兑现、停车、餐厅、维修、内部装饰和信贷。

商店氛围 每个商店的外观和布局决定了顾客在店内移动的难易程度。科尔士(Kohl's)百货商场的平面图参照一个环形跑道,能够让客户顺利地经过商场内所有商品,同时把中间的通道作为购物捷径留给着急的顾客,这种布局方式带来了比很多竞争者更高的销售水平。[11]

店铺活动和体验 电子商务的迅速发展迫使传统实体零售商不得不采取行动。实体零售有其天然优势,如购物者能够实际看到、触摸和试用商品,提供真实的客户服务,即时交付商品。此外,零售店正在将购物体验作为一个强有力的差异化因素。一方面,店内氛围应当与购物者的基本购物动机相匹配——如果消费者是任务导向考虑功能性为主,那么简单低调紧凑的店内环境可能会更好。[12]另一方面,为了吸引那些追求乐趣和刺激的消费者,一些零售商也在设计店内娱乐活动。

传播 零售商使用各种传播工具(广告、特卖、优惠券、促销邮件、常客奖励计划和店内样品等)来吸引客流,刺激购买。很多零售商和生产商联合设计同时体现二者形象的销售点宣传材料。零售商还使用互动媒体和社交媒体向顾客传递信息,建立品牌社区,并对消费者回复电子邮件的方式加以研究,如打开邮件的地点和方式,哪些词语和图片吸引用户点击。

选址 零售成功的三个关键要素是"位置、位置、还是位置"。零售商可以在如下位置选址布店:

- **中央商务区**。城市中最古老和最繁华的商业区。
- **地区性购物中心**。大型郊区购物中心,内有40~200个店铺,通常有一两家全国知名的主力店,或大店和小店的集合。

- 社区购物中心。规模小一些的购物中心,内有一家主力店和20~40家小型店铺。
- 购物街。通常处于一个狭长建筑内的商店群,服务于周边居民对百货、五金、洗衣及其他服务的需求。
- 店内店。由知名零售商租借的场所,如大型商场、机场或学校内的星巴克店;或者位于百货商城内的"店内店"。
- 独立门店。与其他零售店无关联的独立店铺。

13.2 自有品牌

自有品牌(private-label brand)(也称为代销商品牌、商店品牌、工厂品牌或分销商品牌)是由零售商或批发商建立的品牌。在欧洲和加拿大,杂货店中所售商品的40%都是本店铺品牌。在英国,最大的食品连锁卖场塞恩斯伯里(Sainsbury)和特易购销售的几乎一半商品都是商店自有品牌。德国和西班牙也是自有品牌程度很高的欧洲市场。[13]根据自有品牌制造商协会(PLMA)统计,商店自有品牌商品占据了美国超市、连锁药店和大型商场所售商品的1/5。自有品牌市场的利润很高。在食品和饮料行业,全国性品牌如果向自有品牌转移一个百分点,预计会给连锁超市带来55亿美元的收入。[14]

自有品牌正在迅速占领市场,让很多知名品牌制造商担心。经济衰退带来了自有品牌商品销量的增加,一些知名品牌用户一旦转向自有品牌,就很难回头。[15]但是一些专家认为,50%是自有品牌经营比例的自然界限,因为消费者偏好某些全国性品牌,而且一些商品类别并不适合使用自有品牌,或者体现不出吸引力。

13.2.1 自有品牌的作用

为什么中间商要花钱建立自己的品牌?首先,自有品牌利润更高。中间商可以利用有富余产能并愿意以低成本生产自有品牌商品的生产商。其他成本,如研发、广告、促销和实体分销成本也非常低,因此自有品牌商品能够产生较高利润。[16]零售商也会开发独创性自有品牌与竞争对手形成差异化。

无品牌产品(generics)是没有品牌、包装简单、较为便宜的日常商品,如意大利面、纸巾和黄桃罐头等。无品牌产品一般质量仅仅达标或质量较低,价格通常比全国知名品牌低20%~40%,比零售商自有品牌低10%~20%。

13.2.2 自有品牌的成功因素

在制造商品牌和自有品牌的较量中,零售商拥有日益增长的市场力量。因为货架空间是稀缺资源,很多超市会向新品牌收取进场费(slotting fee)。零售商也对特殊展示空间和店内广告收费。它们通常会将自有品牌摆放在更为显眼的地方,并且确保存货充足。

虽然自有品牌的成功有零售商的功劳,但是其发展壮大也得益于全国性品牌的衰退。很多消费者的价格敏感度越来越高,连续不断的优惠券和特价活动加强了这一趋势,培养出看价格买商品的一代顾客。制造商和全国性的零售商相互竞争,仿造和复制与最好品牌的商品类似的质量和性能,减少了实物产品的差异。趋势稳定的品牌延伸和产品线延伸使品牌识别变得模糊，导致了大量产品繁衍，令人混乱。

为了对抗这些趋势，很多生产商卷土重来，增加研发投入开发新品牌、延伸产品线、设计新产品特性、改进质量。它们也投资强"拉动型"广告来保持高品牌识别和品牌偏好，以回避自有品牌的店内营销优势。专家建议生产商通过选择性对抗、有效合作、创新和吸引人的价值主张，来与自有品牌进行竞争或合作。[17]

13.3　批发

批发（wholesaling）是指将产品或服务销售给那些以转售或商用为目的的买家的全部活动，不包括制造商和农民，因为其主要参与生产活动，也不包括零售商。表13.3中列出了批发商的主要类型。

表 13.3　主要批发商类型

商人批发商：独立所有的企业，对其经营的商品拥有所有权，可以是提供完全服务或有限服务的批发商、分销商和工厂供应商。

完全服务批发商：提供库存、组织销售团队、信贷、送货和管理协助等全面服务。批发商主要向零售商销售产品；行业分销商主要向制造商销售产品，而且提供信贷和送货等服务。

有限服务批发商：现金交易运货自理批发商以现金交易的方式向小型零售商出售有限的快销品。卡车批发商向超市、杂货店、医院、饭店和酒店销售和运送种类有限的易变质产品。直运批发商服务于煤炭、木材和重型机械等大宗商品行业，承担从接受订单到送货过程中的商品所有权及风险。货架批发商服务于非食品杂货店，提供商品陈列、定价和保存库存记录等服务，仅对售出商品保留所有权并要求零售商付费。生产合作社组织农产品集中销往当地市场。邮购批发商向零售商、行业和机构用户寄送产品目录，通过邮件、火车、飞机或卡车送货。

经纪人和代理商：促进买卖，收取佣金；承担有限功能；一般专门服务于特定产品线或顾客类型。经纪人为买卖双方牵线搭桥并协助其协商，由委托方支付佣金。代理商是买方或者卖方的长期代表。大部分代理商都是拥有一些有经验的销售人员的小公司。销售代理商被授权销售某生产商的全部产品；采购代理商为买方采购商品，并常提供收货、验货、仓储和送货服务；佣金代理商拥有商品的实物所有权，并负责销售谈判。

生产商和零售商的分支机构和办事处：由买方或卖方自己而非通过独立批发商开展的批发业务，专注于销售或采购业务中的一项。

专业批发商：农产品集货商（从多个农场购买农产品），石油散装工厂和加油站（联合采购油井的石油），拍卖公司（将汽车、设备等拍卖给经销商和其他企业）。

批发商（也叫分销商，distributor）与零售商在很多方面有差异。首先，批发商不太关注促销、店铺氛围和店铺位置，因为它们的交易对象是商业用户而非最终消费者。其次，批发业务规模通常比零售业务规模大，覆盖范围更广。最后，批发商和零售商受不同的法律法规和税收约束。

13.3.1　批发的功能

为什么要通过批发商销售商品？批发商通常能够更为高效地完成如下1~2项职能：

- **销售和促销**。批发商的销售团队能够帮制造商以相对较低的成本接触到很多小企业用户。

- **采购和构建品类**。批发商能够选择商品并创建消费者所需的商品类别品种。
- **整装零卖**。批发商通过大批量购买整装货物,再将货物拆分成小单元出售,为消费者节省费用。
- **仓储**。批发商持有存货,从而减少供应商和顾客的库存成本和风险。
- **运输**。批发商由于离购买者更近,通常能够更快地送货。
- **融资**。批发商通过允许赊账来向顾客提供融资帮助,通过提前下单和按时付款向供应商提供资金帮助。
- **承担风险**。因为拥有商品所有权,批发商承担了商品盗窃、损坏、损耗和过时等风险。
- **市场信息**。批发商可以向供应商和顾客提供关于竞争对手行为、新产品、价格变化等信息。
- **管理服务和建议**。批发商经常帮助零售商改善运营活动,比如培训销售人员、帮助店内布局和店内展示、建立会计和库存控制系统等。

13.3.2 批发市场的发展趋势

近年来批发商—分销商面临着越来越多压力,这些压力来自新的竞争、要求苛刻的顾客、新技术,以及大型工业企业、机构和零售买方日益增多的直接采购项目等。生产商对批发商的主要抱怨是:批发商不积极主动地推广生产商的产品线,而更像被动的订单承接者;它们并不储备足够的库存,因此不能快速满足消费者的订单需求;它们不向生产商提供最新的市场、顾客和竞争信息;它们不能吸引高水平经理人来帮助降低成本;而且收费过高。

明智的批发商调整其服务来满足供应商和目标顾客不断变化的需求,以此增加渠道价值;它们通过更好的存货和应收账款管理来提高资产生产力;通过投资更先进的物料处理技术、信息系统和互联网来减少运营成本;最后它们也在改进在目标市场、产品分类和服务、价格、传播和分销等方面的战略决策。然而面对客户对价格上涨的激烈反应以及供应商因成本和质量而出局这一持久不变的趋势,批发行业依然面临诸多挑战。

13.4 市场物流

实物分销始于工厂,经理可以选择能在期望时间或以最低价格将商品运往最终目的地的仓储(存货点)和运输服务商。实物分销的概念已经延伸至更广义的概念——**供应链管理**(supply chain management,SCM)。供应链管理过程的开始早于实物分销,包括对投入品(原材料、零部件和资本设备)的战略性采购,并有效地把它们转化为最终成品,分送到最终目的地。供应链视角能够帮助企业识别优秀的供应商和分销商,提高生产,降低成本。一些公司选择与专业第三方物流公司合作,以获取运输规划、分销中心管理及其他运送和储存之外的增值服务等方面的帮助。[18]

市场物流(market logistics)包括规划所需基础设施,对原材料和最终产品从原产地到使用地的实物流进行实施和控制,以满足顾客需求并从中获利。市场物流规划包括四

步：[19]

1. 确定公司对客户的价值主张。（应该提供的按时交货标准是什么？订单和账单准确度应达到什么水平？）
2. 选择到达顾客的最佳渠道设计和网络战略。（应该直接服务客户还是通过中间商？应该保有多少仓库以及如何选址？）
3. 在销售预测、仓库管理、运输管理和物料管理方面卓越运营。
4. 用最好的信息系统、设备、政策和流程来实施解决方案。

13.4.1 整合物流系统

市场物流任务的完成需要**整合物流系统**（integrated logistics systems），包括物料管理、物料流动系统和实物分销，借助信息技术实现。市场物流包含多项活动。首先是销售预测，在此基础上企业对分销、生产和库存水平进行安排。生产计划指出采购部门需要购买的物料，这些物料经过入厂物流进入接收区，存储在原材料仓库。随后原材料被加工转换为产成品，产成品库存联结了客户订单和生产活动。顾客订单减少产成品库存水平，生产活动再对库存进行补充。产成品从生产流水线上下来后，经过包装、厂内存储、运输处理、外向物流、销售地存货，最终经过交付和相关服务到达客户处。

企业关心市场物流的总成本，该成本通常能占到产品成本的30%～40%。很多专家把市场物流叫作"成本经济的最后一道壁垒"。降低这一成本能够带来更低的价格，或获得更高利润，或两者兼具。尽管市场物流成本可能很高，但一个规划良好的市场物流计划仍是竞争性营销中强有力的工具。

13.4.2 市场物流的目标

很多企业将其市场物流目标定为"将恰当的商品在恰当的时间以最少的成本配送到恰当的地点"。遗憾的是，没有物流系统能够同时实现顾客服务水平最大化和分销成本最小化。顾客服务水平最大化意味着要有大量存货、优质运输及多个仓库，每一项都会增加市场物流成本。管理者需要权衡各种市场物流活动，基于系统总体进行决策。首先要研究顾客的需求及竞争对手的产品和服务。顾客需要准时交货，能够满足紧急需求，小心处理商品以及快速退换瑕疵商品。公司也必须考虑竞争对手的服务标准，企业通常希望能够赶上或者超过竞争对手，但是目标依然是利润最大化，而非销量最大化。

13.4.3 市场物流决策

公司需要进行四个市场物流相关决策：(1)如何处理订单（订单处理）；(2)在哪里布局仓库（仓储）；(3)应该持有多少存货（库存）；(4)如何运输商品（运输）。

订单处理 大部分公司试图缩短订购—付款周期（order-to-payment cycle），即从收到订单到运送、付款之间的时间。这一周期包括很多步骤：销售人员传送订单、订单录入、顾客信用核查、安排库存和生产计划、寄送订单和发票、收款。这一周期耗时越长，消费者满意度越低，公司利润也就越低。

仓储 由于生产周期和消费周期很难保持一致，因此每个企业都必须存储产成品直到它们被销售出去。更多的存货地点意味着更快速的商品运送，但同时仓储和库存成本也会更高。为了减少这些成本，公司可能会将库存集中到一个地方，使用更为快速的运输方式来送货。为了更好地管理库存，很多百货商场如诺德斯特龙和梅西百货，如今从独立商店寄送网上订购的商品。[20]

库存 销售人员希望公司能够持有足够多的存货来迅速满足所有顾客的订单。然而，这种做法成本效益比很低。因为当顾客服务水平接近100%时，库存成本会加速增长。管理者制定决策前，需要了解保持较高库存水平和较快的订单履行时间，能够带来多少销售和利润的增长。

当库存下降时，管理者必须知道在什么库存水平需要重新订货，这一库存水平即为订货点(再订货点)(order or reorder)。如果一个企业的订货点为20，表明当库存产品减少到20单位时，需要重新订货。订货点的决定需要权衡缺货风险和库存过剩成本。另一个决策是订购数量。单次订货量越大，下订单的频率就会越低。公司需要权衡订单处理成本和库存持有成本。生产商的订单处理成本(order-processing costs)包括商品的准备成本(setup costs)和经营成本(running costs)。如果准备成本很低，生产商可以经常生产这种产品；如果准备成本很高，那么公司应该生产足够长期经营的产品，持有大量库存，降低每单位平均成本。

订单处理成本一定要和存货持有成本(inventory-carrying costs)相比较。存货持有成本包括存储费用、资本成本、税收和保险、折旧和过时等产生的费用。平均存货持有成本越高，总体存货持有成本就越高。因此，如果营销经理持有更多库存，就需要证明因库存量增加所带来的利润增量能够超过多持有相应存货的成本增加。

通过观察订单处理成本和存货持有成本在不同订货水平下如何增加，可以得出最优订货量。图13.1显示，单位订单处理成本随着订货数量的增加而降低，这是因为订单成本被分摊到更多单位的产品上。单位库存持有费用随着订货数量的增加而增加，因为每单位商品占用库存的时间更长。将两条成本曲线垂直相加得到总成本曲线，最低点所对应的横坐标值，即最优订货量 Q^*。[21]

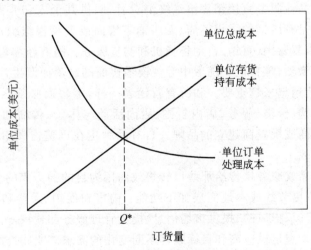

图13.1 最优订货量决策

公司通过将周转慢的商品放在仓库中间位置、将周转快的商品放在仓库中离消费者更近的地方,来降低库存成本。它们也在思考在出现问题时能够让企业更具灵活性的库存战略,比如,无论是加利福尼亚的码头工人罢工,日本的地震还是北非的政治动荡,都能够应对。实现接近零库存(near-zero inventory)目标的最终方法就是按单生产而不是按库存生产。

运输 运输方式的选择影响着产品定价、准时送货率和商品送达时的状况,而所有这些都会影响顾客满意度。企业会考虑不同运输工具的速度、频率、可靠性、装载量、可用性、可追踪性和成本等标准,从铁路、航空、公路、水路或者管道运输中选择合适的方式,把商品运送至仓库、经销商和顾客处。如果想要快速送达,则首选航空、铁路和公路。如果以低成本为目标,则水路或管道运输为最佳。

集装箱的出现使托运人更多地把两种或多种运输方式结合使用。**集装箱运输**(containerization)将商品放在集装箱或拖车内,易于货品在两种运输方式之间转换。驮背运输(piggyback)是指公路和铁路联运方式;船背运输(fishyback)是水路和公路联运;火车渡船(trainback)是铁路和水路联运;空中卡车(airtruck)是航空和公路联运。每种联运模式都有其独特优势,比如,驮背运输比全程公路运输便宜,而且更灵活和方便。

托运人可以选择私人承运人、契约承运人或公共承运人。如果托运人有自己的卡车或飞机,就成为私人承运人(private carrier)。契约承运人(contract carrier)是通过签订合同提供运输服务的独立组织。公共承运人(common carrier)根据预定时间表提供预定地点的运输服务,所有托运人都可按照统一价格选择服务。为了降低货物到达时的操作成本,一些公司对商品进行易上架包装。为减少运输过程中的商品损坏,商品的大小、重量和易碎性必须反映在包装工艺和缓冲泡沫的密度上。[22] 物流中每个再小的细节都需要反复核查,看哪些可能改变以提高生产力和利润率。

本章总结

零售包括将产品或服务直接销售给最终消费者,以供其个人和非商业性使用的全部活动。零售商可以是有店铺的零售商店、无店铺零售商或者零售组织。无店铺零售商正在迅速发展,包括直复营销、直销、自动售货机和购货服务。随着新零售形式的出现,零售商之间的竞争更加激烈,零售巨头随着中等规模零售商的衰落而诞生,对信息技术的投资已经兴起,购买者营销越来越重要。和所有营销者一样,零售商必须做出关于目标市场、渠道、产品品种、采购、价格、服务、店内氛围、店内活动与体验、传播和选址方面的决策。自有品牌是由零售商或批发商建立的品牌。自有品牌正在迅速占领市场,给生产商和全国性品牌带来了挑战。

批发是指将产品或服务销售给那些以转售或商用为目的的买家的全部活动。批发商能够比生产商更好、更节约成本地完成如下功能:销售和促销、采购和构建品类、整装零卖、仓储、运输、融资、承担风险、提供市场信息、提供管理服务和建议等。成功的批发商能够调整自己的服务来满足供应商和目标顾客不断变化的需求。实物产品和服务生产商需要进行市场物流决策——确定储存商品和服务并运送到目的地市场的最佳方式,以及协调供应商行为、进货代理商行为、生产商行为、营销人员行为、渠道成员行为和顾客行为的最佳方式。

注释

1. Mike O'Toole, "Warby Parker, One Million Eyeglasses, and the Next Generation of Brands," *Forbes,* July 22, 2013; Knowledge@Wharton, "The Consumer Psychology behind Warby Parker's $95 Pricing for Eyeglasses," *Time,* May 23, 2013; Sheila Shayon, "Warby Parker's Long-Term Vision: From the Web to the Street, NYC to the World," *Brandchannel,* September 11, 2012; "Warby Parker Revolutionizes Eyewear Market by Borrowing from Apple, Zappos," *Advertising Age,* November 27, 2011; James Surowiecki, "The Financial Page: Companies with Benefits," *New Yorker,* August 4, 2014, p. 23.
2. Karsten Hansen and Vishal Singh, "Market Structure across Retail Formats," *Marketing Science* 28 (July–August 2009), pp. 656–73.
3. Mark Vroegrijk, Els Gijsbrechts, and Katia Campo, "Close Encounter with the Hard Discounter: A Multiple-Store Shopping Perspective on the Impact of Local Hard-Discounter Entry," *Journal of Marketing Research* 50 (October 2013), pp. 606–26.
4. Jim Zarroli, "In Trendy World of Fast Fashion, Styles Aren't Made to Last," www.npr.org, March 11, 2013; "Zara, H&M Are Top UK Fashion Brands," www.warc.com, December 17, 2012; "Fast Retailing Prioritizes Innovation," www.warc.com, October 15, 2012.
5. Christopher Heine, "Social Pics Help Retailers Get Real," *Adweek,* September 16, 2013, p. 11.
6. Jillian Berman, "Retailers Try to Get Creative with Their Catalogs during Tough Times," *USA Today,* July 19, 2010.
7. Robert P. Rooderkerk, Harald J. van Heerde, and Tammo H. A. Bijmolt, "Optimizing Retail Assortment," *Marketing Science* 32 (September–October 2013), pp. 699–715.
8. Venkatesh Shankar and Ruth N. Bolton, "An Empirical Analysis of Determinants of Retailer Pricing Strategy," *Marketing Science* 23 (Winter 2004), pp. 28–49.
9. Paul W. Miniard, Shazad Mustapha Mohammed, Michael J. Barone, and Cecilia M. O. Alvarez, "Retailers' Use of Partially Comparative Pricing: From Across-Category to Within-Category Effects," *Journal of Marketing* 77 (July 2013), pp. 33–48; Jiwoong Shin, "The Role of Selling Costs in Signaling Price Image," *Journal of Marketing Research* 42 (August 2005), pp. 305–12.
10. For a comprehensive framework of the key image drivers of price image formation for retailers, see Ryan Hamilton and Alexander Chernev, "Low Prices Are Just the Beginning: Price Image in Retail Management," *Journal of Marketing* 77 (November 2013), pp. 1–20.
11. Ilaina Jones, "Kohl's Looking at Spots in Manhattan," *Reuters,* August 19, 2009; Cametta Coleman, "Kohl's Retail Racetrack," *Wall Street Journal,* March 1, 2000.
12. Velitchka D. Kaltcheva and Barton Weitz, "When Should a Retailer Create an Exciting Store Environment?," *Journal of Marketing* 70 (January 2006), pp. 107–18.
13. "Private Label Sales Rise in Europe," www.warc.com, October 19, 2012.
14. Matthew Boyle, "Even Better than the Real Thing," *Bloomberg Businessweek,* November 28, 2011.
15. Lien Lamey, Barbara Deleersnyder, Jan-Benedict E. M. Steenkamp, and Marnik G. Dekimpe, "The Effect of Business-Cycle Fluctuations on Private-Label Share: What Has Marketing Conduct Got to Do with It?," *Journal of Marketing* 76 (January 2012), pp. 1–19.
16. Anne ter Braak, Marnik G. Dekimpe, and Inge Geyskens, "Retailer Private-Label Margins: The Role of Supplier and Quality-Tier Differentiation," *Journal of Marketing* 77 (July 2013), pp. 86–103.
17. Nirmalya Kumar and Jan-Benedict E. M. Steenkamp, *Private Label Strategy* (Boston: Harvard Business School Press, 2007); Nirmalya Kumar, "The Right Way to Fight for Shelf Domination," *Advertising Age,* January 22, 2007.
18. "The Supply Chain Evolution," *Fortune,* Special Advertising Section, March 8, 2012.
19. William C. Copacino, *Supply Chain Management* (Boca Raton, FL: St. Lucie Press, 1997); Robert Shaw and Philip Kotler, "Rethinking the Chain: Making Marketing Leaner, Faster, and Better," *Marketing Management* (July/August 2009), pp. 18–23.
20. Dana Mattioli, "Macy's Regroups in Warehouse Wars," *Wall Street Journal,* May 14, 2012.
21. The optimal order quantity is given by the formula $Q^* = 2DS/IC$, where D = annual demand, S = cost to place one order, and I = annual carrying cost per unit. Known as the economic-order quantity formula, it assumes a constant ordering cost, a constant cost of carrying an additional unit in inventory, a known demand, and no quantity discounts.
22. Perry A. Trunick, "Nailing a Niche in Logistics," *Logistics Today,* March 4, 2008.

第六篇

传播价值

第 14 章	整合营销传播的设计与管理
第 15 章	管理大众传播：广告，销售促进，事件和体验，公共关系
第 16 章	管理数字化传播：网络、社会化媒体和移动设备
第 17 章	管理个人传播：直复营销、数据库营销和人员销售

营销管理（精要版·第6版）
A Framework for Marketing Management

第 14 章

整合营销传播的设计与管理

本章将解决下列问题：

1. 营销传播的作用是什么？
2. 建立有效传播的步骤是什么？
3. 什么是营销传播组合，应该如何建立和评估？
4. 什么是整合营销传播方案？

亿滋国际公司（Mondelez International）的营销管理

亿滋国际精心设计针对不同市场的营销传播，为其饼干品牌奥利奥塑造了一个强势的国际化定位："牛奶的最佳搭档"，及"相聚时刻，共享时分"的相关联想。在美国，庆祝奥利奥品牌成立100周年举办的营销活动"庆祝，不分年龄"获得极大成功。广告和店内竞赛营造了派对的氛围，并聚焦于突出奥利奥"扭一扭、舔一舔、泡一泡"的搭配牛奶食用方法。为期100天的"每日一扭"促销活动，通过线上和印刷广告将品牌与多个文化形象、偶像和历史事件相结合，如普莱斯利周、火星车、同性恋尊严周以及巴士底日。奥利奥在Facebook上的生日主页收获了2 500万个点赞，并且在美国的销量增加了25%。在印度投放的广告中，一对父子演绎了经典的"扭一扭、舔一舔、泡一泡"的吃法。一辆"奥利奥欢聚大巴"环游于整个国家，为父母和孩子提供了乐享欢乐家庭时光的平台。[1]

除了开发优质产品、制定有吸引力的价格和使产品易于获得，像亿滋国际这样的公司还必须与股东和大众建立良好沟通。本章描述了传播机制如何发挥影响及其对公司作用，以及全局营销人员如何对营销传播进行整合。第15章探讨了大众传播方式（广告、促销和公共关系）；第16章聚焦数字传播（如在线、社会化媒体和移动营销）；第17章探索了个人传播方式。

14.1 营销传播的作用

营销传播(marketing communications)是企业直接或间接地告知、说服及提醒消费者,使其了解企业所销售的产品或品牌的方法。营销传播代表了公司及其品牌的声音,是一种与消费者开展对话和建立关系的途径。营销传播能够强化消费者的忠诚度,帮助建立顾客资产。

营销传播的作用也体现在:向消费者展示如何以及为什么使用一个产品,由谁、在何时何地使用。消费者能够了解到哪个企业生产该产品以及品牌代表的意义,因此消费者会更积极地去尝试或者使用商品。营销传播使公司能够将其品牌与其他人物、地点、时间、品牌、体验、感觉和事件建立关联。通过将品牌植入消费者心中,创建品牌形象,营销传播能够提升品牌资产、促进销售,甚至影响股东价值。[2]

技术和其他因素深刻地影响着消费者处理传播信息的方式,甚至决定着他们是否接受营销传播。强大的智能手机、宽带通信和无线网络连接以及跳过广告的数字视频播放器等设备的快速传播,已经侵蚀了大众媒体传播的有效性。1960年,企业在美国广播公司、哥伦比亚广播公司和全国广播公司这三家电视网络上同时投放一段30秒的广告,就能够触及80%的美国女性用户。如今,广告必须在100个甚至更多频道投放才能达到同样的营销效果。

另一个挑战来自泛滥的商业广告信息。每个城市居民平均每天接触到约3 000~5 000条广告信息。短视频广告出现在加油站、杂货店、诊所以及零售大卖场等各处。各种媒体和形式的营销传播都在与日俱增,一些消费者觉得这些广告越来越有侵略性。营销人员必须更具创造性地利用现代技术,同时又不冒犯消费者的生活。

14.1.1 营销传播组合

在全新的传播环境下,尽管广告通常是营销传播的核心要素,但并非唯一要素,尤其是在促进销售、创建品牌和顾客资产中,广告甚至不是最重要的传播要素。**营销传播组合**(marketing communications mix)包括以下八个主要的传播形式[3]:

1. **广告**(advertising)——由明确的赞助商采取付费方式,通过印刷媒体(报刊)、广播媒体(广播和电视)、网络媒体(无线电话、有线电话、卫星电话和无线网络)、电子媒体(录音带、录像带、光碟、CD、网页)和展示媒体(广告牌、标识、海报),对创意、商品或服务进行非个性化展示及推广。

2. **销售促进**(sales promotion)——为激发对某产品或服务的试用或购买而进行的短期激励措施,包括消费者促销(如提供样品、优惠券和赠品)、贸易促销(如广告和展示津贴),以及企业和销售人员促销(销售代表竞赛)。

3. **事件和体验**(events and experiences)——企业赞助的活动和计划,旨在创建与品牌相关的消费者互动,包括体育运动、艺术活动、娱乐和社会事件,以及其他一些非正式活动。

4. **公共关系和宣传**(public relations and publicity)——针对企业内部员工或外部消费者、其他公司、政府机构和媒体而设计的方案,旨在提升或保护公司形象,或单个产品的传播。

5. **在线营销和社会化媒体营销**(online and social media marketing)——旨在吸引客户或预期顾客参与、直接或间接提高认知、改善形象或刺激销售的在线传播活动和方案。

6. **移动营销**(mobile marketing)——在线营销的一种特殊形式,通过消费者的手机、智能电话或平板电脑进行营销传播。

7. **直复营销和数据库营销**(direct and database marketing)——使用邮件、电话、传真、电子邮件或者互联网直接与顾客和潜在顾客沟通,或者要求其回应或对话。

8. **人员销售**(personal selling)——与预期购买者面对面互动,目的在于展示产品、回答问题、促成订单。

表 14.1 列举了一些传播平台的实例。然而,公司实际所用的传播平台远远不止这些。每一次品牌接触(brand contact)都会传递一种印象,强化或弱化消费者对公司的看法。[4]

表 14.1 八类常用大众传播平台实例

广 告	销售促进	事件和体验	公共关系和宣传	在线和社会化媒体营销	移动营销	直复营销和数据库营销	人员销售
印刷和广播广告	竞赛、游戏和抽奖	运动	新闻	网站	短信	目录销售	销售展示
外包装	赠品和礼品	娱乐	演讲	电子邮件	在线营销	直邮	销售会议
嵌入在包装内的广告	样品	节日	研讨会	搜索引擎广告	社会化媒体营销	电话营销	激励计划
电影	交易会和贸易展	艺术活动	年度报告	展示广告		电子购物	样品
宣传手册和传单	展览	事件	慈善捐款	企业博客		电视购物	交易会和贸易展
海报和宣传页	演示示范	工厂参观	出版物	第三方聊天室、论坛和博客		传真	
地址录	优惠券	公司展览馆	社区关系	Facebook 和 Twitter 消息、YouTube 频道和视频		产品目录	
广告复制品	返现	街头活动	游说				
广告牌	低息融资		身份媒体				
展示牌	抵换折扣						
销售点展示	持续营销活动						
DVD	搭售						

正如第 1 章中所提到的,传播方式的选择包括付费媒体(传统渠道如电视、印刷、直

邮)、自有媒体(公司自有网站、博客、移动应用软件 APP)和免费媒体(虚拟或现实世界口碑、新闻报道)。

14.1.2 传播过程模型

营销人员应当了解有效传播的基本要素。其中两个模型非常有用：一个是宏观模型；另一个是微观模型。图 14.1 展示了包括九个有效传播关键因素的宏观模型，其中两个因素代表主要参与方——发送者(sender)和接收者(receiver)；两个因素代表主要传播工具——信息(message)和媒体(media)；四个因素代表传播的主要功能——编码(encoding)、解码(decoding)、响应(response)和反馈(feedback)；最后一个因素是噪音(noise)，也就是随机的、重复的、可能会对预期传播产生干扰的信息。

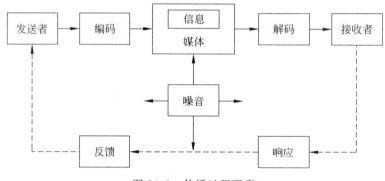

图 14.1 传播过程要素

营销传播的微观模型关注消费者对传播的特定反应。[5]图 14.2 总结了四种经典的反应层次模型

阶段	AIDA 模型	效果层次模型	创新采纳模型	传播模型
认知阶段	注意	知晓 ↓ 认识	知晓	曝光 ↓ 接收 ↓ 认知响应
情感阶段	兴趣 ↓ 欲望	喜爱 ↓ 偏好 ↓ 信任	兴趣 ↓ 评价	态度 ↓ 意图
行为阶段	行为	购买	试用 ↓ 采用	行为

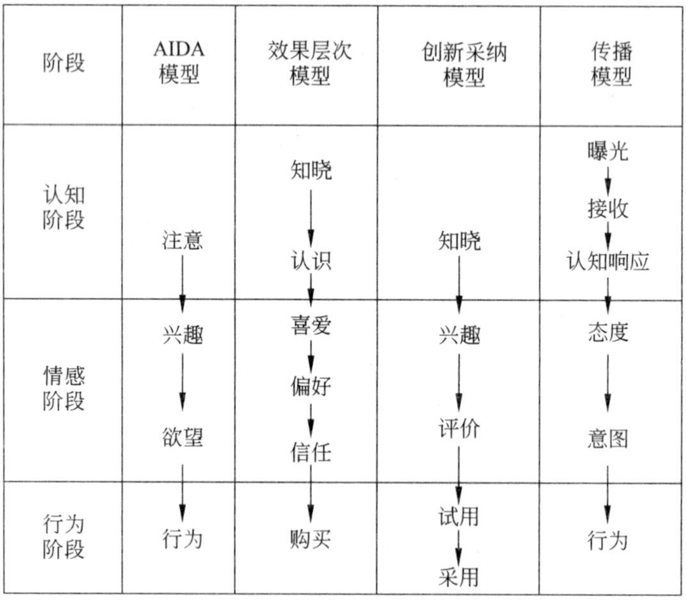

图 14.2 反应层次模型

应层次模型(response hierarchy models)。这些模型都假设购买者在购买过程中依次经历认知、情感和行为三个阶段。"了解—感觉—购买"模式适用于目标受众参与度高、感知差异化程度高的产品类别,如汽车购买。"购买—感觉—了解"模式适用于目标受众参与度高,但几乎感知不到同类产品差异化的情形,如飞机票购买。"了解—购买—感觉"模式则适用于目标受众对产品的参与度低,且感知差异化非常小的情况,如食用盐购买。通过选择正确的序列,营销人员能够更好地进行营销传播规划。

14.2 开展有效的传播

图 14.3 展示了开展有效传播的八个步骤,前五个基本步骤为:识别目标受众、设定传播目标、设计传播方案、选择传播渠道和制定营销传播整体预算。

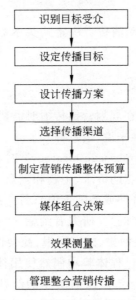

图 14.3 开展有效传播的步骤

14.2.1 识别目标受众

营销传播的第一步必须确定清晰的目标受众:公司产品的潜在购买者、现有购买者、决策者或影响者,受众可以是个人、团体、特殊公众或一般大众。目标受众将对传播内容、传播方式、传播时间、传播地点和传播对象等决策产生重要影响。

尽管根据第 6 章中确定的市场细分能够描绘出目标受众,但是按照产品使用和忠诚度来识别目标受众也非常有用。目标受众是该产品类别的新用户还是现有使用者?目标受众是本品牌忠诚者,还是竞争品牌忠诚者,或是在不同品牌间来回转换?如果目标受众是本品牌的使用者,那么是重度用户还是轻度用户?根据以上问题的答案,企业设计不同的传播战略。我们也可以通过描绘目标受众的品牌知识来进行形象分析(image analysis)。

14.2.2 设定传播目标

约翰·罗斯特和拉里·珀西确定了四种可能的传播目标[6]：

1. **创建类别需求**——创建某种产品或者服务类别，以填补或满足消费者现有动机状态和期望动机状态之间的感知差距。例如，电动汽车这一全新产品，初始传播目标总是在于创建用户对这一类产品的需求。

2. **创建品牌认知**——培养消费者辨识或回忆品牌细节并完成购买的能力。在店内品牌辨识非常重要，离开商店之后，品牌回想则变得非常重要。品牌认知是构建品牌资产的基础。

3. **构建品牌态度**——帮助消费者评估该品牌满足现有相关需求的能力。相关品牌需求可能是消极导向的（问题排除、问题避免、不完全满意、正常损耗）或者积极导向的（感官满足、智力刺激或社会许可）。

4. **影响品牌购买意图**——推动消费者决定购买本品牌产品或者做出与购买相关的行动。

14.2.3 设计传播方案

为达到预期消费者响应，企业在规划营销传播时需要回答三个问题：说什么（信息策略）、如何说（创造性策略）以及由谁来说（信息源）。

信息策略 在选择信息策略（message strategy）时，管理者需要搜寻能够贴合品牌定位，并有助于建立共同点和差异点的诉求、主题和创意。其中有些诉求或创意可能直接关联产品或服务性能（如质量、经济性或品牌价值）；另一些则可能更多地与外部因素相关（如品牌是当代的、流行的还是传统的）。研究者约翰·马洛尼认为消费者期望能从一个产品中获得四种类型的回报：理性回报、感官回报、社会性回报和自我满足回报。[7]消费者可以在产品的使用结果体验、使用过程体验和偶然使用体验中看到这些回报。四种类型的回报和三种类型的体验交叉组合产生12种类型的信息。

创造性策略 创造性策略（creative strategy）是营销人员将信息内容转换成一种特定传播方式的方法，可以广义地划分为信息性诉求或转换性诉求。[8]**信息性诉求**（informational appeal）详细说明产品或服务的属性或优点。这种类型的广告实例包括问题解决型广告（萘普生钠止痛药能够持久缓解疼痛）、产品示范型广告（汤普森的水封漆能够抵抗极端雨雪天气）、商品比较型广告（AT&T能够提供最大的4G网络），以及名人推介型广告（NBA明星勒布朗·詹姆斯推荐麦当劳和其他品牌）。

最好的信息性诉求提出问题，让信息阅读者或观看者自己得出结论。[9]只展示产品优点的单向信息可能会被认为比同时提及缺点的双向言论更有效。然而，双面信息传播可能更合适，尤其是必须消除负面产品联想时。[10]双面信息对受教育程度高或最初对产品抵触的受众更为有效。[11]最后，这些内容的展示顺序也非常重要。[12]

转换性诉求（transformational appeal）详细说明了与产品无关的益处或形象。它可能描述什么样的人群使用这个品牌（大众汽车在"驾驶员想要的车"广告宣传中将活力四射的年轻人作为目标），或者使用后有什么体验（品客薯片广告词为"一口之后，乐趣不停")。转换性诉求经常试图激发消费者的情感从而促使购买。[13] 信息传播者会利用诸如恐惧、内疚和羞愧等负面诉求,促使人们做一些事情(如刷牙)或者停止做一些事情(如吸烟)。传播者也会利用正面情感诉求,如幽默、爱、自豪和快乐。动机工具或"借用利益"工具,如可爱的婴儿或活泼的小狗,有时被用来吸引消费者注意,并提升他们对广告的参与度。然而,这种方法可能会转移消费者对产品的注意力和理解,很快损耗其受欢迎程度,或者使产品黯然失色。

信息源 调查显示,信息源(message source)可信度对于信息的接受至关重要。判断信息源可信度的三个最常用指标为:专业性、可信性和受欢迎程度。[14] 专业性(expertise)是指传播者拥有的用于支持其观点的专业知识;可信性(trustworthiness)描述了信息源被认为的客观和真实程度。朋友比陌生人和导购人员更值得信任,不收取费用的产品代言比商业性代言更值得信任。受欢迎程度(likability)描述信息源的吸引力,坦白直率、幽默风趣、真实自然都能提高受欢迎程度。有吸引力的、受欢迎的信息源所传递的信息能够获得更多关注和品牌回想,因此一些广告商会使用名人代言。另外,使用普通人做广告可以增加现实性,消除消费者的怀疑。

如果一个人对于消息源和信息都持肯定态度,或者对两者都持否定态度,即存在一致性。但是,如果一个消费者听到他所喜爱的名人赞扬一个他不喜欢的品牌,会怎样?查尔斯·奥斯古德和珀西·坦南鲍姆认为,消费者态度会发生转变,以提高两种评价的一致性。[15] 最终,消费者会降低对名人的喜爱程度,或者提高对品牌的评价。如果这一消费者又看到这个名人赞扬他不喜欢的其他品牌,他最终会对这个名人产生负面评价,对这个品牌仍然保持负面评价。**一致性原则**(principle of congruity)表明营销传播者可以通过好形象减少顾客对品牌的负面感觉,但是在这一过程中可能会失去一些受众的尊重。

14.2.4 选择传播渠道

传播渠道可以是个人传播渠道和非个人传播渠道,每种渠道都包含很多子渠道。

个人传播渠道 个人传播渠道是指两人或多人之间通过电话、平邮或电子邮件进行面对面沟通。个人传播的有效性来自个性化表达方式及信息反馈,包括直复营销、人员推销和口碑营销。下面对倡导者渠道、专家渠道和社会渠道进一步加以区分。倡导者渠道(advocate channels)是指与目标市场的购买者进行联系的企业销售人员。专家渠道(expert channels)是指向目标购买者进行陈述或声明的独立专家。社会渠道(social channels)是指邻居、朋友、家庭成员以及其他与目标购买者交流的相关人员。

博雅公关公司(Burson-Marsteller)和罗帕调研公司(Roper Starch Worldwide)的一项调查发现,一个有影响力的人的口碑平均会影响两个购买者的态度,而在网络上,影响人数就会达到八人。人际影响在以下情况尤为有效:(1)当产品昂贵、有风险或非频繁购买商品;(2)商品能够反映购买者的状态或品位。人们经常请他人推荐医生、酒店、律师、会计、建筑师或财务顾问。如果我们信任他人的推荐,通常就会按建议采取行动。消费者每天会谈论并传播大量品牌的口碑(word of mouth)。正面口碑有时并不与广告一起出现,但正如第 16 章所述,正面口碑也需要管理和促进。[16]

非个人/大众传播渠道 非个人渠道是直接面向多人的传播方式,包括广告、促销、事件和体验、公共关系。事件营销者曾经钟爱使用运动事件传播,现在转向其他场所如艺术博物馆、动物园和冰上表演等,给客户和员工带来娱乐。事件营销能够引起消费者注意,但它对品牌认知、品牌知识或品牌偏好产生的持续影响则差异很大,取决于产品质量、事件本身和事件营销的执行情况。一些企业自己创造事件给公众惊喜、引起共鸣。"营销洞察:'玩弄花招',构建品牌"讲述了两个聪明的营销事件。

整合传播渠道 虽然个人传播通常比大众传播更有效,但大众媒体仍然是促进个人信息传播的主要途径。大众传播通过两级过程来影响个体的态度和行为。信息通常先从收音机、电视、印刷品等媒体流向意见领袖或媒体的高度参与者,再由这些有影响力的人传播到媒体参与度较低的人群。[17]

这种两级传播暗含如下意义。第一,大众媒体对社会舆论的影响并不如营销人员认为的直接、有力和自动,意见领袖和媒体专家起到了中介作用。媒体专家就是那些追踪新信息、其意见被他人消费或替他人传播信息的人。第二,两级传播过程是对如下观念的挑战:消费风格主要受大众媒体"滴漏效应"和"逆流效应"的影响。人们主要与同一社会群体中的成员互动,获取意见。第三,如果可能,大众传播者应该直接将信息传递给意见领袖和其他媒体参与者,再通过他们把信息传递给他人。

营销洞察

"玩弄花招",构建品牌

如今一些营销人员在品牌推广中利用"病毒视频"和其他数字表达方式来制造有创意的噱头或者"现实恶作剧"。例如,LG在智利利用隐藏式摄像机拍摄了一部商业广告,展示其超高清电视的高分辨率图像质量。在一个高层办公室中,公司将一面能看到城市全景的窗户换成播放同样景色的高清显示屏,录制下了"不明真相"的求职者同面试官的对话场景。一切都很好,直到面试过程中突然在城市上空出现了一块巨大的陨石,伴随着骇人的粉尘朝建筑物涌来。面试者试图保持平静,但是最终还是被逼真的画面击垮而惊恐万分。

为了展现Galaxy S4智能手机的视线追踪技术,三星公司开展了一项名为"Stare Down(紧盯不放)"的挑战赛。在嘈杂的公共环境中能够保持目视S4手机一小时,即可免费赢取一部手机。电话放置在参与者的视线平齐的高度,但随着时间推移,干扰注意力集中的因素越来越多:警察对付一只狂叫的德国牧羊犬,摩托车撞上了花架,等等。这个挑战还设置了一个安慰奖:参与者目视S4时间越长,能够获得的购买折扣也就越多。两个视频都引起了轰动,以病毒效应传播,浏览量达到数百万,带给人们娱乐性的同时也强化了品牌定位的关键属性。

14.2.5 制定营销传播整体预算

不同行业和公司在营销传播方面的支出差异很大。在化妆品行业,营销传播支出可能占销售额的40%~45%,但是在工业设备行业这项花费仅占5%~10%。正如表14.2

所示,四种确定营销传播预算的常用方法是:量入为出法、销售百分比法、竞争对等法和目标任务法。

如下情况营销传播预算会偏高:渠道支持度低、营销方案随时间变化很大、大量顾客难以触及、消费者决策过程复杂、产品有差异而且顾客需求不同质、购买频率高但购买数量少。[18]理论上,营销人员应该制定总预算,使得最后一美元传播费用产生的边际利润正好和最后一美元非传播费用产生的边际利润持平。然而,将这一经济原则付诸实施具有挑战。

表 14.2 制定营销传播预算的四种方法

预算制定方法	描述	优点/缺点
量入为出法	将传播预算设定为经理认为能够承担的数额。	缺点:忽视了营销传播作为投资对提高销量的立竿见影效果。而且,此方法会导致年度预算不确定,使长期规划非常困难。
销售百分比法	按照当前或预期销售量或销售价格的特定百分比来设定预算。	缺点:将销售视为传播的决定因素而不是结果,使传播预算由可用资金而非市场机会决定。这种方法不鼓励进行反向商业循环传播实验和大手笔支出,其对年度销售波动的依赖会干扰长期规划。并且选择特定百分比水平时缺少逻辑基础,也没有确定每个产品和地区的预算分配。
竞争对等法	以与竞争对手相等的广告占有率为目标设定传播预算。	缺点:不同公司的名誉、资源、机会和目标差异很大,因此没有理由认为竞争对手做得更好。而且没有证据表明基于竞争对等法制定的预算能消除广告战。
目标任务法	确定传播目标以及为实现目标而必须完成的任务,估算相关成本,以此来设定传播预算。	优点:这个方法需要管理层清楚对资金花费、广告曝光水平、试用率和常规使用率之间关系的假设。

14.3 选择营销传播组合

公司需要将营销传播预算分配给八种主要的传播工具。同一行业的公司在媒体和渠道选择上差异可能非常大。公司总是在寻找用一种传播工具来替代其他工具的方法,以提高效率。很多公司用广告、直邮和电话营销等方式取代现场销售活动。传播工具的可替代性解释了为什么营销功能需要协调一致。

14.3.1 营销传播组合的特征

每个传播工具都有其独特特征和成本。在此先进行简要说明,在第 15~17 章中将进一步详细讨论。

- 广告。广告可以触及地理上比较分散的购买者,能为商品打造一个长期形象(如可口可乐广告)或触发快速销售(如梅西商店的周末促销广告)。广告可以是说服性的,给戏剧化品牌和产品提供机会,让广告商聚焦品牌或商品的某些特定方面。

- 销售促进(促销)。用优惠券、竞赛、赠品等工具引起买家强烈和迅速的反应。促销有三个主要好处:吸引消费者对产品的注意力,给消费者提供价值激励,邀请消费者参与交易。
- 事件和体验。与消费者高度相关,因为他们通常都是亲自积极参与,融入其中,是一种典型的间接软性销售。
- 公共关系和宣传。当与其他传播组合要素协调使用时会非常有效。产生的效果基于三个特征:高可信度,能够接触到抵制大众媒体和目标促销的预期顾客,能够讲述公司、品牌或产品故事。
- 在线营销和社会化媒体营销。有多种形式但均有三个共同特征:可以体现信息性或娱乐性,可以根据用户响应而变化或升级,信息准备和扩散非常快速。
- 移动营销。具有突出的时间敏感性,能够反映消费者所处的时间和地点。移动营销还能够触及并影响正在购物的消费者。因为消费者随身携带手机,移动传播就在消费者的指尖之下。
- 人员销售。在消费者购买过程的后期最为有效的工具,特别是在培养购买者偏好、信念和行为方面。人员销售的三个显著特性是:能够为个体消费者提供定制化服务,基于关系导向和响应导向。

14.3.2 制定营销传播组合的影响因素

在制定传播组合时企业必须考虑如下因素:产品市场类型、消费者购买准备阶段,以及产品生命周期阶段。

首先,消费品市场营销人员倾向于将更多花费用于促销和广告;而企业市场营销人员则倾向于将更多花费用于人员销售。即使在企业市场,广告在公司及产品介绍、产品性能说明、产品和服务提醒、售后商机制造、企业合法性证明、让消费者对购买放心等方面,仍然扮演着重要角色。在消费品市场,一个训练有素的企业销售团队能够说服经销商增加存货,给本品牌分配更多货架空间。销售代表还能够激发经销商热情,与更多经销商签约,并在现有客户中增加销量。

其次,不同传播工具在不同的消费者购买准备阶段,成本效益差异很大(见图14.4)。广告和公共宣传在创建认知阶段作用最大。顾客对企业及品牌的理解主要受广告和公共宣传影响。顾客信任主要受人员销售影响。人员销售和销售促进在成交阶段最为有用。再购买同样受人员销售和促销的影响最大,在一定程度上还受广告提醒的影响。值得注意的是在线营销传播活动实际上能够影响购买者购买准备的任何阶段。

最后,不同的传播工具在产品生命周期的不同阶段,成本收益也有很大差异。在介绍期,广告、事件和体验、公共宣传的成本效益最高,其次是人员销售(获取渠道覆盖率)、销售促进和直复营销(吸引试用)。在成长期,口碑营销和互动营销推动了需求的增长势头。在成熟期,广告、事件和体验以及人员销售变得更加重要。在衰退期,销售促进依然强劲,其他传播工具作用减少,销售人员仅给予产品最少关注即可。

14.3.3 测量传播效果

传播计划实施之后,企业必须测量其效果及影响,通常需要询问目标受众成员如下问

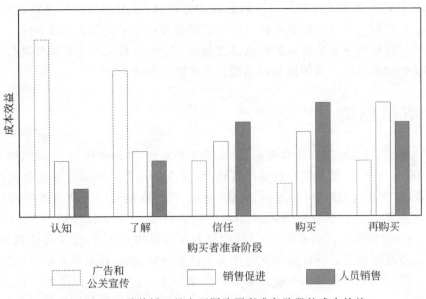

图 14.4　三种传播工具在不同购买者准备阶段的成本效益

题：能否辨识或回想起所传播的信息，看到多少次，回想起哪些关键点，对该信息感受如何，之前和现在对公司和产品的态度分别是什么。营销传播者还应当收集测量受众反应的行为数据，如多少人购买该产品、多少人喜欢该产品，以及多少人会和其他人谈论该产品。

14.4　管理整合营销传播过程

美国市场营销协会（AMA）将**整合营销传播**（integrated marketing communications, IMC）定义为"一个规划过程，旨在确保消费者或预期顾客与一个产品、服务或组织的全部品牌接触点都与此顾客关联，并确保长期一致性。"这一规划过程对多种传播方法的战略性角色进行了评估，并将它们无缝结合以提供清晰、一致的信息和最大化的影响效果。

14.4.1　媒体协同

媒体协同可以发生在不同媒体之间，也可以发生在同类媒体之间，但是为了获得最大影响，提高信息传播范围和影响力，营销人员应当通过多种媒体、多个阶段的传播活动将个人和非个人传播渠道结合起来。例如，促销和在线请求，当与广告结合使用时，可以变得更加有效。[19] 广告宣传产生的消费者认知和态度，能够提高直销的成功率。广告能够传达品牌定位，在线展示广告或搜索引擎营销对于行动的号召力更强。[20]

大多数企业都在协同其线上和线下传播方式。在产品包装和广告（尤其是印刷广告）上印上网址，能够让人们更全面地了解公司产品，找到店址，以及获得更多产品和服务信息。即使消费者不通过网上订购，营销人员也能通过网站信息驱使消费者走进商店。

14.4.2　整合营销传播（IMC）的实施

整合营销传播能够产生更强的信息一致性，帮助构建品牌资产，创造更大的销售影响[21]，并迫使管理者思考顾客与公司接触的各种方式，以及公司如何传播自己的定位，每种传播媒介的相对重要性和传播时机。整合营销传播赋予了管理者全新责任——把经由各种企业活动传播的企业品牌形象和信息进行统一。整合营销传播应该提高公司在正确的时间和正确的地点将正确的信息传递给正确的顾客的能力。[22]

本章总结

营销传播组合包括广告、销售促进、公共关系和宣传、事件和体验、在线营销和社会化媒体营销、移动营销、直复营销和数据库营销，以及人员销售。营销传播过程包括如下要素：发送者、接收者、信息、媒体、编码、解码、响应、反馈和噪音。开展有效的营销传播需要遵循八个步骤：(1) 识别目标受众；(2) 设定传播目标；(3) 设计传播方案；(4) 选择传播渠道；(5) 制定营销传播整体预算；(6) 选择营销传播组合；(7) 测量传播效果；(8) 管理整合营销传播过程。设计传播方案包括关于信息策略、创造性策略和信息源的决策。

传播渠道可以是个人传播渠道和非个人传播渠道。制定传播预算时，目标任务法通常是最理想的。在选择营销传播组合时，营销人员必须研究每种传播工具的优势及成本，企业的市场地位，以及产品市场类型、消费者购买准备和产品生命周期阶段。为了测量营销传播的有效性，营销人员可以询问目标受众成员：能否辨识或回想起所传播的信息，看到多少次，回想起哪些关键点，对该信息感受如何，之前和现在对公司和产品的态度分别是什么。整合营销传播(IMC)识别出全面规划的增值价值：对多种传播方法的战略性角色进行了评估，并将它们无缝结合以提供清晰、一致的信息和最大化的影响效果。

注释

1. Tim Nudd, "Inside Oreo's Adorable Triple Play for Father's Day," *Adweek*, June 10, 2013; T. L. Stanley, "Brand Genius: Lisa Mann, VP Cookies, Mondelēz International," *Adweek*, October 29, 2012; Stuart Elliott, "For Oreo Campaign Finale, a Twist on Collaboration," *New York Times*, September 24, 2012; Rohit Nautiyal, "Cookie Time," *The Financial Express*, June 28, 2011; Rae Ann Ferra, "An Oreo Experiment Reveals Mondelēz's Approach to Innovation," *Fast Company Create*, March 19, 2014.

2. Ernst C. Osinga, Peter S. H. Leeflang, Shuba Srinivasan, and Jaap E. Wieringa, "Why Do Firms Invest in Consumer Advertising with Limited Sales Response? A Shareholder Perspective," *Journal of Marketing* 75 (January 2011), pp. 109–24; Xueming Luo and Naveen Donthu, "Marketing's Credibility: A Longitudinal Investigation of Marketing Communication Productivity and Shareholder Value," *Journal of Marketing* 70 (October 2006), pp. 70–91.

3. Some of these definitions are adapted from the *AMA Dictionary* from the American Marketing Association, www.ama.org/resources/Pages/Dictionary.aspx.

4. Tom Duncan, *Principles of Advertising and IMC*, 2nd ed. (New York: McGraw-Hill/Irwin, 2005).

5. Norris I. Bruce, Kay Peters, and Prasad A. Naik, "Discovering How Advertising Grows Sales and Builds Brands," *Journal of Marketing Research* 49 (December 2012), pp. 793–806.

6. This section is based on the excellent text, John R. Rossiter and Larry Percy, *Advertising and Promotion Management*, 2nd ed. (New York: McGraw-Hill, 1997).

7. James F. Engel, Roger D. Blackwell, and Paul W. Minard, *Consumer Behavior*, 9th ed. (Fort Worth, TX: Dryden, 2001).

8. John R. Rossiter and Larry Percy, *Advertising and Promotion Management*, 2nd ed. (New York: McGraw-Hill, 1997).

9. Roger D. Blackwell, Paul W. Miniard, and James F. Engel, *Consumer Behavior*, 10th ed. (Mason, OH: South-Western Publishing, 2006).
10. Ayn E. Crowley and Wayne D. Hoyer, "An Integrative Framework for Understanding Two-Sided Persuasion," *Journal of Consumer Research* 20 (March 1994), pp. 561–74.
11. C. I. Hovland, A. A. Lumsdaine, and F. D. Sheffield, *Experiments on Mass Communication*, vol. 3 (Princeton, NJ: Princeton University Press, 1949).
12. H. Rao Unnava, Robert E. Burnkrant, and Sunil Erevelles, "Effects of Presentation Order and Communication Modality on Recall and Attitude," *Journal of Consumer Research* 21 (December 1994), pp. 481–90.
13. Gillian Naylor, Susan Bardi Kleiser, Julie Baker, and Eric Yorkston, "Using Transformational Appeals to Enhance the Retail Experience," *Journal of Retailing* 84 (April 2008), pp. 49–57.
14. Herbert C. Kelman and Carl I. Hovland, "Reinstatement of the Communication in Delayed Measurement of Opinion Change," *Journal of Abnormal and Social Psychology* 48 (July 1953), pp. 327–35.
15. C. E. Osgood and P. H. Tannenbaum, "The Principles of Congruity in the Prediction of Attitude Change," *Psychological Review* 62 (January 1955), pp. 42–55.
16. Robert V. Kozinets, Kristine de Valck, Andrea C. Wojnicki, and Sarah J. S. Wilner, "Networked Narratives: Understanding Word-of-Mouth Marketing in Online Communities," *Journal of Marketing* 74 (March 2010), pp. 71–89; David Godes and Dina Mayzlin, "Firm-Created Word-of-Mouth Communication," *Marketing Science* 28 (July–August 2009), pp. 721–39.
17. Norris I. Bruce, Natasha Zhang Foutz, and Ceren Kolsarici, "Dynamic Effectiveness of Advertising and Word of Mouth in Sequential Distribution of New Products," *Journal of Marketing Research* 49 (August 2012), pp. 469–86. See also Shyam Gopinath, Jacquelyn Thomas, and Lakshman Krishnamurthi, "Investigating the Relationship between the Content of Online Word of Mouth, Advertising and Brand Performance," *Marketing Science* 33 (March–April 2014), pp. 241–58.
18. Thomas C. Kinnear, Kenneth L. Bernhardt, and Kathleen A. Krentler, *Principles of Marketing*, 6th ed. (New York: HarperCollins, 1995).
19. Scott Neslin, *Sales Promotion*, MSI Relevant Knowledge Series (Cambridge, MA: Marketing Science Institute, 2002).
20. Markus Pfeiffer and Markus Zinnbauer, "Can Old Media Enhance New Media?," *Journal of Advertising Research* (March 2010), pp. 42–49.
21. Sreedhar Madhavaram, Vishag Badrinarayanan, and Robert E. McDonald, "Integrated Marketing Communication (IMC) and Brand Identity as Critical Components of Brand Equity Strategy," *Journal of Advertising* 34 (Winter 2005), pp. 69–80; Mike Reid, Sandra Luxton, and Felix Mavondo, "The Relationship between Integrated Marketing Communication, Market Orientation, and Brand Orientation," *Journal of Advertising* 34 (Winter 2005), pp. 11–23.
22. Don E. Schultz and Heidi Schultz, *IMC, The Next Generation: Five Steps for Delivering Value and Measuring Financial Returns* (New York: McGraw-Hill, 2003).

第 15 章

管理大众传播：广告，销售促进，事件和体验，公共关系

本章将解决下列问题：

1. 制定广告方案需要哪些步骤？
2. 怎样制定促销决策？
3. 有效的品牌创建事件和体验营销的指导原则是什么？
4. 企业如何开发利用公共关系的潜力？

宝洁公司的营销管理

自 2010 年冬奥会作为美国队赞助商获利约 1 亿美元之后，宝洁公司正式注册成为 2012—2020 年夏季和冬季奥运会的官方赞助商。公司为 2012 年伦敦夏季奥运会发起了"感谢母亲"这一多媒体全球营销活动，把妇女的角色定位为"照料者和家庭主心骨"，描绘了奥运冠军的妈妈们所起的关键作用。每一个广告都标有宝洁的公司标识及旗下价值超过 10 亿美元的子品牌标识，如帮宝适、吉列和帮庭。该活动也结合了促销、公共关系、事件营销和其他传播方式，让来自 204 个国际市场的每一个消费者，都能浸入从智能手机到实体店的不同平台产生的不同层次的宝洁品牌和信息中。宝洁的营销人员估计该营销活动已额外带来 2 亿美元的销售额。基于这一成功，公司又为 2014 年俄罗斯索契冬季奥运会推出了另一个活动："向全世界的妈妈运动员致敬，感谢她们在生活中教授的日常道理和对孩子无私的爱。"[1]

宝洁通过奥运会多媒体宣传活动取得了巨大成功，而其他营销人员仍然在摸索如何在发展的传播环境中更好地利用大众媒体。本章我们将对四种大众传播工具的本质和使

用进行探讨：广告、销售促进、公共关系和宣传。

15.1 制定并管理广告方案

无论是建立品牌偏好，还是教育顾客，广告(advertising)都是成本效益比很高的信息传播方式。即使在当今充满挑战的媒体环境中，好的广告仍能如宝洁一样取得成功。

在制定广告方案时，营销管理者首先要确定目标市场和购买者动机，之后可以进行"5M"决策：使命(mission)，即广告的目标是什么；资金(money)，即广告支出是多少，如何在不同媒体间分配；信息(message)，即广告要传递什么信息；媒体(media)，即应当使用什么媒体；测量(measurements)，即如何评价效果。图15.1对以上决策进行了总结，下面将分别进行描述。

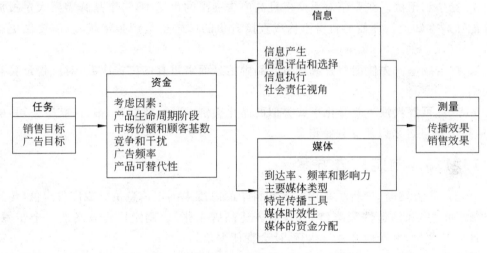

图15.1 广告的5M

15.1.1 设定广告目标

广告目标(advertising objective/goal)是指在特定时期内，针对特定受众需要完成的特定传播任务和效果水平。[2] 广告目标可分为：告知、说服、提醒和强化。这些目标与第14章中介绍的效果层次模型中各阶段相对应。

告知性广告(informative advertising)旨在为新产品或现有产品的新特征创建品牌认知。[3] 说服性广告(persuasive advertising)是为产品或服务建立喜爱、偏好、信心和购买。一些说服性广告采用比较形式，把两个或更多品牌的属性进行对比。如果这种广告能够同时引起认知和情感动机，并且消费者采用详细的分析模式处理广告，广告效果最佳。[4] 提醒性广告(reminder advertising)是为了激发产品和服务的重复购买。强化性广告(reinforcement advertising)是为了使现有购买者确信自己做出了正确的购买决定。例如，汽车广告通常会表现心满意足的消费者享受新车特殊功能的场景。

广告目标应当来自对当前营销状况的全面透彻分析。如果是成熟产品，公司是市场的领导者,但品牌使用率低,则广告目标应该为刺激更多的使用。如果产品属于新品类,公司不是市场领导者,但品牌优于领导者品牌,则广告的目标是让市场确信该品牌的优越之处。

15.1.2 确定广告预算

以下是在制定广告预算时需要考虑的五个因素。[5]

1. **产品生命周期阶段**。新产品通常需要大量广告预算以建立认知,增加试用。已经成熟品牌通常需要较低的广告预算(以占销售额的百分比计算)。

2. **市场份额和消费者基数**。市场份额高的品牌,通常只需要较少的广告支出(以占销售额的百分比计算)来维持市场份额。通过增加市场规模来提高市场份额则需要较多支出。

3. **竞争和干扰**。在竞争对手众多且高广告支出的市场中,一个品牌需要大量投放广告才能让顾客知道。即使与自身不构成直接竞争的广告也会产生干扰,就需要做更多的广告。

4. **广告频率**。为使消费者成功接收品牌信息而需重复的广告次数,对广告预算有明显影响。

5. **产品可替代性**。差异化小或类似商品化类别(啤酒、软饮料、银行、航空公司)的品牌,需要大量广告来以建立独特形象。

15.1.3 制定广告方案

制定广告方案时,广告主采用艺术和科学的思维来制定信息策略或广告定位(传递品牌的哪些信息)和创造性策略(广告如何表达品牌主张)。制定广告方案的三个步骤为:信息产生和评价,创造性开发与执行,社会责任视角。

信息产生和评价 一个好的广告通常聚焦一两个核心销售主题。作为提炼品牌定位的一部分,广告主应当进行市场调研来决定哪一种诉求对目标受众最有效,然后准备一个创意简报(creative brief)对定位策略进行阐述,包括:关键信息、目标受众、传播目标(行动、了解还是相信)、关键品牌利益、对品牌承诺的支撑、媒体。探索的主题越多,找到优秀主题的可能性就越大。营销人员也可以邀请消费者作为创意团队,这一策略有时被称为"开源"或者"众包",能够显著地降低创意成本。[6]

创造性开发与执行 广告的影响不仅取决于它说了什么,通常更重要的是如何去说。创造性地执行广告目标及内容起到决定性作用。[7] 每种广告媒体都有优缺点。例如,电视的覆盖范围广,能生动地展示和传达产品属性和利益,描绘品牌个性及其他特征,且单次曝光成本低。近年逐渐下降的印刷广告,能够提供详细的产品信息,有效地传播使用者和用途信息。[8] 广播是灵活且便宜的媒体,覆盖了美国93%的12岁及以上人口,无论他们在家还是在外。

法律和社会问题 为了排除干扰,一些广告商认为必须推动广告边界。然而,它们必须确保不能违背社会规范和法律规范,或者冒犯消费者。美国有大量法律法规用于广告监管,例如,即使没有人真正受骗,广告商也不得发布虚假或欺骗性信息、声明和展示,不得通过"偷梁换柱"的欺诈手段诱导消费者。"市场洞察：幕后的广告战"描述了一个关于品牌广告允许展示什么的法律争议。

广告可以发挥更加积极广泛的社会作用。作为非营利组织，美国公益广告协会（Ad Council）使用顶尖行业人才为非营利组织和官方机构制作并发布公益广告。

> **营销洞察**
>
> ### 幕后的广告战
>
> 在激烈的竞争环境中，并不是每个人都能直观地看出什么是合适的广告。例如，善品糖（Splenda）公司为其人造甜味素提出的宣传语为"产自蔗糖，味道如蔗糖"，配以不太起眼的小字"但它不是糖"。善品糖的供应商 McNeil Nutritionals 公司的确是利用纯蔗糖开始加工，但在生产过程中蔗糖蒸发了。
>
> 怡口糖（Equal）的供应商 Merisant 公司，声称善品糖的广告会误导消费者，让他们容易认为"产自蔗糖"的产品比由阿斯巴甜制成的产品更健康，而阿斯巴甜是怡口糖的主要成分。一份来自 McNeil 公司并被用于法庭的文件中提到，消费者对善品糖"不是人工甜味素"的感知是该公司营销活动最大的成功之处。善品糖以60%的市场占有率成为代糖类产品的市场领导者，怡口糖和 Sweet'N 各占约14%。虽然最终 McNeil 与 Merisant 公司在庭外达成和解，但却支付给 Merisant 未公开数目的一大笔钱（并且改变广告）。想要改变消费者对善品糖形成的"甜，但无糖"的认知，可能已经太迟了。

15.1.4 选择媒体

选择了信息之后，广告主的下一个任务就是选择传播媒体。选择媒体的步骤包括：确定期望的媒体到达率、传播频率和影响力；选择媒体类型；选择具体传播工具；制定媒体时间安排和地理分布。最后，营销人员还需要对这些决策结果进行评估。

到达率、频率和影响力　媒体选择（media selection）是根据预期曝光数量和类型，找到成本效益比最高的媒体向目标受众传播信息。广告主会寻找具体广告目标，及目标受众的回应，如一定的产品试用水平。不考虑其他因素的情况下，产品试用水平取决于品牌认知度，品牌认知的曝光效果则取决于曝光的到达率、频率和影响力：

- **到达率**（R）：在特定时期内，通过某一特定媒体至少一次将广告信息曝光给不同人或家庭的数目。
- **频率**（P）：在特定时期内，特定信息曝光给平均每个人或每个家庭的次数。
- **影响力**（I）：通过特定媒体单次曝光信息的质量价值（例如，食品广告刊登在《好胃口》美食杂志上比在《财富》杂志上影响力更大）。

在发布新产品、衍生品牌、知名品牌的扩展产品、非频繁购买的品牌，或者进入未限定的目标市场时，到达率指标最为重要。当存在强势竞争对手，或需要传递复杂的信息，或消费者抵抗性很高，或属于频繁购买的产品时，频率是最重要的指标。[9] 如果品牌、品类或信息的遗忘率较高，则需要更多的重复曝光。然而，广告主不应当只是简单重复播放以前令人视觉疲劳的广告,而应坚持要求广告公司不断采取新的表现方式。[10]

选择媒体类型 媒体规划人员必须了解主要媒体在到达率、频率和影响力方面的能力。表 15.1 中列出了主流广告媒体及其成本、优势和局限性。媒体规划人员需要考虑目标受众的媒体习惯、产品特征、信息要求、成本等因素来做决定。

表 15.1 主要媒体类型描述

媒体	优势	局限性
报纸	灵活;及时;良好的本地市场覆盖率;接受度高;可信度高	可保存性差;复制质量差;传阅受众少
电视	综合视觉、声音和影像等表现形式;富于感染力;高关注度;高到达率	绝对成本高;干扰多;曝光时间短;受众可选性差
直邮	受众可选性高;灵活;同一媒体中没有广告竞争;个性化	相对成本高;"垃圾邮件"印象
广播	大众宣传;地域和人口方面选择性强;成本低	仅有声音;比电视关注度低;收费不规范;曝光时间短
杂志	地域和人口方面选择性强;具有可信度和信誉;复制质量高;保存期长;传阅者多	广告交付期长;一定的发行浪费
户外广告	灵活;重复曝光率高;成本低;竞争少	受众选择性有限;缺乏创造性
黄页	本地市场覆盖率高;可信度高;到达率高;成本低	竞争激烈;广告交付期长;缺乏创造性
时事通讯	受众可选性很强;全面控制;互动机会;相对成本低	成本不易控制
宣传册	灵活;能全面控制;夸张地展示信息	过量生产导致成本不易控制
电话	使用者多;人员接触机会	相对成本高;增加消费者抵制

场所广告 场所广告(place advertising)又称为户外广告,是一个宽泛的类别,包括在消费者的工作、娱乐、购物场所,吸引他们注意的富有创意的、出人意料的广告形式。受欢迎的形式包括广告牌(包括 3D 影像)、公共场所(如电影屏幕和健身器材)、产品植入式广告(电影和电视中)和购买点(point of purchase,P-O-P),如通过购物车上广告、店内展示、现场抽样调查等方式在做购买决策的地方触及消费者。[11]移动营销通过智能手机触及店内消费者。P-O-P 广播为全国各地上万家食品店和药店提供调频节目和商业广告。沃尔玛等店内的电子屏幕会播放电视广告。[12]

评估媒体选择 非传统媒体通常能够以成本效益较高的方式触及非常精确的受众。因为广告无处不在,消费者仅有几秒会注意到一个广告。这些广告信息必须简单、直接。为排除干扰而设计的独特的植入广告也可能被认为具有侵略性或强加性,尤其是在传统的无广告区域,如学校、警车、医生候诊室。

选择特定媒体工具 媒体规划人员根据媒体效果评价服务机构提供的对目标受众规

模、结构和媒体成本的估值,计算所到达用户的千人成本,然后在每类媒体中选择成本效益最佳的传播工具。同时也会考虑受众质量、受众关注度概率、媒体编辑质量和额外服务。媒体规划人员还会用更加复杂的方法测量有效性,用于数学模型计算出最佳媒体组合。[13]

媒体的时间安排和资金分配　在选择媒体时,广告主要做宏观时间安排和微观时间安排决策。宏观时间安排决策(macroscheduling decision)与季节、商业周期相关。假设70%的产品销售发生在6~9月,公司可以遵循季节性变化模式、反季节模式来调整广告支出,或者全年各月平均分配广告支出。微观时间安排决策(microscheduling decision)是指在短期内分配广告支出以产生最大影响力。广告可以集中播放(爆发式广告),或在一个月内连续播放,或者间歇式播放。

发布新产品时,广告主需要选择持续式、集中式、起伏式或脉冲式广告投放模式。持续式(continuity)投放模式是指广告在给定时期内均匀曝光。一般来说,企业在扩展市场时、宣传频繁购买商品时、购买者类别非常明确时,会采用持续式投放模式。集中式(concentration)投放模式是指在一个单周期内支出全部广告预算,对于只销售一季的商品或节日销售时有意义。起伏式(flighting)投放模式指在一个时期内投放广告,下一个时期不投放,再下一个时期再次投放,适用于资金有限,购买周期相对不频繁,或季节性销售时。脉冲式(pulsing)投放模式是以低水平的连续投放开始,定期加强投放力度,能够让企业以较低的成本使受众更全面彻底地了解信息。[14]

15.1.5　评价广告效果

大部分广告主都试图测量广告的传播效果,即广告对认知、了解和偏好的潜在影响。广告主也希望测量广告对销量的影响。**传播效果研究**(communication-effect research),也称作文案测试(copy testing),用来确定广告是否进行了有效传播。营销人员应当在广告投放前和投放后各进行一次测试。很多广告主仅采用事后测试来评估一个完整营销活动的整体效果。

公司可以通过使用图15.2中的公式,测量在广告投资上是否超额投资或者投入不足。公司的广告支出份额(share of advertising expenditures)产生一定的声音份额(share of voice)(即公司对某产品的广告占相同产品所有广告的百分比),并由此获得消费者的情感份额(share of consumers' minds and heart),最终获得市场份额(share of market)。

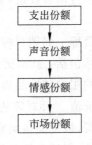

图15.2　广告对销售不同阶段影响的测量公式

研究人员可以采用历史数据分析法测量广告对销售效果的影响,即通过先进的统计技术把历史销售与历史广告支出建立关联。[15]还有一些研究人员通过实验数据来测量广告对销售的影响。因此,越来越多的研究人员测量广告支出所产生的销售效果,而不仅满足于对传播效果的测量。[16]

15.2 销售促进

销售促进(sales promotion)是营销活动的关键组成部分,包括多种激励工具,大部分是短期工具,用以激励消费者和商业用户更快或更多地购买特定产品或服务。[17]正如广告提供了购买的理由,销售促进则提供了行动所需的激励。

15.2.1 广告与促销

尽管销售促进的支出占预算成本的比例近年来一直在增长,但近期,增长速度放缓,某种程度上因为消费者对促销活动的响应度降低。一些以消费者权益构建(consumer franchise building)为主旨的促销工具,在促销活动的同时传递销售信息(如免费样品、常客奖励以及与产品相关的赠品等)。消费者权益构建类型的促销有助于产品在动态过程中构建品牌资产。麦当劳、邓肯甜甜圈和星巴克都已经派发了数以百万的免费新产品样品,因为消费者喜欢这些小样,而且这种促销方式通常能带来消费者对优质产品的长期购买。[18]特价装产品、与产品不相关的赠品、竞赛和抽奖、返现、补贴这些促销工具,并不以品牌构建为主旨。

在品牌相似度高的市场中,促销能在短期内产生高的销售反应,但长期持久收益非常小。然而,品牌差异度高的市场中,促销则可能永久地改变市场份额。因为促销除了能引起消费者转换品牌,还可能激励消费者更早地提前进行囤货式购买(加速购买)或者增加购买量。但促销后销量可能会下滑。[19]

增长最快的销售工具是数字优惠券,通过智能手机或者下载打印机均可兑现。数字优惠券对企业的优势在于节省印刷成本、减少纸张浪费、易于更新且兑现率高。现在,许多零售商根据消费者的购买历史提供不同的定制优惠券。[20]

15.2.2 主要决策

企业进行销售促进,必须确定促销目标,选择促销工具,制定方案,实施控制,评价促销结果。

确定目标 促销目标来自传播目标,而传播目标又来自基本产品营销目标。针对消费者的目标包括:鼓励更为频繁的购买或购买更大包装的产品,让非用户试用产品,吸引竞争对手的用户转换品牌。理想情况下,针对消费者的促销在短期内影响销量,长远来说影响品牌价值。[21]针对零售商的促销目标包括:说服零售商经营新产品、维持较多存货,鼓励淡季购买,鼓励储备关联商品,抵制竞争性促销,构建品牌忠诚,获取新的零售网点。对于销售人员,促销目标包括:鼓励支持新产品或新型号,激励寻找更多潜在顾客,激励淡季销售。

选择消费者促销工具 主要的消费者促销工具如表15.2所示。例如,在汽车行业,制造商促销包括:折扣、赠送礼品以鼓励消费者试驾及购买,高附加值贸易信贷。零售商促销包括:降价、专题广告,零售商优惠券,以及竞赛或赠品。[22]

表15.2 主要消费者促销工具

样品：通过上门、直邮、实体店、随其他产品一起提供少量免费的产品或服务。
优惠券：持有者在购买特定产品时能够获得预先设定优惠的凭证,分发方式包括：邮寄,置入其他产品包装,或者嵌在报纸杂志广告中。
现金返还优惠(返利)：购买后而不是在购买时提供价格折扣。消费者购物后将指定的"购买证明"发送给生产商,生产商通过邮件将部分款项返还给消费者。
特价装商品(降价出售)：以低于常规价格标价及销售的商品。减价装商品是降价出售的单独的包装产品(如两件商品包装在一起按单品价格出售)。捆绑销售装是两种相关商品的捆绑(如牙刷和牙膏)。
赠品(礼品)：以极低价格或免费提供的产品,以激励用户购买特定产品。随包赠品装在产品包装内一起提供。免费直邮赠品是将赠品邮寄给提供购买证明的消费者。自偿赠品是以低于正常零售价格卖给所需消费者。
常客计划：根据消费者购买本公司产品或服务的频率和强度提供奖励。
奖品(竞赛、抽奖、游戏)：为购买商品的消费者提供赢取现金、旅行、商品的机会。竞赛需要消费者参与,由裁判团评选出最佳参与者予以奖励。抽奖活动需要消费者提供名字便于抽取奖项。游戏指每次购物后都给消费者呈现一些内容,如宾果数字、缺失的字母,有可能帮助他们赢取奖品。
光顾奖励：以现金或其他形式给光顾特定商家的消费者提供的奖励。
免费试用：邀请预期购买者免费试用产品,希望他们试用后会购买。
产品担保：卖方所做的明确或隐含承诺,保证在一定时期内产品性能符合规定要求,否则卖方将负责维修或退款。
搭配促销：两个或更多品牌或企业联合发放优惠券,开展返现、竞赛等促销活动。
交叉促销：用一个品牌为另一个非竞争的品牌做广告宣传。
购买点展示和演示：在购买地点或销售地点进行产品展示和演示。

选择贸易推广工具 制造商使用如下多种贸易推广工具(参看表15.3)[23],旨在：(1)说服零售商和批发商经销制造商品牌；(2)说服零售商和批发商更多进货；(3)吸引零售商通过宣传产品特色、展示及降价进行品牌推广；(4)激励零售商及其销售人员推销商品。

表15.3 主要贸易推广工具

价格折扣(发票折扣和目录折扣)：约定期内每一次购货均可获得低于目录价格的直接折扣。
补贴：给同意以某种方式突出宣传制造商产品的零售商提供的奖励。广告补贴用以补偿为制造商产品做广告宣传的零售商。展示补贴用以补偿对产品进行特别展示的零售商。
免费商品：给购买一定数量或经营某一品种或规模产品的中间商提供的额外商品奖励。

选择商业和销售人员促销工具 为了更多引流、打动和奖励顾客,激励销售人员更加努力地工作,企业每年在商业和销售人员促销(见表15.4)方面投入数十亿美元。[24]它们每年为不同促销工具制定的预算通常保持相对稳定。对于想要在目标人群中引起一时轰动的新企业,尤其是B2B领域,贸易展览会是一个非常重要的工具,但是合同成本也是所有促销工具中最高的。

制定方案 在决定使用一种特定的促销工具时,营销人员需要确定：使用规模、参与条件、促销持续时间、渠道工具、促销时机和促销总预算。接下来营销经理制定促销的时间安排表,最后制定完整的销售促进预算。具体来说,促销成本包括管理成本(印刷、邮

表 15.4 主要的商业和销售人员促销工具
贸易展览会和会议：行业协会负责组织年度贸易展览会和会议。参加的供应商可以招揽新销售机会，保持客户联系，发布新产品，接触新客户，向现有客户销售更多产品，通过印刷品、视频和其他视听材料教育消费者。 **销售竞赛**：激励销售人员或者经销商在一定时期内提高销售量，获胜者将获得奖励（奖金、旅游、礼物或者积分）。 **礼品广告**：销售人员送给预期和现有客户的一些有用的低成本小礼品（如圆珠笔、日历、钥匙扣、手电筒、购物袋、备忘录），上面印有公司名称和地址，及一些广告信息。

寄、交易促进）和激励成本（赠品礼品或折扣成本，包括返现成本），并乘以预期销售量。优惠券促销的成本默认仅有小部分消费者进行兑换。

方案实施和评价 每一个促销的实施和控制都必须包含前置期（实施前的准备）和销售期（从促销开始到结束，结束是以售出约 95%的促销商品为准）。制造商可以使用销售数据（包括商品购买者的扫描数据，以及后期的品牌行为数据）、消费者调查（关于品牌回想、态度和行为）和实验（不同价值的激励、不同持续时间、不同发布媒体），对促销方案进行评价。

15.3　事件和体验

通过营造事件和体验融入消费者个人生活中特殊的一刻，能够拓宽并加深公司或品牌与目标市场的关系。与品牌天天相遇也可能影响消费者的品牌态度和品牌信念。氛围是指能够创造或加强产品购买倾向的"整体环境"。例如，五星级酒店会使用华丽的装饰灯、大理石柱和其他代表奢华的有形物品。

15.3.1　事件营销目标

营销人员开展事件营销的原因包括：

1. **定位特别的目标市场或生活方式**。根据营销事件可以对消费者按照地域、人口、心理或者行为进行定位。Old Spice 男士香水通过赞助大学运动会（包括 Old Spice 经典校园篮球），来突出产品与 16～24 岁男性的相关性。

2. **提高公司或产品名称的认知度**。通过赞助让品牌持续曝光是加强品牌显著性的必要条件。足球世界杯赞助商麦当劳和嘉实多就得益于其品牌和广告在长达一个月的比赛期间重复曝光，使它们成为消费者认知度最高的品牌。

3. **创建或强化消费者对关键品牌联想的感知**。事件本身的联想就有助于创建或强化品牌联想。[25] 为增强在中心地区的品牌形象和吸引力，丰田坦途赞助了 B.A.S.S. 钓鱼锦标赛。

4. **提升公司印象**。赞助活动能够提高用户对公司"受欢迎、有声望"的感知。虽然 Visa 将充当奥运会长期赞助商视为提高国际知名度、增加使用量的手段，但同时赞助活动也引发了爱国意愿，融入充满情感色彩的奥林匹克精神。

5. **创造体验，唤起情感**。令人激动或有收益的事件引发的情感也可能会和品牌有间接联系。奥迪汽车在2010年轰动一时的电影《钢铁侠2》中表现突出,一个月的闪电式营销之后,奥迪品牌的积极口碑几乎翻了一倍。[26]

6. **表达对社区或者社会问题的承诺**。善因营销指赞助非营利组织和慈善事业。例如,石原农场(Stonyfield Farms)、家得宝(Home Depot)、American Express 和 Tom's of Maine 等公司,都将支持慈善公益视为营销活动的重要基石。

7. **招待关键客户或者奖励关键雇员**。很多仅提供给赞助商及其客人的事件(包括盛大招待会或者特殊服务及活动),能够建立好的声誉及有价值的商业联系。从雇员的角度来看,事件也能够增加参与度和士气,或者当作一种激励。

8. **增加推销和促销的机会**。许多营销人员将事件营销与竞赛或抽奖、店内活动、直效广告或其他营销活动结合起来。

尽管事件营销具有这些潜在优势,但其结果仍然不可预测,并且超出赞助商控制。虽然许多消费者相信事件活动的成功举办是由主办方提供的资金所支持,但是有些消费者可能对其商业化表示反感。

15.3.2 主要赞助决策

成功的赞助需要选择合适的事件,设计最佳赞助方案,并测量赞助效果。

- **选择事件机会**。事件必须符合品牌的营销目标和传播战略,与目标市场相匹配,产生足够认知度和有利归因,具有理想形象,并且能够创造预期效果。理想的事件应是独一无二的,不被很多赞助商所累,借势给附属营销活动,同时能够反映或者加强赞助商品牌或者企业形象。[27]
- **设计赞助方案**。很多营销人员认为伴随事件赞助活动的营销方案,才最终决定了事件营销的成功。相关营销活动的支出应至少为赞助费用的2~3倍。事件创造对非营利组织来说,是公开募集资金的一项重要技能。
- **测量赞助活动效果**。供给端测量事件成功的方法是评估媒体覆盖率。例如,品牌在电视屏幕上清晰可见的秒数。需求端方法则是依据赞助商事件对消费者品牌知识的影响。虽然供给端方法提供了量化指标,但把媒体覆盖率和广告曝光率等同,忽视了传播内容。

15.3.3 创造体验

大部分本地营销和草根营销都是体验营销,不仅传播产品特征和利益,也把产品服务与独特有趣的体验相关联。消费者似乎很欣赏这种方式。在一项调查中,4/5的被调查者表示参加现场事件比其他传播形式的参与度都高。绝大部分消费者也感到,体验式营销比其他传播形式带来更多信息,使他们更愿意向他人讲述体验,并能接受该品牌的其他营销活动。[28]

15.4 公共关系

公司不仅要与顾客、供应商和经销商保持关系,而且也必须和大量利益相关的公众保持好关系。**公众**(public)是指对公司实现目标的能力具有现实或潜在利益或影响的任何群体。**公共关系**(public relations,PR)是用于推广或保护公司形象或产品形象的各种活动。

智慧的公司会步骤明确地管理其与关键公众之间的成功关系。大多数公司设有公共关系(公共)部门,监测组织公众的态度,发布信息,并进行沟通以建立良好声誉。好的公关部门应建议高层管理者采取积极方案,排除有疑问的做法,这样负面报道就不会在最开始出现。公共关系部门主要履行以下五种职能:

1. **新闻关系**——正面传播展示关于本组织的新闻和信息。
2. **产品宣传**——宣传特定产品。
3. **企业沟通**——通过内部和外部沟通促进公众对本组织的了解。
4. **游说**——与立法者和政府官员打交道,以推进或组织立法和规定。
5. **咨询**——就公共问题、公司地位和形象向管理层提出建议。

15.4.1 公共关系营销

许多企业通过**公共关系营销**(marketing public relations,MPR)来直接支持公司或产品推广以及形象塑造。MPR,与金融公关和社区公关类似,为特别的部门即营销部服务。公共关系营销以前被称为宣传(publicity),其任务是确保在纸质媒体和广播媒体占据评论空间(与付费空间相对),以推广或者炒作产品、服务、创意、地点、人员或组织。公共关系营销不仅是简单的宣传,在如下方面起到更重要的作用:

- 发布新产品。许多玩具,如 Silly Bandz 的惊人商业成功极大地归功于公共宣传。
- 重新定位成熟产品。20 世纪 70 年代,纽约市的舆论形象一直很差,直到"我爱纽约"活动出现才开始好转。
- 建立对某类产品的兴趣。公司和贸易协会通过公共关系重新建立了消费者对鸡蛋、牛奶这些销量下滑商品的兴趣,以及增加了其他产品的消费(比如茶叶和猪肉)。
- 影响特定目标群体。麦当劳在拉美裔和非洲裔美国人社区赞助举行活动,为公司建立了良好声誉。
- 保护产生社会问题的产品。公关专业人士必须擅长处理危机,一如丰田、英国石油等知名品牌曾顺利度过危机。
- 通过有利于产品宣传的方式树立企业形象。史蒂夫·乔布斯在 Macworld 所做的主题演讲,为苹果公司树立了一个创新、敢于打破常规的形象。

随着大众广告影响力日渐减弱,营销经理转而通过公共关系营销为新产品和成熟产品建立品牌认知和品牌知识。公共关系营销在覆盖当地社区和触及特定群体的作用上同样显著,而且比广告的成本效益比更出色。公共关系营销越来越多地通过网络开展,但需要和广告及其他传播工具结合使用。[29]

15.4.2 公共关系营销的主要决策

在考虑何时与如何运用公共关系营销时,管理层必须设定营销目标,选择公关信息和

第15章 管理大众传播：广告,销售促进,事件和体验,公共关系

传播媒体,实施计划,并评价效果。公共关系营销主要的工具如表15.5所示。

表15.5 公共关系营销的主要工具

出版物：公司主要依靠印刷出版的材料触及并影响目标市场,如年度报告、小册子、文章、简报和杂志以及试听材料。
事件：公司可以通过安排和宣传特殊事件来吸引用户对新产品或其他活动的关注,比如能触及目标市场的新闻发布会、研讨会、贸易展会、展览、竞赛和比赛,以及庆祝活动。
赞助：公司通过赞助和宣传体育、文化活动以及高关注度事件,来宣传品牌及公司形象。
新闻：公关专家最重要的任务之一就是发现或者创造关于公司与产品的有利新闻。
演讲：公司高层越来越多地需要应对媒体提问,或者在贸易协会、销售会议发表演讲,这些公开露面也能够树立企业形象。
公益活动：公司可以通过捐助公益事业树立声誉。
形象媒体：公司需要一个能让公众立即识别的可视化标识,可通过企业商标、办公用品、宣传册、名片、建筑、制服和着装规范展现。

在确定公共关系营销目标时,公司可以通过故事讲述的形式吸引人们对产品、服务、人员、组织或创意的注意力,建立认知;通过以社论的形式传播信息可以增加可信度。在新产品上市前,通过新产品故事公关营销,有助于激发销售团队和经销商的热情。最后,使用公共关系营销还能降低推广成本,因其成本要低于直邮和媒体广告。

确定了公共关系营销的目标之后,公司会寻找或开发关于产品、品牌的吸引人的故事。虽然公关实践者可以通过大众传媒获得目标公众,但是公共关系营销越来越多地借助网络和直效营销的技术和工具,与目标受众一对一地接触。公司可能很难评估公共关系营销的准确贡献,因为公共关系营销总是和其他推广工具结合使用。最简单的测量标准是媒体的曝光次数。更好的测评标准是由公共关系营销活动所带来的产品认知、理解或态度方面的变化(尽可能排除其他推广工具的影响)。

本章总结

广告是付费给指定赞助商对创意、产品或服务进行非个性化展示及推广的形式。制定广告方案需要遵循如下五个步骤：(1)设定广告目标；(2)确定广告预算；(3)选择广告信息及创意策略；(4)选择媒体；(5)评价传播及销售影响力。销售促进主要由短期激励工具组成,用以激励消费者和商业用户更快或更多地购买特定产品或服务。企业进行销售促进,必须确定促销目标,选择促销工具,制定方案,实施控制,评价促销结果。

通过营造事件和体验融入消费者个人生活中特殊的一刻,能够拓宽并加深赞助商与其目标市场的关系。公共关系营销是用于推广或保护公司形象或产品形象的各种活动。公共关系营销在支持营销部门进行企业或产品推广和形象塑造方面,能够以更经济(仅相当于广告支出的一小部分)、更可信的方式对公众认知产生影响。

注释

1. Alexander Coolidge, "P&G Aims for Moms' Heart with Latest 'Thank You' Ad," *USA Today*, January 8, 2013; Emma Bazilian, "Ad of the Day: P&G Has a Winner with Latest Big Tearjerker Spot for Moms," *Adweek*, January 7, 2014; "Procter & Gamble Brands Unite to Kick Off Sochi 2014 Olympic Winter Games," www.pg.com, October 28, 2013; "In 2013, Once Again: Marketing Art Meets Science—Best in Show Winners of the Advertising Research Foundation's David Ogilvy Awards," *Journal of Advertising Research* 53, no. 3 (2013); Katy Bachman, "Brought to You by the Moms of the World," *Adweek*, August 19, 2013; Dan Monk, "Procter & Gamble Company Aims to Win by Marketing 'Like a Girl,'" *WCPO (Cincinnati)*, July 3, 2014, www.wcpo.com/money.
2. Russell H. Colley, *Defining Advertising Goals for Measured Advertising Results* (New York: Association of National Advertisers, 1961).
3. Alicia Barroso and Gerard Llobet, "Advertising and Consumer Awareness of New, Differentiated Products," *Journal of Marketing Research* 49 (December 2012), pp. 773–92; Wilfred Amaldoss and Chuan He, "Product Variety, Informative Advertising, and Price Competition," *Journal of Marketing Research* 47 (February 2010), pp. 146–56.
4. Debora Viana Thompson and Rebecca W. Hamilton, "The Effects of Information Processing Mode on Consumers' Responses to Comparative Advertising," *Journal of Consumer Research* 32 (March 2006), pp. 530–40.
5. Rajesh Chandy, Gerard J. Tellis, Debbie MacInnis, and Pattana Thaivanich, "What to Say When: Advertising Appeals in Evolving Markets," *Journal of Marketing Research* 38 (November 2001), pp. 399–414; Gerard J. Tellis, Rajesh Chandy, and Pattana Thaivanich, "Decomposing the Effects of Direct Advertising: Which Brand Works, When, Where, and How Long?," *Journal of Marketing Research* 37 (February 2000), pp. 32–46; Peter J. Danaher, André Bonfrer, and Sanjay Dhar, "The Effect of Competitive Advertising," *Journal of Marketing Research* 45 (April 2008), pp. 211–25.
6. Debora V. Thompson and Prashant Malaviya, "Consumer-Generated Ads: Does Awareness of Advertising Co-Creation Help or Hurt Persuasion?," *Journal of Marketing* 77 (May 2013), pp. 33–47; Benjamin Lawrence, Susan Fournier, and Frederic Brunel, "When Companies Don't Make the Ad: A Multi-Method Inquiry into the Differential Effectiveness of Consumer-Generated Advertising," *Journal of Advertising* 42, no. 4 (2013), pp. 292–307; Rosie Baker, "McDonald's Preps Crowdsourced Olympic Ads," *Marketing Week*, August 3, 2012; Eric Pfanner, "When Consumers Help, Ads Are Free," *New York Times*, June 22, 2009, p. B6; Elisabeth Sullivan, "H. J. Heinz: Consumers Sit in the Director's Chair for Viral Effort," *Marketing News*, February 10, 2008, p. 10; Louise Story, "The High Price of Creating Free Ads," *New York Times*, May 26, 2007. See also the Special Issue on the Emergence and Impact of User-Generated Content, *Marketing Science* 31 (May–June 2012).
7. Werner Reinartz and Peter Saffert, "Creativity in Advertising: When It Works and When It Doesn't," *Harvard Business Review*, June 2013, pp. 107–12.
8. "Newspapers: By the Numbers," The State of the News Media 2013, www.stateofthemedia.org.
9. Schultz et al., *Strategic Advertising Campaigns* (Chicago: NTC/Contemporary Publishing Company, September 1994), p. 340.
10. Prashant Malaviya, "The Moderating Influence of Advertising Context on Ad Repetition Effects: The Role of Amount and Type of Elaboration," *Journal of Consumer Research* 34 (June 2007), pp. 32–40.
11. Ram Bezawada, S. Balachander, P. K. Kannan, and Venkatesh Shankar, "Cross-Category Effects of Aisle and Display Placements: A Spatial Modeling Approach and Insights," *Journal of Marketing* 73 (May 2009),

pp. 99–117; Pierre Chandon, J. Wesley Hutchinson, Eric T. Bradlow, and Scott H. Young, "Does In-Store Marketing Work? Effects of the Number and Position of Shelf Facings on Brand Attention and Evaluation at the Point of Purchase," *Journal of Marketing* 73 (November 2009), pp. 1–17.
12. www.walmartsmartnetwork.info, accessed March 27, 2014; Bob Greenberg, "Reinventing Retail; E-commerce Impacts the Brick-and-Mortar Store Experience," *Adweek*, February 15, 2010; Bill Yackey, "Walmart Reveals 18-Month Results for SMART Network," *Digital Signage Today*, February 23, 2010.
13. Chen Lin, Sriram Venkataraman, and Sandy Jap, "Media Multiplexing Behavior: Implications," *Marketing Science*, 32 (March–April 2013), pp. 310–24.
14. Marshall Freimer and Dan Horsky, "Periodic Advertising Pulsing in a Competitive Market," *Marketing Science* 31 (July–August 2012), pp. 637–48.
15. David B. Montgomery and Alvin J. Silk, "Estimating Dynamic Effects of Market Communications Expenditures," *Management Science* (June 1972), pp. 485–501; Kristian S. Palda, *The Measurement of Cumulative Advertising Effect* (Upper Saddle River, NJ: Prentice Hall, 1964), p. 87.
16. Peter J. Danaher and Tracey S. Dagger, "Comparing the Relative Effectiveness of Advertising Channels: A Case Study of a Multimedia Blitz Campaign," *Journal of Marketing Research* 50 (August 2013), pp. 517–34; Gerard J. Tellis, Rajesh K. Chandy, and Pattana Thaivanich, "Which Ad Works, When, Where, and How Often? Modeling the Effects of Direct Television Advertising," *Journal of Marketing Research* 37 (February 2000), pp. 32–46.
17. From Robert C. Blattberg and Scott A. Neslin, *Sales Promotion: Concepts, Methods, and Strategies* (Upper Saddle River, NJ: Prentice Hall, 1990). This text provides a detailed, analytical treatment of sales promotion. A comprehensive review of academic work on sales promotions can be found in Scott Neslin, "Sales Promotion," Bart Weitz and Robin Wensley, eds., *Handbook of Marketing* (London: Sage, 2002), pp. 310–38.
18. Emily Bryson York and Natalie Zmuda, "Sampling: The New Mass Media," *Advertising Age*, May 12, 2008, pp. 3, 56.
19. Harald J. Van Heerde, Sachin Gupta, and Dick Wittink, "Is 75% of the Sales Promotion Bump due to Brand Switching? No, Only 33% Is," *Journal of Marketing Research* 40 (November 2003), pp. 481–91.
20. Rajkumar Venkatesan and Paul W. Farris, "Measuring and Managing Returns from Retailer-Customized Coupon Campaigns," *Journal of Marketing* 76 (January 2012), pp. 76–94.
21. Rebecca J. Slotegraaf and Koen Pauwels, "The Impact of Brand Equity Innovation on the Long-Term Effectiveness of Promotions," *Journal of Marketing Research* 45 (June 2008), pp. 293–306.
22. Kusum L. Ailawadi, Bari A. Harlam, Jacques Cesar, and David Trounce, "Promotion Profitability for a Retailer: The Role of Promotion, Brand, Category, and Store Characteristics," *Journal of Marketing Research* 43 (November 2006), pp. 518–36.
23. Miguel Gomez, Vithala Rao, and Edward McLaughlin, "Empirical Analysis of Budget and Allocation of Trade Promotions in the U.S. Supermarket Industry," *Journal of Marketing Research* 44 (August 2007); Norris Bruce, Preyas S. Desai, and Richard Staelin, "The Better They Are, the More They Give: Trade Promotions of Consumer Durables," *Journal of Marketing Research* 42 (February 2005), pp. 54–66.
24. IBIS World USA, www.ibisworld.com; Noah Lim, Michael J. Ahearne, and Sung H. Ham, "Designing Sales Contests: Does the Prize Structure Matter?," *Journal of Marketing Research* 46 (June 2009), pp. 356–71.
25. Bettina Cornwell, Michael S. Humphreys, Angela M. Maguire, Clinton S. Weeks, and Cassandra Tellegen, "Sponsorship-Linked Marketing: The Role of Articulation in Memory," *Journal of Consumer Research* 33 (December 2006), pp. 312–21.
26. "Brands Suit Up for 'Iron Man 2,'" *Adweek*, May 14, 2010.
27. T. Bettina Cornwell, Clinton S. Weeks, and Donald P. Roy, "Sponsorship-Linked Marketing: Opening the Black Box," *Journal of Advertising* 34 (Summer 2005).
28. "2006 Experiential Marketing Study," *Jack Morton*, www.jackmorton.com.
29. "Do We Have a Story for You!," *Economist*, January 21, 2006, pp. 57–58; Al Ries and Laura Ries, *The Fall of Advertising and the Rise of PR* (New York: HarperCollins, 2002).

第 16 章

管理数字化传播：网络、社会化媒体和移动设备

本章将解决下列问题：

1. 网络营销的优缺点是什么？
2. 公司如何开展有效的社会化媒体营销活动？
3. 获得正面口碑的技巧是什么？
4. 开展移动营销的重要准则是什么？

百事公司的营销管理

百事公司是数字化营销领域的引领者。为了营销旗下的激浪（Mountain Dew）软饮料，百事举办了第一届"Dewmocracy"比赛，让消费者在网上为新产品设计口味、颜色、包装和名字。最后胜出的激浪 Voltage 口味汽水首年就为百事带来了数亿美元的收益。对于多力多滋（Doritos）品牌，公司发起了年度"Crash the Super Bowl（冲击超级碗）"比赛，参赛者有机会制作一个在赛事中播放的广告，获胜者可以赢得 100 万美元奖金。在 2014 年，来自多力多滋全球 35 个市场的每个人都能够参加比赛。最终获胜的广告"时光机（Time Machine）"，只花费了 200 美元和一天时间录制，但却是那一年超级碗广告中反响最好的广告之一。在比赛过程中，多力多滋在 Twitter、Facebook 和其他社交媒体活动中的受欢迎程度逐渐上升。[1]

数字化方式是最新的也是成长最快的传播渠道和直销渠道，为实现更多互动性和个性化提供了机会。企业（如百事公司）想要知道的不仅仅是"如何吸引客户"，还需要了解"如何让消费者触及企业"，以及"如何让消费者之间互通"。本章我们将探讨营销人员如

第16章 管理数字化传播：网络、社会化媒体和移动设备

何使用网络营销、社会化媒体及移动营销去创造忠诚顾客，构建强势品牌，获取利润。同时我们也将探讨口碑营销这一更为宽泛的话题。

16.1 网络营销

正如第1章所述，营销人员需要将付费媒体和自有媒体与免费媒体进行区分。付费媒体（paid media）包括公司制作广告、公开宣传和其他推广活动。免费媒体（earned media）是指企业无须直接付费且使公司受益的全部公共关系和口碑——所有和品牌相关的新闻故事、博客、社会化媒体对话。[2] 社会化媒体在免费媒体中扮演了重要角色。自有媒体（owned media）绝大部分由在线营销传播构成，接下来我们将对此进行讨论。

16.1.1 网络营销传播的优缺点

企业依据消费者的特殊兴趣或行为，可以通过网络营销向消费者传播定制信息。通过计算有多少独立访问者点击了网页或广告、停留多长时间、产生的相关行为及后续页面，企业能够较为容易地追踪网络营销活动的效果。互联网也提供了关联内容植入（contextual placement）的优势，在与企业产品或服务相关的站点购买广告位。公司还可以基于搜索引擎关键字来投放广告，以在购买过程的开端触及消费者。

网络营销也有弊端，例如：消费者能够很容易地剔除大部分信息；软件产生的虚假点击会给营销人员造成与事实不符的广告效果假象。[3] 最后，由于存在黑客入侵或恶意破坏问题，公司无法对网上的信息进行完全控制。

然而，网络营销的优势远甚于其缺点，消费者在哪里，营销人员就需要到哪里，即网络。美国成年人在网络上耗费的时间，几乎占其全部媒体所用时间的一半（见图16.1）。[4] 顾客定义了参与的规则，然而，他们也可以选择通过代理和中介获得帮助。

16.1.2 网络营销传播方式

公司需要选择成本效益比最佳的网络营销方式以实现传播及销售目标。[5] 可以选择的网络营销传播方式包括：企业网站、搜索广告、展示广告和电子邮件。

企业网站 企业网站的设计必须能够体现公司宗旨、历史、产品和愿景，能吸引初次访问的消费者，并且足够有趣能带来重复浏览。[6] Jeffrey Rayport 和 Bernard Jaworski 提出，有效的网站设计包括七个设计元素（见图16.2）。[7] 访问者通过易用性（快速下载、首页易于理解、导航清晰）和美观性（网页整洁有序、文字易懂、色彩和声音使用适当）来评判网站性能。[8] 公司还必须注意网络安全和隐私保护等问题。

除了企业网站外，公司还可以使用**微站点**（microsites）、个人主页或网页群作为主站点的补充，特别用于公司销售的低兴趣度商品。例如，消费者很少访问保险公司官网，但是，保险公司可以在二手车网站建立一个微站点，在为购买者提供购买建议的同时，也是营销汽车保险的好机会。

搜索引擎广告 网络营销的一个重要组成部分是**付费搜索**（paid search）或**点击付费广告**（pay-per-click ads）。付费搜索是指，营销人员对检索项进行竞价，这些检索项代

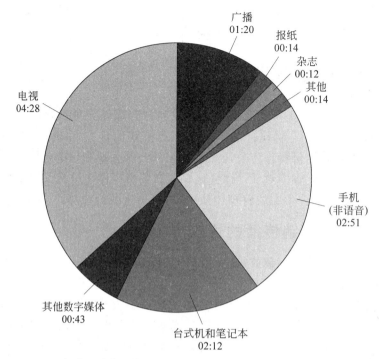

图 16.1 2014年美国成年人每天在主流媒体上所用时间份额（小时数：分钟数）

- 组织（context）：布局和设计
- 内容（content）：网站所包含的文本、图片、声音和视频
- 社区（community）：网站如何实现用户间的相互交流
- 定制化（customization）：网站为不同用户量身定制的能力，或允许用户进行个性化设置的能力
- 沟通（communication）：网站如何实现网站与用户之间的双向沟通
- 连接（connection）：网站链接到其他站点的程度
- 商务（commerce）：网站实现商务交易的能力

图 16.2 有效网站设计的七要素

着消费者对商品或者消费的兴趣。当消费者用谷歌、雅虎或者必应去搜索这些付费的检索项时，付费企业的广告就会在搜索结果上方或者侧边出现，位置取决于公司的出价高低，以及搜索引擎计算广告相关度时所用的算法。[9]只有当访问者点击了广告，广告主才会付费。但是营销人员认为那些已经通过搜索表现出消费兴趣的消费者，是公司的主要潜在客户。

搜索引擎优化（search engine optimization）是指为提高企业品牌在所有非付费检索结果中的排序而进行的设计。[10]有很多关于搜索引擎优化和付费搜索的指导准则。较为宽泛的检索项对总体品牌构建有用；用于识别特定产品型号或服务的具体检索项则对制造和转化销售机会更有用。[11]营销人员需要在企业网站上醒目地突出目标检索项，以便搜索引擎能够容易地识别。任何一个产品通常都能通过多个关键词识别，但是营销人员必须根据每个关键词的可能回报率来竞价。营销人员应当收集数据以追踪付费搜索的效果。

展示广告 展示广告(display ads)或者横幅广告(banner ads)是企业付费放置在相关网站上的包含文字或图片的小方框广告。受众越多的网站，广告价格就越高。考虑到用户上网时间中只有5%用来搜索信息，展示广告相比受欢迎的搜索引擎广告，仍然有很大的发展前景。但是展示广告需要能够更加吸引注意力、更有影响力、更有针对性及更密切地追踪效果。[12] 插页式广告(interstitials)是网站内或不同网站间切换网页时自动弹出的广告，通常包含视频或动画。由于消费者觉得这些弹出广告具有侵入性和干扰性，许多用户都会用软件进行屏蔽。

电子邮件 营销人员通过电子邮件为消费者提供信息、进行交流沟通，成本仅是直邮花费的很小一部分。电子邮件是一种有效的销售工具。通过电子邮件提高销售的成功率估计至少是社会化媒体广告效果的三倍，平均订单价值也被认为高出17%。[13] 但是消费者被大量电子邮件包围，很多会使用垃圾邮件过滤器拦截邮件。一些公司正在征求消费者关于是否愿意收到邮件，以及希望什么时候收到邮件的意见。电子邮件必须及时、有针对性且相关。吉尔特集团为推广其闪购网站，基于收件人以往点击行为、浏览历史和购买历史，发送了3000多种不同形式的电子邮件。[14]

16.2 社会化媒体

社会化媒体(social media)是消费者之间、消费者与企业之间相互分享文字、图片和音频、视频信息的一种工具。通过社会化媒体，企业能够在网络上公开发声，建立网络形象，可以经济有效地强化其他传播活动的效果。社会化媒体每日变化的即时性，也能够激励企业保持创新和相关性。营销人员可以建立或利用网络社区，邀请消费者参与，同时在此过程中创建长期营销资本。

16.2.1 社会化媒体平台

有三种主要的社会化媒体平台：(1)网络社区和论坛；(2)博客(个人博客和博客网络，如Sugar和Gawker)；(3)社交网络(如Facebook、Twitter和YouTube)。

网络社区和论坛 很多网络社区和论坛都是由没有商业利益或不隶属于任何公司的消费者或消费者团体创建。其他由公司赞助的网络社区和论坛，其成员通过发帖、站内信和讨论板块，与公司和其他成员交流关于公司产品和品牌的话题。网络社区和论坛的信息流是双向的，可以为公司提供有用、难得到的顾客信息和市场洞察。

博客 博客(blog)，是定期更新的网络日志或日记，已经成为一个重要的口碑出口。博客一个明显的吸引力是把有共同兴趣的人聚集到一起。博客网络如高科媒体(Gawker Media)给营销人员提供了选择的组合。企业也在创建自己的博客，并且密切关注其他企业的博客。[15] 受欢迎的博客创造出有影响力的意见领袖。因为许多消费者会查询博客中出现的产品信息和评价，因此美国联邦贸易委员会已经采取措施要求博主公开与所其支持产品的关系。另一个极端，是一些消费者通过博客和视频传播，对企业的恶劣服务和劣质产品进行惩罚。

社交网络 社交网络已经成为企业对消费者和企业对企业营销中的重要力量。[16] 主要社交网络包括：世界最大的社交网之一 Facebook；聚焦职业人士的领英（LinkedIn）；推文上限为 140 个词的 Twitter。营销人员仍然在学习如何更好地利用社交网络及其庞大、分类明确的受众。由于网络的非商业化特性，用户一般只是在网上与他人建立联结，吸引注意力和说服都更具挑战性。同时，由于用户会创造自己的内容，广告就会显得不合适甚至令人讨厌。[17] 但广告只是推广的一种手段。同个人一样，公司也能加入社交群体并积极参与活动。建立一个 Facebook 主页已经成为很多公司在虚拟世界的必需。[18]

16.2.2 使用社会化媒体

社会化媒体鲜少作为品牌营销传播的唯一来源。首先，社会化媒体可能在吸引新用户和推进品牌渗透力方面并不那么有效。[19] 其次，DDB 的研究表明品牌和产品在网络上的社会化程度变化差异很大。消费者最可能参与媒体、慈善和时尚相关的话题活动，而最不可能关注消费品。[20] 最后，虽然消费者可能使用社会化媒体获取有用的信息或交易，或分享品牌创建内容，但是只有相当小比例的消费者会想参与和品牌的双向交流。总之，营销人员必须认识到，仅有部分消费者在部分时间段愿意通过社会化媒体与部分品牌建立联结。

16.3　口碑

社会化媒体是网络口碑的一个实例。接下来将要讨论口碑（word of mouth，WOM），也是一个强有力的营销工具。

16.3.1 口碑的形式

与大众观念相左的是，大部分口碑并非通过网络产生。研究和咨询公司 Keller Fay 指出 90% 的口碑产生于线下，具体来说 75% 通过面对面产生，15% 通过电话。它还指出了口碑和广告密不可分的连接："口碑被证明可信度高，并与销量相关联；广告已经被证明有助于激发交谈。"[21]

病毒营销（viral marketing）是一种形式的网络口碑，鼓励消费者将公司研发的产品和服务或相关音频、视频或信息通过网络向他人传播。[22] 通过 YouTube、Vimeo 和 Google Video 等用户创造内容（UGC）网站，消费者和广告主可以上传广告和视频分享给数百万人。[23]

16.3.2 创造口碑效应

虽然越令人感兴趣的品牌越有可能在网上被讨论，但在面对面和口头交流中，一个品牌是否被认为新颖、刺激或令人惊喜几乎不会影响其被讨论的可能性。[24] 线下引起讨论的品牌通常是突出可见且易记起的。[25] 研究表明消费者倾向于创造正面口碑，分享自身正面消费体验；同时倾向于传递他人负面消费体验产生的负面口碑。[26]

值得注意的是,很多网络内容并非自然分享并形成病毒传播之势。研究发现仅有4%的内容传递给了除最初接受者之外的人。[27] 在决定是否使用社会化媒体时,消费者可能受内在因素激励,如觉得有趣或者得以学习,但通常更多受到外在因素影响,如出于社交或个人形象考虑。[28]

公司不一定要借助媒体和广告,也能够帮助其产品和服务创造蜂鸣效应。宝洁公司建立了 Vocalpoint 网络社区,已经吸引了超过 50 万名妈妈注册,参与度高的用户在此可以了解产品信息,获得样品和优惠券,分享对公司的看法,和其他人分享体验。Vocalpoint 上的妈妈们每天能够和 25～30 个人进行交流,相比非 Vocalpoint 会员妈妈每日平均 5 个交流对象,Vocalpoint 妈妈的社交网络很大。宝洁为 Secret 女士香体膏开展的营销活动,带来了 42 000 个点击进入优惠券兑换,并在品牌官网产生 50 000 个有说服力的产品评论。

病毒营销或者口碑营销活动的成功,最终都取决于消费者愿与其他消费者交流的意愿。[29] 顾客评论能够产生特别的影响。[30] 尼尔森的近期调查发现,在线顾客评论是品牌信息的第二可信来源(首位是朋友和家人推荐)。[31] 许多评论网站现在可用 Facebook 账号登录,以便将用户发布的评论同步到其 Facebook 主页上。通过关联评论和评论者 Facebook 主页,用户可以发现朋友或名人对某个品牌持正面态度还是负面态度。[32]

尽管很多口碑效果不受市场营销人员控制,但是如下一些方法能够提高启动正面效应的可能性:[33]

- **识别具有影响力的个人和企业,并付出更多努力。** 公司可以追踪在线行为以识别出更有影响力的用户,可能是意见领袖,比如产业分析师、记者、政策制定者以及产品早期使用者。
- **为关键用户提供产品样品。** (美国)雪佛兰公司为 900 人提供三天雪佛兰沃特电动汽车的免费租赁,这 900 人的 Klout 网上影响力指数均超过 50(满分 100)。这一活动的效果是产生了 46 000 个"推文"和超过 2 070 万篇大部分内容均为正面的博客文章。
- **充分利用社区影响力。** 福特公司在试销前举办了"福特嘉年华"活动,根据客户社交网络的规模和质量,以及他们提交的关于冒险欲望的视频,福特公司邀请了 100 位千禧一代免费驾驶"嘉年华汽车"六个月。活动在 YouTube 上引发了 430 万评论量,在 Flickr 上的评论超过 50 万,产生超过 300 万 Twitter 印象,创造了 5 万潜在消费者,其中 97%未曾购买过福特汽车。[34]
- **发展口碑推荐渠道建立业务。** 专业人士通常会鼓励客户向他人推荐公司服务。
- **提供消费者愿意传播的有吸引力的信息。** 从用户电子邮件或博客中借用元素,更容易创建对消费者有吸引力的信息。

16.3.3 测量口碑效果

由于通过广告、公关以及数字代理商对口碑效果进行跟踪较为容易,因此很多营销人员聚焦于关注网络口碑的影响力。通过人口统计信息或者记录信息的代理服务器和cookies，企业可以监测消费者发博客、评论、发帖、分享、链接、上传、交友、形成观点、更新状态或个人信息的时间。"营销洞察：追踪网络口碑"描述了一些公司在此方面的努力。

营销洞察

追踪网络口碑

营销人员需要决定他们应在网上追踪什么，以及如何去追踪。Dupont对在线口碑进行了多方面测量，如范围（活动传播到多远）、速度（传播有多快）、在该空间的广告份额、在该传播速度下的广告份额、是否获得正面情感提升、信息是否被理解、是否相关、是否可持续（并非一锤子买卖）以及从信息源传播了多远。其他研究人员则聚焦于根据相关性、情绪和权威性来描绘口碑信息源的特征。

更多公司从特定位置对用户在线行为进行追踪。百事公司在其芝加哥总部设立了一个"任务管理中心"，全天候监测佳得乐品牌在社交网络的动态。4个全职员工负责操作6台监视器以提供数据可视化和数字仪表盘。佳得乐团队审阅博客对话、追踪情绪变化，并根据反馈对企业营销策略做出恰当调整。团队同样也决定什么时候需要对网络对话进行干预。任何直接咨询品牌相关的内容，或者对品牌有错误理解的内容，通常都是团队发挥影响的机会，但是正如一个团队成员指出，"如果他们想要讨论如何解决问题，我们会让他们自行谈论。"

16.4 移动营销

由于智能手机和平板电脑无处不在，以及市场营销人员能够根据人口特征和其他特征来发布个性化信息，因此移动营销作为一种传播工具的吸引力显而易见。

16.4.1 移动营销的范围

在2014年，每10个美国消费者中有6个拥有智能手机，这为广告主在"第三荧屏"上获取消费者创造了主要机会（电视和电脑分别是第一和第二屏幕）。[35] 或许并不令人惊奇：美国消费者在移动端花费相当大量的时间，高于在广播、杂志以及报纸花费时间的总和（平均来说是2小时51分钟比1小时46分钟）。[36]

最近许多人对移动应用（mobile APP）产生了兴趣。移动应用程序是可以下载到智能手机的小而简单的软件程序。APP可以实现一些有用的功能——增加便利性、社会价值、激励性和娱乐性，从而使消费者的生活或多或少变得更好。[37] 智能手机有助于企业改善忠诚度计划，消费者通过忠诚度计划可以跟踪自己在商店的浏览和购买记录，并且能够获得积分奖励。通过追踪一些选择接受传播信息的消费者行踪，零售商可以向在商店附近的消费者发送基于特定位置的促销信息。[38] 在亚特兰大，Sonic公司根据GPS数据及与信号塔的距离，来判断那些注册接收公司营销信息的消费者什么时候会来到此区域 50 家 Sonic 餐馆中的某一家附近。此时，公司给这些消费者发送包括折扣优惠的短信，以吸引他们到附近的 Sonic 餐馆用餐。[39]

尽管 cookies 这项能让企业追踪网络行为的技术在无线应用上并不奏效，但技术进步使通过智能手机和掌上电脑追踪用户变得更加简单。随着用户隐私保护的到位，营销人员对跨屏（在线和移动）身份标识了解更多，就能允许相关度更高、更有针对性的广告。[40]

16.4.2 制定有效的移动营销计划

营销人员明智的做法是设计简洁、清晰、整齐的网站，更多地关注用户体验和导航。[41]对于移动信息来说，简洁至关重要。[42]例如，移动广告只能占据 50% 屏幕空间，商标应当在框架一角，号召口号应当用亮色突出。

16.4.3 市场间的移动营销

在发达的亚洲市场如中国香港、日本、新加坡、韩国，移动营销快速成为客户体验的重要组成部分。[43]在发展中市场，智能手机的高渗透率也让移动营销变得更有吸引力。作为中国市场的先驱，可口可乐公司开展了一个全国性营销活动，请北京市居民每天发送信息猜测城市高温，以获得赢取可口可乐产品一年免费供应的机会。35 天的活动吸引了400 多万条短信发送。[44]

本章总结

网络营销通过精心设计和实施的网站、搜索引擎广告、展示广告和电子邮件，给营销人员提供了更多的互动和个性化的机会。但是，消费者能够很容易地剔除大部分信息，虚假点击也是问题，同时广告商对网络信息也无法完全控制。社会化媒体有多种形式：网络社区和论坛、博客、社交网络（如 Facebook、Twitter 和 YouTube）。社会化媒体让营销人员能够在网上建立一个公开的发声渠道和网络形象，可以经济有效地强化其他传播活动的效果。营销人员可以建立或利用网络社区，邀请消费者参与，同时在此过程中创建长期营销资本。社会化媒体鲜少作为品牌营销传播的唯一来源。

口碑营销吸引消费者参与其中，因此他们愿意积极地与其他人谈论产品、服务、品牌。病毒营销鼓励人们交换关于产品或服务的网络信息。移动营销是日益重要的互动营销形式，营销人员可以通过智能手机和掌上电脑，使用文本信息、软件 APP 和广告来联系消费者。

注释

1. Thomas Leskin, "Schuylkill Native Part of Winning Doritos Super Bowl Commercial," *The Morning Call*, February 4, 2014; Jennifer Rooney, "Doritos Again Asks Fans to 'Crash the Super Bowl'—This Time from Around the World," *Forbes*, September 12, 2013; Elaine Wong, "What Mountain Dew Learned from 'DEWmocracy,'" *Adweek*, June 16, 2010; Natalie Zmuda, "New Pepsi 'Dewmocracy' Push Threatens to Crowd Out Shops," *Advertising Age*, November 2, 2009.
2. Andrew T. Stephen and Jeff Galak, "The Effects of Traditional and Social Earned Media on Sales: A Study of a Microlending Marketplace," *Journal of Marketing Research* 49 (October 2012), pp. 624–39.
3. Kenneth C. Wilbur and Yi Zhu, "Click Fraud," *Marketing Science* 28 (March–April 2009), pp. 293–308.
4. "Mobile Continues to Steal Share of US Adults' Daily Time Spent with Media," *eMarketer*, April 22, 2014.
5. Hans Risselada, Peter C. Verhoef, and Tammo H.A. Bijmolt, "Dynamic Effects of Social Influence and Direct Marketing on the Adoption of High-Technology Products," *Journal of Marketing* 78 (March 2014), pp. 52–68; Zsolt Katona, Peter Pal Zubcsek, and Miklos Sarvary, "Network Effects and Personal Influences: The Diffusion of an Online Social Network," *Journal of Marketing Research* 48 (June 2011), pp. 425–43; Allen P. Adamson, *Brand Digital* (New York: Palgrave Macmillan, 2008).
6. John R. Hauser, Glen L. Urban, Guilherme Liberali, and Michael Braun, "Website Morphing," *Marketing Science* 28 (March–April 2009), pp. 202–23; Peter J. Danaher, Guy W. Mullarkey, and Skander Essegaier, "Factors Affecting Web Site Visit Duration: A Cross-Domain Analysis," *Journal of Marketing Research* 43 (May 2006), pp. 182–94; Philip Kotler, *According to Kotler* (New York: American Management Association, 2005).
7. Jeffrey F. Rayport and Bernard J. Jaworski, *e-commerce* (New York: McGraw-Hill, 2001), p. 116.
8. Jan-Benedict E. M. Steenkamp and Inge Geyskens, "How Country Characteristics Affect the Perceived Value of Web Sites," *Journal of Marketing* 70 (July 2006), pp. 136–50.
9. Emily Steel, "Marketers Take Search Ads Beyond Search Engines," *Wall Street Journal*, January 19, 2009.
10. Ron Berman and Zsolt Katona, "The Role of Search Engine Optimization in Search Marketing," *Marketing Science* 32 (July–August 2013), pp. 644–51; Oliver J. Rutz, Randolph E. Bucklin, and Garrett P. Sonnier, "A Latent Instrumental Variables Approach to Modeling Keyword Conversion in Paid Search Advertising," *Journal of Marketing Research* 49 (June 2012), pp. 306–19; Oliver J. Rutz and Randolph E. Bucklin, "From Generic to Branded: A Model of Spillover in Paid Search Advertising," *Journal of Marketing Research* 48 (February 2011), pp. 87–102; Paula Andruss, "How to Win the Bidding Wars," *Marketing News*, April 1, 2008, p. 28; Jefferson Graham, "To Drive Traffic to Your Site, You Need to Give Good Directions," *USA Today*, June 23, 2008.
11. Peter J. Danaher, Janghyuk Lee, and Laoucine Kerbache, "Optimal Internet Media Selection," *Marketing Science* 29 (March–April 2010), pp. 336–47; Puneet Manchanda, Jean-Pierre Dubé, Khim Yong Goh, and Pradeep K. Chintagunta, "The Effects of Banner Advertising on Internet Purchasing," *Journal of Marketing Research* 43 (February 2006), pp. 98–108.
12. Glen Urban, Guilherme (Gui) Liberali, Erin Macdonald, Robert Bordley, and John Hauser, "Morphing Banner Advertising," *Marketing Science* 33 (January–February 2014), pp. 27–46; Jan H. Schumann, Florian von Wangenheim, and Nicole Groene, "Targeted Online Advertising: Using Reciprocity Appeals to Increase Acceptance among Users of Free Web Services," *Journal of Marketing* 78 (January 2014), pp. 59–75; Michael Braun and Wendy Moe, "Online Display Advertising: Modeling the Effects of Multiple Creatives and Individual Impression Histories," *Marketing Science* 32 (September/October 2013), pp. 753–67; Anja Lambrecht and Catherine

Tucker, "When Does Retargeting Work? Information Specificity in Online Advertising," *Journal of Marketing Research* 50 (October 2013), pp. 561-76.
13. Nora Aufreiter, Julien Boudet and Vivien Weng, "Why Marketers Keep Sending You E-mails," *McKinsey Quarterly*, January 2014.
14. Aurfreiter, Boudet and Weng, "Why Marketers Keep Sending You E-mails."
15. For an academic discussion of chat rooms, recommendation sites, and customer review sections online, see Dina Mayzlin, "Promotional Chat on the Internet," *Marketing Science* 25 (March–April 2006), pp. 155-63; and Judith Chevalier and Dina Mayzlin, "The Effect of Word of Mouth on Sales: Online Book Reviews," *Journal of Marketing Research* 43 (August 2006), pp. 345-54.
16. Jae Young Lee and David R. Bell, "Neighborhood Social Capital and Social Learning for Experience Attributes of Products," *Marketing Science* 32 (November–December 2013), pp. 960-76.
17. "Profiting from Friendship," *Economist*, January 30, 2010, pp. 9-12.
18. Rebecca Walker Naylor, Cait Poynor Lamberton, and Patricia M. West, "Beyond the 'Like' Button: The Impact of Mere Virtual Presence on Brand Evaluations and Purchase Intentions in Social Media Settings," *Journal of Marketing* 76 (November 2012), pp. 105-20.
19. David Taylor, "Can Social Media Show You the Money," *Brandgym Research Paper 6*, September 2012.
20. Christian Schulze, Lisa Schöler, and Bernd Skiera, "Not All Fun and Games: Viral Marketing for Utilitarian Products," *Journal of Marketing* 78 (January 2014), pp. 1-19.
21. Ed Keller and Brad Fay, "Word of Mouth Advocacy: A New Key to Advertising Effectiveness," *Journal of Advertising Research*, 52 (December 2012), pp. 459-64.
22. Barak Libai, Eitan Muller, and Renana Peres, "Decomposing the Value of Word-of-Mouth Seeding Programs: Acceleration Versus Expansion," *Journal of Marketing Research* 50 (April 2013), pp. 161-76; Oliver Hinz, Bernd Skiera, Christian Barrot, and Jan U. Becker, "Seeding Strategies for Viral Marketing: An Empirical Comparison," *Journal of Marketing* 75 (November 2011), pp. 55-71; Ralf van der Lans, Gerrit van Bruggen, Jehoshua Eliashberg, and Berend Wierenga, "A Viral Branching Model for Predicting the Spread of Electronic Word of Mouth," *Marketing Science* 29 (March–April 2010), pp. 348-65.
23. Thales Teixeira, "How to Profit from 'Lean' Advertising," *Harvard Business Review*, June 2013, pp. 23-25.
24. Jonah Berger and Raghuram Iyengar, "Communication Channels and Word of Mouth: How the Medium Shapes the Message," *Journal of Consumer Research* 40 (October 2013), pp. 567-79. See also Mitch Lovett, Renana Peres, and Roni Shachar, "On Brands and Word of Mouth," *Journal of Marketing Research* 50 (August 2013), pp. 427-44; Amar Cheema and Andrew M. Kaikati, "The Effect of Need for Uniqueness on Word of Mouth," *Journal of Marketing Research* 47 (June 2010), pp. 553-63.
25. Jonah Berger and Eric M. Schwartz, "What Drives Immediate and Ongoing Word of Mouth?," *Journal of Marketing Research* 48 (October 2011), pp. 869-80.
26. Matteo De Angelis, Andrea Bonezzi, Alessandro M. Peluso, Derek D. Rucker, and Michele Costabile, "On Braggarts and Gossips: A Self-Enhancement Account of Word-of-Mouth Generation and Transmission," *Journal of Marketing Research* 49 (August 2012), pp. 551-63; Sha Yang, Mantian Hu, Russ Winer, Henry Assael, and Xiaohong Chen, "An Empirical Study of Word-of-Mouth Generation and Consumption," *Marketing Science* 31 (November–December 2012), pp. 952-63. See also Yinlong Zhang, Lawrence Feick, and Vikas Mittal, "How Males and Females Differ in Their Likelihood of Transmitting Negative Word of Mouth," *Journal of Consumer Research* 40 (April 2014), pp. 1097-108; David Dubois, Derek D. Rucker, and Zakary L. Tormala, "From Rumors to Facts, and Facts to Rumors: The Role of Certainty Decay in Consumer Communications," *Journal of Marketing Research* 48 (December 2011), pp. 1020-32.
27. Sharad Goel, Duncan J. Watts, and Daniel G. Goldstein, "The Structure of Online Diffusion Networks," *Proceedings of the 13th ACM Conference on Electronic Commerce (EC'12)*, Valencia, Spain, June 4-8, 2012, pp. 623-38.
28. Olivier Toubia and Andrew T. Stephen, "Intrinsic vs. Image-Related Utility in Social Media: Why Do People Contribute Content to Twitter?," *Marketing Science* 32 (May–June 2013), pp. 368-92.
29. Amar Cheema and Andrew M. Kaikati, "The Effect of Need for Uniqueness on Word of Mouth," *Journal of Marketing Research* 47 (June 2010), pp. 553-63.
30. Stephan Ludwig, Ko de Ruyter, Mike Friedman, Elisabeth C. Brüggen, Martin Wetzels, and Gerard Pfann, "More than Words: The Influence of Affective Content and Linguistic Style Matches in Online Reviews on Conversion Rates," *Journal of Marketing* 77 (January 2013), pp. 87-103; Yi Zhao, Sha Yang, Vishal Narayan, and Ying Zhao, "Modeling Consumer Learning from Online Product Reviews," *Marketing Science* 32 (January–February 2013), pp. 153-69; Rebecca Walker Naylor, Cait Poynor Lamberton, and David A. Norton, "Seeing Ourselves in Others:

Reviewer Ambiguity, Egocentric Anchoring, and Persuasion," *Journal of Marketing Research* 48 (June 2011), pp. 617–31.

31. "Nielsen: Global Consumers' Trust in 'Earned' Advertising Grows in Importance," April 10, 2012. See also Itamar Simonson and Emanuel Rosen, *Added Value* (New York: Harper Collins, 2014).

32. Ekaterina Walter, "When Co-creation Becomes the Beating Heart of Marketing, Companies Win," *Fast Company*, November 29, 2012.

33. Beth Saulnier, "It's Complicated," *Cornell Alumni Magazine*, September/October 2013, pp. 45-49; Olga Kharif, "Finding a Haystack's Most Influential Needles," *Bloomberg Businessweek*, October 22, 2012; Michael Trusov, Anand V. Bodapati, and Randolph E. Bucklin, "Determining Influential Users in Internet Social Networks," *Journal of Marketing Research* 47 (August 2010), pp. 643–58; Matthew Dolan, "Ford Takes Online Gamble with New Fiesta," *Wall Street Journal*, April 8, 2009; Sarit Moldovan, Jacob Goldenberg, and Amitava Chattopadhyay, "What Drives Word of Mouth? The Roles of Product Originality and Usefulness," *MSI Report No. 06-111* (Cambridge, MA: Marketing Science Institute, 2006); Karen J. Bannan, "Online Chat Is a Grapevine That Yields Precious Fruit," *New York Times*, December 25, 2006.

34. Keith Barry, "Fiesta Stars in Night of the Living Social Media Campaign," *Wired*, May 21, 2010; Matthew Dolan, "Ford Takes Online Gamble with New Fiesta," *Wall Street Journal*, April 8, 2009.

35. "Mobile Marketing Facts 2014," *Advertising Age*, April 14, 2014.

36. "Mobile Continues to Steal Share of US Adults' Daily Time Spent with Media," *eMarketer*, April 22, 2014.

37. Sunil Gupta, "For Mobile Devices, Think Apps, Not Ads," *Harvard Business Review*, March 2013, pp. 71–75.

38. Peter DaSilva, "Cellphone in New Role: Loyalty Card," *New York Times*, May 31, 2010.

39. Diana Ransom, "When the Customer Is in the Neighborhood," *Wall Street Journal*, May 17, 2010.

40. Spencer E. Ante, "Online Ads Can Follow You Home," *Wall Street Journal*, April 29, 2013.

41. Piet Levy, "Set Your Sites on Mobile," *Marketing News*, April 30, 2010, p. 6; Tom Lowry, "Pandora: Unleashing Mobile-Phone Ads," *BusinessWeek*, June 1, 2009, pp. 52–53.

42. Christopher Heine, "Agencies and Cannes Judges Say Less Is More for Mobile," *Adweek*, June 17, 2013.

43. Elisabeth Sullivan, "The Tao of Mobile Marketing," *Marketing News*, April 30, 2010, pp. 16–20.

44. Loretta Chao, "Cell Phone Ads Are Easier Pitch in China Interactive Campaigns," *Wall Street Journal*, January 4, 2007.

第 17 章

管理个人传播：直复营销、数据库营销和人员销售

本章将解决下列问题：

1. 企业如何通过直复营销获得竞争优势？
2. 数据库营销的优缺点是什么？
3. 设计和管理销售团队时公司需要做哪些决策？
4. 销售人员如何提高销售、谈判和关系营销技巧？

奥巴马总统竞选中的营销管理

事实证明，数据库营销是 2008 年奥巴马赢得总统选举的关键。此后，奥巴马竞选团队宣告，要在 2012 年竞选连任时更为广泛地使用这种方式。因此，团队创建了一个综合数据库，整合了民主党选民档案及相关信息、社交媒体和手机联系人信息。他们利用数据分析筹集了 10 亿美元，并根据数据分析结果对电视广告、电话、直邮、上门访问宣传和社交媒体的使用进行了微调。在线筹集的 6.9 亿美元中大部分源于精准定位、认真测试的电子邮件。该团队每天测试多达 18 个不同版本的电子邮件，调整的项目包括主题行、请求捐助金额和发件人。该团队也在 Facebook 中发起活动，向下载了竞选 APP 的人发送信息，信息里带有其在摇摆州的朋友照片和一个按钮，让信息接收者点击按钮来敦促那些目标选民登记或投票。经过这些努力，2012 年支持奥巴马连任总统的 18～24 岁选民比 2008 年多出 125 万。[1]

奥巴马竞选营销团队认识到，个人传播以及在正确的时间为正确的人说正确的话、做正确的事是取得营销效果的关键。本章我们将探讨，组织如何将其营销传播个性化以提

高影响力。我们首先讨论直复营销和数据库营销,之后探讨个人销售和销售团队。

 ## 17.1 直复营销

直复营销(direct marketing)是指不通过营销中间商,而是利用直接面向消费者的渠道来触及客户并交付产品和服务。直复营销人员可以使用多种渠道来接触个人潜在客户和现有客户:直邮、目录营销、电话营销、互动电视、信息亭、网站和移动设备。直复营销人员需要可测量的顾客响应,通常是客户订单,通过**直接订购营销**(direct-order marketing)获取。直复营销正在快速增长,部分原因是通过销售人员接触商业市场的成本居高不下,而且还在不断增加。2012年直复营销已超越美国零售业,创造了2.05万亿美元的销售额,约占美国当年GDP的8.7%。[2]

17.1.1 直复营销的好处

消费者通常面临时间少、奔波劳顿、堵车、停车难等问题,直复营销通过免费电话、永远营业的网站、次日送达和所承诺的其他直销客户服务,来解决这些问题。此外,很多连锁店已经下架周转速度较慢的特产,让直复营销商有机会向有兴趣的购买者进行推广。直复营销人员也能获益:他们可以购买包含几乎所有消费者群体(左撇子或百万富翁)的用户名单,通过个性化和定制信息来建立客户关系,适时接触感兴趣的潜在客户,对其他媒体和信息进行测试,测量顾客响应以确定盈利能力。

17.1.2 直邮

直邮营销(direct mail marketing)是指向个人消费者发送产品广告、说明、提醒或其他物品。直复营销人员利用精挑细选的邮寄列表,每年发出数百万封邮件——信件、传单、插页和其他"长翅膀的销售员"。直邮营销很受欢迎,因其能够精选目标市场,进行个性化定制,灵活有弹性,可进行早期测试和响应测量。虽然每千人成本高于大众媒体,但所触及人群是质量更高的预期客户。

发起一个有效的直邮营销活动,直复营销人员必须确定活动目标、目标市场和潜在客户、提供物要素、测试方法以及活动结果的绩效测量。

- **目标**。营销人员根据响应率判断营销活动是否成功。就普通信件大小的直邮而言,面向公司内部名单列表的平均响应率为3.4%,而面向一般公众的则为1.3%(这一比例根据产品、价格和产品属性的不同而有所变动),远高于电子邮件在上述两项的平均响应率(分别为0.12%和0.03%)。[3]直邮可以实现的其他目标包括:促成购买意向、加强客户关系、宣传和教育顾客、提醒顾客,以及促进购买决策制定。

- **目标市场和预期客户**。直复营销人员采用RFM(时间、频率、金额)公式,根据顾客距上次购买产品的时间长度、顾客购买次数以及消费总金额,来挑选顾客。[4]营销人员还依据年龄、性别、收入、受教育水平、以往邮件订购量、购买场合等因素,来识别预期客户。在B2B直接营销中,预期客户通常是决策者或决策影响者组成的群体。
- **提供物要素**。提供物策略包括五大要素——产品、报价、媒介、分销方式和创新策略。[5]直邮营销人员还需要确定邮件的五个组成部分：信封、销售信、传单、回复表格和回邮信封。通常情况下，直邮后续会以电子邮件方式跟进。
- **测试要素**。直复营销的一大优势是：企业可以在真实市场条件下对不同要素进行测试，如产品、产品特征、副本平台、邮寄方式、信封、价格或邮寄列表。响应率通常会低估营销活动的长期影响。因此，为了更好地估计营销的影响力，一些企业通过认知度、购买意愿和口碑来测量直复营销效果。
- **测量效果：终身价值**。通过加总营销活动费用，直复营销人员可以确定达到盈亏平衡的响应率(扣除退货和坏账后的净额)。一项特定营销活动可能在短期内无法实现盈亏平衡，但如果考虑客户的终身价值，则从长远来看仍是盈利的。

17.1.3 目录营销

目录营销，是指企业向顾客发送印刷的、DVD 形式的或网上的全线商品目录、特殊消费品目录和企业商品目录。目录营销是一个巨大产业，互联网和目录零售行业的企业已有 2 万家，年收入总额达 3 500 亿美元。[6]

成功的目录营销取决于：仔细管理客户清单以避免重复记录或坏账；控制存货；提供优质商品以减少退货；塑造独特企业形象。一些公司增加文学或信息特征，发送材料样品，开设网络或电话咨询热线，向最佳客户送礼品，并将一定比例的利润捐赠给公益事业。在网站列示全部产品目录，也给面向企业市场的营销人员提供了更好的渠道接触全球客户，节省了印刷和邮寄费用。

17.1.4 电话营销

电话营销(telemarketing)是利用电话和呼叫中心来吸引潜在客户，销售给现有顾客，接受订单并回答问题。公司使用呼叫中心进行呼入式电话营销(接听客户电话)和呼出式电话营销(给潜在客户和现有客户打电话)。自 2003 年美国"谢绝来电"(Do-Not-Call)注册服务开通以来，尽管企业对企业(B2B)电话营销还在增加，但消费者电话营销失效不少。

17.1.5 其他直复营销媒体

直复营销人员使用所有的主要媒体传播信息：报纸和杂志刊登广告，宣传图书、服装、家电、度假及其他可以通过免费电话进行订购的商品和服务；无线电广播全天候播放广告；一些公司播放 30～60 分钟的商业广告片，将电视商业广告的销售力与信息娱乐的吸引力相结合。商业广告片适用于推广复杂、技术先进或需要大量讲解的产品。家庭购物频道致力于通过免费电话或互联网来销售能快速送达的商品和服务。

17.1.6 客户数据库和数据库营销

一些观察家认为，专有客户数据库(customer database)能够给公司带来显著的竞争优势。[7] 总的来说，企业可以通过如下五种方式使用数据库进行直复营销：

1. **识别预期顾客**。很多公司通过如下方式创造销售机会：给产品或服务做广告，增加响应功能，如广告中包含与产品主页的链接、附商业回函卡或免费咨询号码，以及根据客户响应建立数据库。通过分类整理数据库，公司能识别最优预期顾客，并通过邮件、电子邮件或电话联系，努力将他们转化为现有客户。

2. **决定哪些客户应获得特别销售**。对销售、向上销售、交叉销售感兴趣的公司，对特定销售活动的理想目标客户设定标准，然后检索客户数据库，寻找最接近理想目标客户的人群。通过记录这些受众的响应率，公司可以改善其目标定位的精确度。

3. **深化顾客忠诚度**。公司可以通过记录顾客偏好，送出合适礼品、折扣券和目标顾客感兴趣的信息，来提高顾客的兴趣和热情。

4. **再次激发客户购买**。自动邮件程序（自动营销）可以在特定日期发出生日或周年纪念卡、假日购物提醒或淡季促销信息。

5. **避免重大客户信息错误**。在客户数据库中记录所有的交易和沟通信息，可以使公司避免如下失误：向某个客户提供冲突的商品信息，没有向优质客户提供恰当的服务，等等。

另外，五个主要问题会阻碍公司有效利用数据库营销。

1. 总有一些情形不适用数据库营销。以下几种情况不值得建立客户数据库：（1）一生只购买一次的产品（如三角钢琴）；（2）顾客没有品牌忠诚度（客户流失量很大）；（3）单位销量极小（一块糖），因此客户终身价值很小；（4）信息收集成本过高；（5）卖方与最终购买者之间无直接联系。

2. 建立和维护客户数据库需要大量投资。计算机硬件、数据库软件、分析程序、通信线路、技能娴熟的员工，可能需要大笔开销。收集到正确的数据也有难度，尤其是记录公司与个人客户互动的所有场景的数据。

3. 员工可能对转变为客户导向、使用可用信息产生抗拒。员工认为用传统交易营销方法比实行客户关系管理简单得多。有效的数据库营销不仅需要对员工，还要对经销商和供应商进行管理和培训。

4. 并非所有客户都希望与公司建立关系。有些客户可能对公司收集个人信息的行为感到厌恶。网络公司应该解释自己的隐私保护政策，让顾客有权选择不被存储个人信息。欧洲国家不太赞成数据库营销，很保护消费者的隐私信息。欧盟通过一项法律阻止数据库营销在其 27 个成员国的发展。

5. 客户关系管理背后的假设不一定总是成立。[8] 大客户通常知道他们对公司的价值，并能够以其价值换取优质服务和/或折扣，因此对公司而言服务大客户的成本并不会减少。忠诚的客户还可能嫉妒公司对其他顾客的关照，因此不一定能成为最好的品牌大使。

17.1.7 直复营销中的公共和道德问题

直复营销人员和客户之间通常享有互惠互利的关系，然而偶尔也会发生不愉快的情况。很多人不喜欢强行推销和垃圾邮件。有些直复营销人员利用冲动型或经验不足的消费者，对这些更易被说服的人下手，或者利用邮件故意误导消费者。批评人士担心营销人员可能对消费者的生活过于了解,可能会利用这些信息不公平地对待消费者。[9]然而,大多数直复营销人员想顾客之所想,诚实地设计出色的营销方案,只针对那些愿意收到它们的人。

17.2 人员销售和销售团队

直复营销的最原始、最古老的形式是电话销售。大多数工业企业十分依赖专业的销售团队,或雇用制造商代表或代理人,来定位预期客户并将其发展为现有客户,提高业务量。很多消费品公司,如好事达保险公司和玫琳凯化妆品公司也使用直复营销团队。波士顿啤酒公司创始人吉姆·科赫称"没有销售,就没有业务",强调销售是每家公司的核心功能。[10]因此,不足为奇的是,企业正试图通过更好的甄选、培训、监管、激励和报酬来提高销售团队生产力。[11]

销售越来越需要团队合作和他人支持:高层管理人员,尤其是当重点客户或订单处于险境时;技术人员,在产品购买全过程提供信息和服务;客户服务代表,提供安装、维修和其他服务;办公人员,包括销售分析员、订单核查员和助理。[12]

17.2.1 销售代表的类型

按照销售的创造性程度由低到高排列,**销售代表**(sales representative)可分为如下六种[13]:

1. 投递员:主要职责是运送产品(如水、燃料)的销售人员。
2. 接单员:包括内部接单员(柜台后的销售人员)或外部接单员(拜访店铺经理)。
3. 宣传员:主要职责是建立商誉或者教育实际或潜在用户,而非销售,如制药公司的医药代表。
4. 技术员:拥有高水平技术知识的销售人员(工程销售人员,主要是客户公司的顾问)。
5. 需求创造者:通过创造性方法销售有形产品(吸尘器)或无形产品(广告服务)的销售人员。
6. 解决方案提供者:专门解决客户问题的专业销售人员,通常使用公司产品和服务系统(如通信系统)。

17.2.2 人员销售和关系营销

如今,公司每年花费数百万美元对销售人员进行分析方法和客户管理能力方面的培训,把他们从被动的订单接收者变为主动的订单获取者。有效的销售过程包括六个主要步骤,如表17.1所示。[14]需要注意的是,这些销售实践在世界不同地方的应用各异。辉瑞公司在拉丁美洲和北美的销售方式就大不相同。[15]

表17.1 有效销售的六个主要步骤

销售步骤	行业销售中的应用
预测和分析潜在客户	企业寻找销售机会,并通过邮件或电话分析潜顾客的兴趣水平和经济能力,确定合格客户。目的是让销售人员用宝贵的时间做自己最擅长的事:销售。
售前准备	销售代表调查预期客户需求、购买过程、购买过程参与者、采购者个人特征和购买风格。销售代表还应确定电话访谈目标,是确定预期客户、收集信息还是进行即时销售;决定最好的联系方式——个人拜访、电话、电子邮件或信函;计划接触时机;为客户设计整体销售策略。
介绍和演示	销售人员采用"特征→优势→利益→价值"方法,向客户讲述产品"故事"。销售代表应当投入,同时避免花费太多时间讲述产品特点,而忽视了产品的利益和价值。
克服异议	销售人员必须用积极的方式来应对购买者提出的异议:让购买者阐明反对意见,有技巧地提问让购买者自己回答其反对意见,否认这些意见的有效性,或将反对意见变为购买的理由。
完成交易	为完成交易,销售代表可以要求顾客订货、重述协议要点、提议帮助填写订单、询问顾客想要产品A还是产品B、让顾客对颜色或尺寸这些细节进行选择,或者告知顾客现在不订货将产生的损失。此外,销售代表也可提供特别的激励(如额外的服务),以促进交易完成。
跟进和维护	为确保客户满意和重复购买,销售代表应确认交付细节、交易条款及其他对客户重要的信息。此外,销售代表应安排回访电话,确保产品正确安装、提供指导和服务,发现可能的问题,保证买家利益,减少认知不一致。需要为每位客户建立一个维护和发展计划。

人员销售和谈判的原则在很大程度上都是交易导向,因为其目的是要完成特定的交易。但在许多情况下,公司寻求的不是即时销售,而是供应商与客户之间的长期关系。如今的客户喜欢供应商能够向多个地区出售和提供一系列产品和服务,快速解决在不同地方发生的问题,与客户团队紧密合作,以提高产品质量、改进服务流程。[16]

服务关键客户的销售人员,不能仅在认为客户可能准备下单时才电话联系,而应在其他时间也通过电话交流或拜访,提供有用的建议以创造价值。他们应该监控重点客户,了解客户问题,并准备好通过各种方式为他们服务,适应并响应客户的不同需求或情形。[17]关系营销并非在任何情形下都有效。但是,关系营销策略在适用的情形下得以顺利实施后,公司将在管理其客户上和管理产品一样聚焦投入。

17.2.3 设计销售团队

销售人员是公司与客户之间的联结人员。在设计销售团队时,公司必须制定销售团队目标、战略、结构、规模和薪酬(见图17.1)。

图17.1 设计销售团队

销售团队的目标和战略 销售代表需要知道如何诊断客户问题,并提出有助于提高客户盈利率的解决方案。最优秀的销售人员能够超越顾客描述的问题,提出新的业务见解,指出顾客并未意识到的需求和忽略的问题。[18]销售人员在履行自己的工作时会完成一个或多个具体任务,包括预测、定位、沟通产品和服务、将产品销售给预期客户和现有客户、服务客户、为营销调研收集信息,并在产品供给短缺时对产品进行分配。

为了控制成本,大多数企业都选择杠杆式销售团队,主要负责将公司更复杂和个性化的产品销售给大客户,而内部销售人员和在线订购则负责低端产品销售。为了保持市场焦点的地位,销售人员应该知道如何分析销售数据、测量市场潜力、收集市场情报,并制定营销战略和规划。

一旦公司确定销售战略,便可以选择使用直接或合同销售团队。**直接(公司)销售团队**[direct(company)sales force]由专门为该公司工作的全职或兼职带薪员工构成。其中内部销售人员在办公室开展业务,并接受预期顾客的咨询。现场销售人员则需要出差拜访客户。**合同制销售团队**(contractual sales force)由制造商代表、销售代理和经纪人构成,根据销售额赚取佣金。

销售团队结构 销售团队战略会影响其结构。如果公司将同一产品线产品销售给分布在不同地方的同一行业终端客户,那么该公司可以采取地区销售团队结构。向多类客户销售多种产品的公司可能需要以产品或市场为基础的销售团队结构。有些公司需要更为复杂的结构,采用如下四类销售团队的组合模式:(1)针对大客户的战略性市场销售团队(见下文);(2)针对客户分布在不同地区的地域性销售团队;(3)吸引和指导经销商的经销商销售团队;(4)通过网络和电话进行营销并接受订单的内部销售团队。

"营销洞察:大客户管理"讨论了销售团队结构的一种特殊形式。

> **营销洞察**
>
> ### 大客户管理
>
> 营销人员通常都特别关注大客户(也称为重要客户、国家客户、全球客户)。这些大客户在很多地方都有多个分支,使用统一定价和协作服务。通常销售人员单独可能没有技巧、权威或覆盖力对这些大客户进行有效销售。大客户经理(MAM)一般向全国销售经理汇报,并在其管辖区域监督所有现场销售。大客户经理作为独立联结点,开发并发展客户业务,了解客户决策过程,确定增值机会,提供竞争情报,协商销售,协调客户服务。
>
> 在沃尔玛总部阿肯色州本顿维尔,宝洁公司建立了一个由300名员工组成的战略客户管理团队与沃尔玛开展合作,在欧洲、亚洲和拉丁美洲服务的员工更多。许多大客户寻求价值增值多于价格优势,它们希望有专属单一联系点、单一账单、特殊担保、电子链接、优先发货、提前信息发布、定制产品、快捷维修和升级服务。

销售团队规模 一旦公司确定了其希望触及的客户数量,就可以使用工作量计算法(workload approach)设定销售团队规模,包括如下五个步骤:(1)将顾客按年度销售量分组;(2)设定呼叫频率(每年给同一客户打电话的次数);(3)将每组客户数乘以呼叫频率,得出以年销售电话数计算的总工作量;(4)确定一个销售代表年均拨打电话数;

(5)将每年拨打的销售电话总数(由步骤3得出)除以每个销售代表年均拨打电话数(由步骤4得出),得出所需销售代表数量。

假设某公司估计其有1 000个A类客户和2 000个B类客户。A类客户每年需要36次电话访问,B类客户需要12次,因此该公司需要每年能够拨打60 000个销售电话(36 000+24 000)的销售团队。如果一个全职销售代表一年平均可拨打1 000个电话,则该公司需要的销售代表为60位。

销售队伍薪酬　为吸引优秀销售代表,公司需要制定有吸引力的薪酬体系。销售人员薪酬的四个组成部分为:固定工资、变动工资、费用补贴和福利。固定工资,用以满足对稳定收入的需求。可变工资,可以是佣金、奖金或红利,用以激励和奖励努力工作。[19] 费用补贴,支付销售代表进行销售工作时发生的差旅、娱乐等花费。福利,如带薪假等,可以提供安全保障和工作满足感。

当销售工作中非销售职责所占比例很高,或者销售任务在技术上很复杂需要团队合作时,常用固定薪酬模式。这样的薪酬体系提供了安全的收入保障,能够鼓励销售代表完成非销售任务,但减少了寻找更多客户的激励。对于公司来说,这样的薪酬体系使管理简化,同时也减少了人员流动。当销售呈周期性变化或主要取决于个人主动性时,可变薪酬最为适用。这种薪酬体系虽然强调销售产品多于建立关系,但能够吸引绩效更高的销售人员,提供更多激励,需要更少监督,并且能够控制销售成本。

公司通过固定薪酬与可变薪酬相结合的薪酬体系,可以把其中的可变薪酬部分与范围更广的战略目标相联系。目前的一个趋势是不再强调销售量,而是强调毛利率、客户满意度和客户保留率等因素。还有一些公司对销售团队的奖励部分基于销售团队甚至全公司业绩,以激励销售代表为共同利益而共同努力。

17.3　管理销售团队

在管理销售团队中,有多项政策和程序来引导企业对销售代表进行招聘、选拔、培训、监督、激励和评价(见图17.2)。

图17.2　管理销售团队

17.3.1　招聘和选拔销售代表

任何一个成功的销售团队,其核心都是恰当选拔出的销售代表。聘用了错误的人就是极大浪费。美国所有行业销售代表的平均年流失率接近20%。销售人员离职导致销售损失,产生寻找和培训新销售人员的成本,并且给现有销售人员带来收拾残局的压力。[20]

研究表明,销售业绩与背景和经验变量、当前状态、生活方式、态度、个性和技术之间并没有很显著的相关关系。更为有效的销售业绩指标是综合测试和评价中心,即模拟工作环境,在与他们将要工作的环境类似的环境中对申请人进行评估。一些公司如IBM很看重这种正式测试的分数,虽然它只是一系列评价要素之一,其他还包括个人品格、推荐人意见、以往工作经历和面试表现。[21]

17.3.2 培训和监督销售代表

如今的客户都期望销售人员拥有丰富的产品知识,能够为业务运营提供创意,并且高效可靠。这些要求都需要企业在销售培训上投入大量资金。新的销售代表可能需要数周到数月时间进行培训。工业产品公司平均培训时间为28周,服务公司则为12周,消费品公司为4周。培训时间因销售任务复杂性和招募人员类型的不同而不同。

17.3.3 销售代表工作效率

一个公司每年应当对特定客户进行多少次电话访问呢?研究显示,销售代表如今花费过多时间向小型、低利润客户进行销售,而不是着眼于更大、更有利可图的客户。[22]因此,公司通常会规定销售代表用于开发新客户的时间。[23]一些公司依靠传教士销售队伍,创造新利益点,开发新客户。

最优秀的销售代表能够有效管理时间。时间—责任分析方法和按小时分解行为的方法,能够帮助他们了解其时间如何分配,以及如何提高工作效率。为了削减成本,减少对外部销售团队的时间要求,并充分利用技术创新,许多企业都增加了内部销售队伍的规模和责任。这样,外部销售代表就能有更多时间对大客户进行销售,识别新的预期大客户并将其转变为自己的客户,获得更多一揽子订单和系统合同。

内部销售比面对面销售花销更少,发展更快。内部销售人员的单次联系成本为25~30美元,而对于现场销售人员这一成本达300~500美元,因为包括差旅费用。虚拟会议软件(如WebEx)、通信工具(如Skype)以及社交媒体网站使得销售在非面对面的情况下变得更加容易。而且内部销售人员甚至都不需要办公室——越来越多的人在家工作。[24]

如今的销售人员已经真正走向电子化。不仅销售和库存信息传输更加快捷,而且还开发出基于计算机的特定决策支持系统供销售经理和销售代表所用。销售代表现场销售时通过平板电脑或笔记本电脑上网,可以了解客户背景、调用预先写好的销售信函、发送订单、现场解决客户服务问题,并发送样品、宣传册、说明书等材料给客户。社交网络在"前端"可用于找寻和甄别潜在客户,在"后端"可用于关系构建和管理。

17.3.4 激励销售代表

大多数销售代表需要鼓励和特别激励,尤其是每天都会遇到销售挑战的代表。[25]大多数营销人员认为销售代表的动力越大,就会越努力工作,从而获得更高的绩效、奖励和满足感,所有这些反过来又会进一步增加销售动力。调查显示,具有最高价值的员工奖励是工资,其次依次是晋升、个人成长和满足感。[26]喜爱和尊重、安全和认可感被认为具有最低价值。换句话说,销售人员深受工资、获得晋升机会和满足内在需求的激励,赞美和安全感的激励作用较小。

许多公司都会设定年度销售定额,通常根据年度营销规划、销售额、单位销售量、利润、销售努力和销售活动,以及产品类型来设定。销售人员薪酬往往与销售定额完成情况相关联,但是设定销售定额可能会产生一定的问题。如果公司低估了销售能力,销售人员就能轻松完成其销售定额,公司付给员工的报酬就会过高。如果企业高估了销售能力,销售人员会因定额难以达到而受挫或退出。另一个不足是受定额驱使的销售代表为了获得尽可能多的业务而忽略了服务,公司以长期客户满意度为代价换取短期利益。由于这些原因,一些公司正在逐步放弃销售定额制度。

17.3.5 评价销售代表

我们一直在讨论销售监督工作的前馈作用,即管理者应如何与销售代表沟通,告诉他们应该做什么并激励他们去做。然而,好的前馈需要好的反馈,这意味着需要定期获得有关销售代表的信息以评价其绩效。有关销售代表的信息可能来自销售报告和销售人员的自我评述、个人观察、客户意见、客户调查以及与其他销售代表的交谈。

很多公司要求销售代表制定年度区域营销计划,列出开发新客户以及增加现有客户业务的方案。销售代表将完成的销售活动记录在客户联系报告中,还要提交费用报告、新业务报告、损失业务报告,以及当地商业和经济状况报告。销售经理可以从这些报告提供的原始数据中提取销售业绩关键指标:(1)销售代表平均每人每天进行的电话访问次数;(2)每个销售电话的平均访谈时间;(3)每个销售电话的平均收入;(4)每个销售电话的平均成本;(5)每个销售电话的招待成本;(6)每百个销售电话所产生的订单比例;(7)每个周期新客户增加数量;(8)每个周期损失的客户数量;(9)销售团队成本占总销售额的百分比。

即使销售效果很好,销售代表也可能获得不了顾客的好评,因为其成功可能是因为竞争对手销售人员很差,该销售代表所售产品更好,或者不断出现的新客户替代了不喜欢此销售代表的客户。销售业绩也可能与内部因素(努力、能力和战略)和/或外部因素(任务和运气)相关。[27]

本章总结

直复营销是使用一个或多个媒体在不同区域产生可测量的响应或交易的交互式营销系统。直复营销人员通过确定活动目标、目标市场和预期客户、产品和服务、价格来规划营销活动方案,并进行测试,制定判断方案是否成功的测量标准。直复营销的主要渠道包括面对面销售、直邮、目录营销、电话营销、互动电视、信息亭、网站和移动设备。公司通常建立客户数据库以帮助识别预期客户,决定哪些客户应获得特别销售,深化客户忠诚度,再次激发客户购买行为,避免客户信息错误。然而,并非所有的情形都适用数据库营销:构建数据库成本高昂且难度大;员工可能会抵制使用数据库;并非所有客户都希望与公司建立联系;关系管理的前提假设可能并不总是成立。

设计销售团队需要企业选择目标、战略、结构、规模和薪酬。管理销售队伍的五个步骤是:(1)招聘和选拔销售代表;(2)对销售代表进行销售技巧、公司产品、政策和客户满意导向方面的培训;(3)监督销售团队,帮助销售代表有效利用时间;(4)激励销售人员,平衡销售定额、金钱奖励和辅助激励的关系;(5)评价个人和团队销售业绩。个人销售包括六个步骤:预测和分析潜在客户,售前调查,介绍和展示,克服异议,完成交易,跟进和维护。

注释

1. Joshua Green, "The Science behind Those Obama Campaign E-Mails," *Bloomberg Businessweek*, November 29, 2012; Michael Scherer, "Inside the Secret World of the Data Crunchers Who Helped Obama Win," *Time*, November 7, 2012; David Jackson, "How Obama Won Re-Election," *USA Today*, November 9, 2012; Joshua Green, "Corporations Want Obama's Winning Formula," *Bloomberg Businessweek*, November 26, 2012, pp. 37–39.
2. Ira Kalb, "How to Do Direct Marketing That's Not Annoying," *Business Insider*, November 12, 2013.
3. Allison Schiff, "DMA: Direct Response Rates Beat Digital," *Direct Marketing News*, June 14, 2012.
4. For an intriguing variation based on the timing involved with RFM, see Y. Zhang, Eric T. Bradlow, and Dylan S. Small, "Capturing Clumpiness when Valuing Customers: From RFM to RFMC," working paper, 2014, Wharton School of Business.
5. Edward L. Nash, *Direct Marketing: Strategy, Planning, Execution*, 4th ed. (New York: McGraw-Hill, 2000).
6. "Internet & Mail-Order Retail Industry Profile," www.firstresearch.com, March 3, 2014.
7. Christopher R. Stephens and R. Sukumar, "An Introduction to Data Mining," Rajiv Grover and Marco Vriens, eds., *Handbook of Marketing Research* (Thousand Oaks, CA: Sage Publications, 2006), pp. 455–86; Pang-Ning Tan, Michael Steinbach, and Vipin Kumar, *Introduction to Data Mining* (Upper Saddle River, NJ: Addison Wesley, 2005); Michael J. A. Berry and Gordon S. Linoff, *Data Mining Techniques: For Marketing, Sales, and Customer Relationship Management*, 2nd ed. (Hoboken, NJ: Wiley Computer, 2004); James Lattin, Doug Carroll, and Paul Green, *Analyzing Multivariate Data* (Florence, KY: Thomson Brooks/Cole, 2003).
8. Werner Reinartz and V. Kumar, "The Mismanagement of Customer Loyalty," *Harvard Business Review*, July 2002, pp. 86–94; Susan M. Fournier, Susan Dobscha, and David Glen Mick, "Preventing the Premature Death of Relationship Marketing," *Harvard Business Review*, January–February 1998, pp. 42–51.
9. Steve Kroft, "The Data Brokers: Selling Your Personal Information," www.cbsnews.com, March 9, 2014.
10. "The View from the Field," *Harvard Business Review*, July–August 2012, pp. 101–9.
11. Shrihari Sridhar, Murali K. Mantrala, and Sönke Albers, "Personal Selling Elasticities: A Meta-Analysis," *Journal of Marketing Research* 47 (October 2010).
12. Michael Ahearne, Scott B. MacKenzie, Philip M. Podsakoff, John E. Mathieu, and Son K. Lam, "The Role of Consensus in Sales Team Performance," *Journal of Marketing Research* 47 (June 2010), pp. 458–69.
13. Adapted from Robert N. McMurry, "The Mystique of Super-Salesmanship," *Harvard Business Review*, March–April 1961, p. 114. Also see William C. Moncrief III, "Selling Activity and Sales Position Taxonomies for Industrial Sales Forces," *Journal of Marketing Research* 23 (August 1986), pp. 261–70.
14. Some of the following discussion is based on a classic analysis in W. J. E. Crissy, William H. Cunningham, and Isabella C. M. Cunningham, *Selling: The Personal Force in Marketing* (New York: Wiley, 1977), pp. 119–29. For some contemporary perspective and tips, see Jia Lynn Yang, "How to Sell in a Lousy Economy," *Fortune*, September 29, 2008, pp. 101–6; and Jessi Hempel, "IBM's All-Star Salesman," *Fortune*, September 29, 2008, pp. 110–19.
15. "The View from the Field," *Harvard Business Review*, July–August 2012, pp. 101–9.
16. Brent Adamson, Matthew Dixon, and Nicholas Toman, "Dismantling the Sales Machine," *Harvard Business Review*, November 2013, pp. 103–9.
17. V. Kumar, Rajkumar Venkatesan, and Werner Reinartz, "Performance Implications of Adopting a Customer-Focused Sales Campaign," *Journal of Marketing* 72 (September 2008), pp. 50–68; George R. Franke and Jeong-Eun Park, "Salesperson Adaptive Selling Behavior and Customer Orientation," *Journal of Marketing Research* 43 (November 2006), pp. 693–702; Richard G. McFarland, Goutam N. Challagalla, and Tasadduq A. Shervani, "Influence Tactics for Effective Adaptive Selling," *Journal of Marketing* 70 (October 2006), pp. 103–17.
18. Brent Adamson, Matthew Dixon, and Nicholas Toman, "The End of Solution Sales," *Harvard Business Review*, July–August 2012, pp. 60–68.
19. For distinctions between bonuses and commissions, see Sunil Kishore, Raghunath Singh Rao, Om Narasimhan, and George John, "Bonuses versus Commissions: A Field Study," *Journal of Marketing Research* 50 (June 2013), pp. 317–33.
20. Tony Ritigliano and Benson Smith, *Discover Your Sales Strengths* (New York: Random House Business Books, 2004).
21. Sonke Albers, "Sales-Force Management—Compensation, Motivation, Selection, and Training," Bart Weitz and Robin Wensley, eds., *Handbook of Marketing* (London: Sage, 2002), pp. 248–66.
22. Michael R. W. Bommer, Brian F. O'Neil, and Beheruz N. Sethna, "A Methodology for Optimizing Selling

Time of Salespersons," *Journal of Marketing Theory and Practice* (Spring 1994), pp. 61–75. See also Lissan Joseph, "On the Optimality of Delegating Pricing Authority to the Sales Force," *Journal of Marketing* 65 (January 2001), pp. 62–70.

23. Gaurav Sabnis, Sharmila C. Chatterjee, Rajdeep Grewal, and Gary L. Lilien, "The Sales Lead Black Hole: On Sales Reps' Follow-up of Marketing Leads," *Journal of Marketing* 77 (January 2013), pp. 52–67.

24. Jeff Green, "The New Willy Loman Survives by Staying Home," *Bloomberg Businessweek*, January 14, 2013, pp. 16–17.

25. Willem Verbeke and Richard P. Bagozzi, "Sales-Call Anxiety: Exploring What It Means When Fear Rules a Sales Encounter," *Journal of Marketing* 64 (July 2000), pp. 88–101. See also Douglas E. Hughes and Michael Ahearne, "Energizing the Reseller's Sales Force: The Power of Brand Identification," *Journal of Marketing* 74 (July 2010), pp. 81–96; Jeffrey P. Boichuk, Willy Bolander, Zachary R. Hall, Michael Ahearne, William J. Zahn, and Melissa Nieves, "Learned Helplessness among Newly Hired Salespeople and the Influence of Leadership," *Journal of Marketing* 78 (January 2014), pp. 95–111.

26. Gilbert A. Churchill Jr., Neil M. Ford, Orville C. Walker Jr., Mark W. Johnston, and Greg W. Marshall, *Sales-Force Management,* 9th ed. (New York: McGraw-Hill/Irwin, 2009). See also Eric G. Harris, John C. Mowen, and Tom J. Brown, "Reexamining Salesperson Goal Orientations," *Journal of the Academy of Marketing Science* 33 (Winter 2005), pp. 19–35.

27. Andrea L. Dixon, Rosann L. Spiro, and Magbul Jamil, "Successful and Unsuccessful Sales Calls: Measuring Salesperson Attributions and Behavioral Intentions," *Journal of Marketing* 65 (July 2001), pp. 64–78; Verbeke and Bagozzi, "Sales-Call Anxiety: Exploring What It Means When Fear Rules a Sales Encounter," pp. 88–101.

第七篇

管理营销组织获取长期成功

第 18 章　全球化营销管理

营销管理（精要版·第6版）
A Framework for Marketing Management

第 18 章

全球化营销管理

本章将解决下列问题：

1. 在决定进入全球市场前，公司应该关注哪些因素？
2. 进入国外市场的主要方式是什么？
3. 公司需要如何调整营销战略以适应不同的国外市场？
4. 有效内部营销的关键是什么？
5. 公司如何成为有社会责任感的营销者？

巴塔哥尼亚（Patagonia）的营销管理

高端户外服装和设备制造商巴塔哥尼亚公司，总是把环境问题作为其行事核心。公司创始人伊冯·乔伊纳德（Yvon Chouinard）积极推广后消费主义经济，即提倡产品要"高质量、可循环和可修复"。在乔伊纳德的领导下，巴塔哥尼亚在《纽约时报》上刊登了一整页广告，标题为"不要买这件夹克"。在一张 R2 夹克图片下方有说明文字：尽管这件夹克性能优良，但附加了很高的环境成本（使用了 135 公升水和 20 磅二氧化碳来制造）。这则广告的结论是推广"共同衣物行动"，要求消费者通过如下五种行为来共同参与：(1)减少购买；(2)修复损坏的物品；(3)重复使用已有物品；(4)循环利用其他物品；(5)重塑可持续发展的世界。拥有 4 亿美元全球年销售额的巴塔哥尼亚公司，一直致力于为其所做的每件事寻找更好的环保方案。[1]

品牌长期健康的成长需要全局营销人员投身于大量精心策划、相互关联的营销活动中，满足多方需求和多重目标，特别是当企业寻求在国际市场的成长。本章将探讨公司如何扩展全球市场，如何利用内部营销，以及如何定位社会责任、可持续性和道德规范。

18.1 基于全球化的竞争

数十年来,很多公司已经进行了全球营销,如壳牌公司(Shell)和东芝公司(Toshiba)。随着新兴企业在国际舞台上崭露头角,全球化竞争在更多产品类别中不断加强。在**全球性产业**(global industry)中,竞争者在主要地区或国内市场的战略定位受其全球整体定位影响。[2] **全球化公司**(global firm)在多国开展业务,并获取纯粹本土竞争者无法拥有的研发、生产、物流、营销和财务优势。

为了将产品销往海外,很多成功的美国全球化品牌挖掘了全球消费者的价值观和需求,如耐克的运动精神。全球营销已经延伸到产品之外的领域。服务成为全球经济中增长最快的部分,占全球总产出的2/3和全球雇用人数的1/3,占全球贸易的近20%。无论公司的规模和类型如何,进行全球化都需要做出一系列决策(见图18.1)。

图18.1 国际营销中的主要决策

18.1.1 决定是否走向国际舞台

决定公司进入国际舞台的因素有多个,如:一些国际市场比国内市场呈现出更好的获利机会;公司可能需要更大的客户群体以实现规模经济,或者希望降低对某一个市场的依赖性;有时公司决定对其在本土市场的国外竞争者进行反击,或发现自己的顾客走向海外并要求国际化服务。

在决定开展海外业务之前,企业还必须权衡如下多种风险。第一,公司可能不了解国外消费者的偏好,无法提供具有竞争性吸引力的产品。第二,公司可能不了解其他国家的企业文化,或如何有效应对国外规则。第三,可能缺乏具有国际经验的管理者。最后,其他国家可能会修订商业法律、使本币贬值或正经历政治变革,以及征用别国财产。

18.1.2 决定进入哪个市场

决定进入国际市场时,企业需要明确其营销目标和方针,所追求的国际市场销售量占总销售量的比例是多少。大多数公司进入海外市场时都是从小做起,有些公司的规划即是保持小规模,有些则有更大的发展计划。典型的进入战略包括:瀑布式(waterfall)方法,即有序地进入不同国家市场;喷洒式(sprinkler)方法,即同时进入多个国家。越来越多的企业,特别是技术密集型公司或网络创业公司,具有天生国际化(born global)背景,从创立初始便面向全球市场进行营销。

公司也必须基于产品和地理位置、收入、人口及政治气候等因素来选择想要进入的国际市场,竞争性因素也很重要。选择竞争者已经进入的市场也是明智的,可以迫使竞争者捍卫自己的市场份额,也能够向竞争者学习如何在当前环境开展营销活动。在快速发展的市场中得到一席之地是非常有吸引力的选择,即使这个市场很可能很快就会涌入更多竞争者。[3]

很多公司倾向于向毗邻的国家销售产品，因为对这些国家更为了解，并且能更有效地控制进入成本。同样，因拥有相似度更高的语言、法律和文化，很多美国公司倾向于在加拿大、英国和澳大利亚开展业务，而不是选择更大的市场如德国和法国。然而，企业根据文化距离选择市场也要非常谨慎。除了可能忽略更有潜力的市场，还可能仅对真实差异进行了表浅分析而导致公司处于不利地位。[4]

总的来说，企业倾向于进军有高市场吸引力和低市场风险的国家，且企业在这一市场具有竞争优势。近年来区域经济一体化（如联盟国之间签订贸易协议）逐渐加强，这意味着公司有更大的可能性同时进入全部市场区域。

18.1.3 决定进入市场的方式

企业进入市场的方式有多种选择：间接出口（indirect exporting）、直接出口（direct exporting）、特许（licensing）、合资（joint ventures）和直接投资（direct investment），如图18.2。每个战略都比前一步需要更多地考虑承诺、风险、控制和利润潜力。

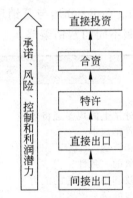

图18.2 进入国外市场的五种方式

- **间接出口和直接出口**。企业通常会以间接出口开始进入国际市场，通过独立中间商进行销售，之后可能转为直接出口，因为这样的进入顺序需要的投资更少，风险也更小。很多公司在建造海外工厂前会使用直接出口或间接出口的方式来"试水"，成功的企业会调整其网站以向潜力最大的国际市场提供特定的内容和服务，最好是用当地语言。
- **特许**。许可方向国外公司签发许可证，允许其在该国使用某个制造流程、商标、专利、商业秘密及其他有价值的项目，同时收取费用（称为特许权使用费）。特许方几乎没有风险地进入国外市场，被许可方获得了生产技术或某个知名的产品或品牌名称。但是，与自己进行生产和销售相比，特许方对被许可方的控制更少。如果获得特许的公司非常成功，则特许方公司就是放弃了这一市场的利润，当特许合同到期时，公司会发现自己已经创造了一个竞争对手。
- **合资**。外国投资者可以和当地投资商联合组建合资公司，共享所有权和控制权，有时出于政治或经济原因是可取的。但是，合作方可能在投资、营销或其他政策等方面产生分歧。一方可能想要将红利再投资以进一步发展，而另一方则声明希望获得更多红利。这种联合所有权形式也会阻碍跨国公司在全球推行其具体的生产和营销政策。
- **直接投资**。国外企业参与经营的终极形式是直接投资：公司可以部分或全部购买国外公司，或建造自己的生产或服务设施。直接投资的优势之一是带来成本经济，通过廉价劳动力或原材料、政府激励措施和运费节省来降低成本。同时，公司因为在东道国创造了就业机会而提升了企业形象。除此之外,直接投资深化了企业与当地政府、顾客、供应商和分销商的关系。另一个优势是保留了投资的全部控制权,使公司有能力制定服务于长期国际化目标的生产和营销政策。最后,当东道国主张在本地销售的商品一定要有本国背景时,公司也能确保有资格进入该市场。主要的弊端是这种形式也存在诸多风险,如货币阻塞或贬值风险、日益恶化的市场或财产征用风险。需要注意的是,很多公司选择购买本地品牌以增加自身的品牌组合,而不是将自己的品牌引入别国。

18.1.4 决定营销方案

企业必须决定对营销战略进行多大程度的调整以适应当地状况。[5]一个极端是在全球范围都使用统一的标准化营销方案(standardized marketing program),这样能保证最低成本,表18.1中对其优缺点进行了总结。另一个极端是适应性营销方案(adapted marketing program),与营销理念一致,公司认为消费者需求是变化的,因此为每个目标群体定制不同的营销策略。

表 18.1 全球标准化营销的优势和劣势

优势
生产和分销上的规模经济效应
更低的营销成本
影响力和范围
品牌形象的一致性
快速高效利用好创意的能力
营销实践的统一
劣势
忽略了消费者对产品需求、欲望和使用模式的差异
忽略了消费者对营销活动反应的差异
忽略了品牌和产品开发以及竞争环境的差异
忽略了法律环境的差异
忽略了营销制度的差异
忽略了管理过程的差异

由于全球化差异的存在,大多数产品都需要或多或少进行一些调整。[6]最好的全球品牌在主题上保持一致,但在消费者行为、品牌开发、竞争力和法律/政策环境方面体现了明显的国别差异。经常听到对全球品牌营销人员的建议是"思考全球化,行动本地化",这样品牌就会与每个市场的消费者相关。沃伦·基根(Warren Keegan)提出了五种产品和传播调整战略(见图18.3)。[7]

产品战略　**直接延伸**(straight extension)是指不对产品做任何改变,直接引入国外市场,这对于消费类电子产品是成功战略。**产品调整**(product adaptation)是指对产品进行改动以适应当地情形或偏好,可以开发产品的地区版、国家版、城市版或不同零售商版本。**产品发明**(product invention)是指创造新产品,有两种形式:后向发明(backward invention)(重新引进能够很好适应国外市场需求的早期产品形式)或前向发明(forward

	产品战略		
	不改变产品	调整产品	开发新产品
传播战略　不改变传播	直接延伸	产品调整	产品发明
调整传播	传播调整	双重调整	

图18.3　五种国际化产品和传播调整战略

invention)（创造新产品以满足其他国家的需求）。当企业推出全球性产品和服务时,营销人员可能需要改变某些品牌元素[8],即使是品牌名字的翻译也需要选择依据语音还是语义进行翻译。[9]

全球传播战略　改变营销传播以适应每个当地市场的过程叫作**传播调整**（communication adaptation）。如果产品和传播同时调整,那么公司采用的就是**双重调整**（dual adaptation）战略。先考虑信息。公司可以在各处使用同样的信息,只是在语言和名称上有所差异。或者可以在全球使用同一种信息和创造性主题,但根据当地市场情形进行相应调整。另一种方法是开发国际广告池,每个国家可从中选择最合适的广告,可口可乐公司和固特异轮胎公司都采用过这种方法。最后,一些公司会让允许各国经理在给定的指导规范内制作具有本国特色的广告。人员销售策略可能也需要改变。

价格　跨国公司海外销售面临**价格提升**（price escalation）问题,因为必须在产品价格之上增加运输、关税、中间商加价和外汇波动风险带来的全部成本,这样公司才能赚取同等利润。定价选择有多种：在所有市场制定统一价格、针对每个市场制定基于市场的价格,或者基于每个市场制定基于成本的价格。很多跨国公司都受到灰色市场（gray market）问题困扰,即名牌产品被从国内或跨国的授权分销渠道转移至国外。低价国家的经销商购买产品运到其他国家销售赚取差价。跨国公司试图通过监控分销商、对低成本分销商提高售价或对不同国家提供不同的产品特征和服务担保等方式,来阻止灰色市场交易。[10]

仿冒产品　当公司发展全球供应链网络并将生产线移至远离本国时,贪污、诈骗和质量控制等问题随之出现。[11]经验丰富的海外工厂似乎能够仿造一切。假货掠取了奢侈品牌的一大笔利润,如爱马仕、路易威登和蒂芙尼,但有问题的假货毫不夸张可以杀人。装有冒牌电池的手机、用压缩草皮制成的刹车片和冒牌航空零部件都会给消费者带来安全风险。近年来巴拿马的毒止咳糖浆、中国的受污染婴儿配方奶粉和尼日利亚假冒的出牙期奶粉都导致了儿童死亡。[12]

分销　以整体渠道观来看,在卖方和最终购买者之间存在三个联结（见图18.4）。当跨国公司首次进入一个国家时,倾向于与对当地非常了解的本地经销商合作,但随后通常会出现矛盾冲突。[13]各国的分销渠道差异很大,各国零售商的规模和特点同样也差异很大。大规模零售连锁集团主导了美国市场,而在很多国家是小规模的独立零售商控制着零售业务。这些零售商加价很高,但实际价格会在讨价还价中被压低。将大包装货物拆售仍是中间商的主要职能,有助于保持长分销渠道,这是大规模零售商在发展中国家扩张的一个主要障碍。但是大型零售商还是越来越多地进军新的全球市场,有些已经取得了混合成功。

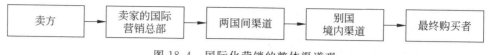

图 18.4　国际化营销的整体渠道观

来源国效应　来源国感知（country-of-origin perceptions）是由一个国家引发的心理联想和信念。政府官员希望加强国家形象，帮助本国企业出口，吸引外国公司和投资者。营销人员希望利用正面来源国感知来销售产品和服务。全球营销人员了解消费者会对源自不同国家的产品和服务有不同的态度和信念。[14] 品牌无论是传递了质量信号，还是融入当地文化，或是强化了社会责任感，这个品牌就可能获得更多可信度和尊重，被认为在国际舞台上成功的，这是一个不争的事实。[15]

营销人员需要同时立足国内和国外视角来看待来源国感知。全世界各国都把爱国主义诉求作为全球营销战略的基础，但可能缺乏独特性并被过度使用，尤其当出现政治和经济危机时。随着国际贸易的增长，消费者会将品牌视为自身文化认同的重要象征，或者认为品牌在支持本国就业中起到了重要作用。

18.2　内部营销

只有当所有部门通力合作实现顾客目标，营销活动才能成功，如：工程师设计出正确的产品，财务提供正确数目的资金，采购部门购买正确的原材料，生产部门按照生产计划生产出正确的产品，会计部门以正确的方法计算利润。然而，只有当高层管理者清晰阐明公司的营销导向和哲学如何服务顾客这一愿景时，部门间的协调才能真正聚合发挥作用。内部营销强调的是：满足顾客是所有员工的责任，而不仅仅是营销部门。

我们来看一下营销部门是如何组织的，如何与其他部门有效协同，企业如何培养创造性的跨组织营销文化。[16]

18.2.1　组建营销部门

现代营销部门有多种不同的组织形式，有时有所交叉：职能型、地域型、产品或品牌型、市场型或矩阵式。

- **职能组织**（functional organization）。这是最常见的营销组织形式，由职能专家（如营销调研经理）向协调本部门活动的营销副总裁汇报。这一组织形式的主要优势是易于管理，但随着产品数量增加和市场扩大，各个职能群争夺预算和市场地位，就会出现计划不充分的问题。
- **地域组织**（geographic organization）。在全国市场进行销售的公司常常通常按区域线路组建销售团队（有时是营销团队）。[17] 有些公司增设地区市场专家（区域或当地营销经理）来支持大规模市场的销售。
- **产品或品牌管理组织**（product- or brand-management organization）。生产多种产品或品牌的公司通常要建立产品（或品牌）管理组织，不会取代职能组织，但是起到了另一级管理层的作用。产品经理领导产品类别经理,产品类别经理管理具体的产品和品牌经理。如果公司的产品差异很大,或者管理难度超出了一个职能组织的范围,那么采用这种组织形式很有意义。其他可选的形式是:产品团队(product teams),将两个或更多的产品分配给一个经理管理;类别管理(category management),按产品类别建立公司品牌,进行管理。

- **市场管理组织**(market-management organization)。当客户可以按照不同的购买偏好和行为分为不同的群组时,市场管理组织是可取的。一个市场经理管理几个市场开发经理、市场专家或产业专家,并可要求所需的职能服务。市场经理也是职员,职责与产品经理类似。这种组织形式有着很多与产品管理体系一样的优缺点。很多公司按照市场线进行重组,变成以市场为中心的组织(market-centered organization)。当顾客多样化且有复杂的要求时,顾客管理组织(customer-management organization)更为恰当,因其服务个体顾客而非大众市场或细分市场。[18]
- **矩阵管理组织**(matrix-management organization)。为多个市场生产多种产品的公司可能会采用矩阵式组织,既有产品经理又有市场经理。但是,这种形式成本高昂,而且会引起有关权利和责任的冲突。一些企业营销组织会协助高层管理开展整体机会评估,帮助缺少营销职能的部门分支,在全公司推广营销理念。

18.2.2 与其他部门的关系

营销理念认为,所有部门都需要"想顾客之所想",共同合作来满足顾客需求和期望。然而各部门总是立足自身视角来定义企业问题和目标,所以利益冲突和沟通问题难以避免。营销副总裁或首席营销官(CMO)通常需要通过说服劝说而不是利用权力来协调公司内部营销活动,协调营销与财务、运营和其他职能部门,为顾客服务。很多公司现在都聚焦关键过程而非部门,因为部门化组织可能会阻碍平稳的绩效。公司会指定过程领导来管理包括营销和销售人员的跨部门团队。

18.2.3 建立创新型营销组织

很多公司意识到自己并非真正的市场和顾客驱动,而是产品和销售驱动。转变为真正的市场驱动型的公司需要做到以下几点:(1)激发全公司范围的顾客热情;(2)围绕顾客细分而非产品进行组织构建;(3)通过定性和定量调研来了解顾客。虽然顾客导向是必要的,但并不足矣,组织也必须是创新型的,需要构建战略创新和想象力方面的能力。这种能力来自能让公司产生比竞争对手更多更好的新创意的集成工具、流程、技巧和手段。[19] "营销洞察:营销CEO"讲述了能够提升营销能力的具体行动。

营销洞察

营销CEO

创建一个以市场和顾客为中心的公司,CEO需要遵循哪些步骤?

1. 让高层管理者相信"以顾客为中心"的必要性。CEO个人必须要践行强烈的顾客承诺并奖励同样行为的人。

2. 任命高级营销官和营销任务团队。营销任务团队包括CEO与销售、研发、采购、生产、财务和人力资源等部门的首席部门官员,及其他关键人物。

3. 获取外部帮助和指导。咨询公司拥有帮助公司培养市场导向的丰富经验。

4. 改变公司奖励措施和体系。采购和生产部门如果因保持低成本而得到奖励,它们就会抵制为更好地服务顾客所需增加的成本。财务部门如果仅关注短期利润,则会反对为打造满意、忠诚客户而进行的主要投资。

5. 聘请强大的营销人才。公司需要一个首席营销官,不仅能管理营销部门,还能赢得其他部门首席官的尊敬,并且具有影响力。

6. 制定有力的内部营销培训计划。为企业级管理层、部门经理、营销和销售人员、生产制造人员及其他人员制定营销培训计划。

7. 安装现代营销规划体系。准备战略规划时,规划形式要求经理必须考虑营销环境、机会、竞争趋势和其他因素,确保其对整体绩效负责。

8. 建立年度卓越营销评比计划。认为本部门制定出优秀营销规划的业务单元,应提交其规划和实施效果说明,进行评比。对获胜团队进行奖励,并在全公司分享获奖创意。

9. 从部门聚焦视角转变为过程——结果聚焦。指派过程领导和跨部门团队来重新组织和实施关键基础流程。

10. 给职员授权。激励和奖励有新创意的员工,并授权员工处理顾客投诉。

18.3 社会责任营销

有效的内部营销一定与强烈的道德感、价值观和社会责任感相匹配。[20]世界上最成功、最值得敬佩的公司,都遵守高商业标准,为大众利益服务而不是仅为一己私欲。宝洁公司通过善因营销活动,如获奖的汰渍洗衣粉"满载希望"活动,将"品牌目标"作为公司营销战略的关键组成部分。[21]形成差异化仅是投资于企业社会责任的一个优势,另一个优势是可以积累好的声誉以抵消潜在的批评声音。此外,当公司决定进行社会责任投资时,需要意识到所面临的社会压力和机会。

18.3.1 企业社会责任

提高社会责任营销的水平需要有赖于正确的法律、道德和社会责任行为,三管齐下。

法律行为 组织必须确保每个员工都了解和遵守相关法律。[22]例如,销售人员以欺骗或误导的方式让消费者购买其产品、用行贿的方式影响B2B购买决策、企业声明与广告不一致、通过行贿或商业间谍获取或使用竞争对手的技术和商业秘密、用不实说法贬低竞争对手或竞争产品,这些行为都是不合法的。

道德行为 通常很难明确界定正常营销行为和不道德行为。一些问题能够引发争议或明显分歧,比如儿童可接受的营销这一问题。[23]当然,某些商业行为明显地不道德或违法,包括行贿、盗取商业机密、虚假或欺骗性广告、排他性交易和搭售协议、质量或安全缺陷、虚假担保、错误标记、限价或过度价格歧视、设置进入壁垒与不正当竞争。

公司必须采用并发布书面道德规范,建立企业道德行为惯例,并且确保员工遵守道德和法律规范。美国消费者对企业的不信任显而易见,调查表明几乎40%的消费者对公司持不支持态度。[24]

社会责任行为 越来越多的人想获得公司在社会和环境责任方面的详细信息,以决定选择哪家公司购买、投资和工作。[25]企业慈善也可能引起争议。默克公司(Merck)、杜邦公司(DuPont)、沃尔玛(Walmart)和美国银行每年都会捐赠至少1亿美元来做慈善。但是如果公司被认为是利用或辜负"好人"形象时,做好事往往会被忽略,甚至引起愤怒。一些批评人士担心善因营销或"慈善消费"可能取代顾客非刻意设计的善意购买行为,减少对真正解决方案的重视,或者将注意力从"市场从开始就可能产生很多社会问题"这一事实上转移开。[26]

18.3.2 可持续性

可持续性(sustainability)是指在不危害后代的前提下满足人类需求的能力,目前这一问题提上了很多公司的日程。主要的大公司详细勾勒了它们如何努力改善营销行为以对社区和环境产生长期影响。可口可乐、美国电话电报公司和杜邦公司甚至还任命了首席可持续发展官(CSO)。[27]

正如一个可持续发展顾问所说,"人类、地球和利润构成一个三重基本面,而其中人必须居于首位。可持续性不仅意味着生态友好,还说明我们每个人都长久地置身其中。"[28]有人认为在可持续性上表现良好的公司展现出高质量的管理水平,因为"在复杂、高速、全球化的环境中,它们倾向于有更高的策略敏捷性和更好的竞争力"。[29]消费者对于可持续性的兴趣也会创造市场机会,比如有机食品市场。

遗憾的是,对可持续性的高度关注也带来了洗绿(greenwashing)问题,即产品拥有环境友好的外观,但实际上空有其表。一项研究表明,所谓的绿色产品中,有一半在标签上仅注重生态友好的益处(如可循环利用)而遗漏了对环境不利的重要信息(如增加运输成本)。[30]由于一些不诚实的公司也加入环保浪潮,消费者对企业的环保宣言产生了怀疑。消费者既不愿意牺牲产品性能和质量,也不愿意为绿色产品支付价格溢价。[31]遗憾的是,绿色产品的价格比非绿色食品贵很多,因为原料成本高,而且因运量小而使运输成本也较高。

18.3.3 善因营销

很多公司将其社会责任行为和营销活动混合起来。[32]**善因营销**(cause-related marketing)将公司对特定善意事件的贡献与顾客直接或间接参与公司的获利交易联结起来。善因营销是企业社会营销(corporate societal marketing,CSM)的一部分,米内特·古莱特和帕特里克·墨菲将社会营销定义为"至少有一个和社会福利相关的非经济目标,并且是使用公司及其/或者合作伙伴的资源"的营销努力。[33]这一定义也包括了传统的和战略的慈善事件,以及公司社会营销中的志愿行为。

成功的善因营销能够改善社会福利、创建差异化品牌定位、建立强大的消费者联结、加强公司的公众形象、增加声誉、提高内部士气并激励员工、促进销售以及提高公司的市场价值。[34]特别是从品牌视角出发,善因营销能够:(1)建立品牌认知度;(2)强化品牌形象;(3)构建品牌可信度;(4)唤起品牌情感;(5)创建品牌社区感;(6)引发品牌参与。[35]不足为奇,善因营销尤为关注具有社交思想的18~34岁千禧一代消费者,他们比普通大众群体更有可能使用社交媒体了解善因活动,参与公司善因营销活动。[36]

然而,如果消费者质疑产品和善因事件之间的关联,或者看到公司其实是谋取私利时,善因营销可能会适得其反。[37]为了避免这种情况,一些公司采用软性销售的方法进行善因营销。大部分公司选择符合其企业或品牌形象,且对员工和股东也有意义的善因事件。[38]

18.3.4 社会营销

善因营销是支持一个善因事件,由非营利或政府组织实施的**社会营销**(social marketing)则进一步推进善因事件,如"拒绝毒品"或"多锻炼、吃得好"。[39]在美国不同类型的组织都在进行社会营销,如:政府机构(包括疾病控制和防治中心、美国环境保护协会);非营利组织(包括美国红十字会、美国联合慈善总会和美国癌症协会)。

虽然社会营销使用多种不同策略来达成目标,但其规划过程仍然遵循和传统产品及服务营销相同的步骤(见表18.2)。社会营销方案复杂、耗费时间,而且可能需要阶段性方案或行动。营销人员应该根据营销目标来评估项目的成功性,测量标准包括:采纳概率、采纳速度、采纳的连续性、单位采纳成本低和没有反作用后果。

表18.2 社会营销规划过程

我们在哪儿?
- 选择方案重点
- 确定营销活动目的
- 进行优势、劣势、机会、威胁分析(SWOT分析)
- 回顾以往及类似的营销努力

我们想去哪?
- 选择目标受众
- 设定目标
- 分析目标受众和竞争状况

如何达到?
- 产品:设计市场提供物
- 价格:管理转换行为的成本
- 分销:将产品送达市场
- 传播:创建信息、选择媒体

如何保证实施?
- 制定评估和监控计划
- 建立预算,寻找资金来源
- 完善实施计划

本章总结

当决定是否进军国外市场时,公司需要明确国际营销目标和方针、权衡风险、决定进入多少个国家,以及进入方式(间接出口、直接出口、特许、合资或直接投资)。每个战略都比前一步需要更多地考虑承诺、风险、控制和利润潜力。走向国际市场的企业需要决定,对营销战略进行多大程度的调整以适应当地状况。来源国效应对消费者和企业都有影响。

内部营销强调:满足顾客是所有员工的责任,而不仅仅是营销部门。营销部门有多种不同的组织形式:职能型、地域型、产品或品牌型、市场型或矩阵式。公司必须通过其法律、道德、社会言论及行为来实践社会责任。善因营销可以成为公司有效链接社会责任与消费者营销项目的手段。社会营销由非营利组织或政府组织主导,直接指向某个社会问题或善因事件。

注释

1. Mat McDermott, "Patagonia's New Wetsuits Will Be Made from Plants," *TreeHugger.com*, November 19, 2012; Brian Dumaine, "Patagonia Products: Built to Last," www.cnn.com, August 13, 2012; Tim Nudd, "Ad of the Day: Patagonia," *Adweek*, November 28, 2011; Diane Cardwell, "At Patagonia, the Bottom Line Includes the Earth," *New York Times*, July 30, 2014.
2. Michael E. Porter, *Competitive Strategy* (New York: Free Press, 1980), p. 275.
3. Michael J. Silverstein, Abheek Singhi, Carol Liao, and David Michael, *The $10 Trillion Prize: Captivating the Newly Affluent in China and India* (Boston: Harvard Business School Publishing, 2012).
4. Johny K. Johansson, "Global Marketing: Research on Foreign Entry, Local Marketing, Global Management," Bart Weitz and Robin Wensley, eds., *Handbook of Marketing* (London: Sage, 2002), pp. 457–83.
5. Johny K. Johansson, "Global Marketing: Research on Foreign Entry, Local Marketing, Global Management," Bart Weitz and Robin Wensley, eds., *Handbook of Marketing* (London: Sage, 2002), pp. 457–83.
6. For some organizational issues in adaptation, see Julien Cayla and Lisa Peñaloza, "Mapping the Play of Organizational Identity in Foreign Market Adaptation," *Journal of Marketing* 76 (November 2012), pp. 38–54.
7. Walter J. Keegan and Mark C. Green, *Global Marketing*, 4th ed. (Upper Saddle River, NJ: Prentice Hall, 2005); Warren J. Keegan, *Global Marketing Management*, 7th ed. (Upper Saddle River, NJ: Prentice Hall, 2002).
8. Ralf van der Lans, Joseph A. Cote, Catherine A. Cole, Siew Meng Leong, Ale Smidts, Pamela W. Henderson, Christian Bluemelhuber, Paul A. Bottomley, John R. Doyle, Alexander Fedorikhin, Janakiraman Moorthy, B. Ramaseshan, and Bernd H. Schmitt, "Cross-National Logo Evaluation Analysis: An Individual-Level Approach," *Marketing Science* 28 (September–October 2009), pp. 968–85.
9. F. C. (Frank) Hong, Anthony Pecotich, and Clifford J. Shultz II, "Language Constraints, Product Attributes, and Consumer Perceptions in East and Southeast Asia," *Journal of International Marketing* 10 (June 2002), pp. 29–45.
10. David Blanchard, "Just in Time—How to Fix a Leaky Supply Chain," *IndustryWeek*, May 1, 2007.
11. David Rocks and Nick Leiber, "Made in China? Not Worth the Trouble," *Bloomberg Businessweek*, June 25, 2012, pp. 49-50.
12. Steve Hargreaves, "Counterfeit Goods Becoming More Dangerous," www.money.cnn.com, September 27, 2012.
13. David Arnold, "Seven Rules of International Distribution," *Harvard Business Review*, November–December 2000, pp. 131–37; Rajdeep Grewal, Alok Kumar, Girish Mallapragada, and Amit Saini, "Marketing Channels in Foreign Markets: Control Mechanisms and the Moderating Role of Multinational Corporation Headquarters–Subsidiary Relationship," *Journal of Marketing Research* 50 (June 2013), pp. 378–98.
14. Zeynep Gurhan-Canli and Durairaj Maheswaran, "Cultural Variations in Country-of-Origin Effects," *Journal of Marketing Research* 37 (August 2000), pp. 309–17. For some different related issues, see also Lily Dong and Kelly Tian, "The Use of Western Brands in Asserting Chinese National Identity," *Journal of Consumer Research* 36 (October 2009), pp. 504–23; Yinlong Zhang and Adwait Khare, "The Impact of Accessible Identities on the Evaluation of Global versus Local Products," *Journal of Consumer Research* 36 (October 2009), pp. 524–37; Rohit Varman and Russell W. Belk, "Nationalism and Ideology in an Anticonsumption Movement," *Journal of Consumer Research* 36 (December 2009), pp. 686–700.
15. Douglas B. Holt, John A. Quelch, and Earl L. Taylor, "How Global Brands Compete," *Harvard Business Review* 82, September 2004, pp. 68–75; Jan-Benedict E.

M. Steenkamp, Rajeev Batra, and Dana L. Alden, "How Perceived Brand Globalness Creates Brand Value," *Journal of International Business Studies* 34 (January 2003), pp. 53–65.
16. Grant McKracken, *Chief Culture Officer* (New York: Basic Books, 2009).
17. Todd Guild, "Think Regionally, Act Locally: Four Steps to Reaching the Asian Consumer," *McKinsey Quarterly* 4 (September 2009), pp. 22–30.
18. Larry Selden and Geoffrey Colvin, *Angel Customers & Demon Customers* (New York: Portfolio [Penguin], 2003).
19. Gary Hamel, *Leading the Revolution* (Boston: Harvard Business School Press, 2000).
20. William L. Wilkie and Elizabeth S. Moore, "Marketing's Relationship to Society," Barton A. Weitz and Robin Wensley, eds., *Handbook of Marketing* (London: Sage, 2002), pp. 1–38.
21. David Hessekiel, "Cause Marketing Leaders of the Pack," www.forbes.com, January 31, 2012.
22. Elisabeth Sullivan, "Play by the New Rules," *Marketing News*, November 30, 2009, pp. 5–9; for further reading, see Dorothy Cohen, *Legal Issues in Marketing Decision Making* (Cincinnati, OH: South-Western College Publishing, 1995).
23. E. J. Schultz, "Senators Target Tax Deduction—This Time for the Children," *Advertising Age*, May 16, 2014; Lyndsey Layton, "In a First, Agriculture Dept. Plans to Regulate Food Marketing in Schools," *Washington Post*, February 25, 2014; Janet Adamy, "Tough New Rules Proposed on Food Advertising for Kids," *Wall Street Journal*, April 29, 2011. For relevant academic research, see Tirtha Dhar and Kathy Baylis, "Fast-Food Consumption and the Ban on Advertising Targeting Children: The Quebec Experience," *Journal of Marketing Research* 48 (October 2011), pp. 799–813.
24. Kent Hoover, "Favorability Ratings Up for Both Businesses and Labor Unions," *American Business Daily*, June 27, 2013.
25. Mary Jo Hatch and Majken Schultz, *Taking Brand Initiative: How Companies Can Align Strategy, Culture, and Identity through Corporate Branding* (San Francisco: Jossey-Bass, 2008); Majken Schultz, Yun Mi Antorini, and Fabian F. Csaba, *Corporate Branding: Purpose, People, and Process* (Køge, Denmark: Copenhagen Business School Press, 2005); Ronald J. Alsop, *The 18 Immutable Laws of Corporate Reputation* (New York: Free Press, 2004).
26. Angela M. Eikenberry, "The Hidden Cost of Cause Marketing," *Stanford Social Innovation Review* (Summer 2009); Aneel Karnani, "The Case against Corporate Social Responsibility," *Wall Street Journal*, August 23, 2010.
27. Dina Spector, "The Simple Way Stonyfield Farm Cut $18 Million in Expenses," *Business Insider*, February 23, 2012.
28. Sandra O'Loughlin, "The Wearin' o' the Green," *Brandweek*, April 23, 2007, pp. 26–27. For a critical response, see also John R. Ehrenfeld, "Feeding the Beast," *Fast Company*, December 2006–January 2007, pp. 42–43.
29. Pete Engardio, "Beyond the Green Corporation," *BusinessWeek*, January 29, 2007, pp. 50–64.
30. David Roberts, "Another Inconvenient Truth," *Fast Company*, March 2008, p. 70; Melanie Warner, "P&G's Chemistry Test," *Fast Company*, July/August 2008, pp. 71–74.
31. Ying-Ching Lin and Chiu-chi Angela Chang, "Double Standard: The Role of Environmental Consciousness in Green Product Usage," *Journal of Marketing* 76 (September 2012), pp. 125–34; Michael Hopkins, "What the 'Green' Consumer Wants," *MIT Sloan Management Review* (Summer 2009), pp. 87–89.
32. Larry Chiagouris and Ipshita Ray, "Saving the World with Cause-Related Marketing," *Marketing Management* 16 (July–August 2007), pp. 48–51; Hamish Pringle and Marjorie Thompson, *Brand Spirit: How Cause-Related Marketing Builds Brands* (New York: Wiley, 1999); Sue Adkins, *Cause-Related Marketing* (Oxford, UK: Butterworth-Heinemann, 1999); "Marketing, Corporate Social Initiatives, and the Bottom Line," Marketing Science Institute Conference Summary, *MSI Report No. 01-106*, 2001.
33. Minette Drumwright and Patrick E. Murphy, "Corporate Societal Marketing," Paul N. Bloom and Gregory T. Gundlach, eds., *Handbook of Marketing and Society* (Thousand Oaks, CA: Sage, 2001), pp. 162–83.
34. Christian Homburg, Marcel Stierl, and Torsten Bornemann, "Corporate Social Responsibility in Business-to-Business Markets: How Organizational Customers Account for Supplier Corporate Social Responsibility Engagement," *Journal of Marketing* 77 (November 2013), pp. 54–72; Sean Blair and Alexander Chernev, "Doing Well by Doing Good: The Benevolent Halo of Social Goodwill," *Marketing Science Institute Report 12-103, 2011*, www.msi.org; Xueming Luo and C. B. Bhattacharya, "Corporate Social Responsibility, Customer Satisfaction, and Market Value," *Journal of Marketing* 70 (October 2006), pp. 1–18; C. B. Bhattacharya and Sankar Sen, "Consumer-Company Identification: A Framework for Understanding Consumers' Relationships with Companies," *Journal of Marketing* 67 (April 2003), pp. 76–88; Sankar Sen and C. B. Bhattacharya, "Does Doing Good Always Lead to Doing Better," *Journal of Marketing Research* 38 (May 2001), pp. 225–44.

35. Paul N. Bloom, Steve Hoeffler, Kevin Lane Keller, and Carlos E. Basurto, "How Social-Cause Marketing Affects Consumer Perceptions," *MIT Sloan Management Review* (Winter 2006), pp. 49–55; Carolyn J. Simmons and Karen L. Becker-Olsen, "Achieving Marketing Objectives through Social Sponsorships," *Journal of Marketing* 70 (October 2006), pp. 154–69; Guido Berens, Cees B. M. van Riel, and Gerrit H. van Bruggen, "Corporate Associations and Consumer Product Responses: The Moderating Role of Corporate Brand Dominance," *Journal of Marketing* 69 (July 2005), pp. 35–48; Donald R. Lichtenstein, Minette E. Drumwright, and Bridgette M. Braig, "The Effect of Social Responsibility on Customer Donations to Corporate-Supported Nonprofits," *Journal of Marketing* 68 (October 2004), pp. 16–32; Stephen Hoeffler and Kevin Lane Keller, "Building Brand Equity through Corporate Societal Marketing," *Journal of Public Policy and Marketing* 21 (Spring 2002), pp. 78–89. See also Special Issue: Corporate Responsibility, *Journal of Brand Management* 10, nos. 4–5 (May 2003).
36. "2013 Cone Communications Social Impact Study: The Next Cause Evolution," www.conecomm.com; C. B. Bhattacharya, Sankar Sen, and Daniel Korschun, "Using Corporate Social Responsibility to Win the War for Talent," *MIT Sloan Management Review* 49 (January 2008), pp. 37–44.
37. Mark R. Forehand and Sonya Grier, "When Is Honesty the Best Policy? The Effect of Stated Company Intent on Consumer Skepticism," *Journal of Consumer Psychology* 13 (2003), pp. 349–56. See also Aradhna Krishna, "Can Supporting a Cause Decrease Donations and Happiness? The Cause Marketing Paradox," *Journal of Consumer Psychology* 21 (July 2011), pp. 338–45.
38. Stefanie Rosen Robinson, Caglar Irmak, and Satish Jayachandran, "Choice of Cause in Cause-Related Marketing," *Journal of Marketing* 76 (July 2012), pp. 126–39.
39. Philip Kotler, David Hessekiel, and Nancy Lee, *Good Works: Marketing and Corporate Initiatives That Build a Better World … and the Bottom Line* (Hoboken, NJ: John Wiley & Sons, 2012); Philip Kotler and Nancy Lee, *Social Marketing: Influencing Behaviors for Good* (Thousand Oaks, CA: Sage, 2008); Alan Andreasen, *Social Marketing in the 21st Century* (Thousand Oaks, CA: Sage, 2006).

术 语 表

A

adoption 采纳：指个体决定成为某产品的常规用户。
advertising 广告：由特定赞助商发起的任何付费形式的非人员传播和推广形式。
advertising objective 广告目标：指在特定时期内、针对特定受众，需要完成的特定传播任务和到达水平。
aspirational groups 崇拜性群体：是个体希望加入的群体。
associative network memory model 关联网络记忆模型：一种概念性表述，将长期记忆看作一组节点和链接的组合，节点代表存储的信息或概念，链接代表信息或概念间的联想强度。
attitudes 态度：指个体对某些事物或观念长期持有的好或不好的评价、情绪感受以及行为倾向。
available market 有效市场：是指对特定产品有兴趣、有足够收入、有购买渠道的消费群体。
average cost 平均成本：给定产量水平下每单位产品的成本，等于总成本除以总产量。

B

banner ads 横幅广告：见展示广告(display ads)。
belief 信念：个体所持有的对某些事物的描述性看法。
brand 品牌：一种名称、术语、标记、符号或设计，或者是它们的组合，其目的是用以识别某个销售商或某群销售商的产品或服务，并使之与竞争对手的产品服务区别开来。
brand associations 品牌联想：包括所有与品牌相关的想法、情感、感知、形象、体验、信念、态度等方面，与品牌节点相连接。
brand audit 品牌审计：是聚焦消费者的一系列流程，包括评估品牌健康程度，揭示品牌资产来源，提出提升品牌资产并发挥其杠杆作用的建议。
brand community 品牌社区：消费者和企业员工组成的专业化社区，他们均认同品牌并围绕品牌开展活动。
brand contact 品牌接触：顾客或潜在顾客在品牌、产品类别或市场等方面的全部信息体验。
brand dilution 品牌稀释：客户不再将一个品牌和某特定产品或高度相似的产品联系起来，并且越来越少地联想到该品牌。
brand elements 品牌元素：用以识别和区分品牌的商标设计。

brand equity 品牌资产：是指附加在产品和服务上的价值。
brand extension 品牌延伸：将已有品牌用于新产品。
brand knowledge 品牌知识：与品牌相关的所有想法、感觉、形象、经验和信念。
brand line 品牌线：在某品牌下出售的全部产品，包括产品线延伸和类别延伸。
brand mix 品牌组合：某特定销售商出售的所有品牌线。
brand personality 品牌个性：某特定品牌具有的人类特质组合。
brand portfolio 品牌组合：公司针对某一特定类别或者细分市场出售的所有品牌与品牌线的集合。
brand promise 品牌承诺：营销人员对于品牌是什么以及必须为消费者做什么的愿景。
brand valuation 品牌估值：对品牌的总体财务价值进行评估的工作。
brand variants 品牌变型：专门向特定零售商或分销渠道提供的特定品牌线。
branding 品牌化：是赋予产品和服务以品牌力量的过程，包含创造产品之间差异的一切内容。
branding strategy 品牌战略：企业品牌中一般品牌元素和独特品牌元素的数量与性质。
brick-and-click 鼠标加水泥：是指现有公司增加了展示信息或开展电子商务的在线网站。
business market 企业市场：涵盖了所有组织，这些组织购买产品和服务用于生产、制造其他的产品和服务，然后进行销售、租赁或供应给其他客户。

C

capital item 资本产品：是指辅助产成品开发和管理的长效商品，包括设施（如厂房）和设备（如工具）。
category extension 类别延伸：将母品牌用于不同于当前产品类别中的新产品。
category membership 类别成员：竞争品牌中有近似替代品功能的产品或系列产品。
cause-related marketing 善因营销：将公司对特定善意事件的贡献与顾客直接或间接参与公司的获利交易联结起来。
channel conflict 渠道冲突：当一个渠道成员的做法妨碍了另一个成员达到其目标时产生。
channel coordination 渠道协调：渠道成员为了推进整体渠道目标的实现而凝聚起来，而不是追求各自不兼容的个体目标。
channel power 渠道权力：改变渠道成员行为，以使其做没有做过的事情的能力。
co-branding 联合品牌：又称双品牌或品牌捆绑，是指两个或多个知名品牌组合为一个联合产品或者以某种方式共同营销。
communication adaption 传播调整：改变营销传播以适应每个当地市场的过程。
communication-effect research 传播效果研究：用来确定广告是否进行了有效传播。
company demand 公司需求：是在特定时期内，公司在不同的营销投入水平下所估计的市场需求份额。

company sales forecast 公司销售预测：是基于选定的营销方案和假定的营销环境而预测的公司销售水平。

competitive advantage 竞争优势：是企业在一个或多个方面拥有的竞争对手无法企及的能力。

competitive frames of reference 竞争参照系：确定了与自身品牌相竞争的其他品牌，以及其中哪些应该作为竞争分析的重点。

conformance quality 品质一致性：所有产品的品质相同性和满足承诺规格的程度。

consumer behavior 消费者行为：个体、群体以及组织如何选择、购买、使用和处置产品、服务、创意或者体验，以满足自身需求的行为。

containerization 集装箱运输：将商品放在集装箱或拖车内，易于货品在两种运输方式之间转换。

contractual sales force 合同制销售团队：由制造商代表、销售代理和经纪人构成，根据销售额赚取佣金。

convenience goods 便利品：指消费者经常购买，需要时能即刻买到，并且容易做购买决定的商品。

core competency 核心竞争力：核心竞争力是企业竞争优势的来源，对顾客感知价值起到重要作用，广泛适用于多种不同类型的市场，竞争者难以模仿。

core values 核心价值观：隐藏在态度和行为之下更深层次的信仰体系，从基本层面引导人们在较长时期内的选择和欲望。

corporate culture 企业文化：体现企业特性的共享的经验、故事、信仰和规范。

countertrade 对销贸易：买方使用其他商品而非现金来支付货款。

crowdsourcing 众包：企业以有偿或无偿的方式从外部获取的关于新产品项目的专业知识或不同观点。

cues 诱因：指决定一个人何时、何地及如何做出反应的刺激因素。

culture 文化：人类需求和行为的基本决定因素。

customer churn 顾客流失率：顾客流失的比率。

customer database 客户数据库：是一个涵盖个人消费者或预期顾客的综合信息集合，能为发现潜在顾客、甄别潜在顾客、销售产品或服务以及管理客户关系提供实时、可得且可操作的信息。

customer lifetime value（CLV）顾客终身价值：指顾客生命周期内预期能为企业带来的未来利润的净现值。

customer-perceived value（CPV）顾客感知价值：是顾客感知到的全部收益和获取产品或服务时付出的全部成本（包括机会成本）之差。

customer relationship management（CRM）客户关系管理：指为了最大化客户忠诚，而仔细管理个体客户和全部客户"接触点"详细信息的过程。

customer-value hierarchy 顾客价值层级：营销人员在规划产品时必须确定的五个产品层次。

D

data mining 数据挖掘：从大规模数据中提取关于客户行为、趋势和细分市场的有用信息。

data warehouse 数据仓库：企业与客户联系的数据的集合，营销人员通过对数据仓库中的数据进行查询和分析，能够推断个体消费者的需求和响应行为。

database marketing 数据库营销：构建、维护和利用客户数据库及其他数据库（产品、供应商、经销商）以与顾客进行联系、达成交易和建立关系的过程。

demand chain planning 需求链规划：基于目标市场视角，反向设计供应链的过程。

design 设计：指能够影响产品外观、消费者感觉和功能的全部特征。

direct(company)sales force 直接（公司）销售团队：由专门为该公司工作的全职或兼职带薪员工构成。

direct marketing 直复营销：指不通过营销中间商，而是利用直接面向消费者的渠道来触及客户并交付产品和服务。

direct marketing channel 直复营销渠道：由制造商直接向最终用户销售商品的渠道组织，也叫零级渠道。

direct-order marketing 直接订购营销：直复营销人员需要可测量的顾客响应，通常是客户订单，通过直接订购营销获取。

direct product profitability(DPP) 直接产品盈利性：测量商品从进入仓库直到被消费者购买这一过程中的处理成本的方法，包括接收、入库、文档工作、筛选、验货、装卸和空间成本。

display ads(or banner ads) 展示广告或横幅广告：是企业付费放置在相关网站上的包含文字或图片的小矩形方框广告。

dissociative groups 隔离群体：价值观或行为被个体拒绝的群体。

drive 驱动力：是指促使行为产生的强烈内部刺激。

dual adaption 双重调整：根据当地市场同时调整产品和传播。

E

e-commerce 电子商务：通过网站进行交易或者帮助在线商品和服务的销售。

environmental threat 环境威胁：是由外部的不利趋势或发展带来的挑战，企业如果不采取防御性营销行为，则会造成企业销售额或利润损失。

ethnographic research 人种志研究：使用人类学或其他社会学学科的概念和工具来为人们如何生活和工作这一问题提供更深层次的文化理解。

everyday low pricing(EDLP) 天天低价法：保持一个固定的低价，几乎不提供促销或特卖。

exclusive distribution 排他型分销：生产商严格限制中间商的数量，来实现对代理商服务水平和销量的控制的一种渠道策略。

expectancy-value model 期望值模型：消费者根据重要性，整合正、负面品牌信念，对产品和服务进行评估。

experience curve 经验曲线：平均成本随着生产经验的累积而下降的趋势，也叫学习曲线。

experimental research 实验法：最具科学效度的研究方法，实验设计通过排除所有可能影响实验结果的因素，以发现存在的因果关系。

F

fad 时尚：一种不可预测的短期狂热，对长期没有重要影响。
family brand 家族品牌：见主品牌（master brand）。
family of orientation 原生家庭：由父母和兄弟姐妹组成的家庭。
family of procreation 再生家庭：由个人的配偶和子女组成的家庭。
features 属性/特征：组成产品基本功能的特性。
fixed costs 固定成本：也叫经常费用，不随生产水平或销售收入变动的成本。
focus group 焦点小组：由调研人员根据人口统计特征、心理特征及其他因素所选择的6~10位有偿参与者组成，由一位专业主持人引导这些参与者就不同主题进行深入讨论。
forecasting 预测：是在一系列特定条件下，对购买者行为进行估计。
form 形式：产品的大小、形状或物理结构。
frequency programs(FPs) 常客计划：奖励经常和大量购买商品的顾客的计划。

G

generics 无品牌产品：是没有品牌、包装简单、较为便宜的日常商品。
global firm 全球化公司：在多国开展业务，并获取纯粹本土竞争者无法拥有的研发、生产、物流、营销和财务优势。
global industry 全球性产业：竞争者在主要地区或国内市场的战略定位受其全球整体定位影响的产业。
going-rate pricing 随行就市定价法：企业基于竞争者的价格进行定价。
gray market 灰色市场：名牌产品被从国内或跨国的授权分销渠道转移至国外。

H

heuristics 启发式决策：决策过程中的经验法则。
high-low pricing 高—低定价法：将日常基价定得较高，却频繁进行促销，促销价格甚至低于"天天低价"的价格。
holistic marketing concept 全局营销观念：基于营销方案、过程和活动的发展、设计和实施来识别它们的宽度和相关性。
horizontal marketing system 水平营销系统：两家或多家不相关的公司将资源或项目整合起来，以探索新兴营销机会。

I

industry 行业：提供近似替代品或品类的企业群体。

informational appeal 信息诉求：假设消费者非常有逻辑地经历传播过程，详细说明产品或服务的属性或益处。

ingredient branding 成分品牌：是联合品牌的一种特殊形式，为其他品牌产品中必不可少的材料、组成成分和部件等构成要素创造品牌价值。

innovation 创新：指人们感知到"新"的任何产品、服务或创意，而不管历史是否久远。

innovation diffusion process 创新扩散过程：创意从创造者或发明者传播到最终使用者或采纳者的过程。

integrated logistics systems(ILS) 整合物流系统：包括物料管理、物料流动系统和实物分销，借助信息技术实现。

integrated marketing 整合营销：企业在创造、传播、传递顾客价值过程中，采用"总体大于部分之和"的理念设计营销方案和计划。

integrated marketing channel system 整合营销渠道系统：一个销售渠道的战略和战术应当与其他渠道的销售战略和战术相呼应。

integrated marketing communications(IMC) 整合营销传播：一个规划过程，旨在确保消费者或预期顾客与一个产品、服务或组织的全部品牌接触点都与此顾客关联，并确保长期一致性。

intensive distribution 密集型分销：是指生产商选择尽可能多的中间商来销售商品或服务，适用于消费者会频繁购买或在多处购买的商品的渠道策略。

internal marketing 内部营销：全局营销观念的要素之一，雇用、培训和激发员工更好地为顾客提供服务。

interstitials 插播式广告：广告的一种，经常以视频或动画的形式出现在两个网页之间。

J

joint venture 合资：多个投资人共享所有权和控制权的公司。

L

learning 学习：是指由经验引起的行为改变。

licensed product 特许产品：企业根据特许协议，使用另一个公司的品牌用于自身产品命名。

life-cycle cost 生命周期成本：产品的购买成本加上维修保养费用的现值，再减去残值现值。

life stage 人生阶段：界定了人生中重大事件关注点，例如离婚、照顾年迈的父母、买房等。

lifestyle 生活方式：指一个人通过其行为、兴趣和观点所表现出来的生活模式，描绘的是与个体所在环境互动的"完整的人"。

line extension 产品线延伸：将母品牌用于当前产品类别中的新产品（比如新的味道或颜色）。

loyalty 忠诚：顾客对于未来会重复购买或再次光顾其偏好的产品或服务的强烈承诺，即使情境影响和营销效有可能引发用户的转换行为。

M

market 市场：各类消费者群体的集合。

market demand 市场需求：是在特定的地理区域、特定的时期、特定的市场环境和特定的营销方案下，特定的顾客群可能会购买的产品总量。

market forecast 市场预测：一定行业营销支出水平相应的市场需求。

market logistics 市场物流：包括规划所需基础设施，对原材料和最终产品从原产地到使用地的实物流进行实施和控制，以满足顾客需求并从中获利。

market-penetration pricing 市场渗透定价法：假定市场对价格敏感的情况下，企业将价格定到最低以驱动更多销量的定价策略。

market potential 市场潜量：是指在既定的营销环境中，行业营销支出达到无穷大时，市场需求所能达到的极限值。

market share 市场份额：公司某产品的选择性需求水平。

market-skimming pricing 市场撇脂定价法：指开始时将价格定得很高，然后随时间推移逐渐降价的定价策略。

marketer 营销人员：向另一方（潜在顾客）寻求响应的人。

marketing 营销：识别并满足人类及社会需求；为了向顾客、客户、合作伙伴和社会提供有价值的产品或服务，所进行的一系列创造、沟通、传递和交换的行为。

marketing audit 营销审计：对企业或业务单元的营销环境、目标、战略和行为进行复杂的、系统的、独立的定期核查，以明确产生问题的区域和可能的机会，并提供能够提高营销绩效的规划。

marketing channel system 营销渠道系统：一个企业所采用的营销渠道的特定集合。

marketing channels 营销渠道：产品或服务在供使用或消费的过程中相互依存的一系列组织，这些参与方是产品或服务在生产出来之后，直到被最终用户购买和消费这一过程中的一系列途径；也叫作贸易渠道或分销渠道。

marketing communications 营销传播：是企业直接或间接地告知、说服及提醒消费者，使其了解企业所销售的产品或品牌的方法。

marketing communications mix 营销传播组合：包含广告、销售促进、事件和体验、公共关系和宣传、在线营销和社会化媒体营销、移动营销、直复营销和数据库营销，以及人员销售。

marketing concept 营销概念：营销工作是为顾客找出正确的产品，而不是为产品寻找顾客的方法。

marketing dashboard 营销仪表盘：把内部和外部相关测量汇总在营销仪表盘上，以便综合分析诠释。

marketing funnel 营销漏斗模型：识别每一决策阶段中潜在目标市场比例的工具。

marketing implementation 营销执行：为确保规划目标能够实现，把营销规划分解细化为有效的具体行动的过程。

marketing information systems(MIS) 营销信息系统：由人员、设备和程序构成，为营销决策者收集、分类、分析、评估和发布所需的及时精确的信息。

marketing intelligences system 营销情报系统：是营销经理用以获取营销环境发展变化的日常信息的一整套程序和资源。

marketing management 营销管理：选择市场，通过创造、传递和传播优越的顾客价值来获取、维持和培育顾客的艺术和科学。

marketing metrics 营销绩效评估：帮助营销人员对营销绩效进行量化、对比和解释的一系列测量方法。

marketing networks 营销网络：企业及其股东、合作伙伴之间互惠的商业关系。

marketing opportunity 市场机会：有极大可能为企业带来高额利润的存在买方需求和兴趣的市场领域。

marketing plan 营销规划：引导和协调营销工作的主要工具；以书面的形式总结了企业对市场的了解、如何实现目标及如何引导和协调营销。

marketing public relations(MPR) 公共关系营销：利用公众或其他活动建立合作或产品形象来促进营销目标。

marketing research 营销调研：设计、收集、分析和报告与企业面临的某一特定营销情景相关的数据和相关结果的系统过程。

markup 成本加成：在产品成本基础之上加一个标准加价。

mass customization 大规模定制：是企业满足每个客户定制化需求的能力，即在大规模基础上设计个性化产品、服务、方案和传播。

master(family)brand 主品牌或家族品牌：已经通过品牌延伸用于多个产品的母品牌。

media selection 媒体选择：是根据预期曝光数量和类型，找到成本效益比最高的媒体向目标受众传播信息。

membership groups 成员群体：对消费者行为有直接影响的群体。

microsite 微站点：在网站上的一块有限区域，由外部广告商或企业管理和付费。

mission statement 使命陈述：关于组织必须完成的使命的陈述，为员工提供了目标、方向和机会方面的共识。

mobile apps 移动应用程序：可以下载到智能手机的小而简单的软件程序。

motive 动机：当需求被激发到足够强烈的程度并驱使人们行动，则需求就转变为动机。

multichannel marketing 多渠道营销：在一个市场使用两种或多种营销渠道触及目标客户群。

O

omnichannel marketing 全渠道营销：即多渠道无缝协同工作，各渠道与相应的目标客户需求偏好相匹配，无论客户是通过线上、实体店还是手机终端，都能够提供正确的产品信息和客户服务。

opinion leader 意见领袖：通过非正式形式，对特定产品或产品种类提供非正式意见或信息的人。

organizational buying 组织购买：正规组织建立产品和服务的购买需求，并对可供选择的品牌和供应商进行识别、评价和选择的决策过程。

P

packaging 包装：设计并生产产品容器的全部活动。

paid search (or pay-per-click ads) 付费搜索：营销人员对检索项进行竞价，这些检索项代表着消费者对商品或者消费的兴趣。当消费者用谷歌、雅虎或者必应去搜索这些付费的检索项时，付费企业的广告就会在搜索结果上方或者侧边出现，位置取决于公司的出价高低，以及搜索引擎计算广告相关度时所用的算法。

parent brand 母品牌：用于品牌延伸或子品牌的已有品牌。

partner relationship management (PRM) 伙伴关系管理：与关键合作伙伴，如供应商和分销商形成和管理相互满意的、长期的关系。

penetrated market 渗入市场：正在使用该产品的消费者构成的市场。

perception 感知：个体选择、组织并理解所获取的信息，从而创建一个有意义的反映世界的图像的过程。

performance marketing 绩效营销：全局营销观念的要素之一，要求企业理解营销方案和营销活动对企业和社会带来的财务及非财务回报。

personal communication channel 个人传播渠道：两人或多人之间通过电话、平邮或电子邮件进行面对面沟通。

personal influence 人际影响：指一个人对其他人的态度或购买可能性所产生的影响。

personality 个性：是指个体与众不同的心理特征，导致其对一些环境刺激产生相对一致或持续的反应，包括购买行为。

place advertising 场所广告：又称为户外广告，是一个宽泛的类别，包括在消费者的工作、娱乐、购物场所，吸引他们注意的富有创意的、出人意料的广告形式。

point of purchase (P-O-P) 购买点：如通过购物车上广告、店内展示、现场抽样调查等方式在做购买决策的地方触及消费者。

points-of-differences (PODs) 差异点：能够让消费者产生强烈正面的且相信竞争品牌无法匹及的品牌联想的属性或利益。

points-of-parity (POPs) 共同点：指并非某品牌所独有的，可能是与其他品牌所共有的属性或利益联想。

positioning 定位：是公司对产品和形象进行设计，使其在目标市场用户心中占据独特位置的行为；其目标是将品牌植入用户心中以使企业潜在利益最大化。

potential market 潜在市场：由那些对某种产品具有一定兴趣的顾客构成。

price discrimination 价格歧视：当企业不存在成本差异时，以两种或两种以上的价格出售同一种产品或服务。

price escalation 价格提升：必须在产品价格之上增加运输、关税、中间商加价和外汇波动风险带来的全部成本，这样公司才能赚取同等利润。

principle of congruity 一致性原则：营销传播者可以通过好形象减少顾客对品牌的负面感觉，但是在这一过程中可能会失去一些受众的尊重。

private-label brand 自有品牌：也称为代销商品牌、商店品牌、工厂品牌或分销商品牌，是由零售商或批发商建立的品牌。

product 产品：是指提供给市场用以满足需要和欲望的任何东西，包括有形产品、服务、体验、事件、人员、地点、资产、组织、信息和创意。

product adaption 产品调整：是指对产品进行改动以适应当地情形或偏好，可以开发产品的地区版、国家版、城市版或不同零售商版本。

product assortment 产品搭配：见产品组合（product mix）。

product concept 产品概念：提出消费者喜欢那些有着最好的质量和性能或者创造性的功能的产品。

product invention 产品发明：创造新产品。

product line 产品线：指一群相关的产品，这类产品可能功能相似，销售给同一顾客群，经过相同的销售途径，或者在同一价格范围内。

product mix 产品组合：也称产品搭配，是指一个企业销售的一系列产品和产品项目的组合。

product mix pricing 产品组合定价：企业设定的使产品组合整体利润最大化的一组价格。

product system 产品体系：是一组相互兼容相互关联的多样化产品项目集合。

production concept 生产观念：认为消费者喜欢那些可以随处买得到而且价格低廉的产品。

production customer 盈利性顾客：能够为公司不断产生收益流的个人、家庭或企业，且收益高于公司因吸引、销售和服务顾客产生的可接受成本。

prospect 预期/潜在顾客：营销者追求从中得到如购买、投票或者捐款等反应的个人或者团体。

psychographics 消费心态学：利用心理学和人口统计学来更好地理解消费者的科学。

public 公众：是指对公司实现目标的能力具有现实或潜在利益或影响的任何群体。

public relations（PR）公共关系：是用于推广或保护公司形象或产品形象的各种活动。

publicity 宣传：任务是确保在纸质媒体和广播媒体占据评论空间（与付费空间相对），以推广或者炒作产品、服务、创意、地点、人员或组织。

pull strategy 拉战略：制造商利用广告、促销或者其他传播方式来说服消费者产生需求，并从中间商那里订购产品。

pure-click 纯网络公司：仅有网站而没有实体形式存在的公司。

push strategy 推战略：通过制造商销售团队、贸易推广资金或其他方法，引导中间商承销、推广和销售产品给最终用户。

Q

quality 质量：是一项产品或服务有能力满足明确或隐含需求的全部属性和特征的总和。

R

reference groups 参照群体：对消费者的态度或行为有直接（面对面）或间接影响的所有群体。

reference price 参考价格：消费者用于和正在观察的产品销售价格相比的内部参考价格（记忆中的价格），或外部参考框架（如公布的"常规零售价"）。

relationship marketing 关系营销：指企业和各主要受众方建立双方都满意的长期关系，以保持或增加企业利润。

retailer 零售商：销量主要来自零售业务的任何商业企业。

retailing 零售：包含将产品或服务直接销售给最终消费者，以供其个人和非商业性使用的全部活动。

role 角色：指个体被期望开展的各种行为。

S

sales promotion 销售促进：是营销活动的关键组成部分，包括多种激励工具，大部分是短期工具，用以激励消费者和商业用户更快或更多地购买特定产品或服务。

sales quota 销售定额：是为特定产品线、公司部门或销售代表所设定的销售目标。

satisfaction 满意：由于顾客将产品和服务的感知性能（或者结果）与期望相比而产生的愉悦或失望的感觉。

scenario analysis 情境分析：对企业未来可能的发展情境进行展示陈述，对驱动市场发展的力量和各种不确定性因素进行假设。

selective attention 选择性注意：剔除一些刺激而只关注某些刺激的心理过程。

selective distribution 选择型分销：是指仅选择目标市场中愿意经营特定产品的一部分而非全部中间商的渠道策略。

selling concept 销售观念：认为如果对消费者和企业都不加引导，任其自由决定，则消费者不会购买足够量的企业商品。

service 服务：一方向另一方提供的任何活动或行动，服务本质上是无形的，并且不会产生所有权问题。

sharing economy 共享经济：消费者通过与他人共享自行车、汽车、衣服、沙发、公寓、工具甚至技能，从他们已经拥有的物品中获取更多价值。

shopper marketing 购买者营销：生产商和零售商利用存货、展示品和促销活动来影响消费者积极地购买某商品。

shopping goods 选购品：消费者在选购过程中，对产品的适用性、质量、价格和式样等方面需要做有针对性比较的产品。

showrooming 展示厅：让消费者在实体店体验商品、收集信息，之后通过零售商网店或者不同商家购买，这样通常是为了确保低价。

social classes 社会阶层：是相对同质持久的社会群体划分，按层级排列，同一阶层成员具有相似的价值观、兴趣和行为。

social marketing 社会营销：由非营利或政府组织实施的支持一个善因事件的营销。

social media 社会化媒体：是消费者之间、消费者与企业之间相互分享文字、图片和音频、视频信息的一种工具。

specialty goods 特殊品：具有独特特征或者品牌标识的产品，并且有相当多的购买者都愿意为这些特性而付出特别的购买努力。

status 身份：个人在团体或者社会中的地位。

straight extension 直接延伸：是指不对产品做任何改变，直接引入国外市场，对于消费类电子产品是成功战略。

strategic business unit(SBU) 战略业务单元：独立于其他业务单独规划的业务或相关业务的集合，每个 SBU 有自己的竞争对手，有负责战略规划和绩效的管理者，能够控制影响利润的大部分因素。

strategic marketing plan 战略性营销规划：基于对最优市场机会的分析，设定企业目标市场及价值主张。

strategy 战略：帮助业务单元达到目标的策略规划。

sub-brand 子品牌：与已有品牌结合的新品牌。

subcultures 亚文化：由于特定的生活经历或环境而产生的，具有共同价值观、信仰、偏好和行为的群体。

supersegment 超细分市场：是指一系列具有相似开发价值的细分市场。

supply chain 供应链：包括从原材料生产商到零配件商再到购买终端产品的消费者在内的一条长链条。

supply chain management(SCM) 供应链管理：管理供应链，包括对投入品(原材料、零部件和资本设备)的战略性采购，并有效地把它们转化为最终成品，分送到最终目的地。

T

tactical marketing plan 策略性营销规划：企业各类营销策略，包括产品特征、促销、商品化、定价、销售渠道和服务策略等方面。

target costing 目标成本法：通过市场调查确定新产品应具备的功能，然后根据产品诉求和竞争者的价格水平，确定产品售价，再从这个价格中减去利润，即是营销人员必须实现的目标成本。

target market 目标市场：企业想要追求的符合条件的那部分市场。

target-return pricing 目标收益定价法：首先设定目标投资回报率，以此为基础制定产品价格。

telemarketing 电话营销：利用电话和呼叫中心来吸引潜在客户，销售给现有顾客，接受订单并回答问题。

total costs 总成本：一定产量下所需的变动成本和固定成本之和。

total customer benefit 顾客总收益：因产品、服务、人员和形象所产生的，顾客期望从已有市场提供品中获得的经济、功能和心理利益的感知货币价值。

total customer cost 顾客总成本：顾客在评估、获取、使用和处理市场供给品时所感知到的总成本，包括货币成本、时间成本、精力成本和心理成本。

transformational appeal 转换诉求：描述与产品无关的益处或画面。

trend 趋势：是具有某种动力和持久性的事件的发展方向或发生顺序。

U

unsought goods 非渴求商品：消费者未曾听说过或者通常情况下不想购买的产品。

V

value chain 价值链：确定如何创造更多顾客价值的工具，一个企业创造价值和产生成本的九类战略相关活动。

value delivery network 价值传递网络：即价值链。

value delivery system 价值传递系统：顾客在获取和使用产品中的全部体验。

value network 价值网络：由企业创建，用以寻求供应商、提升价值并交付产品的合作伙伴和联盟系统。

value pricing 价值定价法：企业通过低价提供高质量的产品或服务，以赢得忠诚顾客的定价方法。

value proposition 价值主张：阐明了为什么目标客户购买该产品或服务的有说服力的理由。

variable costs 变动成本：直接随产量变化而变化的成本。

vertical marketing system（VMS）垂直营销系统：由制造商、批发商和零售商构成的统一系统。

viral marketing 病毒营销：是一种形式的网络口碑，鼓励消费者将公司研发的产品和服务或相关音频、视频或信息通过网络向他人传播。

W

warranties 担保：生产商对产品预期性能的正式声明。

wholesaling 批发：将产品或服务销售给那些以转售或商用为目的的买家的全部活动。

Z

zero-level channel 零级渠道：也称为直复营销渠道，是指由制造商直接向最终用户销售商品，典型的例子包括邮件订购、在线销售、电视销售、电话营销、上门推销、家庭派对和厂家直营店等方式。

教学支持说明

尊敬的老师:

您好!

为了确保您及时有效地申请培生整体教学资源,请您务必完整填写如下表格,加盖学院的公章后传真给我们,我们将会在2~3个工作日内为您处理。

请填写所需教辅的开课信息:

采用教材				□ 中文版	□ 英文版	□ 双语版
作　　者			出版社			
版　　次			ISBN			
课程时间	始于	年　月　日	学生人数			
	止于	年　月　日	学生年级	□ 专科 □ 研究生	□ 本科1/2年级 □ 本科3/4年级	

请填写您的个人信息:

学　　校				
院系/专业				
姓　　名		职　　称	□ 助教　□ 讲师　□ 副教授　□ 教授	
通信地址/邮编				
手　　机		电　　话		
传　　真				
official E-mail(必填) (eg:XXX@ruc.edu.cn)		E-mail (eg:XXX@163.com)		

是否愿意接受我们定期的新书讯息通知:　　□ 是　　□ 否

系/院主任:_____(签字)

(系/院办公室章)

___年___月___日

资源介绍:

—教材、常规教辅(PPT、教师手册、题库等)资源:请访问 www.pearsonhighered.com/educator; 　　　(免费)

—MyLabs / Mastering 系列在线平台:适合老师和学生共同使用;访问需要 Access Code; 　　　(付费)

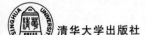
清华大学出版社

Pearson Education Beijing Office
培生教育出版集团北京办事处

北京市海淀区清华园学研大厦B座509室
邮编:100084
电话:8610-62770175-4506
传真:8610-62775511
E-mail:tupfuwu@163.com
Website:www.tup.com.cn

北京市东城区北三环东路36号北京环球贸易中心D座1208室
邮编:100013
电话:(8610)5735 5169
传真:(8610)5825 7961